新世纪应用型高等教育会计类课程规

U0681334

审计学

SHENJIXUE

（第二版）

新世纪应用型高等教育教材编审委员会 组编

主编 段兴民

副主编 姚春芸 樊迪杨欢

史志华

大连理工大学出版社

图书在版编目（CIP）数据

审计学 / 段兴民主编. — 2 版. — 大连 ：大连理工大学出版社，2016.7（2019.7 重印）

新世纪应用型高等教育会计类课程规划教材

ISBN 978-7-5685-0416-4

Ⅰ．①审… Ⅱ．①段… Ⅲ．①审计学－高等学校－教材 Ⅳ．①F239.0

中国版本图书馆 CIP 数据核字（2016）第 141670 号

大连理工大学出版社出版

地址：大连市软件园路 80 号　邮政编码：116023

发行：0411-84708842　邮购：0411-84708943　传真：0411-84701466

E-mail：dutp@dutp.cn　URL：http://dutp.dlut.edu.cn

大连兴安印务有限公司印刷　　　　　大连理工大学出版社发行

幅面尺寸：185mm×260mm　　　印张：19.25　　　字数：445 千字

2012 年 5 月第 1 版　　　　　　　　　　　2016 年 7 月第 2 版

2019 年 7 月第 3 次印刷

责任编辑：王晓历　　　　　　　　　　责任校对：韩春蓉

封面设计：张　莹

ISBN 978-7-5685-0416-4　　　　　　　定　价：48.80 元

前　言

　　《审计学》(第二版)是新世纪应用型高等教育教材编审委员会组编的会计类课程规划教材之一。

　　加快发展高等教育是党中央、国务院做出的重大战略决策。现代高等教育是服务经济社会发展需要,面向经济社会发展和生产服务一线,培养高素质劳动者和技术技能型人才,促进全体劳动者可持续发展的教育类型。随着新型工业化的推进和科学技术的发展,现代教育体系越来越成为国家竞争力的重要支撑。因此,开发和编写出适应现代教育发展需要的应用型本科教材显得十分迫切和必要。我们正是基于上述考虑而组建了编写本教材的团队。

　　近年来,随着国家会计准则、国家审计准则的不断修订,审计学的理论教学、实战训练和人才培养等都面临全新的挑战。本次修订始终本着"实用、管用、够用"的原则,在尽量保持《审计学》教材的"原版特色、组织结构和内容体系"的前提下,努力凸显学生审计技术技能的培养,在审计案例、审计参考资料等内容的时效性、新颖性方面进行了更新和充实。

　　修订主要内容有:

　　1. 对原版中有关排版、内容等方面存在的不足进行了完善,力求做到概念准确、表述正确、数据精确。

　　2. 对有关章节案例资料与思考问题进行更新,力求达到资料翻新、案例新颖、思考创新。

　　3. 对有关章节的教材内容和条目顺序进行调整、充实、更改甚至重写,力求能够强调实践、强化实操。

　　本教材由西安交通大学教授、西安思源学院商学院院长段兴民任主编;西安思源学院姚春芸、樊迪杨欢,张家口学院史志华任副主编;商洛市审计局段成钢,陕西邮电学院李瑞,西安交通大学赵娟,陕西德仁会计师事务所刘荔强,西安思源学院姜齐艳、李茹、王文参与了编写。具体编写分工如下:段兴民、樊迪杨欢编写第1章,李茹、樊迪杨欢编写第2章,王文、樊迪杨欢编写第3章,段成钢、樊迪杨欢编写第4、第8和第12章,李瑞编写第5和第6章,姜齐艳、樊迪杨欢编写第7章,刘荔强、樊迪杨欢编写第 9 和第 13 章,姚春芸、樊迪杨欢、史志华编写第 10 章,赵娟、樊迪杨欢、史志华编写第 11 和第 14 章。本教材的修订工作由樊迪杨欢负责具体执行。

在编写本教材的过程中,编者参考、引用和改编了国内外出版物中的相关资料以及网络资源,在此表示深深的谢意!相关著作权人看到本教材后,请与出版社联系,出版社将按照相关法律的规定支付稿酬。

限于水平,书中仍有疏漏和不妥之处,敬请专家和读者批评指正,以使教材日臻完善。

编　者

2016 年 7 月

所有意见和建议请发往:dutpbk@163.com

欢迎访问教材服务网站:http://www.dutpbook.com

联系电话:0411-84708462　84708445

目 录

第1章

总 论

【知识目标】

通过本章的教学活动,学生应大概了解什么是审计,审计产生的客观经济基础,国家审计、内部审计、民间审计的产生和发展;比较深入地了解谁来审计,审计谁,审计什么;准确把握审计的职能及其在国民经济中的地位和作用。

【应用能力目标】

了解审计现象,能识别审计与非审计的经济检查活动过程。

1.1 审计的产生和发展

1.1.1 受托经济责任——审计产生的客观基础

什么是审计? 国内外有多种定义。审计是一种社会经济现象,从字面意义上理解,"审"即审查,"计"即会计,审计就是审查会计账目。早期的审计就是审查会计账目,或与会计账目密切相关。审计发展至今,早已超越了查账的范畴,还涉及对各项工作的经济性、效率性和效果性等的查核。

审计是由专门的审计机构和人员,对被审计单位经济活动的合规性、合法性和效益性进行独立鉴证和评价的监督活动,并向相关权利人报告。

为什么会产生审计? 早期的国家审计产生于官厅审计或皇家的内部审计,我国西周时期的《周礼·天官》明确地记载了皇家的经济监督。古罗马、古埃及等都有代表皇家权力而又模糊的监督机构。欧洲的庄园、寺院也有内部审计监督。古希腊学者色诺芬的《经济论》论述了家庭管理。1615 年法国重商主义代表人物孟德列钦的《献给国王和王后的政治经济学》讲述了国家的经济管理。总而言之,"普天之下,莫非王土;率土之滨,莫非王臣",天下的财富就是皇家的财富,皇家管理不及,交给他人管理,基于皇家的家庭经济管理需要,代表皇家的经济监督就是必需的。因此,在农业经济时代的自然经济条件下,审计是基于皇家财产管理和监督的需要而产生的皇家内部审计或国家审计。

现代审计的产生与资本主义制度直接相关,许多人的财产交由某些人或某个人去经营管理,形成"委托—代理"关系。基于委托代理理论,所有者为保证资产安全,需要评价受托经济责任。资本主义市场经济日渐成熟,经理阶层形成,经营者素质提高,要对所有者负责,要实现决策的目标,要关心所有者对自己的信任度,就需要客观地对自己履行经济责任的评价。因此,在私有制基础上资本主义条件下的市场经济中,审计产生的基本理论就是委托代理理论。

那么,公有制为主导多种所有制形式并存基础上,社会主义市场经济条件下,特别是国家占有生产资料且居主导地位的条件下,审计产生的动因是什么? 我国社会主义市场经济条件下审计的基本理论是什么? 许多学者仍然认为是委托代理理论。

1.1.2　国家审计的产生和发展

我国是审计经济监督产生最早的国家。根据李宝震、王建忠编写的《中国审计简史》,我国夏代奴隶制国家的建立,便是国家财政和官厅会计的起点,可以推论,"这一时期约为我国审计的萌芽阶段"。在周代的天官系统中,设有与审计相关的职官,据《周礼·天官》记载,宰夫之职,负责"掌治法以考百官,府、郡、都、县、鄙之治,乘其财用之出入;凡失财,用物辟名者,以官刑诏冢宰而诛之。其足用长财善物者,赏之。"

秦汉时期初创了由御史大夫行使监督权的监察审计制度,隋唐时期设比部从事审计监督。"审计"一词最早见于《宋史》,宋朝时期在刑部之下设有比部,北宋初年还在太府寺内设审计司,并在宋太宗淳化三年(公元 992 年),设立诸军诸司专勾司,专门审查军政开支。南宋建炎元年,为避宋高宗赵构名讳,将诸军诸司专勾司改为诸军诸司审计司。元朝取消比部,明朝恢复比部,清朝继承明制,"中华民国"时期设立了审计院。1928 年,国民政府颁布《审计法》及实施细则,次年颁布《监察院组织法》,规定审计监督政府所属各机关预算的执行、决算等,后来将审计院改为审计部,并在各省市设立审计处。

中华人民共和国成立前,由中国共产党领导的工农政权组织及革命根据地,既有审计组织又有相关审计法规。第一次国内革命战争时期,1925 年 7 月,省港罢工委员会中就设有审计局。第二次国内革命战争时期,中华苏维埃政府于 1934 年设立中央审计委员会。中华人民共和国成立后,实行高度中央集权的计划经济,审计在经济活动的实践中没有多大意义,国家没有设立审计机构。中共十一届三中全会后,我国经济体制改革的市场化,对恢复我国的审计制度起了主要作用,1982 年 12 月第五届全国人民代表大会第五次会议,通过了修改后的《中华人民共和国宪法》,规定建立审计机关,实行审计监督制度。1983 年 9 月国务院设立国家最高审计机关——中华人民共和国审计署,全国县级以上各级政府陆续成立审计机关。1985 年 8 月国务院公布了《国务院关于审计工作的暂行规定》,1988 年 12 月国务院颁布了《中华人民共和国审计条例》,1994 年 8 月第八届全国人大常委会第九次会议通过了《中华人民共和国审计法》,第二十九条规定国务院各部门和地方人民政府各部门、国有的金融机构和企业事业组织,应当按照国家有关规定建立健全内部审计制度。各部门、国有的金融机构和企业事业组织的内部审计,应当接受国家审计机关的业务指导和监督。从此,我国的国家审计逐步走上了法制化的轨道。2006 年 2 月修订后的《中华人民共和国审计法》第二十九条规定,依法属于审计机关监督对象的单位,应当按照国家有关规定建立健全内部审计制度;其内部审计工作应当接受审计机关的业务指导和监督。

西方国家的国家审计,历史悠久且内容丰富。据史书记载,早在奴隶制度下的古埃及、古罗马和古希腊时代就有了审计机构及国家审计的事实。例如,法国在资产阶级大革命前就设有审计厅,在资产阶级大革命后,拿破仑一世创建的审计法院,至今仍是法国的最高审计机构。西方大多数国家在议会下设有专门审计机构,由议会授权对政府及公营企事业单位财务收支进行审计监督。美国虽然只有 200 多年的历史,但其重视管理,经济发展迅速。美国早期没有独立的财政监督机构,只在财政部设有审计官进行审查,1919年参、众两院建议组成预算特别委员会,把政府账目的审计从财政部门独立出来,1921年颁布了《预算和会计法》,并根据该法建立了美国的最高审计机关——审计总局。审计总局除中央情报局和总统办公室不能审查外,其余凡与公共开支有关的事项,都有权审查。

1.1.3　内部审计的产生和发展

内部审计,即组织内部的审计机构和人员,对本组织及其所属机构的经济活动进行的审计监督。我国早期的皇家审计,西方国家的庄园审计、寺院审计均属于内部审计范畴。

20 世纪,西方国家出现了近代内部审计。第二次世界大战前后,英、美等资本主义国家的经济得到迅速发展,自由竞争必然引起生产集中,生产和资本高度集中,就自然而然地走向垄断。企业规模急剧扩大,托拉斯、辛迪加、康采恩等垄断组织大量出现。例如,1901 年美国银行家摩根创立的钢铁公司,除控制钢铁企业外,还拥有石油、煤炭、交通运输等多家企业,1907 年雇佣职工多达 21 万人。这些巨型企业的分支机构遍布多地,管理当局就设立专门机构对分支机构的经营业绩进行独立的内部审计监督。到 1941 年内部审计有了一定的发展,在美国纽约创建了"内部审计师协会",后来发展成为国际性的内部审计组织。

我国封建王朝的皇家审计、寺院审计都属于内部审计。现代的内部审计,在"中华民国"时期诞生,特别在铁路、银行系统有较健全的内部稽核制度。中华人民共和国成立初期,一些大型企业也曾设有内部审计组织,1953 年后,由于全面学习苏联,审计组织机构被撤销。

中国共产党第十一届三中全会后,我国经济体制改革的市场化在一定程度上促进了我国审计制度的发展。1983 年国家审计署建立,1985 年 12 月审计署公布了《审计署关于内部审计工作的若干规定》,我国内部审计逐渐恢复。1995 年 7 月 14 日,审计署颁布了《审计署关于内部审计工作的规定》,2003 年又颁布了修订后的《审计署关于内部审计工作的规定》,对我国内部审计的任务、职责、权限、机构设置、审计范围、工作程序以及职业道德等都做了具体规定。中国内部审计协会 2003 年 4 月到 2008 年先后发布了《中国内部审计基本准则》,《内部审计职业道德规范》和 29 个内部审计具体准则。至此,我国的内部审计,已经发展到比较成熟和比较规范的阶段。

1.1.4　民间审计的产生和发展

西方国家的民间审计,是随着资本主义商品经济的兴起而发展起来的。16 世纪末期,地中海沿岸的商品交易日益繁荣,许多人合伙筹集资金,委托他人进行商业贸易活动。这样财产的所有权和经营权就发生了分离,对受托者的经济责任监督评价越来越重要。财产的所有者聘请一些熟悉会计的人士,对经营者的会计账目进行审查,以达到监督并保障财产安全的目的。1720 年,英国议会聘请精通会计实务的查尔斯·斯奈尔对南海公司会计账目进行审查,经查证,出具该公司存在舞弊的审计报告。这就是早期处于萌芽状态的民间审计,即由民间人员接受委托进行的社会审计。1844 年,英国政府为了保护广大持股人的利益颁布了《公司法》,规定股份公司必须设监事审计制度,监事负责审查公司的会计账目,经过审计的财务报表才能向股东大会报告。由于监事一般都不熟悉会计业务,起不到监督作用,使这种监督制度流于形式。1852 年修改后的《公司法》规定股份公司可以聘请职业会计师协助审计监督。从此民间审计业务日渐增多,执业会计师队伍迅速壮大。1853 年在苏格兰的爱丁堡,创立了世界上第一个职业会计师专业团体——爱丁堡会计师协会,会计师审计业务逐渐规范化。同时,英国实行了特许会计师制度,如要取得会计师资格,必须经过严格考试,会计师除从事审计业务外,还可兼做编制财务报表、税务代理和管理咨询业务等。

受英国会计师行业发展的影响,美国的民间审计事业迅速发展。1886 年纽约颁布了《公正会计师法》,1887 年,美国公共会计师协会成立,1916 年改组为美国会计师协会,1957 年改为美国注册会计师协会。美国 1929—1933 年的经济大危机期间,大批工厂倒闭,工人失业,股东和债权人蒙受巨大损失。企业筹资由银行贷款转向证券市场,证券市场得到了快速发展。这样一来,社会关注的是企业盈利能力,资产负债表审计已无法满足投资者需要。出于保护投资者利益的考虑,1933 年美国政府颁布了《证券法》,次年颁布《证券交易法》,规定上市公司必须向交易所提交经过注册会计师审查、鉴证的财务报表。从此财务报表审计成为立法形式的强制性审计。

我国的民间审计出现较晚。辛亥革命推翻了封建制度,中华民国成立后,资本主义民族工商业逐渐兴起,民间审计亦应运而生。1918 年,北洋政府颁布了《会计师暂行章程》,1921 年,上海开始设立会计师事务所,接受委托办理审计业务。1949 年中华人民共和国成立后,没有设立专门的审计制度,民间审计也就终止了。中国共产党第十一届三中全会后,党的工作重心转移到经济建设上来,为适应市场经济发展和对外开放的需要,1979 年恢复了注册会计师制度,1980 年财政部颁布了《关于成立会计师顾问处的暂行规定》,同年 5 月筹建上海公正会计师事务所,次年正式开业接受国内外委托,承办审计和会计服务业务。1985 年公布的《中华人民共和国会计法》第二十条规定:"经国务院财政部门或省、自治区、直辖市人民政府的财政部门批准的注册会计师组成的会计师事务所,可以按照国家有关规定承办查账业务。"这标志着我国社会主义的民间审计进入了新的时期。1986 年国务院颁布《中华人民共和国注册会计师条例》,1994 年 1 月 1 日正式实施《中华人民共和国注册会计师法》。与此同时,在中华人民共和国审计署的指导下,审计事务所在全国普遍成立起来,1987 年 1 月审计署颁发《关于进一步开展社会审计工作若干问题的通知》,就社会审计组织的性质和业务范围等问题做了具体规定。

由于会计师事务所和审计事务所的审计业务相互不协调,根据《中华人民共和国注册会计师法》、《中华人民共和国审计法》的有关规定和国务院的有关指示,经财政部和审计署研究决定,中国注册会计师协会和中国审计协会合并,成立统一的中国注册会计师协会。我国的审计人员统一为中国注册会计师。1996 年至 2003 年经财政部批准,中国注册会计师协会陆续制定公布了《中国注册会计师独立审计准则》,共 48 个项目,作为注册会计师执业应遵循的标准。从此,我国的民间审计逐步走上规范、健康的发展道路。2006

年2月15日,财政部发布新的《中国注册会计师执业准则》,自2007年1月1日起施行。新准则体系完全参照了国际审计鉴证准则体系。

1.1.5　审计模式的发展

审计模式融审计目的、审计范围和审计方法等要素于一体,它决定了审计应从何处开始、如何开始以及何时开始等。随着社会经济的发展,审计目的在不断变化,被审计单位的具体情况也在不断变化,因此,作为应经济发展需要而产生的审计,其模式也必然随着社会经济的发展而不断发展。审计模式通常可归结为以会计账目为基础的账项基础审计模式、以内部控制为基础的制度基础审计模式和以企业经营风险评估为基础的风险导向审计模式三种类型,亦可分为三个阶段。

第一阶段,账项基础审计模式。账项基础审计模式的形成,经历了资产负债表审计和会计报表审计两个阶段。最初注册会计师审计的目的是查错防弊,保护企业资产的安全和完整,审计的方法是对会计账目进行详细审计,审计报告使用者主要是企业的股东等。

第二阶段,制度基础审计模式。随着企业经营规模的不断扩大,业主或企业管理层势必改变"事必躬亲"的管理方式,逐渐在经营过程中建立起内部控制系统,这就促使审计人员把注意力转移到与会计相关的内部控制系统的控制功能上来,而不去花费过多的时间与精力在会计记录的结果上。对审计人员来说,经济规模越来越大,会计资料越来越多,在有限的时间里是无法检查完那么多的会计资料的,但又必须把审计风险降到可接受的程度,这就需要对内部控制制度进行检查,判断这些控制系统究竟可以信赖到什么程度,以确定到底需要抽查多少资料。从而,被审计单位的内部控制系统便构成财务审计的基础,审计模式逐渐由对会计资料的详细审查,发展到以内部控制度为基础的制度基础导向审计模式。

第三阶段,风险导向审计模式。由于制度基础审计模式是建立在被审计单位管理层,特别是高管层与注册会计师之间的"无利害关系假设"基础上的,即假设被审计单位管理层和注册会计师,都希望建立能防止和揭露差错和舞弊的内部控制制度,这就等于将防止和揭露差错舞弊的主要责任,由注册会计师转移给了被审计单位。所以,制度基础审计模式也存在较大缺陷。随着抽样审计技术的普遍运用,风险导向审计模式得到广泛推广。关于风险导向审计模式详细内容可参见第14章。

1.2　审计主体和客体

1.2.1　审计主体

审计主体,是指审计工作的执行者,包括专门的审计机构和审计人员,即在审计活动中主动实施审计行为、行使审计监督权者。审计主体对审计信息质量起着决定作用,是制约审计信息质量的第一因素。

1.国家审计主体

按照《中华人民共和国宪法》和《中华人民共和国审计法》的相关规定,各级审计机关和审计人员依法独立行使审计监督权。国家审计主体具体包括:国家审计机关,即审计署和县级以上人民政府设立的审计机关;审计人员,即各级审计机关具体从事审计业务的人员;授权性主体,包括审计机关授权实施审计的审计特派员等。审计机关根据工作需要,可以在其审计管辖范围内派出审计特派员,审计特派员根据审计机关的授权,依法进行审计工作,也可以在一些管理、使用预算资金比较多的部门设立审计机构,负责审计所在部门及其下属单位的财务收支情况。审计机关还可以聘请具有与审计事项相关专业知识的人员参加审计工作。

2.民间审计主体

《中华人民共和国注册会计师法》明确规定,会计师事务所是民间审计组织,注册会计师是民间审计主体。《中华人民共和国注册会计师法》第二条至第四条规定,注册会计师是依法取得注册会计师证书并接受委托从事审计和会计咨询、会计服务业务的执业人员。会计师事务所,是依法设立并承办注册会计师业务的机构。注册会计师执行业务,应当加入会计师事务所。注册会计师协会是由注册会计师组成的社会团体。中国注册会计师协会是注册会计师的全国性组织,省、自治区、直辖市注册会计师协会是注册会计师的地方性组织。

3.内部审计主体

2003 年 3 月 4 日发布的《审计署关于内部审计工作的规定》第二条至第四条明确规定,各组织内部审计是独立监督和评价本单位及所属单位财政收支、财务收支、经济活动的真实、合法和效益的行为,以促进加强经济管理和实现经济目标。国家机关、金融机构、企业事业组织、社会团体以及其他单位,应当按照国家有关规定建立健全内部审计制度。法律、行政法规规定设立内部审计机构的单位,必须设立独立的内部审计机构。法律、行政法规没有明确规定设立内部审计机构的单位,可以根据需要设立内部审计机构,配备内部审计人员。有内部审计工作需要,但不具有设立独立的内部审计机构条件和人员编制的国家机关,可以授权本单位内设机构履行内部审计职责。设立内部审计机构的单位,可以根据需要设立审计委员会,配备总审计师。内部审计机构在本单位主要负责人或者权力机构的领导下开展工作。

1.2.2 审计客体

审计客体,是指接受审计主体审计的经济责任承担者和履行者,即被审计单位,包括国务院各部门、地方各级政府及其所属部门、财政金融机构、企业事业组织等。

1.2.3 审计主体和客体之间的关系

任何审计都具有三个基本要素,即审计主体、审计客体和审计授权或委托人。审计主体,是指审计行为的执行者,即审计机构和审计人员,为审计第一关系人;审计客体,指审计行为的接受者,即指被审计的资产代管或经营者,为审计第二关系人;审计授权或委托人,指依法授权或委托审计主体行使审计职责的单位或人员,为审计第三关系人。一般情况下,审计关系可用图 1-1 表示。

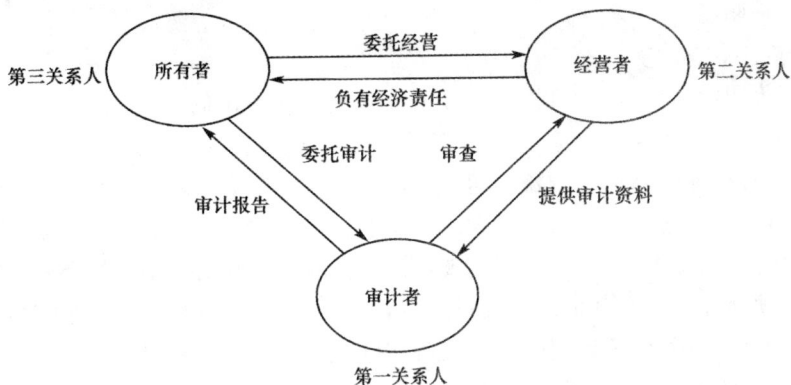

图 1-1 审计关系示意图

第三关系人是财产的所有者,而第二关系人是资产代管或经营者,他们之间有一种经济责任关系。第一关系人在财产所有者和受托管理或经营者之间,处于中间人的地位,这要对两方面关系人负责,既要接受授权或委托对被审计单位提供的会计资料认真进行审查,又要向授权或委托审计人(即财产所有者)提供审计报告,客观公正地评价受托管理或经营者的责任和业绩。为此,审计机构或审计人员进行审计活动,必须具有一定独立性,不受其他方面的干扰或干涉,这是审计区别于其他管理的一个根本属性。

1.3 审计的职能和作用

1.3.1 审计的职能

审计的职能,是指审计本身所具有的内在功能。一般而言,审计具有经济监督、经济鉴证和经济评价三种基本职能。

1. 经济监督职能

审计的基本职能就是经济监督。经济监督职能,一般是指以一定的标准为评价依据,对被审计单位的财务收支和其他经济活动进行检查和评价,以衡量和确定其会计资料和其他资料是否正确、可靠,其所反映的财务收支和其他经济活动是否合规、合理、有效;检查被审计单位是否履行其经济责任,有无违法违纪、损失浪费等行为;追究或解除其所负经济责任,从而督促被审单位纠错防弊,遵守财经纪律,改善经营管理,提高经济效益。长期以来,传统观点都认为审计的基本职能是监督,由这一基本职能派生出了鉴证和评价两个职能。本教材支持的观点是:审计的基本职能是经济监督,但监督是抽象的,是虚拟的。监督是通过鉴证和评价两种基本的手段来实现的。同时,审计的基本职能不是永远不变的,而是随着社会经济发展对其要求的变化而发展变化的。

2. 经济鉴证职能

经济鉴证职能,是审计机构和审计人员对被审计单位的财务报表及其他经济资料所反映的财务状况和经营成果的真实性、正确性、合法性和合理性进行审核检查,确定其可信赖程度,并出具书面证明,以便为审计的授权人或委托人提供确切的信息,并取信于社会公众的一种职能。

3.经济评价职能

经济评价职能,是指审计机构和审计人员对被审计单位的经济资料及经济活动进行审查,并依据一定的标准对所查明的事实进行分析和判断,肯定成绩,指出问题,总结经验,寻求改善管理、提高效率、效益的途径。审计的经济评价职能,包括评定和建议两个方面。例如,审计人员通过审核检查,评定被审计单位的经营决策、计划、方案是否切实可行、是否科学先进、是否贯彻执行,评定被审计单位内部控制制度是否健全和有效,评定被审计单位各项会计资料及其他经济资料是否真实、可靠,评定被审计单位各项资源的使用是否合理和有效等,并根据评定的结果,有针对性地提出改善经营管理的意见和建议。评价的过程,也是肯定成绩、发现问题的过程,其建议往往是根据存在的问题提出的,以促使被审计单位克服缺点、纠正错误、改进工作。

1.3.2　审计的作用

归纳不同类型的审计,审计的作用一般可表现在以下两个方面:

第一,制约作用。审计机构和审计人员的审计活动,审查了被审计单位的财政、财务收支的资料以及相关人员的经济活动行为及其记录,对其符合有关法律、法规、制度、标准的程度做出评价,可起到较好的制约防护作用。

第二,促进作用。审计机构和审计人员的审计活动,对受托经济责任人的经济活动、管理活动、控制制度等进行审查评价,提出意见和建议,可起到促进建设作用。

复习思考题

一、单项选择题

1.在秦汉时期,日趋完善的制度是(　　)。

A.监察　　　　　B.御史　　　　　C.上计　　　　　D.下计

2.民间审计,早期处于萌芽状态的时间为17世纪初期,出现的地点为(　　)。

A.英国的苏格兰　　B.英国的爱丁堡　　C.美国的纽约　　D.中国的上海

3.审计行为产生于(　　)。

A.剥削　　　　　B.统治　　　　　C.受托经济责任　　D.经济利益

4.审计监督职能正常发挥作用的重要保证是审计组织的(　　)。

A.权威性　　　　B.独立性　　　　C.客观性　　　　D.合法性

5.审计最基本的职能是(　　)。

A.经济评价　　　B.经济监察　　　C.经济监督　　　D.经济司法

二、多项选择题

1.目前,我国的审计监督体系主要包括(　　)。

A.就地审计　　　B.事前审计　　　C.民间审计　　　D.内部审计

E.国家审计

2.审计关系人主要包括(　　)。

A.审计主体　　　　B.审计法规　　　　C.审计客体　　　　D.审计受托者

E.审计载体

3.审计的职能主要有(　　)。

A.经济监督　　　　B.经济司法　　　　C.经济建议　　　　D.经济评价

E.经济鉴证

三、判断题

1.西周是我国审计制度初步形成时期,民间审计和政府审计都在那时产生。(　　)

2.中华人民共和国成立以后,国家没有设立独立的审计机构,审计制度直到 20 世纪 80 年代才得以恢复和重建。(　　)

3.1853 年在英国的爱丁堡成立了"爱丁堡会计师协会",这是世界上第一个职业会计师的专业团体。(　　)

4.在社会主义市场经济体制下,生产资料的所有权和经营权是高度统一的,不存在受托经济责任关系,因而不需要审计。(　　)

5.审计的独立性是保证审计工作顺利进行的必要条件。(　　)

四、简答题

1.什么是审计?审计是怎样产生的?

2.什么是审计的主体和客体?

3.如何理解审计的职能?联系实际说明审计的作用。

应用技能训练题

案例资料:

赵明手中有 20 万元人民币的闲散资金。由于最近股票市场收益率比同期银行存款利率高得多,他决定用这笔资金购买股票。赵明兴冲冲地到宏兴证券公司开立了证券投资账户,却不知道购买哪只股票。朋友小陈告诉他,最好的方式是通过查阅上市公司公布的利润表,挑选盈利好的公司股票进行投资。于是,经过一番挑选,他准备购买 JK 软件公司的股票,因为该公司的每股收益很高。而另一位朋友小高又提醒他,最好再看看 JK 公司公布的审计报告。赵明查到了 JK 软件公司该年度的审计报告是无保留意见,他不明白这意味着什么。小高告诉他无保留意见表明注册会计师认为 JK 软件公司的该年财务报表没有重大问题,可以信赖 JK 软件公司提供的财务信息,放心购买其股票。果然没多久,JK 软件公司的股票价格就开始上涨。赵明在高兴的同时也对审计产生了浓厚的兴趣。

讨论:

1.审计是什么?为什么审计后的财务报表信息可以信赖?

2.请指出注册会计师的审计报告会有哪些使用者?赵明购买股票后属于哪一种使用者?每种使用者的信息需求可能会和他人的需求产生什么样的潜在冲突?

第2章

审计的分类

【知识目标】

通过本章的学习,学生应了解我国审计的分类,审计机关的设置情况,并掌握国家审计、民间审计和内部审计几种不同审计类型的含义。

【应用能力目标】

掌握国家审计、民间审计和内部审计的区别。

2.1 审计分类概述

审计可以按照各种标准进行不同的分类,各类审计从不同的侧面反映审计的本质和特点。对审计的合理分类,有助于对审计活动的认识,正确理解和完整地把握各种审计的特征及作用,还有助于审计人员科学地组织审计工作,根据审计目标选用相应的审计方法。

2.1.1 按审计主体分类

按审计活动执行主体的性质分类,审计可分为国家审计、民间审计和内部审计三种。

1. 国家审计

国家审计是由国家审计机关依法进行的审计,在我国又称为政府审计。我国国家审计机关包括国务院设置的审计署及其派出机构和地方各级人民政府设置的审计厅(局)两个层次。国家审计机关依法独立行使审计监督权,对国务院各部门和地方各级人民政府、国家财政金融机构、国有企事业单位以及其他有国有资产的单位的财政、财务收支及其经济效益进行审计监督。各国的国家审计都具有法律所赋予的履行审计监督职责的强制性。

2. 民间审计

民间审计,即由注册会计师受托有偿进行的审计活动,也称为独立审计。我国注册会计师协会在发布的《独立审计基本准则》中指出:"独立审计是指注册会计师依法接受委托,对被审计单位的会计报表及其相关资料进行独立审查并发表审计意见。"独立审计的风险高、责任重,因此审计理论的产生、发展及审计方法的变革基本上都是围绕独立审计展开的。

3.内部审计

内部审计是指由本单位内部专门的审计机构和人员对本单位内部实施的独立审查和评价,它通过审查和评价经营活动及内部控制的合理性、合法性和风险管理的有效性以促进组织目标的实现,审计结果向本单位主要负责人报告。这种审计具有显著的建设性和内向服务性,其目的在于帮助本单位健全内部控制,改善经营管理,提高经济效益。

2.1.2　审计的其他分类

1.按审计范围分类

审计按其审查范围不同可分为全部审计和局部审计两种。

全部审计又称全面审计,是指对被审计单位一定时期的财政、财务收支及其经济活动的各个方面及相关资料进行的全面审计。其审计内容较广泛,既涉及被审计单位的各项财产物资、债务债权、成本费用、收入、利润及其分配等整个财务收支活动及其结果,又涉及财务、会计、生产、供销、技术等各个部门。其优点是审查详细彻底,缺点是费时费力。

局部审计又称部分审计,是指对被审计单位一定期间的财务收支或经营管理活动的某些方面及其资料进行部分的、有目的的审计。例如,企业进行的现金审计、银行存款审计,以及对贪污盗窃、偷税漏税、行贿受贿、违反合同等所进行的专项审计等。其优点是时间短、耗费少,能及时发现问题,达到预定目标。但容易遗漏问题,具有一定的局限性。

2.按审计实施时间分类

审计按实施时间不同可分为事前审计、事中审计和事后审计三种。

事前审计,是指在经济业务发生之前所进行的审计。这种审计对未发生的经济业务能起到"防患于未然"之效。

事中审计,是一种在被审计业务进行期间或过程中所实施的审计。这种审计具有实时控制作用,有利于及时纠正脱离目标的偏差,实现控制标准的要求。

事后审计,是一种在被审计业务发生之后进行的审计。它一般只能对已成事实或状况做出鉴定与评价,无法改变现有结果。事后审计可以发现事前审计、事中审计的疏漏,具有很强的补缺功能。它是一种较传统、常规的审计形式。

3.按审计执行地点分类

审计按执行地点不同可分为报送审计和就地审计两种。

报送审计,是指由被审计单位将有关资料报送到审计机构的驻地进行的审计。这种审计主要应用于业务单一、规模较小或开办时间较短、业务量较少的企业以及中小规模的事业单位或国家机关。

就地审计,也称驻地审计,是指审计人员到被审计单位所在地实施的现场审计。它适用于大、中型企业的审计业务,对于大型事业单位或国家机关的财务收支审计也比较适用。

4.按审计的目的分类

审计按其审计目的不同可分为财务审计、合规性审计和绩效审计。

财务审计,是指对被审计单位的财务报表所反映的信息是否合规和公允等而进行的审计。

合规性审计,是指主要以查明被审计单位对有关法律法规、制度程序等的遵循情况为目的而进行的审计,又称为遵循性审计。从一定意义上讲,财务审计也属于合规性审计。

绩效审计,是指对被审计单位的各项行为或活动的经济性、效率性和效果等方面进行的审计,找出薄弱环节,提出改进建议。

5. 按审计次数分类

审计按次数可分为初次审计和再度审计两种。

初次审计,是指审计机构对特定被审计单位所进行的第一次审计。这种审计一般发生在审计机构对被审计单位基本情况缺乏了解的情况下,加上没有以前审计的资料可供参考,因而,需要花费许多时间去做一些基础性的工作,审计周期较长。

再度审计,是指审计机构对同一个被审计单位在较短期间内连续进行的审计。严格意义上的再度审计,是对相邻两个会计年度财务报表的审计。这种审计最大的优点是,可以减少审计成本,提高执业效率。

6. 按实施审计的周期分类

审计按实施周期可分为定期审计和不定期审计两种。

定期审计,是指按照预先规定的周期进行审计。

不定期审计,是指根据特殊需要临时安排的审计,例如,国家审计机关针对被审计单位的某种严重经济违法乱纪行为进行的审计。

7. 按审计的组织方式分类

审计按照组织方式的不同分为授权审计和委托审计。

授权审计,是指上级审计机关对下级审计机关的授权审计。

委托审计,是指审计机关将审计事项委托给其他审计机构办理。

2.2　国家审计

2.2.1　国家审计的含义

国家审计是指由国家审计机关所实施的审计。根据《中华人民共和国审计法》(以下简称《审计法》)规定,我国的审计机关依照法律规定独立行使审计监督权,不受其他行政机关、社会团体和个人的干涉。国家审计机关,是代表国家依法行使监督权的行政机关,它具有国家法律赋予的独立性和权威性。国家审计不仅是最早的审计组织形式,而且也是现代各国审计体系中最重要的组成部分。各国审计机关的称呼并不相同,但其都是国家政权的一个重要组成部分。

2.2.2　国家审计的管理体制

1. 最高审计机关

在我国,国家审计机关采用统一领导分级负责的原则。国务院设审计署,在国务院总理领导下,负责组织领导全国的审计工作,对国务院负责并报告工作。审计署设审计长一人,副审计长若干人。审计长由国务院总理提名,全国人民代表大会决定,国家主席任命,副审计长由国务院任命。

2.县级以上各级人民政府设立审计机关

地方各级审计机关分别在省长、自治区主席、市长、县长、区长和上一级审计机关的领导下,组织领导本行政区的审计工作,负责领导本级审计机关审计范围内的审计事项,对上一级审计机关和本级人民政府负责并报告工作。

3.审计派出机构

审计机关根据工作需要,可以在重点地区、部门设立派出机构,进行审计监督。审计署向重点地区、城市和计划单列市派出代表人员,在该地区和城市组成审计特派员办事处,代表审计署执行审计业务,解决某些地方审计机关所难以解决的审计项目。例如,审计署派驻深圳市的机构称为"审计署驻深圳市特派员办事处",其负责人称为"审计特派员"。

审计机关还可按工作内容和范围分设财政、金融、工业、交通、商业粮食供销、外贸外资、农林水利、基本建设、科教卫生等职能审计部门,对行政机关、企业、事业、团体、军队等进行各种专业性审计工作。另外,审计机关还可设置审计科研培训机构,开展审计科学研究和培训审计人员。

2.2.3 国家审计的业务类型

国家审计按照所审核主要内容的不同,可分为财政财务审计、财经法纪审计、经济效益审计、经济责任审计等。

1.财政财务审计

财政财务审计,是指对被审计单位财政财务收支的真实性和合法合规性进行审查,旨在纠正错误,防止舞弊。不仅要审查其自身财务状况,还须重点检查财政财务资金的来源渠道和使用方向,重点是其资产、负债和损益的真实性、合法性和效益性。

2.财经法纪审计

财经法纪审计,是对国家政府机关和企事业单位严重违反财经法纪行为所进行的专案审计,是国家审计的形式之一。其重点是审查和揭露各种舞弊、侵占国家财产的事项,审查和揭露对国家和集体财产造成重大损失浪费的各种失职渎职行为。

3.经济效益审计

经济效益审计,是以审查评价实现经济效益的程度和途径为内容,以促进经济效益提高为目的所实施的审计,是政府审计的一种形式。经济效益审计的主要对象是生产经营活动和财政经济活动取得的经济效果或效率,它通过对企业生产经营成果、基本建设效果和行政事业单位资金使用效果的审查,评价经济效益的高低,经营情况的好坏,并进一步发掘提高经济效益的潜力和途径。

4.经济责任审计

广义的经济责任审计包括一切审计。狭义的经济责任审计,特指我国在近些年来出现的旨在明确国家机关和国有企业事业单位领导人经营管理责任而进行的一种审计活动。经济责任审计的目的不同于常规审计。常规审计的主要目的是维护财经法纪、改善经营管理、提高经济效益,而经济责任审计的主要目的则是分清经济责任人任职期间在本部门、本单位经济活动中应当负有的责任,为人事部门、纪检监察机关和其他有关部门考核使用干部或者兑现承包合同情况等提供参考依据。

2.2.4 国家审计的特征

国家审计与民间审计、内部审计相比有其自身的特征,即审计监督的强制性、审计工作的独立性和审计范围的广泛性。

1.审计监督的强制性

国家审计在审计监督方面的强制性表现为:执行审计任务的主体是专职国有财产监督的政府职能部门,其监督的客体是国有财产的管理和经营;国家审计的强制性还可体现为审计机构对违反国家规定的财政财务收支行为,可在法定的职权范围内,依照法律、行政法规的规定做出有法律效力的审计决定,责令被审计单位执行,并可依法对被审计单位进行处罚等。

2.审计工作的独立性

我国国家审计在机构设置、经费使用、工作安排、处理与处罚方面都具有独立性。例如,国家审计机构负责人的委派要遵循必要的法律程序;审计机关的行政经费列入政府的财政预算,由政府保证;工作安排及其结果只对本级政府领导和上一级审计机构负责并汇报;对被审计单位的处理与处罚,可在法定的职权范围内,依照法律法规做出处理、处罚的决定。当然,国家审计的独立性主要是针对被审计单位而言的,是一种单向的独立性,与民间审计的双向独立性有较大的区别。

3.审计范围的广泛性

由于国家审计的对象主要是与国家财产管理、使用有关的各种经济活动,因此,与国有财产有关的财政收支、财务收支活动,都在国家审计的范围之内。这也就使国家审计有了较大的审计范围。具体来说,现阶段国家审计的内容主要包括财政审计、金融审计、国有企业财务收支审计、固定资产投资审计、行政事业单位财务审计、农业资金审计和外资审计等。

2.3 民间审计

2.3.1 民间审计的含义

民间审计又称注册会计师审计、社会审计,指经有关政府机关审核批准的注册会计师或民间审计组织所进行的审计。民间审计的特点是受托审计。注册会计师和民间审计组织接受国家机关、企业事业单位和个人委托,承办财务收支的审计查证、经济案件的鉴定、注册资金的验证和年检及有关涉外审计业务。

注册会计师和民间审计组织与被审计单位之间是契约关系,审计的目的和内容取决于委托人的要求,审计责任因委托合同而产生,不具有强制监督职能。它必须独立于委托人和被审计单位之外,以第三者的身份,根据公认的会计准则和审计准则执业。民间审计组织应接受审计机关的管理和业务指导,承办审计机关委托的审计事项时所作出的审计报告,应报送审计机关审查。

2.3.2　民间审计的组织模式

民间审计组织,是指根据国家法律或条例的规定,经财政部门审核批准成立的会计师事务所。

1.民间审计组织设置

(1)有限责任会计师事务所

有限责任会计师事务所,是指由注册会计师出资发起设立、承办注册会计师业务并负有限责任的社会中介机构。以有限责任方式设立的会计师事务所,以其全部资产对其债务承担责任。会计师事务所的出资人承担的责任,以其出资额为限。

(2)合伙会计师事务所

合伙会计师事务所,是指由两名以上注册会计师组成的合伙组织,债务由合伙人按出资比例或者协议的约定以各自的财产承担责任,合伙人对会计师事务所的债务承担连带责任。

(3)独资会计师事务所

独资会计师事务所,是指具有注册会计师执业资格的人员独自设立,承担无限责任的会计师事务所。独资会计师事务所的优点是可以满足规模较小的企业代理记账、纳税等方面的业务需求。但是,作为单一所有者的注册会计师,应对其行为承担无限责任,所以,独资会计师事务所一般无力承担大型业务。

(4)有限责任合伙的会计师事务所

有限责任合伙的会计师事务所,是指事务所以全部资产对其债务承担责任,各合伙人只对个人执业行为承担无限责任的一种会计师事务所。

根据 1994 年 1 月 1 日起施行的《中华人民共和国注册会计师法》的规定,我国只允许设立有限责任会计师事务所和合伙会计师事务所。

2.会计师事务所的审计业务

法定审计业务,是注册会计师依法接受委托,对委托人(包括企业、事业单位以及其他经济组织)编制的会计报表或特定的事项进行审计鉴证,并发表审计意见。民间审计的法定审计业务包括以下几个方面的内容:

(1)会计报表审计

会计报表审计,是注册会计师依法接受委托,按照《中国注册会计师独立审计准则》(以下简称《独立审计准则》)的要求,对被审计单位的会计报表实施必要的审计程序,获取充分、适当的审计证据,对被审计单位编制的会计报表的合法性、公允性和一贯性发表审计意见。合法性,是指被审计单位会计报表的编制是否符合国家财务会计制度及其他财经法律、法规的规定。公允性,是指会计报表在所有重要方面,是否公允地反映了被审计单位的财务状况、经营成果和资金变动情况。一贯性,是指被审计单位会计处理方法的选用是否符合一贯性原则。

注册会计师根据《独立审计准则》的要求,在实施必要的审计程序后,应出具审计报告,对被审计单位编制的会计报表发表审计意见。审计报告是注册会计师审计工作的最终产品,是民间审计工作质量的具体体现。注册会计师及其所在的事务所应对审计报告的合法性、真实性负责。

(2)验资

企业资本验证,简称验资,是指注册会计师依法接受委托,按照《独立审计准则》的要求,对被审计单位的实收资本及其相关的资产、负债的真实性、合法性进行审验。

验资分为设立验资和变更验资两种基本类型。设立验资,是指注册会计师依法接受委托,对被审计单位申请设立登记时的实收资本及相关资产和负债的真实性、合法性进行审验。变更验资,是指被审计单位因合并、分立、发行新股、转让股权或被审计单位实收资本比原注册资本增加或减少超过一定比例,依法向原登记机关申请变更登记时,注册会计师依法接受委托对其变更的注册资本和实收资本的真实性、合法性进行审验。

注册会计师在承办验资业务时,应针对投资者不同的出资方式,采取相应的审验方法。对实物出资和无形资产出资,注册会计师应以国家主管行政机关认定的评估机构出具的评估报告作为审验依据。对不同组织形式或性质的被审计单位,如有限责任公司与股份有限责任公司、国内企业与外商投资企业等,在投入资本管理方面,国家有关法律、法规的要求不同。因此,注册会计师在制订审验工作计划、确定审验内容时,要充分考虑国家法律、法规的特定要求。

注册会计师在实施了必要的验资程序,取得充分、适当的验证证据后,应审核验资工作底稿。验资报告是注册会计师确认企业投资者实收资本及其相关资产和负债真实性、合法性的书面文件,具有法律证明效力。

(3)企业合并、分立、清算事宜中的审计业务

企业合并、分立或清算时,应根据国家有关法律、法规的规定,编制合并、分立、清算会计报表。为了保护企业债权人、投资者的合法权益,保证正确执行国家的财务会计法律、法规,企业应聘请注册会计师对其编制的会计报表进行审计。注册会计师应按照《独立审计准则》要求,承办委托业务,并发表审计意见,出具审计报告。

2.3.3　民间审计的职能

民间审计的基本职能是鉴证、评价,同时只要受托经济责任关系存在,民间审计的鉴证、评价职能就将持续存在并发挥作用。

1. 鉴证

鉴证是指注册会计师对鉴证对象信息提出结论,以增强除责任方之外的预期使用者对鉴证对象信息信任程度的业务。

鉴证包括历史财务信息审计业务、历史财务信息审阅业务和其他鉴证业务。鉴证业务包括三方关系、鉴证对象、标准、证据和鉴证报告五要素。注册会计师执行历史财务信息审计业务、历史财务信息审阅业务和其他鉴证业务时,应当遵守相关的审计准则、审阅准则和其他鉴证业务准则。

2. 评价

根据我国《独立审计准则》,独立审计的总目标是对被审计单位会计报表的合法性、公

允性以及会计处理方法的一贯性表示意见。这一规定恰当地强调了审计总目标是对会计报表表示意见。注册会计师搜集证据的唯一目的,就在于使自己能够对会计报表的合法性、公允性和一贯性表示意见,并提出真实合法的审计报告。

根据上述审计目标,注册会计师在取得充分适当的审计证据后,应当视审计中是否受到限制,是否与被审计单位有不同意见,以及是否存在未确定事项等,并根据其对会计报表反映的影响程度分别出具无保留意见、保留意见、否定意见和无法表示意见的审计报告。注册会计师的审计报告,有助于会计报表使用者了解、掌握被审计单位的财务状况和经营成果。

根据我国《独立审计准则》,被审计单位的会计责任是建立、健全内部控制制度,保护其资产的安全、完整,对其会计资料的真实性、完整性、合法性负责。也就是说,保证会计报表的质量,被审计单位是责无旁贷的,这一责任不得由注册会计师代行。注册会计师的审计责任,是按照《独立审计准则》的要求出具审计报告,并对出具的审计报告的真实性、合法性负责,但注册会计师的审计责任,不能减轻或者免除被审计单位的会计及其他管理责任。就公允性和一贯性而言,注册会计师应注意运用正确的判断,保持应有的职业关注,通过对被审计单位的报表、账簿、凭证以及一切相关资料进行审查予以确定。就合法性而言,尽管注册会计师不能揭露会计报表中所存在的全部错误、舞弊和不法行为,但有责任揭露会计报表的重大错误、舞弊以及对会计报表有重大影响的不法行为。

2.3.4　注册会计师协会

1.中国注册会计师协会

中国注册会计师协会,是在财政部领导下,经政府批准成立的注册会计师的行业组织,成立于1988年。一方面,它对会计师事务所和注册会计师进行自我教育和自我管理;另一方面,它又是联系政府机关和注册会计师的桥梁和纽带。中国注册会计师协会对外作为一个独立的社会团体,加强与国外会计职业组织以及国际会计职业组织之间的交流,为我国注册会计师步入国际舞台发挥作用;对内拟订会计师事务所管理制度和注册会计师专业标准、组织注册会计师业务培训和考试等方面工作。

中国注册会计师协会的宗旨是:服务、监督、管理、协调,即以诚信建设为主线,服务本会会员,监督会员执业质量、职业道德,依法实施注册会计师行业管理,协调行业内、外部关系,维护社会公众利益和会员合法权益,促进行业健康发展。

2.国际注册会计师协会

国际会计师公会(The Association of International Accountants)简称AIA,成立于1928年,总部设在英国,是世界领先的国际会计认证团体,在许多国家设有分会,其会员遍布全球。AIA于1994年获得英国审计资格,这是国际会计认证团体所能获得的最高殊荣和认可。

AIA是五大国际会计认证机构之一,其执业资格受法律许可在欧盟各国、加勒比海沿岸多国、非洲多国以及中国香港等地可依法从事执业会计、审计工作。AIA有近30万名执业会员,分布于全球140多个国家,已在世界许多国家拥有分支机构并得到法律认可。

特许公认会计师公会(The Association of Chartered Certified Accountants)简称ACCA,成立于1904年,是目前世界上最大及最有影响力的专业会计师组织之一,也是在运作上通向国际化及发展最快的会计师专业团体。

ACCA在英国等许多国家为法定会计师资格,其会员可受法律许可从事审计、税务、破产执行及投资顾问等专业会计师工作。

ACCA会员资格,得到欧盟立法以及许多国家公司法的承认。ACCA在欧洲会计专家协会(FEE)、亚太会计师联合会(CAPA)和加勒比特许会计师协会(ICAC)等会计组织中,起着非常重要的作用。在国际上,ACCA是国际会计准则委员会(IASC)的创始成员,也是国际会计师联合会(IFAC)的成员,赢得联合国和大量国际组织的高度评价,更为众多的跨国公司和专业机构所推崇。

2.4　内部审计

2.4.1　内部审计的含义

《审计法》规定,国务院各部门和地方政府各部门、国有和国有资产占控股地位的企业和金融机构、有国有资产的事业组织,应当按照国家有关规定建立健全内部审计制度。内部审计是对本部门、本单位及所属各部门、各单位财政财务收支的真实性、合法性和效益性进行审计。内部审计制度,是部门、单位健全内部控制,审查财政财务收支,改善经营管理,提高资金使用效果,提高经济效益的一项重要的管理控制制度。我国内部审计机构,是指在部门、单位从事组织和办理审计业务的专门机构。它是我国审计主体的重要组成部分。内部审计机构和内部审计人员可以加入内部审计行业自律组织。国家审计机关对内部审计工作和内部审计行业自律组织的活动进行指导和监督。

实行内部审计制度,有利于企业通过内部审计来检查和评价内部各部门和单位履行经济责任的状况,加强内部管理和控制,挖掘内部潜力,提高经济效益,增强竞争能力,维护自身的合法权益;有利于占有和使用国有财产的部门和单位通过内部审计来保护国有财产的完整,提高国有财产利用效果和效率;有利于国家通过内部审计促使各部门、各单位加强对国有财产的经营和管理,以巩固和发展国有经济。

2.4.2　内部审计的组织模式

1.内部审计机构设置

我国的内部审计机构,是根据审计法规和其他财经法规的规定设置的,主要包括部门内部审计机构和单位内部审计机构。

(1)部门内部审计机构

国务院和县级以上地方各级人民政府各部门,应当建立内部审计监督制度,根据审计业务需要,分别设立审计机构并配备审计人员,在本部门主要负责人的领导下,负责所属部门和本行业的财务收支及其经济效益的审计。审计业务受同级国家审计机关的指导,向本部门和同级国家审计机关报告工作。

(2)单位内部审计机构

大中型企业事业单位,应当建立内部审计监督制度,设立审计机构,在本单位主要负责人领导下,负责本单位的财务收支及其经济效益的审计。审计业务受上一级主管部门审计机构的指导,向本单位和上一级主管部门审计机构报告工作。

审计业务少的单位和小型企业事业单位,可设置专职的内部审计人员,而不设独立的内部审计机构。内部审计机构是在企业财务部门以外单独设立的部门。根据我国目前已经建立的内部审计机构来看,内部审计机构的隶属关系主要有以下三种组织形式:

第一,内部审计机构隶属于部门、单位的财务部门,由本部门、本单位的会计主管领导。

第二,内部审计机构与部门、单位的其他各职能部门平行,由单位的总会计师或总经济师领导。

第三,内部审计机构由部门、单位的主要负责人直接领导,其地位和职权超越部门、单位的其他职能部门,如由董事会(或下属的审计委员会)或者总经理直接领导。

相对而言,第三种组织形式的内部审计机构独立性较强。2003年2月发布的《审计署关于内部审计工作的规定》也支持第三种组织形式。

2.内部审计机构的职权

内部审计机构在审计过程中,有下列主要职权:检查会计凭证、账簿、报表、决算、资金、财产,查阅有关的文件、资料,参加有关的会议,对审计中发现的问题向有关单位和人员进行调查并索取证明材料;提出制止、纠正和处理违反财经法纪事项的意见,以及改进管理、提高效益的建议;对严重违反财经法纪和严重失职造成重大经济损失的人员,向领导提出追究其责任的建议;对阻挠、拒绝和破坏内部审计工作的,必要时,经领导批准,可采取封存账册和资财等临时措施,并提出追究有关人员责任的建议;对工作中的重大事项,部门的审计机构应向上级内部审计机构反映,单位的审计机构应向同级国家审计机关反映。此外,内部审计机构所在单位可以在其管理权限范围内,授权内部审计机构经济处理、处罚的权限。

3.内部审计机构的设置原则

(1)独立性原则

尽管内部审计是相对独立的,但独立性仍是内部审计的基本特征,设立内部审计机构必须符合审计独立性的要求。无论是部门中的还是企业单位中的内部审计机构,都必须保持其组织上和业务上的独立性。既不能把内部审计机构附设在财务部门中,也不能附设在其他职能部门中,否则,就丧失了它的独立性,就难以客观公正地进行审计。独立性是内部审计机构设置的前提。

(2)专职高效原则

所谓专职,是指内部审计部门及人员应该是专门从事审计工作的机构和人员,应完全置身于其他具体的业务活动之外。所谓高效,是指内部审计机构的设置应该精简,因事纳人。专职高效是内部审计机构设置的基本要求。

(3)权威性原则

只有具有一定的权威性,才能顺利开展内部审计工作。《审计署关于内部审计工作的规定》中指出,内部审计是国家授予的权力,部门、单位在设立内部审计机构时,应就内部审计的职责和权限做出明确规定,并强调内部审计的权威性,以利于工作的进行。内部审计机构自身也要通过审计成果的科学性来增强其权威性。

2.4.3 内部审计的特征

1.服务对象的内向性

内部审计是为加强内部经济管理和控制服务的,内部审计人员是部门、单位领导在经济管理和经济监督方面的参谋和助手。服务对象的内向性是国内外内部审计共同的基本特征。无论是我国企业的内部审计还是西方国家企业的内部审计,其主要职责是代表企业管理层,监督各部门贯彻管理当局的要求,维护本单位的利益,为实现其经营目标服务。

2.审查范围的广泛性

内部审计主要是为部门、单位的经营管理服务的,这就决定了内部审计的范围必然要涉及部门、单位经济活动的方方面面。内部审计的审计报告不具有法律效力,既可进行内部财务审计和内部经济效益审计,又可进行事后审计和事前审计;既有制约作用,又有促进作用。而且,一般都能满足领导的要求,领导要审查什么,内部审计人员就审查什么。

3.审计作用的稳定性

随着经济的发展,内部审计从只起制约作用扩展到改善经营管理和提高盈利水平等的促进作用方面。我国内部审计的制约性和促进性两项作用在相当长的时间内会同时存在。所以,审计作用的稳定性又是我国内部审计的重要特征之一。

2.4.4 内部审计师协会

国际内部审计师协会(英文缩写 IIA),成立于1941年,是由内部审计人员组成的国际性审计职业团体。其前身是美国内部审计师协会。国际内部审计师协会在联合国经济和社会开发署享有顾问地位,是最高审计机关国际组织的常任观察员,是国际政府财政管理委员会、国际会计师委员会的团体会员。协会现有196个分会,分布在全球100多个国家和地区。中国内部审计学会(现已更名为中国内部审计协会)1987年加入该协会,成为其国家分会。国际内部审计师协会的宗旨,是为会员履行各项专业职责并为促进内部审计事业的发展提供服务:

(1)在国际范围内开展全面的专业开发活动,制定内部审计实务标准和颁发内部审计师证书。

(2)为协会会员和全世界公众提供研究、传播和发展内部审计(包括内部控制以及有关课题)的知识与信息。

(3)加强各国内部审计师之间的联系,交流内部审计信息和各国内部审计经验,促进内部审计教育事业的发展。

20世纪90年代后,IIA把"在全球范围提升内部审计形象,突出介入风险管理和高层管理的必要性,指导内部审计适应形势发挥作用"作为其战略方向。

1998年中国内部审计学会与国际内部审计师协会签订协议,将国际注册内部审计师资格考试引入中国,首次将广东作为试点并获得了成功。我国开展国际注册内部审计师资格考试,主要目的在于学习和借鉴西方国家先进的科学管理理念和方法,提高我国内部审计从业人员的执业水平,培养一批具有国际先进水平的企业高级管理人才,为建立社会主义市场经济和现代企业制度服务。

复习思考题

一、单项选择题

1. 审计的特性是(   )。

A. 效益性   B. 合理性   C. 独立性   D. 有效性

2. 审计检查的对象是(   )。

A. 财务资料   B. 财务数据   C. 经济事件   D. 经济活动

二、多项选择题

1. 依法对我国注册会计师实行监督的行政部门是(   )。

A. 审计署   B. 财政部门   C. 工商部门   D. 注册会计师协会

2. 审计按照审计主体的不同可分为(   )。

A. 国家审计   B. 内部审计   C. 外部审计   D. 民间审计

3. 下列业务中,会计师事务所可以为客户提供的服务有(   )。

A. 审查企业会计报表,出具审计报告

B. 验证企业资本,出具验资报告

C. 办理企业合并、分立、清算等业务,出具有关的报告

D. 承办会计咨询、会计服务业务

4. 内部审计机构的设置原则(   )。

A. 独立性原则   B. 专职高效原则   C. 权威性原则   D. 服从性原则

三、判断题

1. 独立审计是指注册会计师依法接受委托,对被审计单位的会计报表及其相关资料进行独立审查并发表意见。 (   )

2. 审计检查的对象是经济活动。 (   )

四、简答题

1. 我国会计师事务所组织形式分为哪几种?它们的定义是什么?

2. 民间审计和国家审计的区别是什么?

3. 我国国家审计机关有哪些职责和权限?

4. 我国的内部审计有哪些特征?

应用技能训练题

1. 结合实际情况谈谈你如何理解审计的独立性。

2. 根据教材内容做一份我国的审计分类表。

第 **3** 章

审计规范和审计人员职业道德

【知识目标】

通过本章内容的学习,学生应掌握我国审计规范的类别及其内容,理解审计职业道德的作用。

【应用能力目标】

1. 掌握对审计规范体系构建的基本认识;

2. 能结合实际判断违反审计人员职业道德的行为。

3.1 审计规范

3.1.1 审计规范概述

1. 审计规范的定义

审计规范诞生于 20 世纪 40 年代,相对于审计的起源与发展而言,审计规范虽然起步较晚,但在六十多年的时间里迅速地发展和完善起来,现已成为指导审计工作、规范审计行为的原则和标准。审计规范是审计发展史上的里程碑,其发展和完善是审计执业水平不断提高的主要标志。

不同国家、不同审计主体对审计规范的含义有不同的表述,综合起来,主要有两种观点:一种认为审计规范是审计人员的行为准则,另一种认为审计规范是组织审计工作、衡量审计工作质量的权威性标准。显然,两者都强调审计准则对审计工作的指导意义和对审计质量的保证作用。因此,对审计人员素质的要求和对审计工作质量的要求,就成为审计规范的两大内容。

下面的定义恰当地综合了上述两方面的内容:审计规范是由权威机构认可的、用以明确审计主体资格和指导审计人员工作的专业准则。从这一定义,我们可以推断:

(1)审计规范是一种关于审计主体资格及审计活动的专业准则

规范,就是约定俗成或明文规定的东西,它告诉人们应该如何做,不应该如何做。最初制定审计规范的动机是通过规范审计行为,提高审计质量来取信于审计报告的使用者。审计规范在内容上明确了审计主体的资格要求,规定了审计人员在审计业务中可以做什么,不可以做什么。因此,审计规范是一种准则,是关于审计主体资格及其行为的专业准则,它不仅可以指导审计人员开展审计工作,而且还可为判断审计工作质量的好坏、审计报告的真实、公允与否提供依据。

(2)审计规范有权威机构的肯定与支持

只有得到权威机构的肯定与支持，审计规范才有可能在实务界得以遵守和执行。在我国，国家审计规范由国家审计署制定并颁布，内部审计规范由内部审计协会制定并发布，民间审计规范则由财政部颁布，都具有权威性和可行性。

2.审计规范的内容结构

各种审计主体的审计规范有着不同的结构，一般说来有两种：三段式和非三段式。世界上第一部审计规范采用的就是三段式结构，包括一般规范、现场工作规范（外勤规范）、报告规范三部分，随后日本、加拿大、德国等国也采用了这种三段式结构；其他的审计规范结构则统称为非三段式结构。我国的审计规范按审计主体的不同可分为国家审计规范、内部审计规范和民间审计规范三类，虽然它们在具体条款上各有不同，但都包含以下内容结构：

(1)一般规范

一般规范，也称审计人员规范，是关于审计人员任职资格条件和执业行为等的规范。其内容一般包括审计的目标、审计的基本原则、审计人员的任职资格条件和审计人员的基本职业道德。

(2)现场工作规范

现场工作规范，也称外勤规范，是审计人员实际执行审计业务过程中应遵循的规范。其内容一般包括：审计计划的编制、审计工作范围的确立、审计程序的运用、审计技术方法的实施、审计证据的收集、审计工作底稿的编制等方面的规定和要求。

(3)报告规范

报告规范，是审计人员编写审计报告时应遵循的规范。其内容一般包括对审计报告应记载事项的规定、对发表审计意见的规定、对补充记载事项的规定、对审计报告报送对象及报送时间的规定等。

3.审计规范的作用

审计规范是对审计人员及其专业行为的基本规范要求，制定、颁布审计规范，是充分、有效地发挥审计作用的必要条件和重要保证。

(1)审计规范是衡量审计质量的客观标准。审计工作的质量，是通过审计结论的可靠性和公正性来体现的，很难进行直接的质量测定。评价审计质量，必须依据对审计人员和审计过程进行评价的专业标准，审计规范正是提供了这种评价依据。

(2)审计规范是明确审计责任的依据，也能保护审计人员的合法权益。审计在鉴证会计信息可靠性的同时，还要保护委托人的利益。与此相适应，审计人员承担着执业责任和法律责任。审计规范不仅规定了审计执业责任的最低要求，还规定了审计人员违背审计规范应承担的法律责任。如果审计人员严格按照审计规范的要求执业，就可以最大限度地降低审计风险，当受到不公正的指责和控告时，可以充分利用审计规范保护其合法权益。

(3)审计规范是审计组织与国内社会各界进行沟通、与世界各国相关人员进行经验交流的中介。审计工作专业性较强，通过制定审计规范，可以使社会各界了解审计工作的基本内容和审计质量的基本水准;审计执业人员也可以了解社会对审计的需求及其变化,更好地满足社会和服务对象的需要。审计规范是审计实践经验的总结和升华,已成为审计理论的重要组成部分,各国审计规范相互协调,有利于推动各国审计经验的交流,促进全球经济的共同繁荣与发展。

(4)审计规范是完善内部管理的基础。科学可行的审计规范,是审计机构改进管理、提高审计质量与效率的基础。以审计规范为依据制定各种内部管理制度,是保证审计规范化、制度化的有效措施。

此外,审计规范的制定与颁布,还为解决审计争议提供了仲裁标准,有力地保护了审计人员的合法权益,对于维护审计人员的职业形象也是非常有益的。审计规范也为审计教育包括审计专业教育(学历教育)、职业继续教育明确了方向和目标,对提高审计教育质量有着积极作用。

3.1.2 国家审计规范

国家审计,是指国家特设的审计机关对政府机关的财政财务收支及各种经济活动资料所进行的审计。我国国家审计规范的制定主体是国家审计机关,规范的对象是审计机关和审计人员。

根据 2011 年 1 月 1 日国家审计署颁布实施的《中华人民共和国国家审计准则》,我国国家审计基本准则是国家审计准则的总纲,由总则、审计机关和审计人员、审计计划、审计实施、审计报告、审计质量控制和责任、附则七个部分组成。国家审计准则是我国政府审计机关和人员进行国家审计过程中必须遵照执行的规范。国家审计准则旨在规范和指导审计机关和审计人员执行审计业务的行为,保证审计质量,防范审计风险,发挥审计保障国家经济和社会健康运行的"免疫系统"功能。

国家审计规范包括一般规范、工作规范和报告规范。

(1)一般规范。最高审计机关和审计人员必须是独立的;各最高审计机关应避免审计人员和被审计单位之间存在利害冲突;最高审计机关和审计人员必须具备胜任能力;最高审计机关和审计人员必须在遵守最高审计机关国际组织的审计准则时保持合理的谨慎性;其他一般准则。

(2)工作规范。审计人员应编制审计计划以确保经济、有效、及时、高效率和高质量地进行审计;在审计过程中,各级审计人员的工作以及每个审计阶段都应受到严格的监督,审计纪录应由一名高级审计人员进行审查;在确定审计程序和范围时,审计人员应当调查和评价内部控制的可靠性;在进行常规(财务)审计时,应对现行法律和规章的遵循情况实施测试;应取得足够的、相关的和合理的证据,作为证实审计人员对被审计的组织、活动或职能机构所做出的判断和结论的依据;进行常规(财务)审计时,审计人员应当分析财务报表,以确定其是否符合有关公认的财务报告和披露的准则。

(3)报告规范。每次审计结束时,审计人员都应编写一份书面意见或报告,以恰当的形式陈述审计结果;审计人员所属的最高审计机关决定最终所要采取的针对审计人员已发现的欺骗性做法或严重的舞弊行为的报告行动。

3.1.3 内部审计规范

我国内部审计规范主要体现在两个方面：一是国家审计法规对内部审计的规定；二是中国内部审计协会制定的《内部审计准则》。

1. 国家审计法规对内部审计的规定

《中华人民共和国审计法》（以下简称《审计法》）规定：依法属于审计机关审计监督对象的单位，应当依照国家有关规定建立健全内部审计制度；其内部审计工作应当接受审计机关的业务指导和监督。

国家审计署颁布的《审计署关于内部审计工作的规定》，进一步明确了内部审计机构的设置、内部审计机构的职责和权限等有关规定。

（1）内部审计机构的设置。国家机关、金融机构、企业事业组织、社会团体以及其他单位，应当按照国家有关规定建立健全内部审计制度；法律、行政法规规定设立内部审计机构的单位，必须设立独立的内部审计机构；法律、行政法规没有明确规定设立内部审计机构的单位，可以根据需要设立内部审计机构，配备内部审计人员；有内部审计工作需要而不具有设立独立的内部审计机构的条件和人员编制的国家机关，可以授权本单位内设机构履行内部审计职责；设立内部审计机构的单位，可以根据需要设立审计委员会，配备总审计师；内部审计机构在本单位主要负责人或者权力机构的领导下开展工作。

（2）内部审计机构的职责。内部审计机构按照本单位主要负责人或者权力机构的要求，履行下列职责：对本单位及所属单位（含占控股地位或者主导地位的单位，下同）的财政收支、财务收支及其有关的经济活动进行审计；对本单位及所属单位预算内、预算外资金的管理和使用情况进行审计；对本单位内设机构及所属单位领导人员的任期内经济责任进行审计；对本单位及所属单位固定资产投资项目进行审计；对本单位及所属单位内部控制制度的健全性和有效性以及风险管理进行评审；对本单位及所属单位经济管理和效益情况进行审计；法律、法规规定和本单位主要负责人或者权力机构要求办理的其他审计事项。内部审计机构每年应当向本单位主要负责人或者权力机构提交内部审计工作报告。

（3）内部审计机构的权限。单位主要负责人或者权力机构应当制定相应规定，确保内部审计机构具有履行职责所必须具备的权限。主要是：要求被审计单位按时报送有关生产经营情况、财务收支计划、预算执行情况、决算表、会计报表等资料；参加本单位有关会议，召开与审计事项有关的会议；参与研究制定有关的规章制度，提出内部审计规章制度，由单位审定公布后施行；检查有关生产、经营和财务活动的资料、文件和现场勘查实物；检查有关的计算机系统及其电子数据和资料；对与审计事项有关的问题向有关单位和个人进行调查，并取得证明材料；对正在进行的严重违法违规、严重损失浪费行为，做出临时制止决定；对可能转移、隐匿、篡改、毁弃会计凭证、会计账簿、会计报表以及与经济活动有关的资料，经本单位主要负责人或者权力机构批准，有权予以暂时封存；提出纠正、处理违法违规行为的意见以及改进经济管理、提高经济效益的建议；对违法违规和造成损失浪费的单位和人员，给予通报批评或者提出追究责任的建议。

2.内部审计准则

为使内部审计工作更加制度化、规范化和职业化,中国内部审计协会已经建立了一系列与国际内部审计准则相衔接的中国内部审计准则。准则体系有内部审计基本准则、内部审计具体准则、内部审计实务指南三个层次组成。

(1)内部审计基本准则。该准则按照一般准则、作业准则、报告准则、内部管理准则等内容,分别对审计机构、审计人员、独立性、重要性与审计风险、审计前的工作、审计方法、审计证据、审计工作底稿、审计报告的撰写、审计报告的复核、后续审计,以及审计计划、对审计人员的管理、内部审计与外部审计的协调等,进行了规范。

(2)内部审计具体准则。内部审计具体准则以内部审计基本准则为依据编制,是执行内部审计工作的行为规范。我国内部审计协会颁布的内部审计具体准则包括《审计计划》、《审计通知书》、《审计证据》、《审计工作底稿》、《内部控制审计》、《舞弊的预防、检查与报告》、《审计报告》、《后续审计》、《内部审计督导》、《内部审计与外部审计的协调》、《结果沟通》、《遵循性审计》、《评价外部审计工作质量》、《利用外部专家服务》、《分析性复核》、《风险管理审计》、《重要性与审计风险》、《审计抽样》、《内部审计质量控制》、《人际关系》、《内部审计的控制自我评估法》、《内部审计的独立性与客观性》、《内部审计机构与董事会或最高管理层的关系》、《内部审计机构的管理》、《经济性审计》、《效果性审计》、《效率性审计》、《信息系统审计》等若干个具体审计准则。

(3)内部审计实务指南。除上述内部审计具体准则之外,内部审计协会还颁布了《建设项目内部审计》、《物资采购审计》等若干个审计实务指南,以有利于内部审计工作的进一步开展。

3.1.4　民间审计规范

我国民间审计规范主要表现为国家颁布的《中华人民共和国注册会计师法》(以下简称《注册会计师法》)和由中国注册会计师协会拟订并由财政部颁布的《中国注册会计师鉴证业务基本准则》等。

1.《注册会计师法》的有关规定

《注册会计师法》对注册会计师的人员资格、业务范围和规则、会计师事务所、注册会计师协会、法律责任等给予了明确规定,是国家对注册会计师行业进行管理的重要法规。

(1)注册会计师的人员资格。注册会计师,是依法取得注册会计师证书并接受委托从事审计和会计咨询、会计服务业务的执业人员。国家实行注册会计师全国统一考试制度。有规定学历或者相应技术职称的中国公民可以申请参加考试。考试成绩合格,从事审计工作两年以上,并符合相关条件者,可以向省级注册会计师协会申请注册。准予注册的申请人,由注册会计师协会颁发全国统一的注册会计师证书。

(2)业务范围和规则。注册会计师可以承办的审计业务包括:审查企业会计报表,出具审计报告;验证企业资本,出具验资报告;办理企业合并、分立、清算事宜中的审计业务,出具有关的报告;法律、行政法规规定的其他审计业务。注册会计师依法执行审计业务出具的报告,具有证明的作用。此外,注册会计师可以承办会计咨询、会计服务等业务。

注册会计师承办业务,由所在的会计师事务所统一受理并与委托人签订委托合同。

会计师事务所对本所注册会计师承办的业务,承担民事责任。注册会计师执行业务,可以根据需要查阅委托人的有关会计资料和文件,查看委托人的业务现场和设施,要求委托人提供其他必要的协助。注册会计师与委托人有利害关系的,应当回避。注册会计师对在执行业务中知悉的商业秘密,负有保密义务。

注册会计师执行审计业务出具报告时,不得有下列行为:明知委托人对重要事项的财务会计处理与国家有关规定相抵触,而不予指明;明知委托人的财务会计处理直接损害报告使用者的利益,而予以隐瞒或者做不实的报告;明知委托人的财务会计处理导致报告使用人或者其他利害关系人产生重大误解,而不予指明;明知委托人的会计报表的重要事项有其他不实的内容,而不予指明。

注册会计师不得有下列行为:在执行审计业务期间,在法律、行政法规规定的不得买卖被审计单位的股票、债券或者不得购买被审计单位或者个人的其他财产的期限内,买卖被审计单位的股票、债券或者购买被审计单位或者个人所拥有的其他财产;索取、收受委托合同约定以外的酬金或者其他财物,或者利用执行业务之便,谋取其他不正当的利益;接受委托催收债款;允许他人以本人名义执行业务;同时在两个或两个以上的会计师事务所执行业务;对其能力进行广告宣传以承揽业务等。

(3)会计师事务所。会计师事务所是依法设立并承办注册会计师业务的机构。注册会计师执行业务,应当加入会计师事务所。会计师事务所可以由注册会计师合伙设立,也可以在符合一定条件的前提下成为负有限责任的法人。会计师事务所的设立要报送相关文件,经由省级财政部门批准;会计师事务所分支机构的设立,也要经省级财政部门批准。会计师事务所应依法纳税,按照财政部门的规定建立职业风险基金,以提高职业责任风险的能力。会计师事务所受理业务,一般不受行政区域、行业的限制;委托人委托会计师事务所办理业务,任何单位和个人不得干预。

(4)注册会计师协会。注册会计师协会,是由注册会计师组成的社会团体。注册会计师应当加入注册会计师协会。中国注册会计师协会,依法拟订注册会计师执业准则、规则,报国务院财政部门批准后施行。注册会计师协会,应当支持注册会计师依法执行业务,维护其合法权益,向有关方面反映其意见和建议;应当对注册会计师的任职资格和执业情况进行年度检查。

(5)法律责任。会计师事务所没有按照规定执业,出具不负责任的审计报告的,由省级以上财政部门给予警告,没收违法所得,可以并处违法所得一倍以上五倍以下的罚款;情节严重的,可以由省级以上财政部门暂停其经营业务或者予以撤销。注册会计师没有按照规定执业,出具不负责任的审计报告的,由省级以上财政部门给予警告;情节严重的,可以由省级以上财政部门暂停其执行业务或者吊销其注册会计师证书。

会计师事务所、注册会计师违反规定,故意出具虚假的审计报告、验资报告,构成犯罪的,依法追究刑事责任。会计师事务所违反注册会计师法的规定,给委托人、其他利害关系人造成损失的,应当依法承担赔偿责任。

2.中国注册会计师执业准则体系

为了保持与国际审计准则的持续全面趋同,进一步规范注册会计师执业行为,提高执业质量,维护社会公众利益,针对国际审计准则的新变化以及我国审计实务需要解决的新问题,中国注册会计师协会对《中国注册会计师审计准则》进行了全面修订。2010年10月31日中国审计准则委员会会议审议通过了中国注册会计师协会修订的38项审计准则,在进一步修改完善后由财政部正式发布,并于2012年1月1日起施行。

修改后的新审计准则吸收借鉴国际审计准则的最新成果,并充分考虑我国审计实务中面临的一些新的需要解决的问题,实现了与国际审计准则的持续全面趋同。中国注册会计师执业准则体系包括《鉴证业务准则》、《相关服务准则》和《会计师事务所质量控制准则》。

《鉴证业务准则》由《中国注册会计师鉴证业务基本准则》统领,按照鉴证业务提供的保证程度和鉴证对象的不同,分为《中国注册会计师审计准则》、《中国注册会计师审阅准则》和《中国注册会计师其他鉴证业务准则》。其中,《中国注册会计师审计准则》是整个执业准则体系的核心,主要用以规范注册会计师执行历史财务信息的审计业务。

3.《中国注册会计师鉴证业务基本准则》的有关规定

在注册会计师执业准则体系中,对注册会计师鉴证业务有指导性的准则是《中国注册会计师鉴证业务基本准则》。

(1)鉴证业务基本准则的作用包括:①规范注册会计师执行的鉴证业务;②明确鉴证业务的目标和要素;③确定《中国注册会计师审计准则》、《中国注册会计师审阅准则》和《中国注册会计师其他鉴证业务准则》适用的鉴证业务类型。

《中国注册会计师鉴证业务基本准则》的主要内容包括鉴证业务的定义和目标、业务承接、鉴证业务的三方关系、鉴证对象、标准、证据、鉴证报告等。

(2)鉴证业务的定义和目标。鉴证业务,是指注册会计师对鉴证对象信息提出结论,以增强除责任方之外的预期使用者对鉴证对象信息信任程度的业务。

鉴证对象信息主要是按照既定标准对鉴证对象进行评价和计量的结果,比如责任方按照会计准则和相关会计规范对其财务状况、经营成果和现金流量进行确认、计量和列报而形成的财务报表等。鉴证对象信息应当恰当反映既定标准运用于鉴证对象的情况,否则,鉴证对象信息可能存在错报,甚至可能存在重大错报。但是,在进行这样的审计工作时,首先要分清基于责任方认定的业务和直接报告业务。

所谓基于责任方认定的业务,即注册会计师对财务报表出具审计报告。在财务报表审计中,被审计单位管理层(责任方)对财务状况、经营成果和现金流量(鉴证对象)进行确认、计量和列报(评价或计量)而形成的财务报表(鉴证对象信息)即为责任方认定,而这种对财务报表等的审计业务属于基于责任方认定的业务。所谓直接报告业务,则为注册会计师对一些鉴证对象直接出具报告。比如,在内部控制鉴证业务中,注册会计师可能无法从管理层(责任方)获取其对内部控制有效性的评价报告(责任方认定),或预期使用者无法获取该报告,这样,注册会计师即可直接对内部控制的有效性(鉴证对象)进行评价并出具鉴证报告,这种业务属于直接报告业务。

鉴证业务的保证程度,可分为合理保证和有限保证,审计的目标也因此而存在区别。合理保证的鉴证业务的目标,是注册会计师将鉴证业务风险降至该业务环境下可接受的低水平,以此作为以积极方式提出结论的基础。例如,在历史财务信息审计中,要求注册会计师将审计风险降至可接受的低水平、对审计后的历史财务信息提供高水平保证(合理保证），就应在审计报告中对历史财务信息采用积极的方式提出结论。而有限保证的鉴证业务的目标，是注册会计师将鉴证业务风险降至该业务环境下可接受的水平，以此作为以消极方式提出结论的基础。例如，在历史财务信息审阅中，要求注册会计师将审阅风险降至该业务环境下可接受的水平（高于历史财务信息审计中可接受的低水平），对审阅后的历史财务信息提供低于高水平的保证（有限保证），则可在审阅报告中对历史财务信息采用消极方式提出结论。

（3）业务承接。在接受委托前，注册会计师应当初步了解业务环境。只有认为符合独立性和专业胜任能力等相关职业道德规范的要求，并且对拟承接的业务具备承接的一些条件之后，注册会计师才能将其作为鉴证业务予以承接。当对拟承接的业务不具备承接条件时，注册会计师不能将其作为鉴证业务，但可以提请委托人将其作为非鉴证业务（如商定程序、代编财务信息、管理咨询、税务服务等相关服务业务）。对已承接的鉴证业务，如果没有合理理由，注册会计师不应该将该项业务变更为非鉴证业务，或将合理保证的鉴证业务变更为有限保证的鉴证业务。

（4）鉴证业务的三方关系。鉴证业务涉及的三方关系人包括注册会计师、责任方和预期使用者。责任方与预期使用者可能是同一方，也可能不是同一方。

责任方可能是鉴证业务的委托人，也可能不是委托人，但应是在直接报告业务中对鉴证对象负责的组织或人员，或是在基于责任方认定的业务中，对鉴证对象信息负责并可能同时对鉴证对象负责的组织或人员。

预期使用者是指预期使用鉴证报告的组织或人员。责任方可能是预期使用者，但不是唯一的预期使用者。在可行的情况下，鉴证报告的收件人应当明确为所有的预期使用者。

（5）鉴证对象。在注册会计师提供的鉴证业务中，存在多种不同类型的鉴证对象。因此，鉴证对象信息也具有多种不同的形式，主要包括：当鉴证对象为财务业绩或状况时（如历史或预测的财务状况、经营成果和现金流量），鉴证对象信息是财务报表；当鉴证对象为非财务业绩或状况时（如企业的运营情况），鉴证对象信息可能是反映效率和效果的关键指标；当鉴证对象为物理特征时（如设备的生产能力），鉴证对象信息可能是有关鉴证对象物理特征的说明文件；当鉴证对象为某种系统或过程时（如企业的内部控制或信息技术系统），鉴证对象信息可能是关于其有效性的认定；当鉴证对象为一种行为时（如遵守法律法规的情况），鉴证对象信息可能是对法律法规遵守情况或执行效果的声明。

鉴证对象是否适当，是注册会计师能否将一项业务作为鉴证业务予以承接的前提条件。适当的鉴证对象应当同时具备下列条件：鉴证对象可以识别；不同的组织或人员对鉴证对象按照既定标准评价或计量的结果合理一致；注册会计师能够搜集与鉴证对象有关的信息，获取充分、适当的证据，以支持其提出适当的鉴证结论。

（6）标准。标准是指用于评价或计量鉴证对象的基准，当涉及列报时，还包括列报的基准。标准可以是正式的规定，如编制财务报表所使用的会计准则和相关会计制度，也可以是某些非正式的规定，如单位内部制定的行为准则或确定的绩效水平。

适当的标准应当具备下列所有特征：①相关性：相关的标准有助于得出结论，便于预期使用者做出决策；②完整性：完整的标准不应忽略业务环境中可能影响得出结论的相关因素,当涉及列报时,还包括列报的基准;③可靠性:可靠的标准能够使能力相近的注册会计师在相似的业务环境中,对鉴证对象做出合理一致的评价或计量;④中立性:中立的标准有助于得出客观的结论;⑤可理解性:可理解的标准有助于得出清晰、易于理解、不会产生重大歧义的结论。

(7)证据。注册会计师应当保持职业怀疑态度来计划和执行鉴证业务,获取有关鉴证对象信息是否不存在重大错报的充分、适当的证据。证据的充分性是对证据数量的衡量,主要与注册会计师确定的样本量有关。所需证据的数量受鉴证对象信息重大错报风险的影响,风险越大,可能需要的证据数量越多;所需证据的数量也受证据质量的影响,证据质量越高,可能需要的证据数量越少。证据的适当性是对证据质量的衡量,即证据的相关性和可靠性。证据的可靠性受其来源和性质的影响,并取决于获取证据的具体环境。

合理保证的鉴证业务和有限保证的鉴证业务,都需要运用鉴证技术和方法,搜集充分、适当的证据。与合理保证的鉴证业务相比,有限保证的鉴证业务在证据搜集程序的性质、时间、范围等方面是有意识地加以限制的。例如,财务报表审阅业务是一项有限保证的鉴证业务,在该业务中,注册会计师主要通过询问和分析程序来获取充分、适当的证据。

注册会计师应当记录重大事项,以提供证据支持鉴证报告,并证明其已按照鉴证业务准则的规定执行业务。注册会计师应当将鉴证过程中考虑的所有重大事项记录于工作底稿。

(8)鉴证报告。注册会计师应当出具含有鉴证结论的书面报告,该鉴证结论应当说明注册会计师就鉴证对象信息提供的保证。提出鉴证结论的方式有两种——积极方式和消极方式,它们分别适用于合理保证的鉴证业务和有限保证的鉴证业务。区分两种鉴证结论提出方式,有助于向预期使用者传达不同业务的保证程度存在差异这一事实,以积极方式提出结论提供的保证水平高于以消极方式提出结论提供的保证水平。在合理保证的鉴证业务中,注册会计师应当以积极方式提出结论;在有限保证的鉴证业务中,注册会计师应当以消极方式提出结论。

4. 民间审计组织的其他审计准则

除上述《中国注册会计师鉴证业务基本准则》之外,中国注册会计师协会还颁布了与注册会计师行业有关的其他几项基本准则,即《中国注册会计师职业道德基本准则》和《中国注册会计师职业后续教育基本准则》。

(1)《中国注册会计师职业道德基本准则》。这个准则的一般原则部分主要从注册会计师应当恪守独立、客观、公正原则角度,对会计师事务所和注册会计师在接受委托和执行业务中应具有的独立性予以规范。例如,会计师事务所如与客户存在可能损害独立性的利害关系,不得承接其委托的审计或其他鉴证业务;执行审计或其他鉴证业务的注册会计师如与客户存在可能损害独立性的利害关系,应当向所在会计师事务所声明,并实行回避;注册会计师不得兼营或兼任与其执行的审计或其他鉴证业务不相容的其他业务或职务等。

该准则对专业胜任能力与技术规范部分特别强调:会计师事务所和注册会计师不得承办不能胜任的业务;注册会计师在执行业务时,应当保持应有的职业谨慎;注册会计师对有关业务形成结论或提出建议时,应当以充分、适当的证据为依据,不得以其职业身份对未审计或其他未鉴证事项发表意见;注册会计师不得对未来事项的可实现程度做出保证;注册会计师对审计过程中发现的违反会计准则及国家其他相关技术规范的事项,应当按照《中国注册会计师独立审计准则》的要求进行适当处理。

该准则对客户的责任部分规定:注册会计师应当在维护社会公众利益的前提下,竭诚为客户服务;注册会计师应当按照业务约定履行对客户的责任;注册会计师应当对执行业务过程中知悉的商业秘密保密,并不得利用其为自己或他人谋取利益;除有关法规允许的情形外,会计师事务所不得以或有收费形式为客户提供鉴证服务。

该准则对同行的责任部分规定:注册会计师应当与同行保持良好的工作关系,配合同行工作;注册会计师不得诋毁同行,不得损害同行利益;会计师事务所不得雇佣正在其他会计师事务所执业的注册会计师;注册会计师不得以个人名义同时在两家或两家以上的会计师事务所执业;会计师事务所不得以不正当手段与同行争揽业务。

该准则对其他责任部分规定:注册会计师应当维护职业形象,不得做有可能损害职业形象的行为;注册会计师及其所在会计师事务所不得采用强迫、欺诈、利诱等方式招揽业务;注册会计师及其所在会计师事务所不得对其能力进行广告宣传以招揽业务;注册会计师及其所在会计师事务所不得以向他人支付佣金等不正当方式招揽业务,也不得向客户或通过客户获取服务费之外的任何利益。

(2)《中国注册会计师职业后续教育基本准则》。此准则强调了对注册会计师进行后续教育的重要性,并从后续教育的内容及其采取的形式、后续教育的组织方式及其实施方式以及后续教育的检查和考核方面,对注册会计师保持和不断提高全行业的执业水准提出了规范要求。

3.2 审计人员职业道德

3.2.1 职业道德的含义

审计职业道德对于审计人员执业有约束的作用,是法律、法规以外对审计人员的"软约束",是职业约束最重要的一个方面。审计职业道德是由审计人员的职业性质决定的,调整的是审计人员与投资者的关系。随着所有权与经营权的分离,审计人员的职业角色得到更多的认可,其职业道德一直为各国普遍强调与关注。

道德不同于制度,它不具有行政强制性。它以善恶为标准,依靠社会舆论、传统习惯和内心信念的力量,来调整人们之间的相互关系。它是习惯性、舆论性的行为原则和行为规范的总和。职业道德,是以高尚与低下为标准的职业行为原则和行为规范。审计职业道德是维护和保持审计公平公正的必要条件之一。

1. 职业道德的定义

所谓职业道德,就是指某一职业组织以公约、守则等形式公布的,其会员自愿接受的职业行为标准。

审计职业道德,是指审计人员在从事审计工作时所遵循的行为规范,包括职业道德、职业纪律、专业胜任能力及职业责任等行为标准,其目的在于加强对审计人员职业行为的规范和树立良好的审计职业形象,使社会公众对审计工作产生信任感。

2.审计职业道德的作用

审计职业道德,是从道德的观念上促使从事审计职业的人,自觉地保持职业上应有的态度和风范,树立良好的职业形象,赢得社会对审计职业及相关审计人员的信任和尊重。审计职业道德的作用主要有:

(1)提高社会公众对审计职业的信赖

审计职业的性质决定了其对社会公众应承担的责任,审计行为之所以能在现代社会继续存在和发展,是因为审计人员能够站在独立的立场上,对企业管理当局编制的会计报表进行审计,并提出客观、公正的审计意见,作为企业外部信息使用者进行决策的依据。所谓外部信息使用者,包括企业现有和潜在的投资者、债权人,以及政府有关部门等所有与企业有关的人员,可泛指社会公众。社会公众在很大程度上以企业管理当局编制的会计报表和审计人员发表的审计意见作为决策的依据。

(2)明确审计人员应该遵守的职业操守

审计职业道德就是审计人员的行动指南,告诉审计人员应该怎么做以及如何去做。审计职业道德是审计人员应该遵守的行为规范,促使审计人员保持职业上应有的态度和风范。

(3)审计职业道德是审计规范的重要组成部分

审计职业道德和审计法规都属于上层建筑的范畴,二者共同构成了审计规范体系。审计法规是强制性的,只能限定审计人员必须做什么或不做什么,却不能说明审计人员应该用什么样的态度和风范去工作,而这些正是由审计职业道德来规范的。从某种意义上说,审计职业道德是审计规范的最高层次。

3.审计职业道德的基本原则

审计人员在从事审计业务过程中,应当遵循审计职业道德的基本原则有:独立、客观、公正,专业胜任能力和应有的关注,保密,职业行为,技术守则。

(1)独立、客观、公正

独立、客观、公正,是审计人员职业道德中的三个主要的概念,也是对审计人员职业道德的最基本要求。

①独立原则。独立原则是指审计人员在执行审计或其他鉴证业务时,应当保持形式上和实质上的独立。所谓形式上的独立,是针对第三者而言的。审计人员必须在第三者面前表现为一种独立于委托单位的身份,即在第三者看来审计人员是独立的。所谓实质上的独立,是指审计人员与委托单位之间没有任何利害关系。审计人员只有与委托单位保持实质上的独立性,在发表审计意见时才能做到客观、公正。审计人员对他所出具的审计报告负有法律责任,审计人员不论是承接业务、执行审计还是提交审计报告,均应依法办事、独立自主,不依附于其他机构和组织,也不受其干扰和影响,审计人员的审计报告无须任何部门的审定和批准。

②客观原则。所谓客观原则,是指审计人员对有关事项的调查、判断和意见的表述,应基于客观的立场,以客观事实为依据,实事求是,不应带有个人的主观意愿,也不应为委

托单位或第三者的意见所左右,不以个人的好恶、成见或偏见行事。只有深入贯彻客观原则,才能实现主观与客观的一致,审计结论也才会有理有据。

③公正原则。审计人员执行业务时,应当正直、诚实,不偏不倚地对待有关利益各方。

（2）专业胜任能力和应有的关注

①专业胜任能力。审计人员应当具有专业知识、技能和经验,能够胜任承接的工作。专业胜任能力既要求审计人员具有专业知识、技能和经验,又要求其经济、有效地完成客户委托的业务。

②应有的关注。审计人员在提供专业服务时,应保持应有的职业关注,并且随着业务、法规和技术的不断发展,使自己的专业知识和技能保持在一定的水平之上,确保客户能够享受到高水平的专业服务。应有的关注要求审计人员在执业过程中保持职业谨慎,以质疑的思维方式评价所获取的证据的有效性,并对产生怀疑的证据保持警觉。

（3）保密

审计人员对于执业过程中得到的资料和情况,应当严格保守秘密。除得到委托单位的书面允许或法律、法规要求公布的情况外,不得将任何资料和情况提供或泄露给外人。

（4）职业行为

审计人员在业务承接过程中应遵循职业行为道德,具体包括:

①审计人员不得以个人名义承接业务;

②审计人员不得以任何方式干预委托单位对业务承接人的选择;

③审计人员不得诋毁同业或自我夸赞,不得进行广告宣传;

④审计人员不得以任何方式向业务介绍单位或个人支付介绍费、佣金、手续费或回扣等;

⑤审计人员不得以降低收费的方式招揽业务;

⑥审计人员不得允许其他单位或个人借用本人的名义承接、执行业务。

（5）技术守则

审计人员的技术守则包括:

①执行业务时必须依照我国有关的法律、法规和会计准则。对于法律、法规和会计准则中未作规定的重要事项,应根据国际惯例处理。

②在执行业务过程中,发现虚假、舞弊、不实等情况,应当向委托单位明确指出,并在出具的报告中予以揭示。

③在执行业务过程中,如果发现委托单位会计账目和财务报表的数据、内容或处理方法有错误,应当提请调整或改正;对于未作调整或改正的,应在审计报告中予以说明。

④在执行审计业务时,遇到委托单位示意做不实或不当证明、对需要检查的事项不提供必要的文件和资料或有意提供伪证、有意阻挠检查工作正常进行等情况,应当予以拒绝或中止审计工作,并说明理由。

⑤在完成审计程序、认真研究审计记录和证据的基础上,形成审计报告,并以恰当的、不致使人误解的方式陈述报告意见。未经规定的审计程序、未取得必要的审计证据,不得

为财务报表和其他会计资料签发报告或出具其他证明性文件。审计人员对其出具审计报告内容的真实性、合法性负责。

⑥对于委托单位的预测、计划等含有不确定因素的未来事项,审计人员不得就其可实现程度做出保证,但不限制审计人员以咨询的方式协助或代替委托单位从事预测、计划或可行性研究工作。

⑦在提供专业服务时,不得代行委托单位管理职能,应避免承担管理决策的责任。

案例主题:会计师事务所业务的招揽

案例资料:

方凡新任华天会计师事务所的总经理,他曾经做过营销工作,此番出任,踌躇满志。方凡上任后,一改从前华天创办人的稳健作风,以经营企业的策略和手段来经营会计师事务所,使事务所的业务快速扩展。

2012 年,中国证券市场放松了上市公司的条件,使得证券市场异常活跃,有意申请股票上市的公司如雨后春笋。方凡适时聘请了在证监会任要职的黄先生做顾问,并大肆宣传。据说华天会计师事务所在各地签约承接了约 90 家大中型极富发展潜力并欲上市的企业的审计业务。这些公司以前大都是中小型事务所的客户。好不容易花了数年甚至十余年培养的客户,忽然被华天抢走,那些中小型事务所对此及其不满。于是,指责华天事务所缺乏职业道德之声在执业界此起彼伏。

案例分析:

1. 经营会计师事务所这一行业不能同经营其他的公司一样采用广告或其他促销方式来扩大业务量。我国《注册会计师法》第二十二条规定"注册会计师不得对其能力进行广告宣传以招揽业务。"《注册会计师职业道德准则》规定"会计师事务所不得在电台、电视台、报纸、杂志等新闻媒介上直接或间接地做诋毁同业或自我夸张、内容虚假、容易引起误解的广告,也不得向客户或其他组织散发具有上述倾向的函件。但会计师事务所与注册会计师名称或姓名、地址、电话、业务范围、开业、迁址之类的公告不在此限。"

2. 招揽其他会计师事务所的长期客户不合乎会计师事务所这一行业的职业道德。注册会计师行业在客观上是一个竞争激烈的行业,注册会计师独立核算、自收自支,能否竞争到较多的客户,关系到一家事务所的生存。但注册会计师行业又是一个极需同业之间相互尊重,团结合作的行业,同业之间能否保持一种良好的关系,关系到整个执业界在社会公众中的形象和声誉。注册会计师在业务中必须与同行保持良好的工作关系,不诋毁同行,不损害同行利益,不得以不正当的手段与同行争揽业务。

3. 本案例中,华天会计师事务所采用聘请证券监管委员会高级官员做顾问的手段,招揽许多想进入股票市场的企业,而这些企业大多数是其他会计师事务所的常年客户。这样显然损害了同行的利益,而且它使用的手段也是不正当的,因为我们可以看出,华天会计师事务所之所以能招揽到大批客户,是因为它极有可能为客户提供上市便利的好处,这其中必然会有一些不符合法律规定的东西。华天会计师事务所不是以其优质的服务吸引客户,而是采取了具有内幕交易性质的非正当手段从同行那里抢客户,这也是对社会公众的不负责任。

(资料来源:何秀英.审计学习题集.大连:东北财经大学出版社,2012)

复习思考题

一、单项选择题

1.我国国家审计规范的制定主体是(　　)。

A.人民代表大会　　　　　　　　　　B.国务院

C.国家审计机关　　　　　　　　　　D.中国注册会计师协会

2.我国最高国家审计机关是(　　)。

A.国务院　　　　　　　　　　　　　B.中国注册会计师协会

C.中华人民共和国审计署　　　　　　D.地方人民政府

3.下列不属于内部审计机构职责的是(　　)。

A.对本单位的财政财务收支及其有关的经济活动进行审计

B.对本单位预算内、预算外资金的管理和使用情况进行审计

C.对中央银行的财务收支进行审计监督

D.对本单位固定资产投资项目进行审计

4.注册会计师考试成绩合格,从事审计业务工作(　　)以上,可申请注册。

A.一年　　　　　　B.两年　　　　　　C.三年　　　　　　D.五年

5.审计人员对于执业过程中得到的资料和情况,应当严格保守秘密。除得到委托单位的书面允许或法律、法规要求公布的情况外,不得将任何资料和情况提供或泄露给外人。这是对审计人员职业道德要求中的(　　)要求。

A.客观　　　　　　B.保密　　　　　　C.职业行为　　　　D.技术守则

二、多项选择题

1.我国的审计规范按审计主体的不同可分为(　　)。

A.国家审计规范　　B.内部审计规范　　C.民间审计规范　　D.一般规范

2.我国内部审计规范主要包括(　　)。

A.国家审计法规对内部审计的规定

B.《中华人民共和国审计法》

C.《中华人民共和国注册会计师法》

D.中国内部审计协会制定的内部审计准则

3.鉴证业务包括(　　)。

A.历史财务信息审计业务　　　　　　B.历史财务信息审阅业务

C.其他鉴证业务　　　　　　　　　　D.相关服务

4.审计人员职业道德的最基本要求是(　　)。

A.公平　　　　　　B.独立　　　　　　C.客观　　　　　　D.公正

三、判断题

1.国家审计,是指地方各级人民政府对政府机关的财政财务收支及各种经济活动资料所进行的审计。　　　　　　　　　　　　　　　　　　　　　　　（　　）

2.审计职业道德具有约束力和强制性。　　　　　　　　　　　　　（　　）

3.审计组织和审计人员在实施审计时,可以利用内部审计机构或者社会审计机构的审计结果。　　　　　　　　　　　　　　　　　　　　　　　　（　　）

4.国家实行注册会计师全国统一考试制度。有报考意向的中国公民均可申请参加考试。　　　　　　　　　　　　　　　　　　　　　　　　　　　　（　　）

5.独立、客观、公正是对审计人员职业道德的最基本要求。　　　　（　　）

四、简答题

1.审计规范体系由哪些规范构成?每种规范分别对什么进行规范?

2.简述审计职业道德的基本原则。

应用技能训练题

1.你认为目前企业内部的审计机构该如何设置才能提高内部审计的独立性?

2.请列举可能影响会计师事务所和注册会计师独立性的事项。可以采取哪些措施来降低这些事项对独立性的威胁?

3.在哪些情况下,注册会计师可以披露客户的有关信息而不属于泄密?

第 **4** 章

审计程序和审计计划

【知识目标】

本章要求明确审计实施的基本程序,熟悉审计程序的各个环节,掌握国家审计、民间审计、内部审计的主要程序。熟悉开展审计工作的基本程序和主要内容,要熟练掌握什么是审计程序、审计程序有何作用;国家审计、民间审计、内部审计程序有何特点;熟悉审计计划的作用、审计计划的制订,明确审计计划的内容。

【应用能力目标】

掌握审计业务约定书和审计计划的编制方法。

4.1　国家审计的审计程序

审计程序,是审计活动的步骤规定,是使审计监督有条不紊地顺利进行的重要保证。国家审计机关和审计人员在实施审计项目时,一般遵循的程序分为审计准备阶段、审计实施阶段、审计终结阶段。

4.1.1　审计准备阶段

审计准备阶段,是指审计机关从审计项目计划开始到发出审计通知书为止的这一段时间。准备阶段是整个审计过程的起点和基础,准备阶段的工作做得是否充分细致,对整个审计项目工作都会产生很大的影响。

审计的准备阶段,可分为审计机关的准备工作和审计组的准备工作两个方面。

审计机关的准备工作主要包括三个方面:编制审计项目计划,确定审计事项;委派审计人员组成审计组;签发审计通知书。

审计机关签发的审计通知书是审计指令,不仅是对被审计单位进行审计的书面通知,而且也是审计组进驻被审计单位执行审计任务、行使国家审计监督的凭据。审计通知书在发送给被审计单位的同时,还应抄送被审计单位的上级主管部门和有关部门。

审计组的准备工作主要包括以下三个方面:明确审计任务,学习法规,熟悉标准;进行初步调查,了解被审计单位基本情况;编制审计工作计划。

编制审计工作计划,应当根据重要性原则,围绕审计目标来确定审计的范围、重点。在制定审计工作计划时还应留有适当余地,以便在实际情况发生变化时,做出相应的调整。审计工作计划经审计机关分管领导或审计机关主要领导批准后,由审计组负责实施。

4.1.2 审计实施阶段

审计实施阶段是审计组进驻被审计单位,审查被审计单位提供的会计凭证、会计账簿、财务会计报告,查阅与审计事项有关的文件、资料,检查现金、实物、有价证券,并向有关单位和人员调查,以取得证明材料的过程。它是将审计工作计划付诸实施、化为实际行动的关键阶段,是审计全过程的最主要阶段。

审计实施阶段主要应做好以下几项工作:

1.制订审计计划

制订审计计划时应深入调查研究,及时根据需要调整审计计划。

2.进行内部控制测试

现代审计的最大特征是以评价内部控制制度为基础的抽样审计,因此,在审计实施阶段,首先必须全面了解被审计单位的内部控制制度,并进行评价。其目的是进一步确定审计的范围、内容重点以及有效的方法。

评价内部控制制度,一是进行内部控制制度健全性调查,二是进行内部控制测试,三是对内部控制制度的有效性进行综合评价,从中发现内部控制制度的强点和弱点,并分析原因。根据内部控制的强弱点,对审计计划进行适当调整,将审查重点放在内部控制制度的弱点上,对强点则进行一般审查,以尽可能高效、高质量地取得审计证明材料,提高审计工作效率。

3.实施实质性程序

实施实质性程序的主要步骤有:

(1)分析经济业务特点。为了把有限的审计力量花在更有价值的审计内容上,审计人员先要对经济业务进行一般分析,主要关注以下内容:

①经济业务的重要性分析。通过对被审计单位经济活动全过程的了解,审计人员可以确定各类业务的重要程度,以便在审计中加强对重要业务的关注。

②业务处理复杂程度分析。一般情况下,业务处理比较复杂的环节更容易发生错误,审计人员应该更注意对业务处理比较复杂的环节的审查。

③业务发生频率分析。业务发生越频繁,发生错误的可能性就越大,审计人员则应倍加注意。

④业务处理人员素质分析。业务素质不高的人员所经手的业务较易发生问题,它也应是审计人员审查的重点。

(2)审查有关的会计资料和经济活动,收集、鉴定审计证据。审计人员通过审查会计凭证、会计账簿、财务会计报告,查阅与审计事项有关的文件、资料,检查现金、实物、有价证券,向有关单位和个人调查来取得证明材料。审计人员应做以下各项工作:审查分析会计凭证、账簿和财务报告等会计资料;对会计资料的审查分析,主要包含审查分析财务会计报告、审查分析各类账户、抽查有关凭证等。审计人员在审查中发现疑点时,可向有关单位和个人以函询或面询的方式进行调查。

(3)实物盘点与资产清查。审计人员在审查分析有关书面资料后,还应对有关盘存的账户所记录的内容进行实物盘点,以取得实物证据。如库存现金盘点、库存材料盘点、低值易耗品盘点、在产品盘点、产成品盘点、固定资产盘点等。如实物较多,审计人员应按可能性、必要性、重要性的原则,有选择地进行重点盘点。

4. 编制审计工作底稿

对审计中发现的问题,审计人员要做出详细、准确的记录,并注明资料来源。在审计过程中,审计人员必须有详细的工作记录,以便反映出审计工作的全部过程。这些记录,有些可以直接作为正式的审计工作底稿,有些则要重新编写。审计工作底稿是审计证明材料的汇集,在汇集证明材料时,应注明证明材料的来源。审计工作底稿是撰写审计报告的基础,是检查审计工作质量的依据,也是进行审计复议乃至后续审计时需要进一步查阅的重要资料。

审计组及审计人员实施审计时,可以利用经检查后的内部审计机构或者社会中介审计机构的审计成果。审计组在利用社会中介审计机构的审计成果前,应当依照有关法律、法规和规章的规定,对社会中介审计机构的审计业务质量进行审查评价。

4.1.3 审计终结阶段

国家审计的终结阶段,又称审计的报告阶段,是审计工作的总结阶段,这一阶段的工作主要是编制审计报告,做出审计决定,其主要步骤有:

1. 整理和分析审计工作底稿

审计组长应当对审计人员的审计工作底稿进行必要的检查和复核,对审计组成员的工作质量和审计工作目标完成情况进行监督。

审计工作就是不断搜集审计证据、整理分析证据、运用审计证据的过程,通过检查、复核和整理审计工作底稿,对汇集的审计证据进行认真审查。鉴定证明材料的客观性、相关性和合法性,检查审计组是否已经收集到足以证明审计事实的证明材料,以便及时采取补救措施,保证审计组收集的证明材料的充分性和适当性。

2. 审计组编写审计报告

按照《中华人民共和国审计法》规定,审计组对审计事项实施审计后,应当向审计机关提交审计报告。审计组编写的审计报告应当征求被审计单位的意见,由审计组长签字后,连同被审计单位的书面意见等相关材料一同报送派出审计组的审计机关。

3. 审计机关审定审计报告

审计机关审定审计报告阶段的主要工作有三个方面:一是审定报告,对审计事项做出评价,出具审计报告;二是对违反国家规定的财政财务收支行为,需要依法给予处理、处罚的,对符合审计听证条件的,应发出审计听证告知书、审计听证通知书,并依法组织审计听证,在法定职权范围内做出审计决定并出具审计决定书;三是需要由其他有关部门纠正、处理、处罚或者追究有关责任人员行政责任、刑事责任的,应依法出具审计移送处理书。

审计机关应当将审计报告、审计决定书、审计移送处理书等送达被审计单位及有关单位。

在完成审计报告审定工作后,要进行资料处理和审计小结工作。如归还全部借阅的资料,整理审计过程中形成的资料,将应永久保存的资料、长期保存的资料、短期保存的资料立卷归档,移交档案部门管理;将无保存价值的资料造册登记后销毁。

所有工作结束后,审计组应及时进行总结,以利于工作水平不断提高。审计项目终结后,如涉及审计复议的项目,应按照审计机关审计复议程序进行。

4.2 民间审计的审计程序

在现代风险导向审计模式中,重大错报风险是企业自身原因导致的风险,不受注册会计师的控制。注册会计师只能通过了解被审计单位及其环境并实施风险评估程序来评估重大错报风险,并根据评估的结果确定应对措施。按照新审计风险模型,注册会计师应该分五个阶段来执行审计工作:

4.2.1 接受业务委托

会计师事务所应当按照执业准则的规定,谨慎决策是否保持某客户关系和接受具体审计业务。在接受委托前,注册会计师应当初步了解审计业务环境,包括业务约定事项、审计对象特征、使用的标准、预期使用者的需求、责任方及其环境的相关特征,以及可能对审计业务产生重大影响的事项、交易、条件和惯例等其他事项。只有在了解后认为拟承接的业务符合专业胜任能力、独立性和应有的关注等职业道德要求,并且该业务具备审计业务的特征时,注册会计师才能将其作为审计业务予以承接。如果审计业务的工作范围受到重大限制,或者委托人试图将注册会计师的名字和审计对象不适当地联系在一起,则该项业务可能不具有合理的目的。接受业务委托阶段的主要工作包括:了解和评价审计对象的可审性;决定是否接受委托;商定业务约定条款;签订审计业务约定书等。

注册会计师在了解被审单位基本情况的基础上,应当由会计师事务所接受委托,签订审计业务约定书。审计业务约定书是由会计师事务所与委托人共同签订,用以确认审计业务的受托与委托关系,明确委托的目的、审计范围及双方责任与义务等事项的书面合约。审计业务约定书一旦签订便具有法定的约束力,因此签约活动可以按下列程序和要求进行:

第一步,签约前业务洽谈。在接受委托之前,应当了解被审计单位的业务性质,经营规模和组织结构,经营情况及经营风险,以前年度接受审计的情况,财务会计机构及工作组织以及其他与签订审计业务约定书相关的基本情况。在初步了解情况、评价审计风险并充分考虑自身接受委托能力的基础上,与委托人就约定事项进行商谈。如洽谈审计的目的与范围,审计中所采用的程序与方法,完成的工作量与工作时限,要求客户提供的工作条件和配合的方法、程度,双方的权利与义务,收费标准和付费方式等。商谈双方就约定事项达成一致意见后,即可接受委托,正式签订审计业务约定书。注册会计师应当在审计业务开始前,与客户就审计业务约定条款达成一致意见,并签订审计业务约定书,以避免双方对审计业务的理解产生分歧。

第二步,签订审计业务约定书。提出业务委托并与社会审计组织签订审计业务约定书的可以是单位,也可以是个人。审计业务约定书应由会计师事务所和委托人双方的法定代表人或其授权的代表签订,并加盖会计师事务所和委托人的印章。

审计业务约定书的内容,会因客户的情况不同而不同,但主要应包括下列十个方面:财务报表审计的目标;管理层对财务报表的责任;管理层编制财务报表采用的会计准则和相关会计制度;审计工作的范围;审计业务执行结果的报告形式或其他沟通形式;由于测试的性质和审计的其他固有限制以及内部控制的固有局限性,不可避免地存在着某些重大错报可能仍然未被发现的风险;注册会计师不受限制地接触任何与审计有关的记录、文件和所需要的其他信息;管理层为注册会计师提供必要的工作条件和协助;注册会计师对执业过程中获知的客户信息保密;签约双方法定代表人或其授权代表的签字盖章,以及签约双方加盖公章。

知识链接

审计业务约定书

甲方:[委托人]

乙方:[会计师事务所]

丙方:[被审计单位]

兹由甲方委托乙方对丙方2014年度财务决算报表中的资产负债表、利润表、现金流量表、所有者权益(或股东权益)变动表以及报表附注(以下简称财务报告)进行审计,对丙方2014年度财务决算专项说明进行专项审计,对财务决算报表中的其他指标数据(指财务决算报表中除上述报表以外的其他附表,下同)进行复核。经三方协商,达成以下约定:

一、委托目的与审计范围

(一)委托目的

由甲方委托乙方担任丙方2014年度财务决算审计工作的主审会计师事务所,乙方通过执行审计工作,完成以下任务:

(1)对丙方集团合并、本部及约定子公司2014年度财务报告是否按照企业会计准则和会计制度的规定编制,是否在所有重大方面公允地反映丙方的财务状况、经营成果和现金流量,发表审计意见;

(2)对丙方编报的2014年度财务决算专项说明发表审计意见;

(3)对财务决算报表中的其他指标数据进行复核并作专项说明。

(二)审计范围

本次约定的审计范围为丙方2014年度集团合并、本部以及约定子公司财务决算报表、财务决算专项说明。约定的丙方子公司名单详见附件。

二、甲方的义务

1.按本约定书的约定及时足额支付审计费用。

2.协调审计过程中出现的有关问题。

三、乙方的责任和义务

(一)乙方的责任

1.乙方的责任是按照《中国注册会计师审计准则》(以下简称《审计准则》)以及市国资委的有关规定,在实施审计工作的基础上对丙方财务报告以及财务决算专项说明发表审计意见,对财务决算报表中其他指标数据进行复核并作专项说明。

2.乙方应按照《××市国有及国有控股集团公司财务决算审计主审会计师事务所与参审会计师事务所的工作指引》的规定,履行主审会计师事务所职责,做好对参审会计师事务所的指导和沟通工作。

3.乙方需要合理计划和实施审计工作,以获取充分、适当的审计证据,为丙方财务报表是否不存在重大错报提供合理保证。

4.乙方有责任在审计报告中指明所发现的丙方在重大方面没有遵循企业会计准则和会计制度编制财务决算报表且未按乙方的建议进行调整的事项。

5.在审计过程中,乙方若发现丙方内部控制存在重要缺陷,应及时向甲方报告;对丙方会计处理、内部控制制度及其他事项提出改进意见,并根据甲方的要求提交管理建议书。

6.乙方的审计不能减轻丙方及丙方管理层的责任。

7.审计工作结束后,对丙方的配合情况以及参审会计师事务所的工作质量进行评价。

(二)乙方的义务

1.乙方应于 2015 年 3 月 31 日前按照约定完成审计工作,出具审计报告和财务决算专项说明;完成复核工作,出具专项复核说明。

2.除下列情况外,乙方应当对执行业务过程中知悉的丙方信息予以保密:(1)取得丙方的授权;(2)根据法律法规的规定,为法律诉讼准备文件或提供证据,以及向监管机构报告发现的违反法规的行为;(3)接受行业协会和监管机构依法进行的质量检查;(4)监管机构对乙方进行行政处罚(包括监管机构处罚前的调查、听证)以及乙方对此提起行政复议。

四、丙方的责任与义务

(一)丙方的责任

1.根据《中华人民共和国会计法》及《企业财务会计报告条例》,丙方及丙方负责人有责任保证会计资料的真实性和完整性。因此,丙方管理层有责任妥善保存和提供会计记录(包括但不限于会计凭证、会计账簿及其他会计资料),这些记录必须真实、完整地反映丙方的财务状况、经营成果和现金流量。

2.按照企业会计准则和会计制度的规定编制财务决算报表是丙方管理层的责任,这种责任包括:(1)设计、实施和维护与财务报表编制相关的内部控制,以使财务报表不存在由于舞弊或错误而导致的重大错报;(2)选择和运用恰当的会计政策;(3)做出合理的会计估计。

3.根据××国资委的有关规定编报财务决算专项说明,丙方及丙方负责人有责任保证编报的真实性与完整性。

4.财务决算审计工作结束后,对乙方的审计工作进行评价。

(二)丙方的义务

1.及时地为乙方的审计工作提供其所要求的全部会计资料和其他有关资料(在乙方外勤工作开始时提供审计所需的全部资料),并保证所提供资料的真实性和完整性。

2.确保乙方不受限制地接触任何与审计有关的记录、文件和所需的其他信息,并做好与主审会计师事务所、参审会计师事务所的沟通工作。

3.丙方管理层对其做出的与审计有关的声明予以书面确认。

五、审计收费

1.本次审计服务费用总额为人民币××元,其中集团合并审计费用为人民币××元,集团本部审计费用为人民币××元。

2.乙方按照甲方工作要求和时限完成审计工作,出具审计报告、财务决算专项说明审计报告;完成复核工作,出具专项复核说明,甲方审核无误后,支付约定的审计服务费用。

3.如果由于无法预见的原因,致使乙方从事本约定书所涉及的审计服务实际时间较本约定书签订时预计的时间有明显增加或减少时,甲、乙两方应通过协商,相应调整本约定书第五条第1项下所述的审计费用。

4.如乙方违反甲方有关审计工作要求,甲方在核实相关情况后,可酌情扣减审计费用的10%～30%。

六、审计报告和审计报告的使用

1.乙方按照《中国注册会计师审计准则第1501号——审计报告》、《中国注册会计师审计准则第1502号——非标准审计报告》以及市国资委规定的格式和类型向甲方出具财务决算审计报告及财务决算专项说明审计报告一式×份,并抄送丙方。

2.乙方按照××国资委的相关要求出具专项复核说明。

七、本约定书的有效期间

本约定书自签署之日起生效,并在各方履行完毕本约定书约定的所有义务后终止。但其中第三(二)2、第四(一)、第十项并不因本约定书终止而失效。

八、约定事项的变更

如果出现不可预见的情况,影响审计工作如期完成,或需要提前出具审计报告时,甲、乙、丙三方均可要求变更约定事项,但应及时通知其他两方,并由三方协商解决。

九、违约责任

甲、乙、丙三方按照《中华人民共和国合同法》的规定承担违约责任。

十、对其他有关事项的约定

本约定书一式三份,甲、乙、丙方各执一份,具有同等法律效力。

甲方可对委托审计过程进行监控和对审计质量进行检查审核。

如有未尽事宜,三方经协商后可签订补充约定,补充约定与本约定具有同等法律效力。

甲方:[委托人](盖章)　　　　　　乙方:[事务所全称](盖章)

　授权代表:(签章)　　　　　　　　授权代表:(签章)

　20××年×月×日　　　　　　　　20××年×月×日

丙方:[被审计单位](盖章)

　授权代表:(签章)

　20××年×月×日

4.2.2　计划审计工作

对于任何一项审计业务,注册会计师在执行具体审计程序之前,都必须根据具体情况制订科学、合理的计划,使审计业务以有效的方式得到执行。一般来说,计划审计工作主要包括:在本期审计业务开始时开展的初步业务活动;制订总体审计策略;制订具体审计计划等。计划审计工作不是审计业务的一个孤立阶段,而是一个持续的、不断修正的过程,贯穿于整个审计业务的始终。

4.2.3　实施风险评估程序

注册会计师必须实施风险评估程序,以此作为评估财务报表层次和认定层次重大错报风险的基础。风险评估程序,是指注册会计师实施的了解被审计单位及其环境并识别和评估财务报表重大错报风险的程序。一般来说,实施风险评估程序的主要工作包括:了解被审计单位及其环境;识别和评估财务报表层次以及各类交易、账户余额、列报认定层次的重大错报风险,包括确定需要特别考虑的重大错报风险以及仅通过实质性程序无法应对的重大错报风险等。

了解被审计单位及其环境实际上是一个连续和动态地收集,更新与分析信息的过程,贯穿于整个审计过程的始终。注册会计师应当运用职业判断确定需要了解被审计单位及其环境的程度。

4.2.4　实施控制测试和实质性程序

注册会计师实施风险评估程序本身并不能为发表审计意见提供充分、适当的审计证据,注册会计师还应当实施更进一步的审计程序,包括在必要时或决定测试时实施控制测试和实质性程序。其中,控制测试指的是测试控制运行的有效性。在测试控制运行的有效性时,注册会计师应当从下列四个方面获取关于控制是否有效运行的审计证据:(1)控制在所审计期间的不同时点是如何运行的;(2)控制是否得到一贯执行;(3)控制由谁执行;(4)控制以何种方式运行(如人工控制、自动化控制)。实质性程序,是指注册会计师针对评估的重大错报风险实施的直接用以发现认定层次重大错报的审计程序。因此,注册会计师应当针对评估的重大错报风险设计和实施实质性程序,以发现认定层次的重大错报。实质性程序包括对各类交易、账户余额、列报的细节测试以及实质性分析程序。

注册会计师在整个审计实施过程中都要关注财务报表的重大错报风险,并将风险评估作为整个审计工作的前提和基础,据此有针对性地采取应对措施,合理保证财务报表不存在重大错报。

4.2.5　完成审计工作和编制审计报告

审计完成阶段的工作包括:汇总审计差异,并提请被审计单位调整或披露;复核审计工作底稿和财务报表;与管理层和治理层沟通;评价所有审计证据,形成审计意见;编制审计报告。

案例主题：注册会计师承接审计业务

案例资料：

2014 年 11 月 28 日，长江会计师事务所的注册会计师王华接到表弟张希的电话。张希是银星珠宝集团公司的董事。张希在电话中说，他所在的银星珠宝集团公司正准备更换会计师事务所，希望长江会计师事务所能够承接银星珠宝集团公司 2014 年财务报表的审计业务。因为长江会计师事务所正想开拓新的业务，所以事务所负责人决定接受银星珠宝集团公司的委托，对其集团财务会计报表进行审计。事务所派以王华为组长的项目组进驻银星珠宝集团公司。王华是长江会计师事务所的合伙人之一，业务专长是对工业企业报表进行审计。银星珠宝集团公司有 4 家子公司需要纳入报表合并范围。银星珠宝公司主营业务为珠宝加工与销售，其 2013 年以前的财务会计报表由天达会计师事务所审计。经了解，二者解约的原因是双方不能就一些重要的审计事项和审计结论达成一致意见。

在初步了解被审计单位的基本情况后，项目经理王华直接与珠宝公司的总经理签订了审计业务约定书。

案例分析：

1. 为了规避审计风险，注册会计师必须从业务承接环节入手，在客户和业务的选择上保持应有的职业谨慎态度。本案例中，由于承担项目负责人的注册会计师王华与银星珠宝集团公司的董事张希存在亲属关系，且其特长是审计工业企业财务报表，如果让王华作为该业务的项目经理，其独立性和专业胜任能力都存在问题，因此事务所应让王华回避，委派具有独立性和专业胜任能力的注册会计师承担该项业务。

2. 此外，银星珠宝集团与前任注册会计师因审计意见不同而解约，注册会计师应关注接受委托后的特殊风险。在签订审计业务约定书时，注册会计师应与被审计单位沟通，就审计时间，双方的权利和义务等问题达成一致意见，以保证审计工作顺利进行。

3. 本案例中，由于银星珠宝集团主业是珠宝加工与销售，而长江事务所缺乏珠宝鉴定业务的相关人才，因此在审计中应聘请专家参与审计工作。在利用专家的工作时，注册会计师应评价专家是否具有实现审计目的所需要的胜任能力、专业素质和客观性。在评价外部专家的客观性时，注册会计师应当询问可能对外部专家的客观性产生不利影响的利益和关系。

（资料来源：邵军，李春玲. 审计案例分析. 北京：首都经济贸易大学出版社，2014）

4.3　内部审计的审计程序

内部审计是一种独立、客观的保证与咨询活动，目的是为机构增加价值并提高机构的运作效率。它采取系统化、规范化的方法来对风险管理、控制及治理程序进行评估和改善，从而帮助管理者实现预期目标。

内部审计程序，是指内部审计机构和员工从开始到结束进行审计的工作步骤和顺序，主要包括准备阶段、实施阶段、审计报告阶段和后续审计阶段。

4.3.1　准备阶段

1. 制订审计计划

内部审计人员应在考虑组织风险、管理需要及审计资源的基础上，制订审计计划，对审计工作做出合理安排。

内部审计计划一般分为年度审计计划、项目审计计划和审计方案三个层次。年度审计计划是对年度审计任务的事先规划；项目审计计划是对具体审计项目实施的全过程所做的综合安排；审计方案是对具体审计项目的审计程序及其时间等所作出的详细安排。

审计计划内容包括审计目的和审计范围，重要性和审计风险的评估，审计小组构成和审计时间分配，对专家和外部审计工作结果的利用以及其他有关内容。审计方案内容包括具体审计目的，具体审计方法和程序，预定的执行人及执行日期以及其他有关内容。不同层次的审计计划应达到不同层次的标准，方可实施。

2. 送达审计通知书

内部审计机构应根据经过批准后的审计计划编制审计通知书。审计通知书内容包括被审计单位及审计项目名称，审计目的及审计范围，审计时间，被审计单位应提供的资料和应协助的工作，审计小组名单，负责人签章和签发日期。审计通知书应在实施审计前送达被审计单位，特殊审计业务可在审计时送达。

4.3.2　实施阶段

1. 内部控制测评

内部审计人员应深入调查、了解被审计单位的情况，采用抽样测试等方法，对其经营活动及内部控制的适当性、合法性和有效性进行测试。

2. 获取审计证据

内部审计人员在内部控制测试及风险评估的基础上运用检查、观察、询问、函证和分析复核等方法，进行实质性程序，以获取充分、适当的审计证据，为形成审计结论和建议提供依据。内部审计人员应将审计程序的执行过程及收集和评价的审计证据，记录于审计工作底稿。

4.3.3　审计报告阶段

内部审计人员在实施必要的审计程序后，应出具审计报告。审计报告的编制应当以经过核实的审计证据和审计工作底稿为依据，做到客观、完整、清晰、及时、具有建设性，并体现重要性原则。

审计报告应说明审计目的、范围，提出结论和建议，并包括被审计单位的反馈意见。报告应经过复核，方能报送。

4.3.4　后续审计阶段

后续审计，是指内部审计机构为检查被审计单位对审计发现的问题所采取的纠正行动是否取得预期的效果而实施的跟踪审计。后续审计，旨在评价被审计单位管理层所采取的纠正措施是否及时、合理和有效。内部审计人员应实施后续审计,以促使被审计单位对审计发现的问题及时采取合理、有效的纠正措施。

内部审计机构应在规定或约定的期限内执行后续审计。如被审计单位基于成本或其他考虑,决定对审计发现的问题不采取纠正措施,并做出书面的承诺时,内部审计负责人应向组织的有关管理层报告。

后续审计并非必经程序,内部审计负责人应根据审计项目的重要性、特点以及被审计单位的反馈意见,考虑是否实施后续审计,再考虑安排后续审计时间和人员,编制后续审计方案。在编制后续审计方案时应考虑:原审计结论和建议的重要性;纠正措施的复杂性;落实纠正措施所需要的期限和成本;纠正措施失败可能产生的影响;被审计单位的业务安排和时间要求等。同时,应分析原审计结论和建议是否仍然可行,如果被审计单位内部控制及其他因素发生了变化,应对原结论和建议进行修订。

内部审计人员应根据后续审计的执行过程和结果,向被审计单位及组织有关管理层提交后续审计报告。

4.4 审计计划

4.4.1 审计计划的含义

审计计划是对审计工作的事先安排。无论国家审计、民间审计还是内部审计,都要制订周密、翔实的审计计划。

审计计划是对审计工作实行计划管理的基本手段,是整合审计资源,实现审计科学管理的灵魂。审计计划管理是审计业务管理的重要组成部分,也是其中的薄弱环节。我国社会经济形势发生了巨大变化,国家审计、民间审计和内部审计都在积极寻求与国际接轨的模式。因而加强和改进审计计划管理,不仅是审计有效履行监督职责、更好地为国家经济发展服务的首要环节,也成为促进审计管理整体水平提升的重要因素。审计计划管理工作涉及计划编制与调整、计划执行与反馈、计划考评等一系列环节。科学有效地执行上述各环节,对规范审计业务活动,确保审计工作高效、有序地运行具有重要意义。

4.4.2 审计计划的作用

审计计划的作用简单地说就是初步了解审计风险,以在审计实施的过程中运用审计方法来控制或降低审计风险。

一项正确、完善的项目审计计划,能够确保审计工作顺利而有效地完成。其作用主要体现在以下几个方面:

(1)通过制订和实施审计计划,可使审计人员根据具体情况收集充分、适当的审计证据。收集充分、适当的审计证据,是审计工作最重要的部分。审计目的和审计对象不同,所需要收集的证据及收集证据的方法也不一样,这就要求事先对被审计对象和审计目的有详细的了解,做出合理的规划。

(2)通过制订和实施审计计划,可保持合理的审计成本,提高审计工作的效率和质量。

审计工作的高效率和高质量,是审计工作追求的境界。保持合理的审计成本,是审计生存的必要条件,通过有效地计划可达到这一目标。

(3)通过制订和实施审计计划,可以有效地防范审计风险。审计风险是伴随审计行为的产生而产生的。虽然不可能完全避免审计风险,但是通过周密地计划和实施审计工作,可以达到有效控制审计风险的效果。

(4)通过制订和实施审计计划,可以确保审计工作能够顺利达到预期的目的和要求。审计是一项很复杂的工作,也是一项目的性很强的工作。要顺利达到审计所要求的目的,就必须要制订一个完善的审计计划并灵活执行。

(5)通过制订和实施审计计划,为项目审计的质量控制和考核提供依据。一旦审计计划被批准后,审计工作就要按计划执行。虽然审计计划要视实际情况有所调整,但审计工作仍需按计划有序进行,这就为项目审计的质量控制和考核提供了依据。

4.4.3　审计计划的内容

审计计划应由审计项目负责人编制,并形成书面文件。审计类型不同,审计计划的内容也有所不同。在这里,我们主要介绍民间审计的审计计划的内容。

民间审计的审计计划是指注册会计师为完成各项审计业务,达到预期的审计目标,在具体执行审计程序之前编制的工作计划。会计师事务所与委托人签订审计业务约定书后,下一步工作就是制订审计计划。审计计划应当贯彻于审计全过程。在整个审计过程中,应当按照审计计划执行审计业务。

民间审计的审计计划可分为总体审计策略和具体审计计划两个层次。

1.总体审计策略及其内容

总体审计策略用以确定审计范围、时间和方向,并指导制订具体审计计划。在制订总体审计策略时,注册会计师应当清楚地说明下列内容:

(1)向具体审计领域调配的资源,包括向高风险领域分派有适当经验的项目组成员,就复杂的问题利用专家工作等;

(2)向具体审计领域分配资源的数量,包括安排到重要存货存放地观察存货盘点的项目组成员的数量,对其他注册会计师工作的复核范围,对高风险领域安排的审计时间预算等;

(3)何时调配这些资源,包括是在期中审计阶段还是在关键的截止日期调配资源等;

(4)如何管理、指导、监督这些资源的利用,包括预期何时召开项目组预备会和总结会,预期项目负责人和经理如何进行复核,是否需要实施项目质量控制复核等。

注册会计师应当根据实施风险评估程序的结果对上述内容予以调整。

2.具体审计计划及其内容

制订总体审计策略和具体审计计划的过程紧密联系,并且两者的内容也紧密相关。注册会计师应当针对总体审计策略中所识别的不同事项,制订具体审计计划,并通过有效利用审计资源以实现审计目标。虽然编制总体审计策略的过程通常在具体审计计划之前,但是两项计划活动并不是孤立、不连续的过程,而是存在紧密联系的,对其中一项活动的决定可能会影响甚至改变对另外一项活动的决定。

从内容看,具体审计计划包括风险评估程序、计划实施的进一步审计程序和其他审计程序。

(1)风险评估程序

风险评估程序是指为了解被审计单位及其环境,以识别和评估财务报表重大错报风险为目的,在设计和实施进一步审计程序之前实施的程序。注册会计师应当实施下列风险评估程序以了解被审计单位及其环境。

①询问被审单位管理层和内部其他相关人员

除了向管理层和对财务报告负有责任的人询问有关被审单位重要事项外,还应考虑询问内部审计人员、采购人员、生产人员、销售人员等其他人员及不同级别的员工,以便从不同的视角获取对识别重大错报风险有用的信息。

②分析程序

分析程序是指注册会计师通过研究不同财务数据之间以及财务数据与非财务数据之间的内在关系,对财务信息做出评价。在实施分析程序时,注册会计师应当预期可能存在的合理关系,并与被审计单位记录的金额、依据记录金额计算的比率或趋势相比较;如果发现存在异常或有未预期到的情况,注册会计师应当在识别重大错报风险时考虑这些比较结果。

③观察和检查程序

观察和检查程序可以印证对管理层和其他相关人员的询问结果,并可提供有关被审计单位及其环境的信息。注册会计师应当实施下列观察和检查程序:观察被审计单位的生产经营活动;检查有关文件和记录;阅读由管理层和治理层编制的报告;实地察看被审计单位的生产经营场所和设备;追踪交易在财务报告信息系统中的处理过程(穿行测试)。

(2)计划实施的进一步审计程序

进一步审计程序包括对各类交易、账户余额和列报实施的具体审计程序的性质、时间和范围、抽取的样本量等。随着审计工作的推进,对审计程序的计划会一步步深入,并贯穿于整个审计过程。因此,为达到编制具体审计计划的要求,注册会计师需要在完成风险评估程序的基础上,识别和评估重大错报风险,并针对评估的认定层次的重大错报风险,计划实施进一步的审计程序。

(3)其他审计程序

审计计划的其他审计程序可以包括上述审计程序的计划中没有涵盖的,根据相关审计准则的要求注册会计师应当执行的既定程序。例如,阅读含有已审计财务报表的文件中的其他信息,寻求与被审计单位律师直接沟通等。

4.4.4　审计计划的编制

审计计划应由审计项目负责人编制。审计计划应形成书面文件,并在审计工作底稿中加以记录。审计计划的文件形式普遍采用表格式、问卷式、文字叙述式三种。无论采用哪一种形式,均不能固定地生搬硬套,因为各个被审计单位的情况和审计目标千差万别。计划文件的格式和内容均需酌情调整。

在编制总体审计计划时,时间预算是一个十分重要的内容,时间预算既是合理确定审计收费的依据,又是衡量审计工作进度、判断注册会计师工作效率的重要依据。在执行审计业务的过程中,时间预算可以修改,但要通知被审计单位,同时告知被审计单位因工作时间的增减致使审计费用发生的变化,并取得被审计单位的理解。如因被审计单位会计记录不完整或其他特殊情况而无法在预算时间内完成审计工作时,为保证审计工作质量,不得随意缩短时间或省略审计程序来适应时间预算。

对具体审计计划,在实际工作中一般是通过编制审计程序表的方式体现的。典型的审计程序表见表 4-1。

表 4-1   **审计程序表**

××公司	总页次:	索引号:
××××年××月××日	编制人:	日期:
××账户	复核人:	日期:

步骤	审计程序	执行人	日期	工作底稿索引
1				
2				
3				
4				
5				
……				

根据审计准则的规定,注册会计师可以在保持职业谨慎的前提下,就计划审计工作的基本情况与被审计单位管理层进行沟通。例如,沟通的内容可以包括审计的时间安排和总体策略、审计工作中受到的限制及管理层对审计工作的额外要求等。但是,制订总体审计策略和具体审计计划仍然是注册会计师的责任。

4.4.5 审计计划的审核

编制完成的审计计划,应当经会计师事务所的有关业务负责人审核和批准。在审核总体审计策略时,应特别注意审核以下事项:

(1)审计目的、审计范围以及审计重点领域的确定是否恰当;

(2)时间预算是否合理;

(3)审计小组成员的选派和分工是否恰当;

(4)对被审计单位的内部控制系统的信赖程度是否恰当;

(5)对审计重要性的确定和审计风险的评估是否恰当;

(6)对专家、内部审计人员及其他审计人员的工作利用是否恰当。

在审核具体审计计划时,应特别注意审核以下主要事项:

(1)审计程序能否达到审计目标;

(2)审计程序是否适合各审计项目的具体情况;

(3)重点审计领域中各审计项目的审计程序是否恰当;

(4)重点审计程序的制定是否恰当。

对审核中发现的问题,应及时进行相应的修改、补充和完善,并在审计工作底稿中加以记录。审计工作结束后,审计项目负责人还应就审计计划的执行情况,特别是对审计重点领域所做的审计程序的执行情况进行复核,找出并分析差异原因,以便将来制订出更行之有效的审计计划。

复习思考题

一、单项选择题

1. 注册会计师执行审计业务,其具体内容和审计目的都是由(　　)决定。

A. 委托人的委托　　　　　　　　B. 国家颁布的法律

C. 注册会计师　　　　　　　　　D. 注册会计师协会颁布的执业规范

2. 总体审计计划包括的内容有(　　)。

A. 审计目的　　　　　　　　　　B. 审计程序

C. 审计时间　　　　　　　　　　D. 审计领域

3. 民间审计的报告日期应该是(　　)。

A. 结账日　　　　　　　　　　　B. 审计业务约定书的日期

C. 审计外勤结束日　　　　　　　D. 提交审计报告日

4. 下列不属于审计准备阶段工作的是(　　)。

A. 了解被审计单位的基本情况　　B. 初步评价被审计单位的内部控制制度

C. 确定重要性水平　　　　　　　D. 符合性测试

二、多项选择题

1. 规定审计程序的作用在于可以使审计工作按照法定程序办理,实现审计工作的(　　)。

A. 经常化　　　　B. 法制化　　　　C. 制度化　　　　D. 规范化

E. 科学化

2. 民间审计组织和审计人员在执行审计业务时,对委托单位负有的责任是(　　)。

A. 按时按质完成委托业务　　　　B. 保密

C. 不得以服务成果的大小收取费用　　D. 保证经济效益

E. 管理决策

三、判断题

1. 报送审计主要适用于国家审计机关对大型企业的审计。　　　　　　　　(　　)

2. 无论是国家审计、民间审计还是内部审计,在审计开始前,审计机构都要与被审计单位签订审计业务约定书。　　　　　　　　　　　　　　　　　　　　(　　)

3. 审计计划制订后,审计人员不得对审计计划进行修订和修改。　　　　(　　)

4. 对任何一个审计项目,不论其业务繁简,也不论其规模大小,审计人员都应制订审计计划。　　　　　　　　　　　　　　　　　　　　　　　　　　　　(　　)

应用技能训练题

CA 股份有限公司委托××会计师事务所对其会计报表进行审计,双方签订了如下审计业务约定书。

要求:

(1)指出下述审计业务约定书中存在的问题;

(2)重新起草审计业务约定书。

审计业务约定书

甲方：CA股份有限公司

乙方：××会计师事务所

甲方委托乙方进行2014年会计报表审计，经双方协商，达成以下约定：

一、审计范围及委托目的

乙方接受甲方委托，对甲方12月31日的资产负债表以及该年度的利润表和现金流量表进行审计。乙方将根据《中国注册会计师独立审计准则》（以下简称《独立审计准则》），对甲方内部控制制度进行研究和评价，对会计记录进行必要的抽查，并在乙方认为需要时实施其他必要的审计程序，在此基础上，对上述会计报表的合法性、公允性及会计处理方法的一贯性发表审计意见。

甲方的责任与任务

1. 为乙方审计工作及时提供所需的全部资料和其他有关资料。

2. 为乙方的审计人员提供必要的条件及合作，具体事项将在乙方所派人员于审计工作开始之前提供的清单中列明。

3. 按本约定书的规定，向乙方及时足额地支付审计费用。

二、按照《独立审计准则》的要求进行审计，出具审计报告，保证审计报告的真实性、合法性。

三、审计收费

按《×××收费规定》，乙方应收本项业务费用预计收取人民币×××万元，甲方应在本约定书签订后预付上述费用的××％，其余部分在乙方提交审计报告时一并付清。如在审计过程中遇到重大问题，致使乙方实际花费审计工作时间有较大幅度的增加，甲方应在了解实际情况后，酌情增加审计费用。

四、约定书的有效期间

本约定书一式两份，甲乙双方各执一份。

本约定书自2015年1月10日起生效，并在全部约定事项完成之前有效。

五、约定事项的变更

由于出现不可预见的情况而影响审计工作的完成，或提前出具审计报告等，甲乙双方可要求变更约定事项，但应及时通知对方，由双方协商解决。

六、甲乙双方对其他事项的约定

甲方：CA股份有限公司　　　　　　　　　　　乙方：××会计师事务所

　　代表：（签章）　　　　　　　　　　　　　　　　代表：（签章）

第 **5** 章

审计重要性、审计风险、风险评估和风险应对

【知识目标】

通过本章的学习,学生应领悟审计重要性、审计风险的基本含义,掌握审计重要性和审计风险的关系,熟练掌握审计风险模型,重大错报风险的评估,理解检查风险的产生和防范,理解重大错报风险和检查风险的关系,掌握审计风险评估和风险应对的基本内涵。

【应用能力目标】

在基本知识点学习的基础上,掌握审计重要性在审计工作计划、审计过程和结果中的运用,掌握现代审计风险模型的运用,掌握风险评估和风险应对的具体措施。

5.1 审计重要性

5.1.1 审计重要性的含义

随着审计方法由详细审计转变为抽样审计,"审计重要性"在审计中的运用越来越频繁。《中国注册会计师审计准则第 1221 号——重要性》中对重要性的定义是:"重要性取决于在具体环境下对错报金额和性质的判断。如果一项错报单独或连同其他错报可能影响财务报表使用者依据财务报表做出经济决策,则该项错报是重大的。"因此,重要性提供的是一个临界点。理解重要性的概念需要考虑以下几个方面的因素。

1. 错报的数量和性质

重要性包括对数量和性质两个方面的考虑,数量方面指错报的金额大小,性质方面指错报的性质。一般而言,金额大的错报比金额小的错报更重要。在有些情况下,某些金额的错报从数量上看并不重要,但从性质上考虑,则可能是重要的。

2. 重要性概念

重要性是针对财务报表使用者的信息需求而言的。判断一项错报重要与否,应视其对财务报表使用者依据财务报表做出经济决策的影响程度而定。如果财务报表中的某项错报,足以改变或影响财务报表使用者的相关决策,则该项错报就是重要的,否则就不重要。如果注册会计师对特殊目的审计业务出具审计报告,在确定重要性时需要考虑特定使用者的信息需求,以实现特殊审计目标。

3. 企业的规模

由于不同的被审计单位面临不同的环境,不同的报表使用者有着不同的信息需求,因

此注册会计师确定的重要性也不相同。重要性水平和企业规模是正向变化关系,企业规模越大,重要性水平越高。

4.对重要性的评估

对重要性的评估离不开具体环境,不同的审计人员,在确定同一被审计单位财务报表层次和认定层次的重要性水平时,得出的结果可能不同。由于对影响重要性各因素的判断存在差异,审计人员在对重要性进行评估时,需要从提高审计效率和保证审计质量的角度出发,运用职业判断,综合考虑重要性水平。

明确重要性在审计中运用的目的有三个方面:一是发现财务报表的重大错报,并且评价该错报的影响;二是确定审计程序的性质、时间和范围,以降低审计风险;三是当风险降低到可以接受的水平时,实施必要的审计程序,同时尽可能地降低审计成本。

5.1.2　重要性的运用

审计人员在编制审计计划、审计实施和出具审计报告的各个阶段中,都必须对重要性进行评估。重要性原则贯穿于整个审计过程的始终。

1.编制审计计划时对重要性的考虑

（1）确定计划的重要性水平时应考虑的因素

在计划审计工作时,必须对重要性水平做出初步判断,确定一个可接受的重要性水平,以便确定审计证据的数量,进而确定审计测试的性质、时间和范围。确定重要性水平时需要考虑以下因素:一是对被审计单位及其环境的了解;二是审计的目标,包括特定报告要求;三是财务报表各项目的性质及其相互关系;四是财务报表项目的金额及其波动幅度。只要影响预期财务报表使用者决策的因素,都可能对重要性水平产生影响。审计人员应当在计划阶段充分考虑这些因素,并采用合理的方法确定重要性水平。

（2）从数量方面考虑重要性

审计人员应当考虑财务报表层次和各类交易、账户余额、列报层次的重要性。

针对财务报表层次的重要性水平,审计人员通常先选择一个恰当的基准,再选用适当的百分比乘以该基准,从而得出财务报表整体层次的重要性水平。如果同一时期各会计报表的重要性水平不同,为了慎重起见,审计人员应当选取最低者作为财务报表层次的重要性水平。常用的评估基准包括:总资产、净资产、销售收入、费用总额、销售毛利、净利润等。审计人员通常运用职业判断合理选择百分比,据以确定重要性水平。比如:对于以营利为目的的企业,重要性水平的百分比一般为来自经常性业务的税前利润或税后净利润的 5%,或总收入的 0.5%;对于非营利组织,一般为费用总额或总收入的 0.5%,对于共同基金公司,一般为净资产的 0.5%。

在确定各类交易、账户余额、列报层次的重要性水平时,审计人员应当考虑以下主要因素:第一,各类交易、账户余额、列报的性质及错报的可能性;第二,各类交易、账户余额、列报的重要性水平与财务报表层次重要性水平的关系。由于交易或账户余额层次的重要性水平与会计报表层次的重要性水平密切相关,所以,这一层次的重要性水平的确定,既可以采用将会计报表层次重要性水平分配到各交易或账户中去的方法,也可以采用单独确定各交易或账户余额层次的重要性水平的方法。

（3）从性质方面考虑重要性

金额不重要的错报，从性质上看有可能是重要的。审计人员在判断错报的性质是否重要时，应该考虑的具体情况包括：错报对遵守法律法规要求的影响程度；错报对遵守债务契约或其他合同要求的影响程度；错报掩盖收益或其他趋势变化的程度等。

2. 审计实施阶段重要性的运用

（1）对计划阶段确定的重要性水平的调整

在审计实施阶段，随着审计过程的推进，审计人员应当及时评价计划阶段确定的重要性水平是否仍然合理，并根据具体环境的变化或者审计执行过程中获取的信息，调整计划的重要性水平，进而修订进一步的审计程序的性质、时间和范围。在确定审计程序后，如果审计人员决定接受更低的重要性水平，审计风险将增加。审计人员应当选用下列方法将审计风险降至可接受的低水平。

①如有可能，通过扩大控制测试范围或实施追加的控制测试，降低评估的重大错报风险，并支持降低后的重大错报风险水平；

②通过修改计划实施的实质性程序的性质、时间和范围，降低检查风险。

（2）评价错报的影响

评价错报的影响主要从两个方面进行：

①从性质上进行判断。审计人员从性质上判断错报是否重大时，应该从错报产生的原因和错报造成的后果两个方面加以考虑，凡是舞弊，即主观故意造成的错报，无论其金额大小，即使其金额低于计划的重要性水平，审计人员仍然可以认为其单独或者连同其他错报从性质上看是重大的。

②从数量上考虑重要性。尚未更正错报的汇总数，包括已经识别的具体错报和推断误差。已经识别的具体错报，是指审计人员在审计过程中发现的能够准确计量的错报，包括对事实的错报和涉及主管决策的错报。推断误差也称"可能误差"，是审计人员对不能明确、具体地识别的其他错报的最佳估计数，如通过测试样本估计出的总体的错报，减去在测试中发现的已经识别的具体错报。

审计人员应当评估在审计过程中已识别但尚未更正错报的汇总数是否重大。在评价未更正错报是否重大时，不仅需要考虑每项错报对财务报表的单独影响，而且需要考虑所有错报汇总数对财务报表的影响及其形成原因，尤其是一些金额较小的错报，虽然单个错报看起来并不重大，但是其汇总数却可能对财务报表产生重大的影响。为全面地评价错报的影响，审计人员应将审计过程中已识别的具体错报和推断误差进行汇总。

3. 出具审计报告阶段重要性的运用

在出具审计报告阶段，审计人员所运用的重要性水平，可能与编制审计计划时所确定的重要性水平初步判断数不同。在审计报告阶段运用重要性原则，要求审计人员根据前两个阶段的审计结果和职业经验，判断财务报表中是否存在重大错报，以便据此确定出具审计报告的类型。如果审计人员认为尚未更正错报的汇总数是重大的，审计人员应当考虑通过扩大审计程序的范围，或者要求管理当局调整财务报表，来降低审计风险。如果管理层拒绝调整财务报表，并且扩大审计程序范围的结果并不能使审计人员认为尚未更正错报的汇总数不重大，那么审计人员应考虑出具非无保留意见的审计报告。如果已识别但尚未更正错报的汇总数接近重要性水平，审计人员应考虑该汇总数连同尚未发现的错报是否可能超过重要性水平，并考虑通过实施追加的审计程序，或者要求管理层就已经确定的错报调整会计报表，以降低审计风险。如果审计人员认为错报是不重要的，企业的财务报表已经按照适用的会计准则和相关会计制度的规定编制，在所有重大方面公允地反映了被审计单位的财务状况、经营成果和现金流量，而且审计人员已经按照审计准则的规定计划和实施审计工作，在审计过程中未受到限制，就可以出具无保留意见的审计报告。

5.1.3　重要性与审计风险的关系

重要性与审计风险的关系应从两个方面来理解：一是重要性与实际的或评估的审计风险之间的关系；二是重要性与期望的或可接受的审计风险之间的关系。

1. 重要性与实际的或评估的审计风险之间存在着反向关系

实际的或评估的审计风险是指审计人员在计划审计时实际存在或评估的审计风险。《中国注册会计师审计准则第 1221 号——重要性》中指出："重要性与审计风险之间存在反向关系。重要性水平越高，审计风险越低；重要性水平越低，审计风险越高。注册会计师在确定审计程序的性质、时间和范围时应当考虑这种反向关系。"所以，当审计人员在计划审计时，应当按照审计准则所强调的这种反向关系，合理确定重要性水平，以便确定将要进行的实质性程序的性质、时间和范围。

2. 重要性与期望的或可接受的审计风险之间存在着正向关系

期望的或可接受的审计风险是指审计人员在计划审计、现场作业、出具审计报告时希望接受的审计风险，是对实际的或评估的审计风险的控制。

重要性与审计风险是互为前提、互相影响的关系。实际的或评估的审计风险决定了初步判断的重要性水平，初步判断的重要性水平或修正后的重要性水平又决定了期望的或可接受的审计风险。

案例主题：重要性水平的确定

按理资料：

华德公司是一家食品加工企业，生产经营较为稳定，原材料、产成品的品种较多，涉及的客户也较多，注册会计师评估的内部控制风险处于中等水平。在具体执行审计时，注册会计师发现如下事实：

1. 报表中的存货金额出现了小额的蓄意错报。

2. 由于流动资产多计 500 元，使得企业财务报表中的营运资金比贷款协议中的最低限额多出 300 元。

3. 在过去 3 年中，企业财务报告中的利润每年减少了 1%，但今年利润增加了 0.2%。经审查，注册会计师发现该项利润的增加是资产减值损失少计提 3 万所致，如果扣除该项错报，企业今年利润仍比去年少，但该项错报低于重要性水平。

4. 本期营业收入多报了 10 万元，低于重要性水平，但公司的管理层由此完成了董事会的营业收入指标，因为能够获得当年的奖金 100 万元。

5. 注册会计师发现现金和实收资本账户存在小额错报。

案例分析：

1. 根据我国发布的《中国注册会计师审计准则第 1221 号——计划和执行审计工作时的重要性》的规定，重要性概念可以从下列方面进行理解：

(1)如果合理预期错报(包括漏报)单独或汇总起来可能影响财务报表使用者依据财务报表做出的经济决策，则通常认为错报是重要的；

(2)对重要性的判断是根据具体环境做出的，并受错报的金额或性质的影响，或受两者共同作用的影响；

(3)判断某事项对财务报表使用者是否重大，是在考虑财务报表使用者整体共同的财务信息需求的基础上做出的。由于不同财务报表使用者对财务信息的需求可能差异很大，因此不考虑错报对个别财务报表使用者可能产生的影响。

2. 在计划审计工作时，注册会计师应该确定一个可接受的重要性水平，以发现在金额上重大的错报。根据上述定义中的第三条，注册会计师在运用重要性原则时，应以错报的金额和性质两方面作为判断的标准。一般认为，错报的金额越大越重要，对于小金额错报，注册会计师应当关注其出现的频率以及性质是否重要。

事项 1 中，报表中存货金额出现了小额的蓄意错报，属于涉及舞弊的错报，根据舞弊反映出管理当局在诚信和可靠性方面存在缺陷，故属于重要的错报。

事项 2 由于流动资产多计 500 元，使得企业财务报表中的营运资金比贷款协议中的最低限额多出 300 元，剔除该项错报，正确的营业资金净额将导致该项贷款违约，会严重影响到企业流动负债和非流动负债的分类，因此这项小额错报是重要的。

事项 3 中，资产减值损失少计提 3 万元使得利润增加了 0.2%，会影响利润的趋势，尽管该项错报低于重要性水平，仍是重要的。

事项 4 中，本期营业收入多报了 10 万元，错报会大幅增加管理层的报酬，因此也是重要的。

事项 5 中，注册会计师发现现金和实收资本账户存在的错报属于不期望出现的错报或漏报，即使金额较小也认为是重要的。

(资料来源：邵军，李春玲.审计案例分析.北京：首都经济贸易大学出版社，2014)

5.2　审计风险

5.2.1　审计风险的含义

审计的本质，是所有者和债权人为降低经理人的代理成本而支付的另一种监督成本。对于外部投资者而言，审计是降低信息风险的必要制度基础。审计风险主要是指会计报表存在重大错报，而审计人员审计后发表不恰当审计意见的可能性。审计风险与审计结果的可靠性是互补的，审计人员如果要使表示的意见把握性较大，则审计风险就应较低。

5.2.2 审计风险的特征

1.客观性

所谓客观性是指由于审计技术、审计方法、审计时间和成本的制约,审计风险独立于审计人员的意识之外而客观存在,审计人员不能消除审计风险,只能评估和防范审计风险。

2.复杂性

复杂性一方面表现为形成风险原因的复杂性,另一方面是审计主体对审计风险承受能力的复杂性,表现为审计风险贯穿在整个审计过程中。

3.无意性

审计风险的无意性,指审计风险是审计人员的非故意行为造成的。

4.可控性

审计风险是客观存在的,但又是可以控制的。这里所讲的控制,是指可以控制在一定的范围内或幅度内,而不是完全消除审计风险。

5.2.3 审计风险的组成要素

根据审计风险理论,对审计结果的正确性产生影响的风险因素包括重大错报风险和检查风险,其中重大错报风险是不可控的,只能进行评估。

1.重大错报风险

重大错报风险,是指财务报表在审计前存在重大错报的可能性,主要包括财务报表整体层次风险和认定层次风险。

(1)财务报表整体层次风险

财务报表整体层次风险,主要指战略经营风险。战略经营风险是审计风险的一个高层次构成要素,是财务报表整体不能反映企业经营实际情况的风险。这种风险源自于企业客观的经营风险或企业高层串通舞弊、虚构交易。财务报表层次重大错报风险与财务报表整体存在广泛联系,它可能影响多项认定。财务报表整体层次风险通常与控制环境有关,如管理层缺乏诚信、治理层形同虚设而不能对管理层进行有效监督等,但也可能与其他因素有关,如经济萧条、企业所在行业处于衰退期等。此类风险难以被界定于某类交易、账户余额、列报的具体认定,相反,此类风险增大了一个或多个不同认定发生重大错报的可能性,与由舞弊引起的风险相关。

(2)认定层次风险

认定层次风险,指交易类别、账户余额、列报和其他相关具体认定层次的风险,包括传统的固有风险和控制风险。认定层次的错报主要指由经济交易或事项本身的性质和复杂程度造成的错报,企业管理层由于本身的认识和技术水平造成的错报,以及企业管理层局部和个别人员舞弊和造假造成的错报。

2.检查风险

检查风险是指某一认定存在错报,该错报单独或连同其他错报是重大的,但注册会计师未能发现这种错报的可能性。被审计单位经济业务中存在的错误和舞弊,有时会通过被审计单位的内部控制制度,最终进入财务报表系统,审计人员有责任采用必要的审计方法和程序来发现这些错误和舞弊,并把它们从财务报表中剔除出来,以保证财务报表的真实性和公允性。审计人员在审计过程中的任何一项审计方法或审计判断的失误,都有可能使其不能发现这些错误和舞弊。审计过程中存在的这种不能被发现的错误和舞弊的可能性,就是审计的检查风险。

检查风险与重大错报风险呈反向关系。在既定的审计风险水平下,可接受的检查风险水平与认定层次重大错报风险的评估结果成反向关系。评估的重大错报风险越高,可接受的检查风险水平越低;评估的重大错报风险越低,可接受的检查风险水平越高。

以下措施有助于提高审计程序及其执行的有效性,降低注册会计师选取不适当的审计程序、错误执行适当的审计程序或错误解释审计结果的可能性:制订恰当的计划;为项目组分派合适的人员;保持职业怀疑;监督和复核已执行的审计工作。

5.2.4　审计风险模型

现代风险导向审计,是以被审计单位的战略经营风险分析为导向进行的审计。现代风险导向审计按照战略管理论和系统论,将由于企业的整体经营风险所带来的重大错报风险作为审计风险的一个重要构成要素进行评估,是评估审计风险观念、范围的扩大与延伸,是传统风险导向审计的继承和发展。在该理论的指导下,国际审计和鉴证准则委员会(IAASB)发布了一系列新的审计风险准则,将审计风险模型定位为:

$$审计风险＝重大错报风险×检查风险$$

现代审计风险模型,解决的是对因企业经营过程中管理层串通舞弊、虚构交易或事项而导致的财务报表错报如何进行审计的问题。为防止或及时发现财务报表出现重大错报和漏报,审计人员一共设置了两道防线:第一道防线,是了解被审计单位及其环境,包括内部控制;第二道防线,是审计人员的审计。重大错报风险是由于第一道防线没把好关,即会计处理过程、编制财务报表过程以及内部控制系统,不能发现和改正重大错误的风险。检查风险,是由于第二道防线没把好关,是指审计人员在执行审计的过程中没有检查出重大错报的风险。根据上述分析,重大错报风险和检查风险不同程度地决定着审计风险的高低。在审计风险模型中,审计人员所能控制的只有检查风险,重大错报风险与被审计单位有关,注册会计师对其无能为力,只能对其水平进行评估,以便确定可接受的检查风险水平。

审计人员在审计过程中,受现代审计风险模型指引,以企业的经营模式为核心进行战略风险分析,不仅可以克服缺乏全面性而导致的审计风险,而且有利于节省审计成本。

在审计风险确定的情况下,检查风险与重大错报风险的评估水平之间存在着反向关系。重大错报风险的评估水平越高,审计人员可接受的检查风险水平就越低,审计人员必须扩大审计范围,执行更多的审计程序,收集更多的审计证据,将检查风险尽量降低,以便使整个审计风险降低至期望水平,反之亦然。由此可见,要想达到期望的审计风险水平并尽可能节约审计成本,第一,要合理评估重大错报风险,并据此设计实质性程序的性质、时间和范围,设计合理的审计程序。重大错报风险的评估水平过高,可接受的检查风险水平过低,所设计的审计程序会过多,虽然可以达到期望的审计风险水平,但会造成审计成本的浪费;重大错报风险的评估水平过低,可接受的检查风险水平过高,所设计的审计程序会过少,虽然可以降低审计成本,但难以将审计风险降低到期望水平。第二,在审计过程中应尽量严格执行所设计的审计程序,切实将检查风险降低到可接受水平。所以,合理评估审计风险,对于审计人员节约审计成本并保证审计质量至关重要。

5.3　风险评估

民间审计对审计风险评估和控制的要求较高,所以,我们更多地从民间审计角度考虑,把握了民间审计的风险评估和控制,国家审计和内部审计也就能更好地评估和控制风险。《中国注册会计师审计准则第1211号——了解被审计单位及其环境并评估重大错报风险》,对审计人员通过实施风险评估程序,识别和评估财务报表层次以及各类交易、账户余额、列报认定层次的重大错报风险进行了规范。该准则为审计人员进行风险评估提供了准则性依据。《中国注册会计师审计准则第1231号——针对评估的重大错报风险实施的程序》,对审计人员针对已评估的重大错报风险确定总体应对措施,设计和实施进一步审计程序进行了规范。

5.3.1　风险评估的程序

风险评估是指以了解被审计单位及其环境为内容,以识别和评估财务报表层次重大错报风险为目的,在设计和实施进一步审计程序之前实施的程序。对被审计单位及其环境的了解程度,应以是否满足识别和评估财务报表层次重大错报风险为判断标准,因为获取更多的信息通常会伴随着审计成本的增加。审计人员应运用职业判断确定需要了解被审计单位及其环境的程度。风险评估程序不是可有可无的程序,而是必须实施的程序。审计人员应当实施下列风险评估程序以了解被审计单位及其环境。

1. 询问被审单位管理层和内部其他相关人员

除了向管理层和对财务报告负有责任的人员询问有关被审计单位重要事项外,还应考虑询问内部审计人员、采购人员、生产人员、销售人员等其他人员,以便从不同的视角获取对识别重大错报风险有用的信息。

2. 分析程序

审计人员实施分析程序,有助于识别异常的交易或事项,以及对财务报表和审计产生影响的金额、比率和趋势。在实施分析程序时,审计人员应当预期可能存在的合理关系,并与被审计单位记录的金额、依据记录金额计算的比率或趋势相比较。如果发现异常或未预期到的关系,审计人员应当在识别重大错报风险时考虑这些比较结果。如果使用了高度汇总的数据,实施分析程序的结果仅可能初步显示财务报表存在重大错报风险,审计人员应当将分析结果,连同识别重大错报风险时获取的其他信息一并考虑。

3. 观察和检查程序

观察和检查程序可以印证对管理层和其他相关人员的询问结果,并可提供有关被审计单位及其环境的信息,审计人员应当实施下列观察和检查程序:(1)观察被审计单位的生产经营活动;(2)检查有关文件和记录;(3)阅读由管理层和治理层编制的报告;(4)实地察看被审计单位的生产经营场所和设备;(5)追踪交易在财务报告信息系统中的处理过程(穿行测试)。

5.3.2　了解被审计单位及其环境

1.需了解的因素

(1)行业状况

了解行业状况,有助于审计人员识别与被审计单位所处行业有关的重大错报风险。了解的主要内容包括:①所在行业的市场供求与竞争;②生产经营的季节性和周期性;③产品生产技术的变化;④能源供应与成本;⑤行业的关键指标和统计数据。

(2)法律环境及监管环境

由于相关法规或监管要求可能对被审计单位经营活动产生重大影响,所以审计人员应当了解被审计单位所处的法律环境及监管环境,主要包括:①适用的会计准则、会计制度和行业特定惯例;②对经营活动产生重大影响的法律法规及监管活动;③对开展业务产生重大影响的政府政策,包括货币、财政、税收和贸易等政策;④与被审计单位所处行业和所从事经营活动相关的环保要求。

(3)其他外部因素

其他外部因素也可能对被审计单位的财务报告产生影响,审计人员也应关注:①宏观经济的景气度;②利率和资金供求状况;③通货膨胀水平及币值变动;④国际经济环境和汇率变动。

2.被审计单位的性质

了解被审计单位的性质,有助于审计人员理解预期在财务报表中反映的各类交易、账户余额和列报。

(1)所有权结构。对被审单位所有权结构的了解,有助于审计人员识别关联方关系并了解被审计单位的决策过程。审计人员应当了解所有权结构,以及所有者与其他人员或单位之间的关系,考虑关联方关系是否已经得到识别,以及关联方交易是否得到恰当核算。

(2)治理结构。良好的治理结构,可以对被审计单位的经营和财务运作实施有效的监督,从而降低财务报表发生重大错报的风险。审计人员应当了解被审计单位的治理结构,考虑治理层是否能够在独立于管理层的情况下,对被审计单位事务(包括财务报告)做出客观判断。

(3)组织结构。审计人员应当了解被审计单位的组织结构,考虑复杂组织结构可能导致的重大错报风险,包括合并财务报表、商誉摊销和减值、长期股权投资核算以及特殊目的实体核算等问题。

(4)经营活动。审计人员应当了解被审计单位的经营活动,识别预期将在财务报表中反映的主要交易类别、重要账户余额和列报。

(5)投资活动。审计人员应当了解被审计单位的投资活动,关注被审计单位在投资策略和方向上的重大变化。

(6)筹资活动。审计人员应当了解被审计单位的筹资活动,从而有助于评估被审计单位在融资方面的压力,并进一步考虑被审计单位在可预见未来的持续经营能力。

3.被审计单位对会计政策的选择和运用

审计人员应当了解被审计单位对会计政策的选择和运用,是否符合适用的会计准则和相关会计制度,是否符合被审计单位的具体情况。

如果被审计单位变更了重要的会计政策,审计人员应当考虑变更的原因及其适当性,并考虑是否符合适用的会计准则和相关会计制度的规定。审计人员还应当考虑被审计单位是否按照适用的会计准则和相关会计制度的规定恰当地进行了列报,并披露了重要事项。

4.被审计单位的目标、战略以及相关经营风险

审计人员应当了解被审计单位的目标、战略以及可能导致财务报表重大错报的相关经营风险。

(1)目标、战略与经营风险。经营风险,源于对被审计单位实现目标和完成战略产生不利影响的重大情况、事项、环境和行动,或源于不恰当的目标和战略。战略风险和流程风险构成了经营风险,不同的企业可能面临不同的经营风险,这取决于企业经营的性质、所处行业、外部监管环境、企业的规模和复杂程度。管理层有责任识别和应对这些风险。

审计人员应当了解被审计单位由于有关行业发展、开发新产品或提供新服务、业务扩张、新颁布的会计法规、监管要求、本期及未来的融资条件、信息技术的运用等目标和战略的存在而导致的经营风险,根据被审计单位的具体情况,考虑经营风险是否可能导致财务报表发生重大错报。

(2)经营风险的影响和评估。多数经营风险最终都会产生财务风险,从而影响财务报表,但并非所有经营风险都会导致重大错报风险。审计人员应当根据被审计单位的具体情况,考虑经营风险是否可能导致财务报表发生重大错报。管理层通常会制定识别和应对经营风险的策略,审计人员应当了解被审计单位的风险评估过程。

5.被审计单位财务业绩的衡量和评价

被审计单位内部或外部对财务业绩的衡量和评价,可能会对管理层产生压力,促使其采取行动改善财务业绩或歪曲财务报表。审计人员应当了解被审计单位财务业绩的衡量和评价情况,考虑这种压力是否可能导致管理层采取行动,以至于增加财务报表发生重大错报的风险,初步评估绩效风险。

审计人员应当关注被审计单位内部财务业绩衡量所显示的未预期到的结果或趋势、管理层的调查结果和纠正措施,以及相关信息是否显示财务报表可能存在重大错报。

6.被审计单位的内部控制

审计人员应当了解与审计相关的内部控制以识别潜在错报的类型,考虑导致重大错报风险的因素,以及设计和实施进一步审计程序的性质、时间和范围。

5.3.3　了解被审计单位的内部控制

1.内部控制的基本理论

(1)内部控制的内涵

内部控制,是指被审计单位为了合理保证财务报告的可靠性、经营的效率和效果以及

对法律法规的遵守情况,由治理层、管理层及其他人员设计和执行的政策和程序。从目标和内容上看,内部控制是风险管理的组成部分。从责任主体来看,设计和实施内部控制的责任主体是治理层、管理层和其他人员。也就是说,组织中的每一个人都对内部控制负有责任。内部控制的目标是对一定预期的合理保证,实施内部控制的手段是设计和执行控制政策和程序。

(2)内部控制的局限性

无论内部控制的设计多么严密,其执行多么严格,也不能认为它是完全有效的,或者说只能对财务报告的可靠性提供合理的保证。一般而言,内部控制存在的固有局限性包括:①在决策时,人为判断可能出现错误和由于人为失误而导致内部控制失效;②可能由于两个或更多的人员进行串通,或管理层凌驾于内部控制之上而使内部控制失效。

2.内部控制要素

内部控制,主要包括控制环境、风险评估过程、信息系统与沟通、控制活动、对控制的监督。

(1)控制环境

控制环境,包括治理职能和管理职能,以及治理层和管理层对内部控制及其重要性的态度、认识和措施。控制环境设定了被审计单位的内部控制基调,影响员工对内部控制的认识和态度。在业务承接阶段,审计人员就需要对控制环境做出初步了解和评价。在评价控制环境的设计和实施情况时,审计人员应当了解管理层在治理层的监督下,是否营造并保持了诚实守信和合乎道德的文化,以及是否建立了防止或发现并纠正舞弊和错误的恰当控制。

控制环境的构成要素包括:①对诚信和道德价值观念的沟通与落实;②对胜任能力的重视;③治理层的参与程度,管理层的理念和经营风格;④组织结构;⑤职权与责任的分配;⑥人力资源政策与实务。

控制环境对重大错报风险的评估具有广泛影响,审计人员应当考虑控制环境的总体优势是否为内部控制的其他要素提供了适当的基础,并且未被控制环境中存在的缺陷所削弱。因为控制环境本身并不能防止或发现并纠正各类交易、账户余额、列报层次的重大错报,审计人员在评估重大错报风险时,应当将控制环境连同其他内部控制要素产生的影响一并考虑。

(2)风险评估过程

每个单位都面临着来自内部和外部的不同风险,风险对其生存和竞争能力产生一定的影响。很多单位并不为经济组织所控制,但管理层应当确定可以承受的风险水平,识别这些风险并采取一定的应对措施。风险评估过程则包括识别与财务报告相关的经营风险,评估风险的重大性和发生的可能性以及针对这些风险采取的措施。

风险评估过程的作用是识别、评估和管理影响被审计单位实现经营目标能力的各种风险。审计人员应当确定管理层如何识别与财务报告相关的经营风险,如何估计该风险的重要性,如何评估风险发生的可能性,以及如何采取措施管理这些风险。

审计人员应当询问管理层识别出的经营风险,并考虑这些风险是否可能导致重大错报。在审计过程中,如果识别出管理层未能识别的重大错报风险,审计人员应当考虑被审计单位的风险评估过程为何没有识别出这些风险,以及评估过程是否适合于具体环境。

（3）信息系统与沟通

与财务报告相关的信息系统应当与业务流程相适应,包括用以生成、记录、处理和报告交易或事项,对相关资产、负债和所有者权益履行经营管理责任的程序和记录。其所生成信息的质量,对管理层能否做出恰当的经营管理决策,以及编制可靠的财务报告具有重大影响。

了解与财务报告相关的信息系统主要关注:①在被审计单位经营过程中,对财务报表具有重大影响的各类交易;②在信息技术和人工系统中,对交易生成、记录、处理和报告的程序;③与交易生成、记录、处理和报告有关的会计记录、支持性信息和财务报表中的特定项目;④信息系统如何获取除各类交易之外的,对财务报表具有重大影响的事项和情况;⑤被审计单位编制财务报告的过程,包括做出的重大会计估计和披露。

在了解与财务报告相关的信息系统时,审计人员应当特别关注由于管理层凌驾于账户记录控制之上,或规避控制行为而产生的重大错报风险,并考虑被审计单位如何纠正不正确的交易处理。

（4）控制活动

控制活动,是指有助于确保管理层的指令得以执行的政策和程序,包括与授权、业绩评价、信息处理、实物控制和职责分离等相关的活动。注册会计师应当了解控制活动,以评估认定层次的重大错报风险和针对评估的风险设计进一步审计程序。

①授权。授权包括一般授权和特别授权。授权的目的在于保证交易在管理层授权范围内进行。一般授权,是指管理层制定的要求组织内部遵守的普遍适用于某类交易或事项的政策。特别授权,是指管理层针对特定类别的交易或事项逐一设置的授权。

②业绩评价。业绩评价,主要包括被审计单位分析评价实际业绩与预算(或预测、前期)业绩的差异,综合分析财务数据与经营数据的内在关系,将内部数据与外部信息来源相比较,评价职能部门、分支机构或项目活动的业绩,以及对发现的异常差异或关系采取必要的调查与纠正措施。

③信息处理。信息处理,主要包括信息技术一般控制和应用控制。

信息技术一般控制,是指与多个应用系统有关的政策和程序,有助于保证信息系统持续、恰当地运行(包括信息的完整性和数据的安全性),促进应用控制作用有效发挥,通常包括数据中心和网络运行控制,系统软件的购置、修改及维护控制,接触或访问权限控制,应用系统的购置、开发及维护控制。

信息技术应用控制,是指主要在业务流程层次运行的人工或自动化程序,与用于生成、记录、处理、报告交易或其他财务数据的程序相关,通常包括检查数据计算准确性,审核账户和试算平衡表,设置对输入数据和数字序号的自动检查,以及对例外报告进行人工干预。

④实物控制。实物控制,主要包括对资产和记录采取适当的安全保护措施,对访问计算机程序和数据文件设置授权,以及定期盘点并将盘点记录与会计记录相核对。实物控制的效果影响资产的安全,从而对财务报表的可靠性产生一定影响。

⑤职责分离。职责分离,主要包括被审计单位如何将交易授权、交易记录和资产保管

等职责分配给不同员工,以防范同一员工在履行多项职责时可能发生的舞弊或错误。

在了解控制活动时,审计人员应当重点考虑一项控制活动单独或连同其他控制活动,是否能够以及如何防止或发现并纠正各类交易、账户余额、列报存在的重大错报。如果多项控制活动能够实现同一目标,审计人员不必了解与该目标相关的每项控制活动。

（5）对控制的监督

对控制的监督,是指被审计单位评价内部控制在一段时间内运行有效性的过程,该过程包括及时评价控制的设计和运行,以及根据情况的变化采取必要的纠正措施。

审计人员应当了解被审计单位对与财务报告相关的内部控制的监督活动,并应了解如何采取纠正措施。审计人员应当了解被审计单位对控制的持续监督活动和专门评价活动。持续的监督活动,通常贯穿于被审计单位的日常经营活动与常规管理工作中。被审计单位可能通过内部审计人员或具有类似职能的人员来对内部控制的设计和执行进行专门的评价。被审计单位也可能利用与外部有关各方沟通或交流所获取的信息,监督相关的控制活动。

注册会计师在对被审计单位整体层面的监督进行了解和评估时,应考虑被审计单位是否定期评价内部控制,能在多大程度上获取内部控制有效运行的证据,外部沟通能否证实内部存在的问题,管理层能否及时纠正偏差。

3. 了解及描述被审计单位的内部控制

审计人员在充分了解企业内部控制的情况后,应当采用适当的方法将了解的内部控制情况记录下来,形成审计工作底稿。审计人员可以采用文字叙述法、调查表法和流程图法等方法对内部控制制度进行描述。

（1）文字叙述法

文字叙述法是将调查得到的内部控制制度记录下来,并用文字详细叙述的方法。运用这种方法时,审计人员往往是按照主要经济业务的运行顺序,或每一经济活动的流程环节向有关人员一一询问并予以记录,最后整理结合,形成文字说明材料。文字叙述法的优点是可以根据实际情况灵活地选择内容,并且能做出较深入和具体的描述,但这种方法也有一定的局限性,如针对经济业务复杂、经济活动环节较多的企业,用书面说明难免冗长。

（2）调查表法

调查表法是指审计人员将那些与保证会计记录的正确性和可靠性以及保证资产的完整性有密切关系的事项列作调查对象,设计成标准化的调查表,交由被审计单位有关人员填写,再由审计人员根据调查结果自行填写,然后统一将问题归纳整理。调查表法的优点是调查范围明确,省时省力,可以提高审计工作效率;审计人员通过调查表可以抓住企业内部控制中的强点和弱点。但这种方法也有局限性,如果调查表的问题设置不当,就不能客观、全面地反映内部控制制度的情况。

（3）流程图法

流程图法是指用特定的符号和图形来描述某项业务的整个处理过程,用图解的形式将主要经营环节和凭证、记录的传递关系直观地表达出来的一种方法。流程图法的优点是可以把文字叙述减少到最低程度,形象直观,能帮助审计人员较快地发现控制系统的薄弱环节。其缺点是,如果绘制流程图技术不过关,就不能准确地反映被审计单位的内部控制制度,就会影响审计工作质量。

5.3.4　评估重大错报风险

1. 识别和评估重大错报风险

(1)识别和评估重大错报风险的审计程序

审计人员应当识别和评估财务报表层次以及各类交易、账户余额、列报认定层次的重大错报风险,充分关注那些可能表明被审计单位存在重大错报风险的事项和情况,并考虑由于上述事项和情况导致的风险是否重大,以及该风险导致财务报表发生重大错报的可能性。在识别和评估重大错报风险时,审计人员应当实施下列审计程序:①在了解被审计单位及其环境的整个过程中识别风险,并考虑各类交易、账户余额、列报的情况;②将识别的风险与认定层次可能发生错报的领域相联系;③考虑识别的风险是否重大;④考虑识别的风险导致财务报表发生重大错报的可能性。

审计人员应当利用实施风险评估程序获取的信息,包括在评价控制设计和确定其是否得到执行时获取的审计证据,作为支持风险评估结果的审计证据。审计人员应当根据风险评估结果,确定实施进一步审计程序的性质、时间和范围。

(2)识别两个层次的重大错报风险

在对重大错报风险进行识别和评估后,审计人员应当确定识别的重大错报风险是与特定的某类交易、账户余额、列报的认定相关,还是与财务报表整体广泛相关,进而影响多项认定。

(3)控制环境对评估财务报表层次重大错报风险的影响

财务报表层次的重大错报风险,很可能源于薄弱的控制环境。薄弱的控制环境带来的风险,可能对财务报表产生广泛影响,难以限于某类交易、账户余额、列报,审计人员应当采取总体应对措施。

(4)控制活动对评估认定层次重大错报风险的影响

在评估重大错报风险时,审计人员应当将所了解的控制活动与特定认定相联系。控制活动与认定直接或间接相关;关系越间接,控制活动对防止或发现并纠正认定错报的效果越差。审计人员应尽量识别出有助于防止或发现并纠正特定认定发生重大错报的控制活动。在确定这些控制是否能够实现上述目标时,审计人员应当将控制活动和其他要素进行综合考虑。

审计人员应当采取适当的方式对识别的各类交易、账户余额、列报认定层次的重大错报风险予以汇总和评估,从而便于确定进一步审计程序的性质、时间和范围。

2. 需要特别考虑的重大错报风险

作为风险评估的一部分,审计人员应当运用职业判断,确定识别的风险哪些是需要特别考虑的重大错报风险(以下简称特别风险)。

(1)特别风险的判定

在确定哪些风险是特别风险时,审计人员应当在考虑识别出的控制活动对相关风险的抵消效果之前,根据风险的性质、潜在错报的重要程度和发生的可能性,判断风险是否属于特别风险。特别风险通常与重大的非常规交易和判断事项有关。非常规交易是指由于金额或性质异常而不经常发生的交易。判断事项通常指做出的会计估计。

在判断哪些风险是特别风险时,注册会计师应当至少考虑下列方面:①风险是否属于舞弊风险;②风险是否与近期经济环境、会计处理方法或其他方面的重大变化相关,因而需要特别关注;③交易的复杂程度;④风险是否涉及重大的关联方交易;⑤财务信息计量的主观程度,特别是计量结果是否具有高度不确定性;⑥风险是否涉及异常或超出正常经营过程的重大交易。

(2)特别风险的处理

对特别风险,审计人员应当评价相关控制的设计情况,并确定其是否已经得到执行。与重大非常规交易或判断事项相关的风险很少受到日常控制的约束,审计人员应当了解被审计单位是否针对该特别风险设计和实施了控制。如果管理层未能实施控制以恰当应对特别风险,审计人员应当认为内部控制存在重大缺陷,并应着重考虑其对风险评估的影响。

3.仅通过实质性程序无法应对的重大错报风险

作为风险评估的一部分,如果认为仅通过实质性程序获取的审计证据,无法将认定层次的重大错报风险降至可接受的低水平,审计人员应当评价被审计单位针对这些风险设计的控制,并确定其执行情况。

在被审计单位对日常交易采用高度自动化处理的情况下,审计证据可能仅以电子形式存在,其充分性和适当性通常取决于自动化信息系统相关控制的有效性,审计人员应当考虑仅通过实施实质性程序不能获取充分、适当审计证据的可能性。如果认为仅通过实施实质性程序不能获取充分、适当的审计证据,审计人员应当考虑依赖的相关控制的有效性,并对其控制和设计进行了解。

审计人员应当采取一定的方式汇总识别的重大错报风险,并判定其性质。

4.对风险评估的修正

审计人员对认定层次重大错报风险的评估,应以获取的审计证据为基础,并可能随着不断地获取审计证据而做出相应的变化。如果通过实施进一步审计程序获取的审计证据,与初始评估获取的审计证据相矛盾,审计人员应当修正风险评估结果,并相应修改原计划实施的进一步审计程序。

评估重大错报风险与了解被审计单位及其环境一样,也是一个连续和动态的收集、更新与分析信息的过程,贯穿于整个审计过程的始终。

5.3.5　与治理层和管理层的沟通

审计人员应当及时将注意到的内部控制设计或执行方面的重大缺陷,告知适当层次的管理层或治理层。

内部控制的重大缺陷,是指内部控制设计或执行存在的严重不足,使被审计单位管理层或员工无法在正常行使职能的过程中,及时发现并纠正由舞弊或错误引起的财务报表中的错报。在了解和测试内部控制的过程中可能会发现偏差,偏差的性质、频率和后果决定重大缺陷的构成。

下列情况通常表明内部控制存在重大缺陷：审计人员在审计工作中发现了重大错报，而被审计单位的内部控制没有发现这些重大错报；控制环境薄弱；存在高层管理人员舞弊迹象（无论涉及金额大小）。

如果识别出被审计单位未加控制或控制不当的重大错报风险，或认为被审计单位的内部控制存在重大缺陷，审计人员应当就此类内部控制缺陷与治理层沟通。

5.4 风险应对

审计人员应当针对评估的财务报表层次重大错报风险，确定总体应对措施，并针对评估的认定层次重大错报风险，确定设计和实施进一步审计程序的性质、时间和范围，以将审计风险降至可接受的低水平。在整个风险应对过程中，都需要审计人员运用职业判断。

5.4.1 针对财务报表层次重大错报风险的总体应对措施

1.确定总体应对措施

针对评估的财务报表层次重大错报风险，审计人员所确定的总体应对措施包括：向项目组强调在收集和评价审计证据过程中，保持职业怀疑态度的必要性；分派更有经验或具有特殊技能的审计人员，或利用专家的工作；提供更多的审计督导；在选择进一步审计程序时，应当注意使某些程序不被管理层预见或事先了解；对拟实施审计程序的性质、时间和范围做出总体修改。

审计人员对控制环境的了解，影响其对财务报表层次重大错报风险的评估。有效的控制环境，可以使审计人员增强对内部控制和被审计单位内部产生的证据的信赖程度。如果控制环境存在缺陷，审计人员在对拟实施审计程序的性质、时间和范围做出总体修改时应当考虑：在期末而非期中实施更多的审计程序；主要依赖实质性程序获取审计证据；修改审计程序的性质，获取更具说服力的审计证据；扩大审计程序的范围。

2.总体应对措施对拟实施进一步审计程序的总体方案的影响

审计人员评估的财务报表层次重大错报风险，以及采取的总体应对措施，对拟实施进一步审计程序的总体方案具有重大影响。拟实施进一步审计程序的总体方案包括实质性方案和综合性方案。实质性方案是指审计人员实施的进一步审计程序以实质性程序为主；综合性方案是指审计人员在实施进一步审计程序时，将控制测试与实质性程序结合使用。

5.4.2 针对认定层次重大错报风险的进一步审计程序

1.进一步审计程序的内涵和要求

进一步审计程序，是指审计人员针对评估的各类交易、账户余额、列报（包括披露，下同）认定层次重大错报风险实施的审计程序，包括控制测试和实质性程序。

审计人员应当针对评估的认定层次重大错报风险，设计和实施进一步审计程序，包括审计程序的性质、时间和范围。审计人员设计和实施的进一步审计程序的性质、时间和范围，应当与评估的认定层次重大错报风险有明确的对应关系。审计人员实施的审计程序具有目的性和针对性,有利于配置审计资源,提高审计效率和效果。在应对评估的风险时,合理确定审计程序的性质是最重要的。

2.设计进一步审计程序时应当考虑下列因素

设计进一步审计程序时应该考虑:风险的重要性;重大错报发生的可能;涉及的各类交易、账户余额、列报的特征;被审计单位采用的特定控制的性质;审计人员是否拟获取审计证据,以确定内部控制在防止或发现并纠正重大错报方面的有效性。

审计人员应当根据对认定层次重大错报风险的评估结果,恰当选用实质性方案或综合性方案。无论选择何种方案,审计人员都应当对所有重大的交易、账户余额、列报设计和实施实质性程序。

3.进一步审计程序的性质、时间和范围

(1)进一步审计程序的性质

进一步审计程序的性质,是指进一步审计程序的目的和类型。进一步审计程序的类型包括检查、观察、询问、函证、重新计算、重新执行和分析程序。

在应对评估的风险时,合理确定审计程序的性质是最重要的,因为不同的审计程序应对特定认定错报风险的效力不同。审计人员应当根据认定层次重大错报风险的评估结果选择审计程序。评估的认定层次重大错报风险越高,对通过实质性程序获取的审计证据的相关性和可靠性的要求越高,从而可能影响进一步审计程序的类型及其综合运用。

在确定拟实施的审计程序时,审计人员应当考虑评估的认定层次重大错报风险产生的原因,包括考虑各类交易、账户余额、列报的具体特征以及内部控制。

(2)进一步审计程序的时间

进一步审计程序的时间,是指审计人员何时实施进一步审计程序,或审计证据适用的期间或时点。

审计人员可以在期中或期末实施控制测试或实质性程序。当重大错报风险较高时,审计人员应当考虑在期末或接近期末实施实质性程序,或采用不通知的方式,在管理层不能预见的时间实施审计程序。

在期中实施进一步审计程序,可能有助于审计人员在审计工作初期识别重大事项,并在管理层的协助下及时解决这些事项,或针对这些事项制订有效的实质性方案或综合性方案。如果在期中实施了进一步审计程序,审计人员还应当针对剩余期间获取审计证据。

(3)进一步审计程序的范围

进一步审计程序的范围,是指实施进一步审计程序的数量,包括抽取的样本量、对某项控制活动的观察次数等。

在确定审计程序的范围时,审计人员应当考虑下列因素:①确定的重要性水平;②评估的重大错报风险;③计划获取的保证程度。随着重大错报风险的增加,审计人员应当考虑扩大审计程序的范围。但是,只有当审计程序本身与特定风险相关时,扩大审计程序的范围才是有效的。

审计人员在综合运用不同审计程序时,不仅应当考虑各类审计程序的性质,还应当考虑测试的范围是否适当。

5.4.3 控制测试

1. 控制测试的内涵

控制测试指的是对控制运行的有效性进行的测试。审计人员应当从以下几个方面获取关于控制是否有效运行的审计证据:(1)控制在所审计期间的不同时点是如何运行的;(2)控制是否得到一贯执行;(3)控制由谁执行;(4)控制以何种方式运行。如果被审计单位在所审计期间的不同时期使用了不同的控制,审计人员应当考虑不同时期控制运行的有效性。

2. 控制测试的要求

控制测试并非在任何情况下都需要实施,当存在下列情形之一时,审计人员应当实施控制测试:

(1)在评估认定层次重大错报风险时,预期控制的运行是有效的

如果在评估认定层次重大错报风险时,预期控制的运行是有效的,审计人员应当实施控制测试,就控制在相关期间或时点的运行有效性获取充分、适当的审计证据。只有认为控制设计合理、能够防止或发现并纠正认定层次的重大错报,审计人员才有必要对控制运行的有效性实施测试。

(2)仅实施实质性程序不足以提供认定层次充分、适当的审计证据

如果认为仅实施实质性程序获取的审计证据,无法将认定层次重大错报风险降至可接受的低水平,审计人员应当实施相关的控制测试,以获取控制运行有效性的审计证据。

3. 控制测试的性质

控制测试的性质,是指控制测试所使用的审计程序的类型及其组合。审计人员应当选择适当类型的审计程序,以获取有关控制运行有效性的保证。计划的保证水平越高,对有关控制运行有效性的审计证据的可靠性要求越高。当拟实施的进一步审计程序主要以控制测试为主,尤其是仅实施实质性程序获取的审计证据,无法将认定层次重大错报风险降至可接受的低水平时,审计人员应当获取有关控制运行有效性的更高的保证水平。

虽然控制测试与了解内部控制的目的不同,但两者采用审计程序的类型通常相同,包括询问、观察、检查和穿行测试,此外控制测试的程序还包括重新执行。询问本身并不足以测试控制运行的有效性,审计人员应当将询问与其他审计程序结合使用,以获取有关控制运行有效性的审计证据。将询问与检查或重新执行结合使用,通常能够比仅实施询问和观察获取更高的保证;观察提供的证据仅限于观察发生的时点,本身不足以测试控制运行的有效性。

控制测试的性质的选择主要有以下几种:

(1)特定控制的性质

审计人员应当根据特定控制的性质,选择所需实施审计程序的类型。某些控制可能存在反映控制运行有效性的文件记录,审计人员应当考虑检查这些文件记录,以获取控制运行有效性的审计证据;某些控制可能不存在文件记录,或文件记录与证实控制运行有效性不相关,审计人员应当考虑实施检查以外的其他审计程序,以获取有关控制运行有效性的审计证据。

（2）与认定相关的控制

在设计控制测试时，审计人员不仅应当考虑与认定直接相关的控制，还应当考虑这些控制所依赖的与认定间接相关的控制，以获取支持控制运行有效性的审计证据。

（3）应用控制的自动化

对于一项自动化的应用控制，由于信息技术处理过程的内在一贯性，审计人员可以利用该项控制得以执行的审计证据和信息技术一般控制（特别是对系统变动的控制）运行有效性的审计证据，作为支持该项控制在相关期间运行有效性的重要审计证据。

（4）控制测试的目的

控制测试的目的，主要是评价控制是否有效运行；细节测试的目的，主要是发现认定层次的重大错报。尽管两者目的不同，但审计人员可以考虑针对同一交易同时实施控制测试和细节测试，以实现双重目的。如果拟实施双重目的测试，审计人员应当仔细设计和评价测试程序。

（5）实施实质性程序的结果对控制测试结果的影响

审计人员应当考虑实施实质性程序发现的错报，对评价相关控制运行有效性的影响。如果实施实质性程序发现了被审计单位自身没有识别出的重大错报，通常表明其内部控制存在重大缺陷，审计人员应当就这些缺陷与被审计单位的管理层和治理层进行沟通。

4. 控制测试的时间

控制测试的时间，直接关系到通过控制测试获取审计证据的时间问题。审计人员应当根据控制测试的目的确定控制测试的时间，并确定拟信赖的相关控制的时点或期间。如果仅需要测试控制在特定时点的运行有效性，审计人员只需要获取该时点的审计证据。如果需要获取控制在某一期间有效运行的审计证据，仅获取与时点相关的审计证据是不充分的，审计人员应当辅以其他控制测试，包括测试被审计单位对控制的监督。

（1）对期中审计证据的考虑

如果已获取有关控制在期中运行有效性的审计证据，并拟利用该证据，审计人员应当实施下列审计程序：

①获取这些控制在剩余期间变化情况的审计证据。针对期中已经获取过审计证据的控制，考察这些控制在剩余期间的变化情况。如果这些控制在剩余期间没有发生变化，审计人员可能决定信赖期中获取的审计证据。如果这些控制在剩余期间发生了变化，审计人员需要了解并测试控制的变化对期中审计证据的影响。

②确定针对剩余期间还需获取的补充审计证据。作为剩余期间的补充证据，审计人员应当考虑下列因素：评估的认定层次重大错报风险的重大程度；在期中测试的特定控制；在期中对有关控制运行有效性获取的审计证据的程度；剩余期间的长度；在信赖控制的基础上拟减少进一步实质性程序的范围；控制环境。

通过测试剩余期间控制运行的有效性，或测试被审计单位对控制的监督，审计人员可以获取补充审计证据。

（2）对以前获取的审计证据的考虑

被审计单位内部控制中的一些要素往往是稳定的，如果拟信赖以前审计获取的有关控制运行有效性的审计证据，审计人员应当通过实施询问并结合观察或检查程序，获取这些控制是否已经发生变化的审计证据。

①如果控制在本期发生变化,审计人员应当考虑,以前审计获取的有关控制运行有效性的审计证据是否与本期审计相关。

②如果拟信赖的控制自上次测试后已发生变化,审计人员应当在本期审计中测试这些控制运行的有效性。

③如果拟信赖的控制自上次测试后未发生变化,且不属于旨在减轻特别风险的控制,审计人员应当运用职业判断确定,是否在本期审计中测试其运行有效性,以及本次测试与上次测试的时间间隔,但两次测试的时间间隔不得超过两年。

在确定利用以前审计获取的有关控制运行有效性的审计证据是否适当,以及再次测试控制的时间间隔时,审计人员应当考虑:内部控制其他要素的有效性,包括控制环境、对控制的监督以及被审计单位的风险评估过程;控制特征(人工控制或自动化控制)产生的风险;信息技术一般控制的有效性;控制设计及其运行的有效性,包括在以前审计中测试控制运行有效性时发现的控制运行偏差的性质和程度;由于环境发生变化而特定控制缺乏相应变化所导致的风险;重大错报的风险和对控制的拟信赖程度。

④当出现下列情况时,审计人员应当缩短再次测试控制的时间间隔,或完全不信赖以前审计获取的审计证据:控制环境薄弱;对控制的监督薄弱;相关控制中人工控制的比重较大;信息技术一般控制薄弱;对控制运行产生重大影响的人事变动;环境的变化表明需要对控制做出相应的变动;重大错报风险较大或对控制的拟信赖程度较高。

如果拟信赖以前审计获取的某些控制运行有效性的审计证据,审计人员应当在每次审计时从中选取足够数量的控制,测试其运行有效性;不应将所有拟信赖控制的测试集中于某一次审计,而在之后的两次审计中不进行任何测试。

如果确定评估的认定层次重大错报风险是特别风险,并拟信赖旨在减轻特别风险的控制,审计人员不应依赖以前审计获取的审计证据,而应在本期审计中测试这些控制运行的有效性。

5.控制测试的范围

控制测试的范围,主要是指某项控制活动的测试次数。审计人员应当设计控制测试,以获取控制在整个拟信赖的期间有效运行的充分、适当的审计证据。

在确定某项控制的测试范围时,通常考虑下列因素:在整个拟信赖的期间,被审计单位执行控制的频率;在所审计期间,审计人员拟信赖控制运行有效性的时间长度;为证实控制能够防止或发现并纠正认定层次重大错报,所需获取审计证据的相关性和可靠性;通过测试与认定相关的其他控制获取的审计证据的范围;在风险评估时拟信赖控制运行有效性的程度;控制的预期偏差。控制的预期偏差率越高,需要实施控制测试的范围越大。如果控制的预期偏差率过高,审计人员应当考虑控制可能不足以将认定层次的重大错报风险降至可接受的低水平,从而针对某一认定实施的控制测试可能是无效的。

在风险评估时对控制运行有效性的拟信赖程度越高,需要实施控制测试的范围越大。

5.4.4　实质性程序

1.实质性程序的内涵和要求

实质性程序,是指审计人员针对评估的重大错报风险,实施的直接用以发现认定层次重大错报的审计程序。实质性程序包括对各类交易、账户余额、列报的细节测试以及实质性分析程序。

对重大错报风险的评估是一种判断，可能无法充分识别所有的重大错报风险，并且由于内部控制存在固有局限性，无论评估的重大错报风险结果如何，审计人员都应当针对所有重大的各类交易、账户余额、列报实施实质性程序。

实施的实质性程序，应当包括下列与财务报表编制完成阶段相关的审计程序：将财务报表与其所依据的会计记录相核对；检查财务报表编制过程中做出的重大会计分录和其他会计调整。对会计分录和其他会计调整检查的性质和范围，取决于被审计单位财务报告过程的性质和复杂程度，以及由此产生的重大错报风险。

2. 实质性程序的性质

实质性程序的性质，是指实质性程序的类型及组合。其基本类型包括细节测试与实质性分析程序。审计人员应当根据各类交易、账户余额、列报的性质选择实质性程序的类型。细节测试适用于对各类交易、账户余额、列报认定的测试，尤其是对存在或发生、计价认定的测试，目的在于直接识别财务报表认定是否存在错报；对在一定时期内存在可预期关系的大量交易，可以考虑实施实质性分析程序。

审计人员应当针对评估的风险设计细节测试，获取充分、适当的审计证据，以达到认定层次所计划的保证水平。在针对存在或发生认定设计细节测试时，应当选择包含在财务报表金额中的项目，并获取相关审计证据。在针对完整性认定设计细节测试时，应当选择有证据表明应包含在财务报表金额中的项目，并调查这些项目是否确实包括在内。

3. 实质性程序的时间

（1）对期中实施实质性程序的考虑

在期中实施实质性程序，会增加期末存在错报而未被发现的风险，并且该风险随着剩余期间的延长而增加。在考虑是否在期中实施实质性程序时，应当考虑下列因素：①控制环境和其他相关的控制；②实施审计程序所需信息在期中之后的可获得性；③实质性程序的目标；④评估的重大错报风险；⑤各类交易或账户余额以及相关认定的性质；⑥针对剩余期间，能否通过实施实质性程序或将实质性程序与控制测试相结合，降低期末存在错报而未被发现的风险。

如果在期中实施了实质性程序，审计人员应当针对剩余期间实施进一步的实质性程序，或将实质性程序和控制测试结合使用，以将期中测试得出的结论合理延伸至期末。

（2）对期中审计证据的考虑

如果拟将期中测试得出的结论延伸至期末，审计人员应当考虑针对剩余期间仅实施实质性程序是否足够。如果认为实施实质性程序本身不充分，则应测试剩余期间相关控制运行的有效性或针对期末实施实质性程序。

如果已识别出由于舞弊导致的重大错报风险，为将期中得出的结论延伸至期末而实施的审计程序通常是无效的，应当考虑在期末或者接近期末实施实质性程序。

如果在期中检查出某类交易或账户余额存在错报，应当考虑修改与该类交易或账户余额相关的风险评估，以及针对剩余期间拟实施实质性程序的性质、时间和范围，或考虑在期末扩大实质性程序的范围或重新实施实质性程序。

（3）对以前获取的审计证据的考虑

在以前审计中实施实质性程序获取的审计证据,通常对本期只有很弱的证据效力或没有证据效力,不足以应对本期的重大错报风险。只有当以前获取的审计证据及其相关事项未发生重大变动时,以前获取的审计证据才可能用作本期的有效审计证据。如果拟利用以前审计中实施实质性程序获取的审计证据,审计人员应当在本期实施审计程序,以确定这些审计证据是否具有持续相关性。

4. 实质性程序的范围

在确定实质性程序的范围时,审计人员应当考虑评估的认定层次重大错报风险和实施控制测试的结果。评估的认定层次的重大错报风险越高,需要实施实质性程序的范围越广。如果对控制测试结果不满意,应当考虑扩大实质性程序的范围。

在设计细节测试时,除了从样本量的角度考虑测试范围外,还要考虑选样方法的有效性等因素。所谓细节测试,是对各类交易、账户余额、列报的具体细节进行测试,目的在于直接识别财务报表认定是否存在错报,如函证应收账款、存货监盘等。

在设计实质性分析程序时,应当确定已记录金额与预期值之间可接受的差异额。在确定该差异额时,应当主要考虑各类交易、账户余额、列报及相关认定的重要性和计划的保证水平。所谓实质性分析程序,主要是通过研究数据间关系评价信息,用以识别各类交易、账户余额、列报及相关认定是否存在错报。

复习思考题

一、单项选择题

1. 如果同一期间不同财务报表的重要性水平不同,审计人员应取其（　　　）作为财务报表层次的重要性水平。

　　A. 最高者　　　　　　B. 最低者　　　　　　C. 平均数　　　　　　D. 加权平均数

2. 审计人员在采用分配方法分配账户层次重要性水平时,对财务报表层次的重要性水平和账户层次重要性水平之和必须是（　　　）。

　　A. 相接近　　　　　　　　　　　　B. 前者大于后者

　　C. 后者大于前者　　　　　　　　　D. 相等

3. 在特定审计风险水平下,检查风险同评估的重大错报风险的关系是（　　　）。

　　A. 同向变动关系　　　　　　　　　B. 反向变动关系

　　C. 同比例变动关系　　　　　　　　D. 不明显的

4. 审计人员不应当实施下列（　　　）风险评估程序以了解被审计单位及其环境。

　　A. 询问被审计单位内部其他相关人员

　　B. 执行分析程序,识别异常的交易或事项

　　C. 监盘被审计单位的生产经营物资

　　D. 实地察看被审计单位的生产经营场所和设备

5. 审计人员应当运用职业判断,确定识别重大风险。在确定风险的性质时,注册会计师考虑的事项不包括（　　　）。

A. 风险是否是现金舞弊风险

B. 风险是否涉及重大的关联方之间委托及受托经营资产

C. 财务对不确定事项的计量存在宽广的区间

D. 财务信息计量的客观程度

6. 注册会计师应当了解被审计单位及其环境,以识别和评估( )、设计和实施进一步审计程序。

A. 可接受的检查风险　　　　　　　B. 审计风险水平

C. 控制风险水平　　　　　　　　　D. 财务报表重大错报风险

7. 审计人员对控制环境的了解影响其对财务报表层次重大错报风险的评估。如果控制环境存在缺陷,审计人员考虑的因素不包括( )。

A. 通过实质性程序获取更广泛的审计证据

B. 在期中实施更多的审计程序

C. 修改审计程序的性质,获取更具说服力的审计证据

D. 增加审计范围中所包括的经营场所的数量

8. 不论( )的评估结果如何,审计人员均应对各重要账户或交易类别进行实质性程序。

A. 审计风险　　　　　　　　　　　B. 检查风险

C. 认定层次重大错报风险　　　　　D. 特别风险

9. 如果针对剩余期间还需大量的审计投入,才能降低在期末未能发现重大错报的风险,审计人员应当( )。

A. 在期中实施实质性程序　　　　　B. 不在期中实施实质性程序

C. 利用在期中获取的审计证据　　　D. 重新评估重大错报风险

10. 当仅实施实质性程序不足以提供认定层次充分、适当的证据时,注册会计师应当( )。

A. 实施分析程序　　　　　　　　　B. 实施控制测试

C. 重新评估认定层次的重大错报风险 D. 扩大样本规模

二、多项选择题

1. 在财务报表审计中,审计人员运用分析程序的主要目的包括( )。

A. 在了解客户阶段,帮助确定审计约定事项的有关内容

B. 在审计计划阶段,帮助确定控制测试和实质性程序

C. 在审计实施阶段,直接作为实质性程序,以提高审计效率和效果

D. 在审计报告阶段,对财务报表进行整体复核

2. 审计人员应当通过( )方面来了解被审计单位及其环境。

A. 适用的会计准则和行业特定惯例

B. 对新颁布的企业会计准则和相关会计制度,被审计单位何时采用以及如何采用

C. 被审计单位的目标、战略以及相关经营风险

D. 内部控制

3. 下列选项中,如果出现( )的情况,注册会计师可不进行控制测试而直接实施实质性程序。

A.相关的内部控制不存在

B.相关的内部控制制度未有效执行

C.内部控制测试的工作量可能大于进行内部控制测试所减少的实质性程序的工作量

D.内部控制测试的工作量可能小于进行内部控制测试所减少的实质性程序的工作量

4.在评价审计结果时,如果被审计单位尚未调整的错报或漏报的汇总数超过重要性水平,审计人员应当采取的措施包括(　　)。

A.扩大实质性程序范围　　　　　　B.扩大控制测试范围

C.提请被审计单位调整会计报表　　D.发表保留意见或否定意见

5.审计人员在审计过程中应运用重要性原则,以下有关重要性的正确理解为(　　)。

A.重要性是针对审计报告而言的

B.重要性是从财务报表使用者的角度考虑

C.注册会计师对重要性的判断离不开特定的环境

D.重要性与可容忍误差呈反向关系

6.如果已发现但尚未调整的错报、漏报的汇总数超过重要性水平,为降低审计风险,注册会计师应当采取的必要措施包括(　　)。

A.修改审计计划,将重要性水平调整至更高的水平

B.扩大实质性程序范围,进一步确认汇总数是否重要

C.提请被审计单位调整会计报表,以使汇总数低于重要性水平

D.发表保留意见或否定意见

7.审计风险水平、可接受的检查风险水平与认定层次重大错报风险的评估结果,其关系正确的表述为(　　)。

A.在既定的审计风险水平下,评估的重大错报风险越高,可接受的检查风险越低

B.在既定的审计风险水平下,评估的重大错报风险越高,可接受的检查风险越高

C.根据既定审计风险水平和评估的认定层次重大错报风险,可确定可接受的检查风险水平

D.审计风险取决于重大错报风险和检查风险

8.下列关于评估重大错报风险的说法正确的有(　　)。

A.审计人员应当在了解被审计单位及其环境的整个过程中识别风险

B.审计人员在评估重大错报风险时,可以不考虑相关内部控制

C.审计人员应当确定识别的重大错报风险是与财务报表整体相关,进而影响多项认定,还是与特定的各类交易、账户余额、列报的认定相关

D.评估重大错报风险时,审计人员应当将所了解的控制与特定认定相联系

9.在控制环境存在缺陷的情况下,审计人员应做出的选择包括(　　)。

A.在期末实施更多的审计程序

B.主要依赖实质性程序获取审计证据

C.修改审计程序的性质以获取更有说服力的审计证据

D.扩大审计程序的范围

10. 要测试控制运行的有效性,注册会计师需要获取的审计证据包括(   )。

A. 控制在所审计期间的不同时点是如何运行的   B. 控制由谁执行

C. 控制是否得到一贯执行   D. 控制以何种方式运行

三、判断题

1. 审计人员对审计重要性水平估计得越高,所需收集的审计证据的数量就越少。

           (   )

2. 在对重要性水平做出初步判断时,审计人员无须考虑被审计单位内部控制的有效性。

           (   )

3. 审计人员在以净利润为基础判断重要性水平时,如果被审计单位净利润波动幅度较大,则当年应以净利润为基础确定。   (   )

4. 重要性与审计风险之间成反向关系,因此,审计人员可以提高重要性水平以降低审计风险。   (   )

5. 审计人员应当针对评估的财务报表层次的重大错报风险确定总体应对措施,并针对评估的认定层次的重大错报风险设计和实施进一步审计程序,以将检查风险降至可接受的低水平。   (   )

6. 审计人员在执行财务报表审计业务时,倘若被审计单位规模很小,可以不对其控制环境要素取证。   (   )

7. 被审计单位财务报表层次的重大错报风险很可能源于薄弱的控制环境,而薄弱的控制环境带来的风险可能对财务报表产生广泛影响,难以限于某类交易、账户余额、列报与披露。   (   )

8. 在选择了综合性方案设计进一步审计程序时,可以不对重大交易、账户余额和列报实施实质性程序。   (   )

9. 如果审计人员不打算依赖被审计单位的内部控制,则无须对内部控制进行了解。

           (   )

10. 控制程序可以分为五大类,即交易授权、责任划分、独立稽核、内部审计和凭证与记录控制。   (   )

应用技能训练题

1. 某审计人员在评价本审计单位的审计风险时,分别假定了 A、B、C、D 四种情况,见表 5-1。

表 5-1   **审计风险分类表**

风险类别	情况 A	情况 B	情况 C	情况 D
可接受的审计风险(%)	1	2	3	4
重大错报风险(%)	60	50	80	70

请计算并回答以下问题:

(1) 上述四种情况下,可接受的检查风险水平分别是多少?

(2) 哪种情况下注册会计师需要获取最多的审计证据?

(3)写出审计风险模型,并分析各要素与审计证据之间的关系。

(4)简要说明审计风险与重要性水平之间的关系。

2.B审计师是M公司2016年度财务报表审计的外勤审计负责人,在了解M公司基本情况后,B审计师及其助理人员开始编制总体审计策略和具体审计计划。在编制审计计划、评估确定重要性水平过程中,B审计师需对助理人员提出的相关问题予以解答。根据独立审计准则的相关规定,请代为做出正确的专业判断。

(1)你作为审计人员,请说明如何合理选用财务报表层次重要性水平的判断基础,财务报表层次的重要性水平如何确定。

(2)为什么审计人员评价审计结果时所运用的重要性水平可能不同于编制审计计划时确定的重要性水平?如果评价审计结果时所运用的重要性水平大大低于编制审计计划时确定的重要性水平,你作为审计人员应如何处理?

(3)B审计师对M公司财务报表审计时,初步判断M公司的财务报表的重要性水平按资产总额的1%计算,为100万元,即资产账户可容忍的错报或漏报为100万元。现采用两种分配方案将这一重要性水平分配至各资产账户。公司资产构成及重要性水平分配方案如表5-2所示。

表5-2　　　　　　　　　　重要性水平的分配　　　　　　　　单位:万元

项　目	资产总额	甲方案	乙方案
库存现金	700	7	2.8
应收账款	2 100	21	25.2
存货	3 200	32	50
固定资产	4 000	40	22
总计	10 000	100	100

要求:根据上述资料,说明哪一方案较为合理,并简要说明理由。

第6章

审计目标、审计证据和审计工作底稿

【知识目标】

通过本章的学习了解审计目标、管理层认定的基本内涵,掌握管理层认定和审计目标的关系,了解审计证据的定义、种类,掌握审计证据的特征,了解审计工作底稿的定义、分类及作用,掌握审计工作底稿的编制要求和编制方法。

【应用能力目标】

在掌握基本知识点的基础上,深刻理解审计证据的特征,熟练掌握获取审计证据的总体程序和具体程序的应用,掌握审计工作底稿的编制、复核、存档,深刻理解审计目标、审计证据、审计工作底稿的内在关系。

6.1 审计目标

6.1.1 审计目标

1.审计目标的含义

审计目标是在一定历史环境下,审计主体通过审计实践活动所期望达到的最终结果。审计目标体现了审计的基本职能,是构成审计理论结构的基石,是审计工作的落脚点和出发点。

2.审计总目标的演变

第一阶段:以查错防弊为主要审计目标(产生于20世纪30年代);

第二阶段:以验证财务报表的真实性、公允性为主要目标(20世纪30年代至80年代);

第三阶段:查错防弊和验证财务报表的真实性、公允性两个目标并重(20世纪80年代以后)。

3.我国现阶段审计目标

不同种类的审计,审计目标不尽相同,如财务审计的审计目标与经济效益审计的审计目标就有所不同。现阶段我国审计目标概括起来,就是指审查和评价审计对象的真实性和公允性、合法性和合规性、合理性和效益性。

以民间审计中财务报表审计的审计目标为例,依据《中国注册会计师审计准则第1101号——财务报表审计的目标和一般原则》规定,注册会计师通过执行审计工作,对财务报表的下列方面发表审计意见:财务报表是否按照适用的会计准则和相关会计制度的规定编制;财务报表是否在所有重大方面公允地反映被审计单位的财务状况、经营成果和现金流量。财务报表审计的目标直接影响注册会计师计划和实施审计程序的性质、时间和范围,对财务报表审计工作具有导向作用。

6.1.2 财务报表审计的具体目标

财务报表审计的具体目标,包括一般审计目标和项目审计目标。

1.一般审计目标

一般审计目标包括以下九个方面:

(1)总体合理性:总体合理性测试的目的,在于帮助注册会计师评价账户余额中是否有重要错报。

(2)真实性:所列余额是否真实。

(3)完整性:发生的金额是否均已包括。

(4)所有权:所列金额是否确属该公司。

(5)估价:所列金额是否均经过正确估价和计量。

(6)截止:接近资产负债表日的交易是否已计入适当的期间。截止测试的目标是确定交易是否计入恰当的期间。

(7)机械准确性:有关账表资料、数字的计算、加总及钩稽关系的正确性。

(8)披露:财务报表中是否恰当地反映了账户余额并达到了相应的披露要求。

(9)分类:确定每个项目和每个账户记录是否已在财务报表中恰当列示。

2.项目审计目标

项目审计目标,是指适用于财务报表具体项目审计所要达到的目标。审计人员在确定具体的项目审计目标时,应充分考虑以下基本要素:被审计单位的经营情况;被审计单位经济活动的性质;被审计单位所属行业的特殊会计实务等。

6.1.3 管理层认定

管理层认定,是指管理层对财务报表组成要素的确认、计量、列报做出的明确或隐含的表达。管理层在财务报表上的认定有些是明确表达的,有些则是隐含表达的。例如,管理层在资产负债表中列报存货及其金额,意味着做出了下列明确的认定:记录的存货是存在的;存货以恰当的金额包括在财务报表中,与之相关的计价或分摊调整已恰当记录。同时,管理层也做出下列隐含的认定:所有应当记录的存货均已记录;记录的存货都由被审计单位拥有。管理层对财务报表的认定包括:

1.存在或发生

"存在或发生"认定,是指认定资产负债表中所列的各项资产、负债、所有者权益在资产负债表日是否存在,利润表所列的各项收入和费用在会计期间是否确实发生。需要注意的是"存在或发生"认定所需要解决的问题是财务报表组成要素的高估(夸大错误)。

2.完整性

"完整性"认定,是指认定在财务报表中应列示的所有交易和项目是否都已列入。有关"完整性"的认定所要解决的问题是,管理当局是否把应包括的项目给遗漏或省略了。可见,"完整性"认定与"存在或发生"认定正好相反,它主要与财务报表的组成要素的低估(缩小错误)有关。

3.权利与义务

"权利与义务"认定,是指认定在某一特定日期,各项资产是否确属公司的权利,各项负债是否确属公司的义务,该项认定只与资产负债表的组成要素有关。

4.估价或分摊

"估价或分摊"认定,是指认定各项要素是否按适当的金额列入财务报表。有关金额在财务报表中的列示是否适当,不仅取决于这一金额的确定是否遵守了一般公认会计原则,而且还取决于数学上或文书处理上有无错误。其认定包括三个方面的内容:有关交易的入账符合一般公认会计原则;数学上的精确性(计算精确性);合理性。

5.表达与披露

"表达与披露"认定,是指认定财务报表上的特定组成要素是否被适当地加以分类、说明和披露。

6.准确性

"准确性"认定,是指认定与交易和事项有关的金额及其他数据是否已恰当记录,相关财务信息是否已在财务报表上公允地披露。

7.截止

"截止"认定,是指认定交易和事项是否已记录于正确的会计期间。

8.分类和可理解性

"分类和可理解性"认定,是指认定交易和事项是否已记录于恰当的账户,财务信息是否已被恰当地列报和描述,且披露内容是否表述清楚。

6.1.4　具体目标和管理层认定的关系

具体审计目标的确定,一方面是对总目标的具体化,另一方面是基于被审计单位管理层对财务报表的认定,因此,应明确以下两点:

1.具体审计目标与管理层对财务报表的认定,存在着内在的对应关系。管理层做了哪些认定,审计人员就要判定相应审计目标,最终对认定做出确认。

2.具体目标是总目标的具体化,而项目审计目标是一般审计目标的延伸。

管理层的五项认定,是确定每个账户具体审计目标的出发点,以存货为例,由管理层对财务报表认定推论,得出具体审计目标的过程如下:

表 6-1　　　　　　　　　　　　**审计目标和管理层认定的关系**

管理层认定	一般审计目标	具体审计目标
		运用于存货的项目审计目标
	1.总体合理性	全部存货及销售成本合理,无重要错报
1.存在或发生	2.真实性	资产负债表日,已记录的全部存货均存在
2.完整性	3.完整性	现有存货均盘点并计入存货总额
3.权利与义务	4.所有权	公司对所有存货均拥有所有权;存货未作抵押

（续表）

管理层认定	一般审计目标	具体审计目标
		运用于存货的项目审计目标
4.估价或分摊	5.估价	账面存货量与实有实物数量相符,用以估价的存货价格无重大错误,单价与数量的乘积正确,详细数据的加总正确;当存货的可变现净值减少时,已冲减存货价值
	6.截止	年末采购截止是恰当的;年末销售截止是恰当的
	7.机械准确性	存货项目的总计数与总账一致
5.表达与披露	8.披露	存货主要种类和估价基础已揭示;存货的抵押或转让已揭示
	9.分类	存货已恰当地分为原材料、在产品和产成品等几类

6.2　审计证据

6.2.1　审计证据的含义

审计证据,是指注册会计师在执行审计业务的过程中,为得出审计结论、形成审计意见所使用的所有信息,包括财务报表依据的会计记录中含有的信息和其他信息。审计证据的内容包括:财务报表依据的会计记录,包括对初始业务的记录和支持性记录;其他信息,包括被审计单位所在行业信息,被审计单位的内外部环境的其他信息等。注册会计师应当获取充分、适当的审计证据,以得出合理的审计结论,作为形成审计意见的基础。

6.2.2　审计证据的种类

1.按审计证据的外在形式分类
（1）实物证据

实物证据,是审计人员通过实际观察或清点取得的,用以确定某些实物资产是否确实存在的证据,例如,库存现金、存货、固定资产等。实物证据主要用以查明实物资产是否确实存在,不能说明资产的价值、所有权。因此,对于取得实物证据的账面资产,还应就其所有权归属及其价值情况另行审计。

（2）书面证据

书面证据,是审计人员从被审计单位或其他单位获取的,或者审计人员自己编制的书面材料,包括:原始凭证、会计记录（记账凭证、会计账簿、明细表）、各种会议记录、文件、合同函件等。书面证据是审计证据中最基本和最普遍的组成部分,也可称之为基本证据。审计人员需要对搜集的书面证据进行整理分类,同时需要注意书面证据的可靠性。书面证据的可靠性一方面取决于证据本身是否易于涂改和伪造,另一方面取决于证据的出处。

（3）口头证据

口头证据,是被审计单位职员或其他有关人员对审计人员的提问做口头答复所形成的一类证据。这类证据可靠性较差,本身并不足以证明事情的真相,但审计人员往往可以通过口头证据发掘出一些重要的线索,从而有利于对某些需审核的情况作进一步的调查,以搜集到更为可靠的证据。

在审计过程中,审计人员应对各种重要的口头证据尽快记录,同时注明是何人、何时、何种情况下所做的陈述,并由回答者签名确认。相对而言,如果不同的人员对同一问题所做的口头陈述相同,则该口头证据具有较强的证明力,但在一般情况下,口头证据往往需要得到其他相应证据的支持。

(4)环境证据

环境证据又称情况证据,不属于基本证据,但它可以帮助审计人员了解被审计单位及其经济活动所处的环境,是审计人员进行专业判断所必须掌握的资料。具体包括:①有关内部控制情况;②被审计单位管理人员的素质;③各种管理条件;④管理水平。

一般来讲,不同外在形式的审计证据与审计目标及认定的关系如表 6-2 所示。

表6-2　　　　　　　　　　审计证据与审计目标及认定的关系

证据类别	获取方法	审计目标	认 定	备 注
实物证据	监盘、观察	真实、完整、估价、截止	存在或发生、完整性、估价或分摊	不能完全证明所有权归被审计单位所有,也不能完全证明其计价正确
书面证据	检查、查询及函证、计算、分析性复核	涉及所有的目标	全部认定	证据的来源渠道不同,其证明力也不相同
口头证据	询问	除机械准确性外所有的目标	全部认定	其本身不足以得出结论,需要其他证据的支持
环境证据	观察、询问	总体合理性	—	属于间接证据,不能直接得出结论,但会影响审计证据的数量

2.按证据支持审计结论的程度分类

(1)直接证据

直接证据,是指对被审计事项具有直接证明力,能单独、直接证明被审计事项的资料和事实。一般情况下书面证据和实物证据大多都能成为直接证据。

(2)间接证据

间接证据,是指与被审计事项相关但是不能直接用来证明被审计事项的证据。间接证据的取得可以帮助注册会计师决定所需要的直接证据的数量。

3.按证据的来源分类

(1)内部证据

内部证据,是指被审计单位内部机构或职员编制和提供的证据。包括被审计单位的会计记录,被审计单位管理层声明书和其他各种由被审计单位编制和提供的有关证据。

(2)外部证据

外部证据,是被审计单位以外的组织机构和人员所编制和处理的证据。外部证据按其是否在被审计单位内部流转其可靠性也会不同。

(3)亲知证据

亲知证据,是审计人员为了证明某个事项自己动手编制的各种计算表、分析表或自行进行观察所获取的证据。与内部证据和外部证据相比,亲知证据最为可靠,证明力最强。

4. 按审计证据的相互关系分类

(1)基本证据

基本证据,是指对形成审计意见,得出审计结论有直接影响的审计证据,如证明被审计单位财务状况好坏时,被审计单位的财务报表、会计账簿等就是基本证据。

(2)辅助证据

辅助证据,是指补充说明基本证据的证据。

(3)矛盾证据

矛盾证据,是指证明的方向与基本证据相反或证明的内容与基本证据不一致的证据。遇到矛盾证据,注册会计师必须进一步收集审计证据,并加以深入分析和鉴定,以肯定或否定证据间的矛盾。

6.2.3　审计证据的特征

审计人员应当获取充分、适当的审计证据,以得出合理的审计结论,作为形成审计意见的基础。充分性和适当性是审计证据的两大特征。

1. 审计证据的充分性

审计证据的充分性又称足够性,是指审计证据的数量能足以支持审计人员的审计意见,是审计人员为形成审计意见所需审计证据的最低数量要求。

每一个审计项目对审计证据的需要量,以及取得这些证据的途径和方法,都应当根据该项目的具体情况来定。在某些情况下,由于时间、空间或成本的限制,审计人员不能获得最为理想的审计证据时,可考虑通过其他途径或其他审计证据来替代。只有审计人员通过不同的渠道和方法取得其认为足够的审计证据时,才能据以发表审计意见。

2. 审计证据的适当性

审计证据的适当性,是指审计证据的相关性和可靠性,是审计人员为形成审计意见而对获取的审计证据的质量要求。

(1)审计证据的相关性

审计证据的相关性,是指审计证据应当与审计目标相关。收集的审计证据应能证实有关认定或实现审计目标。审计人员只能利用与审计目标相关联的审计证据,来证明和否定被审计单位所反映的事项。如存货监盘结果只能证明存货是否存在,是否有毁损及短缺,而不能证明存货的计价和所有权的情况。

(2)审计证据的可靠性

审计证据的可靠性,是指审计证据能否如实反映客观事实。收集的审计证据要求具有一定的证明力和说服力。审计证据的可靠性受其来源、及时性和客观性的影响。

3. 审计证据的充分性与适当性的关系

审计证据的充分性与适当性密切相关。审计证据的适当性会影响其充分性。审计证据的适当性主要表现为审计证据的相关性和可靠性。一般而言,审计证据的相关与可靠程度越高,则所需审计证据的数量就可减少;反之,审计证据的数量就要增加。

4.判断因素

审计人员判断审计证据是否充分、适当,应当考虑下列主要因素。

(1)审计风险

审计风险是影响审计证据的重要因素,审计人员需要注意:①被审计单位的内部控制出现重要弱点乃至失控时,审计人员必须搜集更详细、更多、更有力的审计证据,以降低因其内部控制存在缺陷所带来的审计风险。②被审计单位经营的业务越复杂,审计的相对风险越大,则所需的证据数量也越多。③管理当局越不可信赖,审计风险越高,所需证据越多。④当被审计单位的财务状况不佳时,审计人员必须注意提高审计证据的质量,或适当增加审计证据的数量。⑤若被审计单位经常无正当理由更换会计师事务所及其注册会计师时,接任的注册会计师往往需提高审计证据的质量或相对增加审计证据的数量。

(2)具体审计项目的重要性

越是重要的审计项目,审计人员就越需获取充分的审计证据以支持其审计结论或意见。

(3)审计人员及其业务助理人员的审计经验

审计人员及其业务助理人员缺乏审计经验时,少量的审计证据就不一定能使其发现被审计事项是否存在错误或舞弊行为,因而应增加证据的数量。

(4)审计过程中是否发现错误或舞弊

一旦审计过程中发现了被审计事项有错误或舞弊的行为,则被审计单位整体财务报表存在问题的可能性就增加,因此,审计人员需增加审计证据的数量。

(5)审计证据的类型与获取途径

外部证据多,可适当减少审计证据数量;内部证据多,可适当增加审计证据数量。如果审计过程当中,审计人员获取到的证据的质量比较高,数量就可以减少;相反,如果证据的质量不是很高,数量就要增加。所获取的审计证据本身不易伪造,则其质量较高,数量便可减少。

(6)经济因素

如果增加时间和成本没有带来相应的效益,应考虑采用更有效的审计程序收集高质量、充分的证据。

(7)总体规模与特征

总体规模越大,总体中不同质项目越多,所需证据越多。通常,抽样总体规模越大,所需证据的数量越多。

6.2.4 获取审计证据的程序

1.获取审计证据的总体程序

按审计程序的目的,可将审计人员为获取充分、适当的审计证据而实施的审计程序分为风险评估程序、控制测试(必要时或决定测试时)和实质性程序。

(1)风险评估程序

审计人员应当实施风险评估程序,以此作为评估财务报表层次和认定层次重大错报风险的基础。风险评估程序为审计人员确定重要性水平、识别需要特别考虑的领域、设计和实施进一步审计程序等工作提供了重要基础,有助于审计人员合理分配审计资源,获取充分、适当的审计证据。

需要注意的是,风险评估程序并不能识别出所有的重大错报风险,虽然它可作为评估财务报表层次和认定层次重大错报风险的基础,但并不能为发表审计意见提供充分、适当的审计证据。为了获取充分、适当的审计证据,审计人员还需要实施进一步审计程序,包括实施控制测试(必要时或决定测试时)和实质性程序。

(2)控制测试

当存在下列情形之一时,控制测试是必要的。

①在评估认定层次重大错报风险时,预期控制的运行是有效的,审计人员应当实施控制测试以支持评估结果;

②仅实施实质性程序不足以提供评估有关认定层次重大错报风险的充分、适当的审计证据,审计人员应当实施控制测试,以获取内部控制运行有效性的审计证据。

实施控制测试的目的是测试内部控制在防止、发现并纠正认定层次重大错报方面的运行有效性,从而支持或修正重大错报风险的评估结果,据以确定实质性程序的性质、时间和范围。

(3)实质性程序

审计人员应当计划和实施实质性程序,以应对评估的重大错报风险。实质性程序包括对各类交易、账户余额、列报的细节测试以及实质性分析程序。审计人员对重大错报风险的评估是一种判断,可能无法充分识别所有的重大错报风险,并且由于内部控制存在固有局限性,无论对重大错报风险的评估结果如何,审计人员都应当针对所有重大的各类交易、账户余额、列报实施实质性程序。

2.获取审计证据的审计程序类型

(1)检查记录或文件

检查是指审计人员应对被审计单位内部或外部生成的,以纸质、电子或其他介质形式存在的记录或文件进行审查,包括审阅法和复核法。审阅法是对原始凭证、会计账簿、会计报表的审阅。复核法是对证、账、表一致性的审查。检查记录或文件可提供可靠程度不同的审计证据,审计证据的可靠性取决于记录或文件的来源和性质。

(2)检查有形资产

检查有形资产是审计人员现场监督被审计单位各种实物资产及现金、有价证券等的盘点,并进行适当的抽查。审计人员要将现场监督盘点与抽查相结合。检查有形资产可为其存在认定提供可靠的审计证据,但不一定能够为权利和义务或计价认定提供可靠的审计证据。

(3)观察

观察是审计人员实地察看被审计单位的经营场所、实物资产和有关业务活动及其内部控制的执行情况等,以获取证据的方法。观察能提供两种证据:一是实物证据;二是环境证据。观察提供的审计证据仅限于观察发生的时点,并且在相关人员已知被观察时,其从事活动或执行程序可能与日常的做法不同,从而影响审计人员对真实情况的了解。

(4)询问

询问是指注册会计师以书面或口头方式,向被审计单位内部或外部的知情人员获取财务信息和非财务信息,并对答复进行评价的过程。知情人员对询问的答复可能为审计人员提供尚未获悉的信息或佐证证据,也可能提供与已获悉信息存在重大差异的信息。审计人员应当根据询问结果考虑修改审计程序或实施追加的审计程序。询问本身不足以发现认定层次存在的重大错报,也不足以测试内部控制运行的有效性,审计人员还应当实施其他审计程序来获取更充分、适当的审计证据。

(5)函证

函证是指审计人员为了获取影响财务报表或相关披露认定的项目的信息,通过直接来自第三方的对有关信息和现存状况的声明,获取和评价审计证据的过程。函证通常用于对银行存款、应收账款、应收票据、短期投资等项目的审计。函证分为积极式函证和消极式函证。通常积极式函证获取的审计证据比消极式函证获取的审计证据的可靠性高。

(6)重新计算

重新计算是审计人员对被审计单位的原始凭证及会计记录中的数据,所进行的验算或另行计算。重新计算不仅包括对被审计单位的凭证、账簿和报表中有关数字的验算,还包括对会计资料中有关项目的加总或其他运算。重新计算能提供书面证据。

(7)重新执行

重新执行是指审计人员以人工方式或使用计算机辅助审计技术,重新独立执行作为被审计单位内部控制组成部分的程序或控制。

(8)分析性复核

分析性复核是审计人员对被审计单位重要的比率或趋势进行的分析,包括调查异常变动以及这些重要比率或趋势与预期数额和相关信息的差异。一般来说,在整个审计过程中,审计人员都会运用分析性复核方法。常用的方法有比率分析法、趋势分析法、回归分析法等。分析性复核最能实现总体合理性目标,它能提供环境证据和书面证据。

审计程序的性质和时间,可能受会计数据和其他相关信息的生成和储存方式的影响,审计人员应当提请被审计单位保存某些信息以供查阅,或在可获得该信息的期间执行审计程序。

案例主题:审计证据的收集

案例资料:

L&H公司是世界上向企业和个人提供语音识别产品和服务的公司。微软和英特尔都对其有巨额投资。然而,会计丑闻和舞弊案件让该公司的股价大跌,使其不得不在比利时和美国申请破产保护。以下是该公司销售和应收账款的信息:

资料 1：

1. 从 2009 年到 2010 年，企业合并收入的增长率为 84％。

2. 尽管韩国的市场非常难打入，但是从 2011 年的第一季度到 2012 年的第一季度，公司在该地区的收入从 97 000 美元增长为 59 000 000 美元。

3. 在 2012 年的第二季度，销售额增长了 104％，应收账款增长了 128％。

4. 在 2012 年的下半年，应收账款平均周转天数从 138 天增长到 160 天。

资料 2：

L&H 公司的注册会计师没有向韩国的客户函证应收账款。但是《华尔街日报》对 L&H 公司在韩国的 18 家客户进行了调查，并获得以下信息：

1. 18 家公司中有 3 家公司否认与 L&H 公司有业务往来。

2. 还有 3 家公司称他们购买的 L&H 公司的货物价值并没有报告中的那么高。

案例分析：

1. 根据以上信息，注册会计师应关注销售的发生性目标。一方面，从 2009 年开始，账面记录反映出被审计单位的销售额快速增长；另一方面，根据《华尔街日报》对 L&H 公司在韩国的 18 家客户进行了调查，发现 18 家公司中有 3 家公司否认与 L&H 公司有业务往来，还有 3 家公司称他们购买 L&H 公司的货物价值并没有报告中的那么高。根据这些信息判断，被审计单位人为多计收入的可能性比较高。

2. 根据以上信息，注册会计师应关注应收账款的存在性目标。因为应收账款增长的速度远远高于销售额增长的速度。而且在 2012 年的下半年，应收账款平均周转天数从 138 天增长到 160 天。

3. 针对销售的发生性目标和应收账款的存在性目标，注册会计师应采用检查文件资料的方法，抽出部分主营业务收入和应收账款的账证资料进行检查，在账证审阅与核对的过程中，最合适的方式是从明细账一直追查到原始凭证。

4. 为证明 L&H 公司在韩国的准确销售金额和应收账款金额，还应采用函证的方式收集审计证据。

（资料来源：何秀英.审计学习题集.大连：东北财经大学出版社，2012）

6.2.5　审计程序与审计认定的关系

为了达到审计目标，需要实施一定的审计程序以便获得所需要的审计证据。各种审计证据可用来实现不同的审计目标，一种审计程序可获得多种审计证据，为获得某类证据也可以采用多种审计程序。通常获取实物证据的程序（方法）主要是监盘和观察，获取环境证据的程序主要是观察和分析性复核，获取书面证据的程序主要是分析性复核、计算、检查、函证，获取口头证据的程序主要是询问。

6.2.6　审计证据的整理和分析

为了使收集到的分散的、个别的、不系统的审计证据变成充分的、适当的、具有证明力的证据，审计人员必须按照一定的方法对审计证据进行分类整理与分析，使之条理化、系统化，然后对各种审计证据进行合理的归纳，并在此基础上形成恰当的整体审计结论。审计证据的整理与分析,直接影响审计意见表述的准确性和审计工作质量。审计人员应该从审计证据的真实性、重要性、可靠性、充分性、证明力、经济性等方面综合考虑。分清事实的现象与本质,排除伪证。一般来说:

1.从外部独立来源获取的审计证据,比从其他来源获取的审计证据更可靠。

2.内部控制有效时内部生成的审计证据,比内部控制薄弱时内部生成的审计证据更可靠。

3.直接获取的审计证据,比间接获取的审计证据更可靠。

4.以文件、记录形式存在的审计证据,比口头形式的审计证据更可靠。

5.以原件形式获取的审计证据,比以传真或复印件形式获取的审计证据更可靠。

6.3　审计工作底稿

6.3.1　审计工作底稿的概念和作用

1.审计工作底稿的概念

审计工作底稿是审计证据的载体,是指审计人员对制订的审计计划、实施的审计程序、获取的相关审计证据,以及得出的审计结论做出的记录。审计工作底稿以纸质、电子或其他介质形式存在。审计人员应该及时编制审计工作底稿,从而为形成审计结论、发表审计意见提供及时的依据。审计工作底稿有审计人员直接编制的审计记录,有从被审计单位、有关部门取得的原始资料,也包括审计人员接受并审阅他人代为编制的审计记录。审计工作底稿通常包括总体审计策略、具体审计计划、分析表、问题备忘录、重大事项概要、询证函回函、管理层声明书、核对表、有关重大事项的往来信件(包括电子邮件),以及对被审计单位文件记录的摘要或相关复印件等。

2.审计工作底稿的作用

(1)有利于组织协调审计工作

审计工作底稿是联系整个审计工作的纽带,能够协调审计小组成员的工作,了解每个审计人员的工作进展情况,并避免重复劳动。

(2)是审计人员形成审计结论、发表审计意见的直接依据

一个审计项目一般要由多个审计人员共同承担,他们各自收集的审计证据收录在工作底稿中。审计小组只有在汇总、分析了所有的审计工作底稿后,才能形成可靠的审计意见,并出具审计报告,因此,工作底稿是编制审计报告的依据。

(3)为审计质量控制与质量检查提供了可能

审计工作底稿是明确审计人员的审计责任、评价或考核审计人员专业能力与工作业绩的依据,通过审计工作底稿可以了解审计工作的全过程,了解审计人员的业务水平和综合能力,检查审计工作质量。

6.3.2　审计工作底稿的分类

审计工作底稿按其性质和作用不同,可分为综合类、业务类和备查类三类。其特点如表6-3所示。

表 6-3 审计工作底稿的分类

底稿类别	主要种类	特 点
综合类	业务约定书、管理层声明书、计划、报告未定稿、总结、调整分录汇总表	审计计划和报告阶段形成的,有助于规划、控制和总结整个审计工作并发表意见
业务类	存货盘点表、函证的回函、各种明细表和核对表、各种凭证的复印件、具体内部控制测试底稿等	审计实施阶段执行具体审计程序形成
备查类	法律性文件、执照、章程、原始资料的复印件,被审计单位组织机构及管理层人员结构、相关内部控制制度的研究与评价记录,被审计单位有关情况的资料等	审计过程中形成的,仅具有备查作用

6.3.3 审计工作底稿的内容和格式

1. 审计工作底稿的基本要素

在审计工作过程中,社会审计组织、政府审计机关和内部审计机构各自使用的审计工作底稿都有所不同,即审计工作底稿的形式是多种多样的。但是,不管审计工作底稿的表现形式如何,通常要包括下列要素:

(1)被审计单位名称;

(2)审计项目的名称;

(3)审计时点或期间;

(4)审计过程的记录;

(5)审计标识及其说明;

(6)审计结论;

(7)索引号及页次;

(8)编制者姓名及编制日期;

(9)复核者姓名及复核日期;

(10)其他应予以说明的事项。

2. 审计工作底稿的基本结构

审计工作底稿分为三个部分:

(1)未审情况;

(2)审计过程的记录;

(3)审计结论。

3. 形成审计工作底稿的基本要求

(1)编制审计工作底稿的要求有:①内容完整、真实、重点突出;②观点明确、条理清楚、用词恰当、字迹清晰、格式规范;③相关底稿间的钩稽关系清晰;④汇总工作底稿应在项目工作底稿确定之后编制;⑤底稿所附审计证明材料需要提供证明资料者签章。

(2)获取审计工作底稿的要求有:①注明资料来源;②实施必要的审计程序;③形成相应的审计记录。

(3)审计工作底稿繁简程度的考虑因素:①审计业务约定事项的性质、目的和要求;②被审计单位的经营规模及审计业务约定事项的复杂程度;③被审计单位的内部控制制度是否健全、有效;④被审计单位的会计记录是否真实、合法、完整;⑤是否有必要对业务助理人员进行特别指导、监督和检查;⑥审计意见类型。

6.3.4　审计工作底稿的复核制度

审计工作底稿的复核制度,是指审计组织对有关复核人级别、复核程序与要点、复核人职责等所做出的明文规定。

1.审计工作底稿复核的作用

(1)减少或消除人为的审计误差,以降低审计风险,提高审计质量;

(2)及时发现和解决问题,保证审计计划顺利执行,并能够不断地协调审计进度、节约审计时间、提高审计效率;

(3)便于上级管理人员对审计人员进行审计质量监控和工作业绩考评。

2.复核要点

(1)所引用的资料是否翔实可靠;

(2)所获取的审计证据是否充分适当;

(3)审计判断是否有理有据;

(4)审计结论是否恰当。

3.复核基本要求

(1)作好复核记录;

(2)复核人签名和日期;

(3)书面表示复核意见;

(4)督促编制人及时修改、完善审计工作底稿。

4.三级复核制度

审计工作底稿的三级复核制度,是指审计组织制定的以主任会计师或总审计师、部门经理或科室负责人、项目经理或审计组长为复核人,对审计工作底稿进行逐级复核的一种制度。

(1)一级复核

一级复核又称详细复核,它要求对下属助理人员形成的审计工作底稿逐张复核,判断所引用的有关资料是否翔实、可靠,所获取的审计证据是否充分、适当。

(2)二级复核

二级复核又称一般复核,是在外勤工作结束时由签字的审计人员对审计工作底稿中重要会计账项的审计、重要审计程序的执行以及审计调整事项进行复核,以判断审计结论是否恰当。

(3)三级复核

三级复核又称重点复核,是在签发审计报告前对审计过程中的重大审计问题、重大审计调整事项及重要的审计工作底稿进行的复核。这是对前两级复核的再监督,也是对整个审计计划、进度和质量的重点把握。

6.3.5　审计档案

1.审计档案的分类

审计档案按其使用期限长短和作用大小,可以分为永久性档案和当期档案。

（1）永久性档案：记录内容相对稳定、具有长期使用价值并对以后审计工作具有重大影响和直接作用的底稿，主要由综合类工作底稿和备查类工作底稿组成。

（2）当期档案（一般档案）：记录内容在各年度之间经常发生变化，只供当期审计使用和下期审计参考的底稿，主要由业务类工作底稿组成，如控制测试和实质性测试的底稿。

2. 审计档案的所有权与保管

（1）审计档案的所有权

审计工作底稿，是审计人员对其所做的审计工作的完整记录，审计档案的所有权属于承接该项业务的审计组织。

（2）审计档案的保管

保管审计档案是为了防止泄密，同时为以后的审计工作提供参考依据。审计档案的保管期限随类别的不同而不同。

①永久性审计档案应长期保存；

②当期审计档案应自审计报告签发之日起，至少保存10年；

③永久性审计档案如中止了后续审计服务，其保存年限与最近1年当期档案的保存期限相同；

④当期档案的保存年限不得任意缩减。

3. 审计档案的保密与调阅

（1）审计档案的保密

审计组织应建立严格的保密制度，并落实专人管理审计档案，除下列情况之外，会计师事务所不得将审计档案对外泄露：

①法院、检察院及其他部门在办理了有关手续后，可依法查阅；

②相关审计组织对执业情况进行检查时可查阅审计档案；

③不同审计组织的审计人员，经委托人书面同意，办理了有关手续后，可以要求查阅。

（2）审计档案的调阅

拥有审计工作底稿的审计组织应对要求查阅者提供适当的协助，并应根据审计工作底稿的性质和内容，决定是否允许要求查阅者阅览、复印或摘录。审计工作底稿中的内容被调阅者引用后，因调阅者的误用而造成的损失，审计人员及拥有工作底稿的审计组织不承担责任。

复习思考题

一、单项选择题

1.（　　）既属于被审计单位的认定，又属于审计人员的审计目标。

A. 真实性　　　　　B. 完整性　　　　　C. 估价　　　　　D. 披露

2. 针对被审计单位的应收账款，审计人员应侧重检查其（　　）。

A. 存在或发生　　　B. 完整性　　　　　C. 估价　　　　　D. 披露

3. 被审计单位存在或发生认定和完整性认定分别主要与（　　）有关。

A. 财务报表要素的低估和高估

B. 财务报表要素的高估和低估

C. 财务报表要素的缩小错误和夸大错误

D. 财务报表要素的错误、舞弊和违法行为

4. 在下列各类审计证据中,证明力最强的是( )。

A. 审计人员自行编制的银行存款余额调节表

B. 应收账款函证的回函

C. 客户自己编制的存货盘点表

D. 应付账款函证的回函

5. 审计人员获取的被审计单位有关人员口头答复所形成的书面记录,属于( )。

A. 书面证据　　　　　　　　　　　B. 口头证据

C. 实物证据　　　　　　　　　　　D. 环境证据

6. 有关审计人员函证叙述不正确的是( )。

A. 函证信应由被审计单位直接寄发　　B. 回函应直接寄至会计师事务所

C. 存放在外地的存货可用函证验证其存在 D. 函证信可由被审计单位书写

7. 以下选项中,注册会计师不应认可的是( )。

A. 内部控制制度越健全,所需审计证据的数量越少

B. 内部控制制度越不健全,所需审计证据的数量越多

C. 管理层的可信赖度越高,所需审计证据的数量越少

D. 管理层的可信赖度越低,所需审计证据的数量越多

8. 对有关审计证据可靠性的下列表述中,审计人员认同的是( )。

A. 书面证据与实物证据相比是一种辅助证据,可靠性较弱

B. 内部证据在外部流转并获得其他单位承认,则具有较强的可靠性

C. 被审计单位管理层声明书有助于审计结论的形成,具有较强的可靠性

D. 环境证据比口头证据重要,属于基本证据,可靠性较强

9. 审计工作底稿三级复核制度是指审计组织以( )为复核人,对审计工作底稿进行逐级复核的一种质量检查制度。

A. 项目经理、部门经理、所长　　　　B. 项目经理、部门经理、主任会计师

C. 助理人员、项目经理、合伙人　　　D. 项目经理、部门经理、法人代表

10. 审计人员接受委托对被审计单位进行审计所形成的审计工作底稿,其所有权应归属于( )。

A. 审计组织　　　　　　　　　　　B. 被审计单位

C. 进行审计的审计人员　　　　　　　D. 委托单位

二、多项选择题

1. 被审计单位财务报表( )认定与资产负债表和利润表组成要素有关。

A. 存在　　　　　B. 权利和义务　　　　C. 发生　　　　　　D. 完整性

2. 一般来说,审计人员对被审计单位财务报表进行审计,审计具体目标必须根据( )来确定。

A. 被审计单位管理层的认定　　　　　B. 审计总目标

C. 项目审计目标　　　　　　　　　　D. 独立审计准则

3. 审计人员在审计过程中获取实物证据的审计方法有(　　)。

A. 检查　　　　　　B. 函证　　　　　　C. 观察　　　　　　D. 监盘

4. 审计人员在审计过程中搜集的环境证据包括的内容主要有(　　)。

A. 被审计单位的章程、合同、协议和营业执照

B. 被审计单位有关内部控制情况

C. 被审计单位管理人员的素质

D. 被审计单位各种管理条件和管理水平

5. 审计人员通过对(　　)人员进行书面或口头询问等查询方法可获取审计证据。

A. 被审计单位内部知情人士　　　　　B. 被审计单位外部知情人士

C. 被审计单位律师　　　　　　　　　D. 被审计单位财务人员

6. 审计人员可采用(　　)审计程序,获取实物证据,以验证被审计单位资产的存在性。

A. 监盘　　　　　　B. 观察　　　　　　C. 函证　　　　　　D. 检查

7. 审计人员审计过程中获取的被审计单位的下列证据中属于内部书面证据的有(　　)。

A. 会计记录　　　　　　　　　　　　B. 客户盘点单

C. 客户律师对审计询证函的回函　　　D. 董事会会议记录

8. 审计证据的充分性与适当性之间的内在关系为(　　)。

A. 审计证据的相关性与可靠性较高时,所需审计证据的数量相对较少

B. 审计证据的充分性较高,适当性就较低

C. 审计证据的相关性与可靠性程度较低时,所需的审计证据的数量就应相对增加

D. 审计证据的适当性较高时,充分性可较低

9. 以下选项中,(　　)是审计人员判断审计证据充分性所需考虑的因素。

A. 经济因素　　　　B. 总体规模　　　　C. 总体特征　　　　D. 审计经验

10. 下列审计工作底稿中,应该归入永久性档案管理的有(　　)。

A. 被审计单位的设立批准证书、营业执照副本

B. 相关内部控制及其调查和评价记录

C. 资产、负债、所有者权益、损益类项目实质性测试记录

D. 审计报告、管理建议书

三、判断题

1. 对“估价或分摊”的认定,审计人员应关注其金额是否遵守“公认会计原则”,即被审计单位是否适当地运用了成本、配比及一贯性等会计原则。　　　　　　　　(　　)

2. 审计人员获取审计证据时,不应将审计成本的高低或获取审计证据的难易程度作为减少必要审计程序的理由。　　　　　　　　　　　　　　　　　　　　(　　)

3. 环境证据属于基本证据,它可以帮助审计人员了解被审计单位及其经济活动所处的环境,是审计人员进行判断所必须掌握的资料。　　　　　　　　　　　　(　　)

4. 审计人员只能利用与被审计单位的认定相关联的审计证据来证明和否定被审计单

位所认定的事项。 （ ）

5.客观公正的审计意见必须建立在有足够数量的审计证据基础之上,因此审计证据越多越好。 （ ）

6.对分析性复核发现的异常变动项目,审计人员应重新考虑所采用的审计程序是否适当。必要时,应当追加适当的审计程序以获取相应的审计证据。 （ ）

7.监盘是审计人员现场监督各种实物资产及现金、有价证券等的盘点,以验证其账实是否相符的一种方法。 （ ）

8.审计程序同审计证据存在着相互对应关系,通常一种审计程序可以获得一种审计证据。 （ ）

9.审计人员在执行财务报表审计业务时,不论被审计单位规模大小,都应当对相关的内部控制进行充分的了解。 （ ）

10.当期档案又称一般档案,是指由那些记录内容在各年度之间经常发生变化,只供当期审计使用的审计工作底稿所组成的审计档案。 （ ）

四、简答题

小张是光达公司2015年度财务报表审计的外勤审计负责人,在了解光达公司基本情况后,小张及其助理人员开始收集审计证据。在收集审计证据过程中,小张需对助理人员提出的相关问题予以解答。根据独立审计准则的相关规定,请代为做出正确的专业判断。

(1)请问小张获取的审计证据,主要包括哪些类别?

(2)小张运用哪些审计程序获取审计证据?

(3)小张采用的审计程序按运用目的可以划分为哪几类?

🎩 应用技能训练题

1.A审计人员在对华光公司进行财务报表审计时,发现该公司内部控制制度存在严重缺陷,在获取的下列审计证据中,哪些是A审计人员可以依赖的? 为什么?

(1)销货发票副本;

(2)现金盘点单、存货盘点单;

(3)购货发票副本;

(4)华光公司管理层声明书;

(5)应收账款函证回函。

2.B审计人员是华光公司2015年度财务报表审计的外勤审计负责人,在了解华光公司基本情况后,B审计人员及其助理人员开始收集审计证据。在收集审计证据过程中,B审计人员需对助理人员提出的相关问题予以解答。根据独立审计准则的相关规定,请代为做出正确的专业判断。

请说明外部证据与内部证据的含义,并分析说明B审计人员在审计过程中获取的下列各组证据中,哪项证据更为可靠,为什么?

(1)被审计单位管理层声明书与律师声明书;

(2)审计人员盘点存货的记录与客户编制的存货盘点表;

（3）被审计单位购货发票与销货发票；

（4）被审计单位银行对账单与应收账款函证回函。

3.E审计人员在对ABC公司存货项目的相关内部控制进行研究评价之后，发现ABC公司存货存在以下六种可能导致错误的情况：

（1）所有存货都未经认真盘点；

（2）接近资产负债表日入库的产成品可能已记入"存货"项目，但可能未进行相关会计记录；

（3）由XYZ公司代管的A材料可能并不存在；

（4）XYZ公司存放于ABC公司仓库内的B材料可能被记入ABC公司的"存货"项目；

（5）存货计价方法已作变更；

（6）ABC公司以前年度未曾接受过审计。

要求：请按下述要求，将答案填列在题后的表格中。

（1）E审计人员执行的实质性测试程序能够验证被审计单位管理层对财务报表的哪些认定？

（2）E审计人员执行的实质性测试程序能够实现哪些审计目标？

（3）为了证实上述情况是否真正导致错误，E审计人员应当分别执行的最主要的实质性测试程序是什么？（每一种情况限列一项程序）

（4）E审计人员执行各项实质性测试程序所获取的审计证据，如按其外在形式分应属于哪一类？

表6-4　　　　　　　　　　　　审计情况表

情况序号	管理当局认定	审计目标	实质性测试程序	审计证据种类
（1）				
（2）				
（3）				
（4）				
（5）				
（6）				

第7章

审计方法

【知识目标】

通过本章的学习,学生应理解顺查法、逆查法、详查法、抽查法、审阅法、核对法、函证法、分析法等审计方法的含义;明确审计抽样的含义;掌握审计抽样样本的设计与选取。

【应用能力目标】

掌握如何在实际审计过程中使用顺查法、逆查法、详查法、抽查法、审阅法、核对法、函证法、分析法等审计方法;掌握在审计过程中应如何进行审计抽样样本的设计与选取。

7.1 审计方法概述

7.1.1 审计方法及其特征

审计方法是指审计人员检查和分析审计对象,收集审计证据,并对照审计标准,形成审计结论和意见的各种专门手段的总称。审计方法是沟通审计主体和审计客体的桥梁,是审计主体实现审计目标,完成审计工作的工具。

审计方法是从长期的审计实践中总结和积累起来的。审计人员在审计过程中,为了实现审计目标,完成审计任务,必须应用各种审计方法,对审计对象进行审查和评价,收集各种审计证据,以便据以发表审计意见和得出审计结论。

传统审计方法主要以事后查账为主,现代审计方法早已超越这种单一的方法,发展到包括审计抽样、审计调查、内部控制评审等多元化的方法体系。现代审计方法具有以下特征:

1.目的性

审计方法必须是有助于取得审计证据,完成审计目标,达到审计目的的手段,否则,不应作为审计方法。

2.多样性

一方面,多样性是指对同一审计项目可以用不同的方法取得不同的审计证据;另一方面,是指随着审计领域的不断扩展,满足各种审计需要的审计方法也越来越多。

3.适用性

适用性是指有许多审计方法只能在特定的情况下使用。例如,管理方法、数量经济方法、统计分析方法只适用于管理审计和经济效益审计,不适合对财务报表的审计。

4.交叉使用性

交叉使用性是指许多审计方法在审计实务中往往结合起来使用,否则达不到预期审计效果。例如,用审阅法对财务报表进行审计时,往往结合核对法、审计监盘法及其他审计方法。

审计方法按其取证方式和依据可分为审计查账方法、审计调查取证的方法、审计分析的方法、审计监盘方法等。

7.1.2　审计查账的方法

审计查账的方法,是审计最早采用和最基本的审计方法,又称审查书面资料的方法,是指通过检查被审计单位书面会计资料,包括会计凭证、账簿、报表和其他会计资料,来获取审计证据的方法,是审计工作的基本手段。按其是否直接取证,可分为两类:一类是非直接取证方法,这类方法包括顺查法、逆查法、详查法和抽查法,它们仅与取证程序和取证范围有关,是一种程序性的方法,具有通用性,所以称之为审计的一般方法;另一类是直接取证方法,这类方法有审阅法、核对法、验算法和调账法等,又称为审计的技术方法。

1.审计查账的一般方法

(1)顺查法和逆查法。顺查法和逆查法是按照检查会计资料和取证的先后顺序所做的分类。

①顺查法。顺查法又称正查法,是指按照会计核算程序的顺序依次进行审查的方法。顺查法的审查顺序和会计核算程序的顺序完全一致,审查时首先审查原始凭证,着重审查和分析经济业务是否真实、正确、合法、合规,核对证证是否相符;其次,审查和分析记账凭证,查明会计科目的处理和数据计算是否正确、合规;再次,检查各类会计账簿的记账和过账是否正确,核对账证是否相符;最后,审查和分析财务报表的各个项目是否正确、完整和合规,核对账表、表表是否相符。顺查法以审阅原始凭证作为查账的起点,以审阅分析财务报表作为查账的终点,着重于金额、数量及经济业务正确、真实性的核对,对于揭露会计记录上的错误有特殊作用。

顺查法的优点是简便易行,取证详细,不易发生遗漏,审查结果一般比较可靠;其缺点是业务量大,费时费力,不易抓住重点和主攻方向,因此,现代审计中已较少采用。

顺查法主要适用于以下审计项目:被审计单位规模较小,业务量少;被审计单位管理制度和内部控制很差;重要的审计事项;贪污舞弊、差错的专案审计。

②逆查法。逆查法又称倒查法,是指按照与会计核算程序相反的顺序依次进行审查的方法。采用逆查法时,审计人员首先审查和分析财务报表,从中找出增减变化异常、数额较大或容易出现错弊的项目,从而确定下一步审计的重点项目和线索;其次,按照所确定的重点和可疑账项,应用审阅法和核对法追溯审查会计账簿,进行账表、账账核对,发现可能存在的问题;最后,通过审查凭证来确定被审计事项的真相。

逆查法是现代审计中较为普遍采用的一种方法,其优点是审计证据的取证范围比顺查法小得多,因而审计的目的和重点较为明确,省时省力,效率较高;缺点是审计不全面,难以查出每种错弊,而且取证范围经过审计人员的判断,审计结论受审计人员的经验和能力的影响很大,如果审计人员的经验和能力很差,不能做出合乎实际的判断,则审计结论不正确的可能性会很大。

逆查法适用于规模较大,业务量较多的大型企业和内部控制较好的单位。

(2)详查法和抽查法。按照会计资料或审计证据的检查范围或数量,审计查账方法可分为详查法和抽查法。

①详查法。详查法又称精查法,是指对被审计单位一定时期内的全部会计资料,特别是重点项目和可疑事项的全部会计资料,包括凭证、账册、报表等,进行全面、详细的审查,并获取审计证据的一种审计方法。

详查法的特点,是对被审计单位一定时期内的全部会计资料和其反映的财务收支及有关经济活动进行全面、详细的审查。其优点主要是能全面查清被审计单位所存在的问题,特别是对弄虚作假、营私舞弊等违反财经法纪的行为,一般不易疏漏、审计风险较小;其缺点是工作量太大,费时费力,审计成本较高,因此,现代审计中已较少采用。

详查法和顺查法有密切关系,其审计程序和过程基本上与顺查法相同,其优缺点和适用范围也基本上与顺查法相同。

②抽查法。抽查法是指对被审计单位一定时期内的全部会计资料,选择其中某一部分或某段时期的会计资料进行审查的一种方法。一般认为,审计抽样与抽查法是一对密切相关的概念。审计抽样在现代审计中被普遍使用,其特征是根据审查期的审计对象总体的具体情况,以及审计目的和要求,选取具有代表性的样本,然后根据抽取样本的审计结果来推断总体的正确性,或推断其余未抽查部分有无错弊。

抽查法和逆查法有密切联系,逆查法的查账顺序比较适合抽查法的运用。抽查法的优点是审计成本较低,能明确审查重点,审计效率较高;其缺点是审计结果过分依赖所抽查部分的情况,如果所抽查的部分不合理或缺乏代表性,抽查结果往往不能发现问题,甚至以偏概全,得出错误的审计结论。因此,抽查法仅适用于规模较大、业务较复杂以及内部控制制度健全和会计基础较好的单位。

2.审计查账的技术方法

审计查账的技术方法,是指审查书面资料并从中获取证据的一系列方法,主要包括审阅法、核对法、验算法和调账法。其审查对象主要是会计凭证、账簿、报表及其他相关资料。由于采用这些方法可以直接获取证据,因此,在审计中被广泛采用。

(1)审阅法。审阅法是指仔细审查、阅读被审计单位一定时期的会计资料和其他有关资料,获取审计证据的一种审查方法,它广泛用于财政、财务审计。审阅法的内容包括会计凭证、账簿、报表以及计划、决策、预算方案等,其中又以会计凭证、账簿和报表的审阅最为重要。

①原始凭证的审阅。原始凭证的审阅主要审阅凭证的格式和内容。审阅凭证的格式时,应注意查看凭证是否规范,是否为经过工商或税务部门登记的正规凭证,是否注明凭证制作单位和名称,编号是否连续,签发单位是否加盖公章,经手人是否签字;此外还要看凭证记载的抬头、日期、数量、单价、金额、摘要栏的字迹是否清晰,有无刮擦、涂改的痕迹,计算是否正确,等等。审阅内容时,应注意原始凭证所反映的经济内容是否合理合法,是否符合该单位的实际情况,入账时是否经过了必要的批准手续等。

②记账凭证的审阅。记账凭证的审阅要求与原始凭证的审阅要求基本相似,主要审

阅凭证的格式和内容。审阅格式时,除了审阅与原始凭证相似的内容外,还要重点审阅以下内容:记账凭证是否附有合法的原始凭证,原始凭证和记账凭证记录数量是否一致,有无制单人、复核人和主管人的签章。审阅内容时应注意:记账凭证的记录是否符合会计制度的规定,账户名称和会计分录是否正确,业务摘要与内容是否与原始凭证一致,如有问题,则可能存在错弊。

③账簿的审阅。对账簿审阅时应特别注意审阅明细账和日记账,其原因是明细账和日记账的记录详细,通过审阅易于发现问题,尤其在检查现金、结算业务、债权债务和各种费用时,审阅明细账和日记账更是一种重要的方法。而总账的记录不详细,因此,对总账的审阅意义不大。

明细账应注意审阅:记录是否规范,应记录的事项是否都已记录(如业务摘要、对应科目是否齐全),有无刮擦、涂改的痕迹,更正记账错误是否按规定进行,账簿的启用手续、使用记录和交接记录是否齐全完整等。另外,还应注意记录内容是否真实正确,有无重复,数字是否正确,对应收(应付)账款、材料成本差异、管理费用、制造费用、财务费用等容易掩盖错弊和经常反映会计转账事项的账簿,更应重点审阅。

④报表的审阅。报表的审阅主要是审阅资产负债表、利润表、现金流量表、所有者权益变动表和财务报表附注。重点审阅以下内容:报表是否按规定制度编制,编制手续是否齐备,有无编制人员和审核人员的签章;项目是否完整,各项目的对应关系和钩稽关系是否正确;报表和账目双方合计数是否相等,相关数据是否一致;报表附注说明是否正常。通过审阅,查明报表各项目是否合法、合规,有无异常。

⑤其他文件资料的审阅。除上述审阅的内容外,审计人员还可以通过审阅其他文件资料如计划资料、合同资料和其他有关资料等,进一步获取审计证据。例如,审阅银行借款合同可以确定银行借款的真实性等。

实际工作中可用审阅法审阅的内容很多,既可用于审阅财务、会计及其有关资料,也可用于审阅与管理行为有关的内容,如审阅被审计单位的内部控制制度、计划、预算、业务规范、技术经济指标等。

(2)核对法。核对法是指对被审计单位的书面资料按照其内在联系相互对照检查,从中获取审计证据的方法。其主要内容如下:

①证证核对。其主要内容是:核对原始凭证的数量、单价、金额和合计数是否相符,核对记账凭证与其所附原始凭证是否相符,原始凭证的合计数与记账凭证的合计数是否相符,原始凭证的张数和金额与记账凭证上的相关内容是否相符。

②账证核对。其主要内容是:核对记账凭证是否过入有关明细账和总账,其中,又以明细账与凭证的核对为主。在被审计单位业务很多的情况下,账证核对通常采用抽查的方法进行,既可从全部资料中有目的地选择一部分业务来核对,也可以根据审阅账簿记录的结果进行重点核对,还可以根据其他审查程序的结果确定核对内容,如将内部控制薄弱的环节作为重点进行核对等。

③账账核对。账账核对可以按账簿记录的对应关系来核对,也可以按账簿的相互关系来核对。重点核对以下内容:各明细账户的余额合计数与总账中有关账户的余额是否相符;总账各账户的期初余额、本期发生额和期末余额的计算是否正确,各账户的借方余

额合计数与贷方余额合计数是否平衡。

通过账账核对，来证实账簿的记录是否符合会计核算的一般规则，是否有明确的分工。由于被审计单位的账簿数量相对较少，因此，应采用详查法进行全面核对。

④账表核对。账表核对主要是将有关报表项目与总分类账户进行核对，核对的报表主要是资产负债表、利润表、现金流量表和所有者权益变动表，核对的重点是账表中所记录的余额。具体内容如下：核对财务报表的数字是否与总账余额或明细账余额相符，核对资产负债表、利润表、现金流量表和所有者权益变动表上的数字计算是否正确无误，核对资产负债表、利润表、现金流量表和所有者权益变动表之间以及利润表与所有者权益变动表、分部报表之间的相关数字是否相符。

在核对中如发现不相符，应引起重视，并进一步查明原因。

⑤账实核对。账实核对主要是核对账卡上所反映的实物余额是否与实际存在的实物数相符。此外，还需核对银行对账单、客户往来清单等外来对账单是否与本单位有关账项记载相符。

从理论上讲，应该核对所有的账簿资料及其所反映的实物，但在实物量很多的情况下，可以选择其中的一部分进行核对。选择的原则与实物盘存的原则相同，并且应与实物盘存法结合起来使用。核对的形式有两种：一种是将账表带到现场直接盘点；另一种是先盘点实物，编制盘点表，然后核对盘点表与有关账户。

核对法比较容易发现存在的问题，而且取得的审计证据也较为可信，因此，是现代审计中常用的方法之一。在使用核对法时应注意以下问题：

第一，避免核对内容重复和遗漏，应使用一些符号进行标记，这些符号可以自创，也可以使用书本上提供的符号。常用的符号有以下几种：

√——表示已经核对。

×——表示所核对的资料有错误。

?——表示所核对的资料可能有问题，待查。

!——表示所核对的数据有待调整。

＼——表示有待详查。

×/×——表示已核对至×月×日。

第二，核对时可以由两人合作，一人念，一人看，这样做便于节约时间，提高效率；也可以由一个人单独进行，这样做可以兼看两处资料，不易遗漏，但比较费时。

(3) 验算法。验算法又称重算法、复算法，是指审计人员对被审计单位的书面资料的有关数据进行重新计算，用来验证原计算结果是否正确的一种方法。验算法可以取得书面证据，是审计中常用的方法之一。

被审计项目中需要验算的内容很多，在财务报表审计中主要是：对凭证、账簿、报表中的有关项目的小计、合计、总计、差额、乘积等进行计算；对某些业务如固定资产折旧率、汇兑损益、职工福利费的提取、有关税金进行重新计算，验算原计算结果是否正确；对有关成本、费用归集和分配的结果进行验算，其验算基础是成本、费用的分配标准和方法是否正确且计算是否准确无误；对有些会计补充资料、说明资料如流动比率、资产负债率、资产周转率、利润率等指标进行验算。

当验算结果与原计算结果不符合时,应以审计人员的计算结果为准,当然,审计人员应具备专业知识,确保计算结果正确。这里需要注意的是:第一,计算方法和口径应当恰当,否则,即使计算正确也没有意义;第二,验算法只能验算计算结果本身是否正确,不能说明据以计算的数据是否正确,据以计算的数据是否正确需由其他审计方法获取的审计证据来证实;第三,当验算的内容较多时,审计人员可采用抽查法,选择重点内容进行验算,以提高审计效率。

(4)调账法。调账法又称调整法,是指根据审计结果更正查账中已经核实的错误或做假账项的一种检查方法。当审计工作结束时,审计人员根据查账结果,对所查出并已落实的各种错误,包括科目处理错误、漏记、重记、计算错误、转账错误和做假账项等,根据审计工作底稿的记录,编制"账项调整汇总表",交由被审计单位进行调整,并据以得出审计结论和处理决定。

7.1.3 审计调查取证的方法

审计调查取证的方法,是指审计人员通过了解被审计单位的历史和现状,检查被审计单位实际情况,获取证据的一种审计方法。一般包括观察法、查询法、专题调查法和专案调查法。

1. 观察法

观察法,是指审计人员通过对被审计单位的实地观察,取得审计证据的方法。通过这种方法可以获取直接的或间接的环境数据。进行财政、财务审计和经济效益审计时,一般应用观察法进行广泛的实地观察,收集书面资料以外的审计证据。应用观察法时,审计人员应深入基层,到被审计单位的仓库、车间、科室、施工现场等,对其内部控制制度的执行情况,财产物资的保管和利用情况,工人的劳动态度和劳动效率等生产经营管理情况,进行直接观察,从中发现薄弱环节和存在的问题,并收集审计证据,查明被审计单位的经济活动是否得到真实、客观、公允的反映和记录。

应用观察法时,应与查询法等其他审计方法结合起来,才能取得更好的效果。必要时,可视具体情况和要求,对现场进行摄影或拍照,作为审计证据。

2. 查询法

查询法,是指审计人员对审计过程中所发现的疑点和问题,通过向有关人员询问和质疑等方式来证实客观事实或书面资料,取得审计证据的一种审计方法。查询法有面询和函询两种。面询是审计人员向被审计单位内外的有关人员当面询问意见,核实情况。函询是指通过向有关单位发函来了解情况,取得审计证据,一般用于往来款项的查证。

函证法有肯定式函证和否定式函证两种形式。肯定式函证又称积极式函证,要求收信人(被函证人)对询证函中的事项给予回函答复,对于重要事项的函证一般应采用这种方式;否定式函证,则要求收信人对询证函中的事项有异议时才复函,询证函中应注明复函期限,过期后未复函则认为收信人对函证事项无异议。

函证工作应由审计人员直接办理,函件应由审计人员直接寄发和收取,不得委托被审计单位代办。询证函内容应简明扼要,便于对方答复。

3. 专题调查法

专题调查法,是指审计机关对某一时期某些普遍性的问题,选取若干作为专题并集中力量进行审计调查的一种方法。

4. 专案调查法

专案调查法,是指在财经法纪审计中对被审计事项进行内查外调,获取审计证据的一种方法。实际工作中往往根据查账或群众举报提供的线索来查找证据。

7.1.4 审计分析的方法

审计分析的方法,是通过对会计资料有关指标的观察、推理、分解和综合,揭示其本质和了解其构成要素的相互关系的审计方法。分析法在审计工作中的应用比较广泛:在初步计划阶段,可帮助审计人员确定审计的基本程序、方法、时间和范围;在审计过程中,可用于符合性测试和实质性程序;在形成审计结论时,可以帮助审计人员进一步判断结论的正确性。审计分析方法按分析技术可分为以下几类:

1. 比较分析法

比较分析法,是指通过将被审计单位的书面资料与某些相关资料中具有可比性的相同项目和相关标准进行比较,获取审计证据,借以检查有无异常,并从中找出疑点,确定下一步审计重点的一种方法。相关标准根据审计目标而定,可以是计划数,也可以是上期实际数、同类企业的同类指标等。应用比较法时,可以采用绝对数比较,也可以采用相对数比较。绝对数比较,是将有关资料的数量、金额数据直接进行比较,看其差额的程度是否在正常的范围内,是否合乎情理。常用于比较本单位变化不太大的资料。相对数比较,是将有关的百分比或比率进行比较的一种方法。进行比较前,先将有关的资料按它们的内在联系计算出用于比较的相关指标,然后进行比较。常用于比较不同单位的资料,或本单位不同时期的资料,尤其适用于比较本单位不同时期变化较大的资料。

2. 比率分析法

比率分析法,是指通过对两个性质不同但又相关的指标所构成的比率关系进行对比分析,从中发现疑点,以便进一步查明其原因的一种分析方法。如本期销售额与销售税金的比率,在国家税率未变动的情况下,本期与以前各期相比变化异常,则说明其中可能有问题,应进一步查明原因。

3. 因素分析法

因素分析法是指将影响某一事项的各个因素分离出来,在此基础上分析各个因素变动对该事项的影响及影响程度,以便进一步查明原因的一种分析方法。如产品销售利润的各个影响因素可分解为销售量、销售价格、销售成本费用、销售税金和品种结构等,通过测定各因素的变动对销售利润的影响程度,便可判明各因素影响的方向和程度大小,从中找出存在的问题及其具体原因。

4. 综合分析法

综合分析法是因素分析法的逆向过程,是将与被审计事项有关的各个因素相互联系起来进行分析,查明问题的一种方法。综合分析法对于审计人员形成审计结论具有重要意义。

5. 账户分析法

账户分析法,是指利用有关账户之间的对应关系,对其发生额、余额进行分析,从中发现错误和异常,为进一步审计提供线索的一种方法。审计人员通常对容易发生问题的、往来业务多的、金额较大的总账及明细账,如库存现金、银行存款、应收(应付)款项和有关费用账户等进行分析,从中发现问题,为下一步的审计重点提供线索。

6. 账龄分析法

账龄分析法,是指按有关账户的账龄(期限)的长短对其进行归类,以便为所审计账目提供重点线索的一种分析方法。

7. 逻辑分析法

逻辑分析法,是对与被审计事项具有一定的内在逻辑关系的事项进行分析,确定它们对被审计事项的影响,从而佐证审计人员判断的一种审计方法。这些事项大多数不是直接确认的审计对象,但由于它们与被审计事项具有内在联系,对它们的分析有助于帮助审计人员确定审计重点和方法,并帮助审计人员判断被审计事项的可靠程度。例如,内部控制制度的好坏程度与财务报表之间具有内在逻辑关系,内部控制制度良好,则财务报表的可靠程度就高;反之,则财务报表的可靠性程度就低。

7.2 审计抽样

7.2.1 审计抽样含义

1. 审计抽样的产生与发展

在审计历史中,审计目标与目的、审计内容与范围、审计技术与方法都经历了多次变化。19世纪后期,英国开始实行详细审计,对凭证、账簿等会计资料进行全面审查,以达到查错防弊的目的。这种详细审计,适应了早期保证审计工作质量的要求,但其局限性也较为明显,不仅费时费力,审计效率低下,而且审计内容与范围限于会计资料本身,难以保证账外资产的安全完整。

审计抽样应同时具备三个特征:(1)对总体中低于百分之百的项目实施审计程序;(2)所有抽样单元都有被选取的机会;(3)审计测试的目的是评价该总体的某一特征。

到了20世纪初期,美国放弃了详细审计转而实行资产负债表审计。这是因为,此时的美国社会经济不断发展,大规模的企业尤其是股份有限公司日益增多,交易往来急剧增加,银行信用渐趋扩张,从而引起了资本主义社会经济关系的进一步变化。大规模的企业尤其是股份有限公司的建立与发展,使企业不仅需要更多的资金来与金融机构或往来客户保持联系,而且促使其财产所有权与经营权进一步分离。因此,大部分利益关系人尤其是金融机构,更加关心企业的财务状况以做出决策,从而要求企业提供真实可靠的资产负债表。企业提供的资产负债表经过职业会计师审查后即可得到社会的信任。随着企业规模的扩大,会计记录的数据资料也逐渐增多,发生错弊的可能性趋于减少。由于存在上述情况,所以美国从1910年开始实行资产负债表审计。这种审计的主要目的是为企业从金融机构取得贷款提供财务方面的真实情况,而查错防弊则为第二位的目的。美国著名审计、会计学家蒙哥马利认为该种审计的目的在于:确定企业财务方面的真实收益情况;揭发弊端;预防差错和舞弊的发生。审计的这种变化,使审计抽样技术开始得到应用。

随着社会的进一步发展,经济关系越来越复杂,特别是20世纪20年代末期世界性经济危机的爆发,使得人们注意到,仅有资产负债表审计实属不足,应对包括利润表在内的财务报表进行审计。这样,资产负债表审计又发展为财务报表审计。随着这种变化的出现,审计抽样技术与方法的缺陷也日益突出,遇到越来越多的问题。于是,审计人员重新审视审计抽样技术在审计中应用的合理性和可能性。经过长期的尝试和实践,审计人员逐渐认识到,企业资产的安全与否、会计资料的正确与否及发生错弊的多少与企业内部控制有着密切的关系;内部控制与审计抽样也存在着一定联系。这种极有意义的发现,促进了从研究与评价企业内部控制入手,根据评价结果确定审计抽样的范围、重点及方法的新思路的产生,并开始在财务报表审计中得到贯彻。因此,庞大的企业规模和繁多的经济业务,致使审计抽样在财务报表审计中的应用成为必要,而内部控制评价使之成为可能。

2. 审计抽样含义

审计抽样是指审计人员在实施审计程序时,从审计对象总体中选取一定数量的样本进行测试,并根据测试结果,推断总体特征的一种方法。这里需明确以下几点:

(1)审计抽样不同于详细审计。详细审计是指无一遗漏地审查审计对象总体中的全部内容,并根据审计结果形成审计意见。显然,审计抽样有别于详细审计。但是,从审计对象总体中选取有特殊重要性的项目进行审计,并对所选项目本身发表审计意见,则不属于审计抽样。

(2)审计抽样不能完全等同于抽查。广义的抽查作为一种技术,可以用来了解情况、确定审计重点、获取审计证据,使用中并无严格要求。审计抽样作为一种方法,需要应用抽查技术,但更重要的是要根据审计目标及环境要求做出科学的抽样决策,并严格地按照规定的程序和方法进行。此外,审计抽样通常可应用于顺查、逆查、函证等审计程序,但审计人员在进行询问、观察、分析性复核时,则不宜应用审计抽样。

审计抽样主要应用于符合性测试和实质性程序,也可同时应用于这两种测试,即双重抽样。

7.2.2 抽样风险和非抽样风险

审计人员在应用抽样技术进行审计时,有两个方面的不确定因素。其中一方面的因素直接与抽样有关,而另一方面的因素却与抽样无关。我们将直接与抽样有关的因素造成的不确定性称为抽样风险,将与抽样无关的因素造成的不确定性称为非抽样风险。

1. 抽样风险

抽样风险,是审计人员依据抽样结果得出的结论与审计对象总体特征不相符合的可能性。抽样风险与样本量成反比,样本量越大,抽样风险越小。

(1)审计人员在进行控制测试时,应关注以下抽样风险:①信赖不足风险,指抽样结果使审计人员没有充分信赖实际上应予信赖的内部控制的可能性。②信赖过度风险,指抽样结果使审计人员对内部控制的信赖,超过了实际上可予信赖程度的可能性。

(2)审计人员在进行实质性程序时,应关注以下抽样风险:①误受风险。误受风险也称"β风险",是指抽样结果表明账户余额不存在重大错报,而实际上存在重大错报的可能性。②误拒风险。误拒风险也称"α风险",与误受风险相反,误拒风险是指抽样结果表明账户余额存在重大错报,而实际上不存在重大错报的可能性。

上述这些风险严重影响审计的效率和效果。信赖不足风险和误拒风险一般会导致审计人员执行额外的审计程序,降低审计效率;而信赖过度风险与误受风险则很可能导致审计人员形成不正确的审计结论。

可见,信赖过度风险和误受风险对审计人员来说,是最危险的风险,因为它使审计无法达到预期的效果。而信赖不足风险和误拒风险则属于保守型风险,出现这两种风险后,审计效率虽不高,但是效果一般都能保证。

2.非抽样风险

非抽样风险是指审计人员因采用不恰当的审计程序或方法,或因误解审计证据等而未能发现重大误差的可能性。产生这种风险的原因主要有:

(1)人为错误,如未能找出样本文件中的错误等;

(2)应用了不切合审计目标的程序;

(3)错误地解释样本结果。

非抽样风险无法量化,但是,审计人员应当通过对审计工作进行适当计划、指导和监督,坚持质量控制标准,力争有效地降低非抽样风险。非抽样风险对审计工作的效率和效果都有一定的影响。

7.2.3　统计抽样和非统计抽样

按照抽样决策的依据不同,审计抽样可划分为统计抽样和非统计抽样两种。

1.统计抽样

统计抽样是指以概率论和数理统计为理论基础,将数理统计的方法与实际工作相结合而产生的一种审计抽样方法。可见,统计抽样是指同时具备下列特征的抽样方法:第一,随机选取样本;第二,应用概率论原理评价样本结果,包括计量抽样风险。不能同时具备这两个特征的抽样方法为非统计抽样。统计抽样这种方法主要是应用概率论原理和数理统计方法进行随机抽样,并对所抽取的样本结果进行统计评价。应用统计抽样可以使总体中每一个单位都有被抽取的机会,要使样本的特征尽可能体现总体的特征,需要花费较多的人力和时间,但如果抽取的样本过少,虽能节时省力,抽样风险会比较大。为了能做到既取得较好的效果,又有较高的效率,就必须抽取适度的样本数量。审计人员正确地应用统计抽样,就可以解决这个问题。当然,如果审计人员采用的方法不符合统计抽样的定义,而只使用了统计方法的部分要素,则不能有效地计量抽样风险。此外,统计抽样也有其不足,如不能运用于存在各种舞弊的专案审计,也不能运用于资料不全的单位审计等。

2.非统计抽样

非统计抽样是指审计人员仅凭其专业经验,判断并选取样本的一种抽样方法。运用这种方法能否取得成效,取决于审计人员的经验和判断能力。如果判断正确,就会有成效;如果判断不准,缺乏客观性,就会影响审计工作的效果。但事实上,正确的判断不可能来自主观的空想,而只能来自必要的调查和对实际情况的研究分析。因此,审计人员在运用该方法时,也只有深入实际,调查研究,掌握各方面的情况,才有可能做出正确的判断。否则,就会出现要么样本量过大,费时费力,要么样本量过小,盲目地承担过大的抽样风险,得出错误的审计结论。因此,现代审计常用统计抽样。当然,非统计抽样如果设计得当,也可取得与统计抽样一样的效果。因此,审计人员有时也用非统计抽样,或者结合运用这两种审计抽样。这两种审计抽样的根本区别在于,统计抽样是运用了概率论原理来量化控制抽样风险。

现代审计广泛运用统计抽样有其一定的理论依据:一是有科学的数学依据。统计抽样要利用高等数学的知识,在抽样时,如选取样本适当,那么根据审查样本的结果,运用概率论的原理,样本可以显示出与总体性质相近的现象,即可通过抽取的样本来推断总体。二是有健全的内部控制依据。企业具有健全的内部控制,则会计上发生错误和舞弊的可能性就会减少,即使发生了错误和舞弊也能相对较快地被发现。所以,企业有健全的内部控制,为统计抽样的运用提供了前提和依据。三是有合理的经济依据。现代企业机构庞大,业务繁杂,在这种情况下,如果采用详查法,既费时间又耗精力,同时还要支出大量的审计费用,为了节约有限的审计资源,也需要以抽查法代替详查法。

统计抽样的意义在于:(1)统计抽样能够科学地确定抽样规模,并使各项目被抽取的机会均等,可以避免主观随意性;(2)统计抽样能够计算抽样误差在预定范围内的概率,并根据抽样推断的要求,将抽样误差控制在预定的范围内;(3)统计抽样能够提高审计效率,便于实现审计工作的规范化。

在对某类交易或账户余额使用审计抽样时,审计人员可以使用统计抽样,也可以使用非统计抽样。审计人员应当根据具体情况并应用职业判断,确定使用统计抽样还是非统计抽样,以便最有效率地获取审计证据。当然,究竟选用哪种审计抽样,有时也取决于审计人员对成本与效率的考虑。一般来说,非统计抽样可能比统计抽样花费的成本小,但统计抽样的效果可能比非统计抽样要好。在统计抽样中,可能要花费较高的成本用以训练审计人员,使之掌握这种方法并有效地设计和执行抽样计划。

值得注意的是,非统计抽样和统计抽样的选用,主要涉及的是审计程序实施的范围,并不影响运用于样本的审计程序的选择,也不影响获取单个样本项目证据的适当性,以及审计人员对发现的样本错误所做的适当说明。这些事项都需要审计人员运用其执业经验作出判断。

7.2.4 样本的设计与选取

1. 样本的设计

样本的设计,是指审计人员围绕样本的性质、样本量、抽样组织方式及抽样工作质量要求等方面所进行的规划工作。在设计审计样本时,审计人员应当考虑审计程序的目标和抽样总体的属性,根据所获取审计证据的性质以及与该审计证据相关的可能的误差情况或其他特征,界定误差构成条件和抽样总体,并评估总体的预计误差率或误差额,以便合理设计审计样本,确定适当的样本规模。具体来说,审计人员应当考虑以下几个方面的因素。

（1）审计目标。审计人员在设计样本时，应当根据审计目标尤其是具体审计目标，考虑其所要获取审计证据的特征及构成误差的条件，以确定所采用的审计抽样方法。这里，最关键的是要根据具体审计目标界定"误差"。一般来说，在符合性测试中，误差是指审计人员认为使控制制度失效的所有控制失效事件，通常将之界定为会计记录的虚假账户、经济业务的记录未进行复核、审批手续不全等各类差错；在实质性程序中，通常将误差界定为误报货币金额的绝对值或相对比率。根据有关审计准则的界定，在实施控制测试时，误差是指控制偏差；在实施细节测试时，误差是指错报；总误差则用来表示偏差率或错报总额。

（2）审计对象总体及抽样单位。所谓审计对象总体是审计人员形成审计结论、拟采用抽样方法审计的有关会计或其他资料的全部项目，而构成审计对象总体的单位项目则是抽样单位。

审计人员在确定审计对象总体时，应确保下列两点：一是审计对象总体必须符合具体的审计目标；二是审计对象总体必须包括被审计的会计或其他资料的所有项目。也就是说，审计人员应确保审计对象总体的适当性和完整性。就前者而言，审计对象总体的确定应当有利于审计目标的实现。例如，若审计目标在于审查应收账款余额是否多计，则审计对象总体应确定为应收账款明细记录；若审计目标在于审查应付账款余额是否少计，则审计对象总体应确定为应付账款明细记录、期后付款、未付发票及足以提供应付账款少计证据的其他项目。就后者而言，审计对象总体的确定应当不遗漏必需的项目。如果在实施审计程序时使用被审计单位信息系统生成的信息，审计人员应当获取与该信息的准确性和完整性有关的审计证据。在实施审计抽样时，审计人员应当实施相应的审计程序，以确保实施审计抽样所依据的全部信息足够完整和准确。

至于抽样单位，审计人员应当根据审计目标及被审计单位实际情况加以确定。例如，审计人员在确定被审计单位应收账款账面价值时，可以将货币单位（元）作为抽样单位，也可以将每个应收账款明细账账户余额作为抽样单位。在对被审计单位的购货业务进行符合性测试时，还可以把每一张发票作为抽样单位。在此基础上，审计人员可根据不同的要求，运用适当的方法，从审计对象总体中选择若干抽样单位以组成适量、有效的样本。样本是否适量，受到诸如对内部控制的信赖程度、可接受的信赖过度风险、预期总体误差及可容忍误差等多个因素的影响；而样本是否有效，则取决于审计人员的执业经验与专业判断。

（3）抽样风险和非抽样风险。审计人员在设计样本或获取审计证据时，应当保持应有的职业谨慎并运用职业判断，关注并评估重大错报风险，同时设计进一步的审计程序，以确保将审计风险降至可以接受的低水平。尤其是抽样风险和非抽样风险，因为抽样风险和非抽样风险可能影响重大错报风险的评估和检查风险的确定。

需要指出的是，审计人员在进行符合性测试和实质性程序时，不仅抽样风险对审计工作的效率和效果有影响，而且非抽样风险对此也有影响。因此，审计人员应当关注抽样风险，无论在控制测试还是细节测试中，都可以通过扩大样本规模来降低抽样风险。同时，审计人员还应当关注非抽样风险,并通过对业务的计划、指导、监督和复核,有效地降低非抽样风险。

(4)可信赖程度。可信赖程度是测定样本可信水平的尺度,通常用预计抽样结果能够代表审计对象总体的百分比来表示。审计人员对可信赖程度要求越高,需选取的样本量就相应越大。也就是说,审计人员要求抽样结果的可信赖程度越高,就必须有较大的样本量作保证。

可信赖程度主要取决于被审计单位的内部控制。内部控制越健全、有效,则可信赖程度越高;反之,可信赖程度越低。例如,抽样结果有90%的可信赖程度,则指抽样结果有90%的可能性能够代表总体特征,或抽样结果能够代表总体特征的可能性为90%,也就是说,有10%的可能性不能够代表总体特征。可见,可信赖程度与风险是互补的。10%的风险和90%的可信赖程度表达的是同一个问题的两个方面。如审计人员在进行符合性测试时选择了90%的可信赖程度,也就意味着该审计人员有10%的风险去接受内部控制有效的结论。

(5)可容忍误差。可容忍误差是审计人员认为抽样结果可以达到审计目的,从而愿意接受的审计对象总体的最大误差,即审计人员可以接受的总体中的最大误差。对此,审计人员应当在审计计划阶段,根据审计重要性原则,合理地予以确定。可容忍误差越小,需选取的样本量就相应越大。

在进行符合性测试时,可容忍误差是审计人员不改变对内部控制的可信赖程度,所愿意接受的最大误差。也就是说,只要被审计单位内部控制在运行中实际偏离程度低于审计人员可以接受的、偏离于规定控制要求的最大比率,审计人员仍可以维持其对内部控制的可信赖程度。这种审计人员可以接受的、内部控制运行偏于规定控制要求的最大比率即可容忍误差。

在进行实质性程序时,可容忍误差是审计人员能够对某一账户余额或经济业务分类做出合理评价所愿意接受的最大金额的误差,即可容忍错报,其金额小于或等于审计人员针对所审计的某类交易或账户余额而使用的重要性水平。

总之,审计人员无论进行符合性测试还是实质性程序,可容忍误差越小,需选取的样本量就相应越大;反之,可容忍误差越大,其所需选取的样本量就越小。

(6)预期总体误差。审计人员应根据前期审计所发现的误差、被审计单位经营业务和经营环境变化、内部控制的评价及分析性复核的结果等,确定审计对象总体的预期误差。如果存在预期误差,审计人员应当选取较大的样本量。

(7)分层。分层是将某一个审计对象总体,划分为若干具有相似特征的子总体或次级总体的过程,每个子总体由一组具有相似特征的抽样单元组成。审计人员可以利用分层重点审计可能会有较大错误的项目,并减少样本量。

总体可以按经济业务的重要性分层,也可以按经济业务的类型分层。当实施细节测试时,审计人员通常按照货币金额对某类交易或账户余额进行分层,以将更多的审计资源投入到大额项目中。例如,对存货采用ABC分类法进行分层,对A类存货的出库单抽取较多的样本,对 C 类存货则可抽取较少的样本进行一般审查。再如,对应收账款年末余额进行测试时,将各应收账款明细账余额的金额大小作为分层标准,然后针对不同层次采用不同的测试规模,如表 7-1 所示。

表 7-1　　　　　　　应收账款的分层

层　次	分层标准(金额)	测试规模(%)
1	800 000 元以上	100
2	200 000~800 000 元	30
3	200 000 以下	5

审计人员也可以按照显示较高误差风险的某一特定特征对总体进行分层。它主要适用于内部各组成部分具有不同特征的总体,审计人员应对包含最重要项目的层次实施全面审查。因此,审计人员在进行分层时,必须注意以下几点:①必须有事先能够确定的、有形的、具体的差别(特征),以明确区分不同的层次;②总体中的每一抽样单位必须属于一个层次,并且只属于该层次,即使每一抽样单元只能属于一个层次;③必须能够事先确定每一层次中抽样单位的准确数字。

审计人员利用分层可以降低每一层次中项目的变异性,从而在抽样风险没有成比例增加的前提下减少样本量,并且可以将总体分为若干个离散的具有识别特征的子总体(层),进而可以提高抽样乃至审计的效率,也可以使审计人员能按项目的重要性、变化频率或其他特征选取不同的样本数,并且可对不同层次采用不同的审计程序和方法,因而可以提高样本的代表性和审计的有效性。需要指出的是,对某一层中的样本项目实施审计程序的结果,只能用于推断构成该层的项目。若对整个总体做出结论,审计人员应当考虑与构成整个总体的其他层有关的重大错报风险。另外,还可运用金额加权选样。即在实施细节测试时,特别是测试高估时,将构成某类交易或账户余额的每一货币单位作为抽样单元,这样往往效率很高。审计人员通常从总体中选取特定的货币单位,然后检查包含这些货币单位的特定项目。这种方法可以与系统选样方法结合使用,且在使用计算机辅助审计技术选取项目时效率最高。

2. 样本数量的确定

在确定审计样本规模时,审计人员应当考虑能否将抽样风险降至可接受的低水平,因为抽样规模受审计人员可接受的抽样风险水平的影响。可接受的抽样风险水平越低,需要的样本规模越大。审计人员应根据审计工作的实际需要,运用职业判断或使用统计学公式,合理、适当地确定样本规模即样本数量。

一般来说,审计人员根据可信赖程度、预计误差率、精确率(抽样误差的容许界限)以及审计对象总体数量等因素,将审计抽样分为重复抽样与不重复抽样两种情况,相应地采用下列公式计算确定样本数量:

(1)重复抽样下样本数量的确定

样本数量=可信赖程度×预计误差率×(1-预计误差率)/精确度

(2)不重复抽样下样本数量的确定

样本数量=可信赖程度×预计误差率×(1-预计误差率)×审计对象总体数量/[审计对象总体数量×精确度+可信赖程度×预计误差率×(1-预计误差率)]

由此可见,抽取的样本数量与控制发生的频率成正比,即控制发生的频率越高,抽取的样本数量越多;反之,则抽取的样本数量越少。因此,审计人员也可根据控制所发生的频率,确定抽样的数量。

3. 样本的选取

在样本规模即样本数量确定后,审计人员即可采用一定的方法选取样本。审计人员既可采用统计抽样方法,也可采用非统计抽样方法选取样本,只要运用得当,均可获得充分、适当的审计证据。在统计抽样中,审计人员应当随机选取样本项目,以使每一抽样单元以已知的概率被选中,抽样单元可以是发票等实物项目或货币单位。在非统计抽样中,审计人员应当运用职业判断选取样本项目,但尽量选取具有总体典型特征的样本项目,并应在选样时避免主观偏见。

应注意的是,审计人员在选取样本时,应使审计对象总体内所有项目或抽样单元均有被选择的机会,以使样本能够代表总体。只有这样,才能够保证根据抽样结果所判断出的总体特征具有合理性和可靠性。

事实上,用于选取样本的方法较多,但审计人员应当根据审计目的、被审计单位实际情况、审计资源条件等因素具体加以选择,以提高审计的质量与效率。在实际工作中,常用的选样方法有随机选样、系统选样、随意选样以及使用计算机辅助审计技术选样等。这里简单介绍前三种选择方法。

(1)随机选样。随机选样是指对审计对象总体或次级总体的所有项目,按随机规则选取样本。随机选样通常可使用随机数表来进行。所谓随机数表,就是随机组成多个几位数字,并将这些数字随机地纵横排列而成的一种表。表中的数字既可以是五位数字,也可以是四位数字,还可以是其他的几位数字。

审计人员在运用随机数表时,应以每一项目都有不同的编号为前提,并将表中数字与总体项目之间建立一一对应关系。如果总体项目已连续编号,则这种一一对应关系就容易建立,从而运用随机数表也很方便;但是,有时需要重新编号才能建立一一对应关系。例如,从编号 1 到 100 000 的材料出库单中选取 100 张出库单进行测试,则通过计算机随机数表生成程序可获得如表 7-2 所示的随机数表。为便于抽取样本,可以将随机数目按升序排列。

表 7-2   随机数表

	1	2	3	4	5	6	7	8	9	10
1	32044	69307	29655	92114	81034	40582	01584	77184	85762	46505
2	23821	96070	82592	81642	08971	07411	09037	81530	56195	98425
3	82383	94987	66441	28677	95961	78346	37916	09416	42438	48432
4	68310	21792	71635	86089	38157	95620	96718	79554	50209	17705
5	94856	76940	22165	01414	01413	37231	05509	37489	56459	52983
6	95000	61958	83430	98250	70030	05436	74814	45978	09277	13827
7	20764	64638	11359	32556	89822	02713	81293	52970	25080	33555
8	71401	17964	50940	95753	34905	93566	36318	79530	51105	26952
9	38464	75707	16750	61371	01523	69205	32 122	03436	14489	02086
10	59442	59247	74955	82835	98378	83513	47870	20795	00013	89906

另外,如果前一次抽到的号码被放回,则同一号码有可能多次被抽中。这种抽样也称

为重复抽样。如果审计人员略去重复的号码抽样,则称为不重复抽样。在审计工作中,审计人员往往采用不重复抽样。审计人员在随机数表中选取数字时,既可以从任何地方开始,又可以按任何方向进行,但一经确定,就不得改变,且必须依次进行选取。

(2)系统选样。系统选样也称等距选样,是指首先计算选样间隔,确定选样起点,然后按照间隔,顺序地选取样本。

用以确定选样间隔的公式如下:

$$M=N/n$$

式中　M——选样间隔数;

　　　N——审计对象总体数量;

　　　n——选样数量。

现举例说明如何进行系统选样。例如,审计人员从 1 000 张凭证中选取 5% 作为样本进行审查。

$$选样间隔＝1\ 000÷(1\ 000×5\%)＝20$$

假定审计人员确定随机起点为 466,每隔 20 张凭证选取一张,则往上依次为 486,506,526,546,566…往下依次为 446,426,406,386,366…

可见系统选样较为方便,但要求总体必须是随机排列的,否则不宜使用。

(3)随意选样。随意选样不考虑金额大小、资料取得的难易程度及个人偏好,以随意的方式选取样本。随意选样的结果,有时会缺乏合理性和可靠性。

复习思考题

一、单项选择题

1.审计最早采用和最基本的审计方法是(　　　)。

　　A.审计查账的方法　　　　　　　　　B.审计调查、取证的方法

　　C.审计监盘方法　　　　　　　　　　D.审计分析的方法

2.通过对被审计单位的书面资料与某些相关资料中具有可比性的相同项目,同相关标准进行比较,获取审计证据,借以检查有无异常,并从中找出疑点,确定下一步审计重点的方法是(　　　)。

　　A.比较分析法　　　B.比率分析法　　　C.因素分析法　　　D.逻辑分析法

3.对于重要事项的函证一般应采用的方式是(　　　)。

　　A.函证法　　　B.肯定式函证　　　C.否定式函证　　　D.查询法

4.审计机关对某一时期某些普遍性的问题,选取若干作为专题并集中力量进行审计调查的方法是(　　　)。

　　A.观察法　　　　B.查询法　　　　C.专题调查法　　　　D.专案调查法。

5.通过对两个性质不同但又相关的指标所构成的比率关系进行对比分析,从中发现疑点,以便进一步查明其原因的分析方法是(　　　)。

　　A.比较分析法　　　B.比率分析法　　　C.因素分析法　　　D.逻辑分析法

6.常用于比较不同单位的资料,或本单位不同时期的资料,尤其适用于比较本单位不

同时期变化较大的资料的审计分析方法为( )。

    A. 比较分析法   B. 比率分析法   C. 因素分析法   D. 逻辑分析法

7. 将与被审计事项有关的各个因素相互联系起来进行分析以查明问题的审计分析方法为( )。

    A. 比较分析法   B. 比率分析法   C. 因素分析法   D. 逻辑分析法

8. 对审计人员来说最危险的风险是( )。

    A. 信赖不足风险和误拒风险   B. 信赖过度风险和误受风险

    C. 抽样风险   D. 非抽样风险

9. ( )属于保守型风险,出现这种风险后,审计效率虽不高,但是效果一般都能保证。

    A. 信赖不足风险和误拒风险   B. 信赖过度风险和误受风险

    C. 抽样风险   D. 非抽样风险

二、多项选择题

1. 现代审计方法具有的特征有( )。

    A. 目的性   B. 多样性   C. 适用性   D. 交叉使用性

2. 审计查账的一般方法有( )。

    A. 顺查法   B. 逆查法   C. 详查法   D. 抽查法

3. 审计查账的技术方法有( )。

    A. 审阅法   B. 核对法   C. 验算法   D. 调账法

4. 审计调查、取证的方法是指审计人员通过了解被审计单位的历史和现状,通过检查了解被审计单位实际情况来获取证据的一种审计方法,一般包括( )。

    A. 观察法   B. 查询法   C. 专题调查法   D. 专案调查法

5. 审计人员在进行控制测试时,应关注的抽样风险有( )。

    A. 误受风险   B. 误拒风险   C. 信赖不足风险   D. 信赖过度风险

6. 非抽样风险,是指审计人员因采用不恰当的审计程序或方法,或因误解审计证据等而未能发现重大误差的可能性。产生这种风险的原因主要有( )。

    A. 人为错误,如未能找出样本文件中的错误等

    B. 应用了不切合审计目标的程序

    C. 非抽样风险无法量化

    D. 错误解释样本结果

7. 在设计审计样本时,审计人员应当考虑的因素有( )。

    A. 审计目标   B. 审计对象总体及抽样单位

    C. 可信赖程度   D. 可容忍误差

8. 选取样本的方法较多,常用的选样方法有( )。

    A. 随机选样   B. 系统选样

    C. 随意选样   D. 使用计算机辅助审计技术选样

三、判断题

1. 审计抽样不能完全等同于抽查。   ( )

2.非抽样风险,是审计人员依据抽样结果得出的结论与审计对象总体特征不相符合的可能性。　　　　　　　　　　　　　　　　　　　　　　　　　　　　　　　（　　）

3.抽样风险与样本量成反比,样本量越大,抽样风险越小。　　　　　　（　　）

4.误拒风险,是指抽样结果表明账户余额存在重大错报而实际上不存在重大错报的可能性。　　　　　　　　　　　　　　　　　　　　　　　　　　　　　　（　　）

5.信赖过度风险与误受风险,一般会导致审计人员执行额外的审计程序,降低审计效率。　　　　　　　　　　　　　　　　　　　　　　　　　　　　　　　　（　　）

6.统计抽样可以运用于进行各种舞弊的专案审计,但不能运用于资料不全的单位审计。　　　　　　　　　　　　　　　　　　　　　　　　　　　　　　　　（　　）

7.一般来说,统计抽样可能比非统计抽样花费的成本小,但统计抽样的效果可能比非统计抽样要好。　　　　　　　　　　　　　　　　　　　　　　　　　　　　（　　）

8.审计人员对可信赖程度要求越高,需选取的样本量就相应越大。　　　（　　）

9.审计人员无论进行符合性测试还是实质性程序,可容忍误差越小,需选取的样本量就相应可小一些。　　　　　　　　　　　　　　　　　　　　　　　　　　（　　）

10.总体中的每一抽样单位必须属于一个层次,并且只属于该层次,即使得每一抽样单元只能属于一个层次。　　　　　　　　　　　　　　　　　　　　　　　（　　）

应用技能训练题

审计人员李某负责审计 A 公司的应收账款、存货等项目,有关工作进展如下:

1.李某审阅了 A 公司应收账款总账及明细账,发现"应收账款——B 公司"账户余额 500 万元,账龄已超过 2 年,进一步查明,B 公司是 A 公司的股东,累计投资资本为 700 万元,李某认为需要加倍关注,于是做了以下工作:

(1)向 B 公司发出询证函;

(2)查阅 A 公司与 B 公司签订的购货合同,经过 A 公司有关部门批准的发货凭证、B 公司的验货证明等材料;

(3)评价 B 公司偿还货款的能力。

2.李某审阅了 A 公司的存货项目,工作内容如下:向 A 公司索要了当年 12 月 27 日的存货盘点计划、盘点明细表和汇总表,从中选择了若干重点存货项目进行全额盘点或抽盘,并关注残次品等存货的实际状况,以实际盘点数量逆推计算出资产负债表日的存货数量。

请回答:

(1)注册会计师李某在审计 A 公司的应收账款、存货等项目时,采用了哪些审计方法?

(2)这些审计方法所获得的审计证据能实现的主要审计目标是什么?

(3)除上述审计方法外,是否还有与应收账款、存货等项目的审计目标相关的审计方法?

第**8**章

审计报告

【知识目标】

通过本章的学习,要求学生熟悉审计报告的分类、审计报告的主要内容,熟练掌握审计报告的编写,掌握审计报告的意见类型及审计报告格式。了解特殊目的审计业务的含义及报告格式。

【应用能力目标】

掌握在实际审计过程中如何针对不同的情况发表适当的审计意见,并出具正确的审计报告。

8.1 审计报告的含义与作用

8.1.1 审计报告的含义

审计报告是审计人员实施审计事项之后,向审计授权人或委托人提出的反映审计结果、阐明审计意见和建议的书面文件。

审计报告作为体现审计工作成果的载体,是审计活动成果的结晶和客观描述,也是衡量审计工作质量的主要标志。

国家审计的审计报告是向派出的审计机关提交的书面报告,不仅是审计人员对审计过程和审计结果的全面总结,也是对审计事项做出的评价,以及对违反国家规定的行为,在法定职权范围内做出审计决定或者向其他有关部门移送的依据。

内部审计是管理控制的重要组成部分,而又反过来评价其他管理控制。因而内部审计的审计报告旨在改进组织管理,为组织创造价值,充分体现内部审计的建设性作用。

民间审计的审计报告旨在发挥审计的鉴证作用,充分体现审计的独立性。

8.1.2 审计报告的作用

审计报告的作用具体表现在以下几个方面:

1.全面总结审计过程和结果。审计人员接受审计授权人或委托人的授权或委托,按照法定的审计程序,运用专门的审计方法,对被审计单位的会计资料及其他有关经济资料所反映的经济活动进行审计,在查清被审计经济活动事实真相之后,有责任将审计任务的完成情况以及查明的结果向有关人员报告。

2.表明审计人员的审计意见和建议。审计人员在审计结束后,需要对被审计单位存在的问题提出审计处理意见和改进建议,帮助被审计单位改善经营管理,提高经济效益。通过审计报告,审计人员可以对被审计单位存在的问题表明意见和建议。

3.发挥公证或鉴证的作用。审计报告作为具有法律效力的审计法律文书,是被审计单位的利害关系人(审计报告的使用者)做出决策的主要依据。审计组织或人员接受委托人的委托进行审计,由于其处于独立第三者的地位,因而其所编写的审计报告,对社会具有经济公证的性质和法律证明效力。这不仅是对委托人负责,而且也是对审计报告的使用者,即与被审计单位有利害关系的各方面负责。通过审计报告,审计报告的使用者可以充分了解被审计单位的财务状况和经营成果,便于做出正确的判断和决策,避免或减少由于决策的失误造成的损失。政府审计报告向不同层次的政府官员传递审计结果,使审计结果不容易被误解,使审计结果置于公众监督之下。

4.便于被审计单位纠错防弊,改善经营管理,提高经济效益。审计报告对被审计单位是一份指导性文件,根据审计报告中指出的内控制度的薄弱环节,经济活动中存在的错弊、损失浪费和违法违纪行为,经营管理和经济效益方面存在的差距,以及审计人员提出的改进建议和措施,被审计单位可以发现和了解本单位存在的问题和差距,采取各种有效措施,来改善管理,促进经营管理水平和经济效益的不断提高。

5.审计报告是评价审计人员工作业绩、控制审计质量的重要依据,也是审计档案的重要组成部分,是今后查考、检验审计工作的依据。审计报告是反映审计人员项目审计成效的综合性文件,可以借此评价考核审计人员的工作水平和业绩,便于有关方面控制审计质量。所以,应将审计报告及有关的文件资料立卷归档并妥善保管,以便于今后的查考,以及用于后续审计、科研、培训。

8.2 审计报告的种类与内容

审计报告可按不同的标准进行分类,熟悉各类审计报告的特点,有助于审计人员根据审计报告的不同要求,写好用好审计报告,使审计报告发挥必要的作用。

8.2.1 审计报告的种类

1.按照审计报告的格式分类

按照审计报告的格式不同,审计报告可以分为标准审计报告和非标准审计报告。

标准审计报告,是指格式和措辞基本统一的审计报告。例如,民间审计中注册会计师出具的不附加说明段、强调事项段或任何修改性用语的无保留意见的审计报告。这是因为如果审计报告格式和措辞不统一,运用的术语含义相异,使用者势必难以准确理解其含义。因此,为了避免混乱,统一、规范审计报告的格式和措辞是必要的。

非标准审计报告,是指格式和措辞不统一,可以根据具体审计项目及其审计的具体情况来决定的审计报告。它包括一般审计报告和特殊审计报告。

2.按照审计报告的详略程度分类

按照审计报告的详略程度不同,可分为简式审计报告和详式审计报告。

简式审计报告又称短文式审计报告,在西方又称之为"标准报告"。简式审计报告,通常采用较为简洁的语言来说明审计范围和表达审计意见,篇幅比较短小,内容比较概括。一般不罗列发现的问题,只就全面的或最重要的问题加以说明或归类解释。如遇例外情况,则需另增加一部分保留事项。简式审计报告往往是公证式或鉴证式的,如查账报告、鉴定报告、验资报告和资产评估报告等。同时,简式审计报告根据审计人员所发表审计意见的不同,又可分为无保留意见报告、保留意见报告、否定意见报告和无法表示意见报告。

详式审计报告又称长文式审计报告,是一种比较详尽而且带有评论性的审计报告。它与简式审计报告的不同在于对审计结果部分要点进行了较详细的评述、分析、解释,并按问题的性质分类,提出审计意见和改进建议,使审计报告使用者能够详细地了解被审计单位的财务状况、经营成果及其变动原因,以及今后应如何改进经营管理。我国国家审计机关、内部审计机构所进行的财政、财务审计、经济效益审计及经济责任审计等,一般都要编写详式审计报告。

3.按审计报告撰写主体的分类

按审计报告撰写主体的不同,审计报告可分为内部审计报告和外部审计报告。

内部审计报告,是由内部审计机构或人员撰写的审计报告。内部审计的性质决定了其权威性不如外部审计,内部审计人员的地位也决定了内部审计报告具有一定的局限性,一般只供部门、组织机构最高决策层了解情况、提供经营决策参考,对外不起公证作用。但内部审计报告内容庞杂,深度、广度一般都超过外部审计报告,表达意见也比较具体。

外部审计报告按其撰写主体不同,可分为国家审计机关的审计报告和民间审计组织的审计报告。国家审计机关的审计报告权威性较高。民间审计组织的审计报告多数是为了鉴定、证明,因此对注册会计师独立性要求很高,而且要求审计人员提出的审计意见必须客观、公正。此外,民间审计报告还可以提供咨询意见,这就要求报告的语气要委婉,措辞平和,态度诚恳,建议切实可行,切忌居高临下,泛泛而谈。

此外,还可以根据审计的内容和目的进行审计报告分类。如按其不同的业务内容,可提供财务审计报告、鉴证业务报告和绩效审计报告,这些报告的形式、内容、质量要求、出具和分发都有不同的要求。下面是世界主要国家对审计报告的基本要求,如表 8-1 所示。

表 8-1　　　　　　　　　　世界主要国家对审计报告的基本要求

国　家	对审计报告的基本要求
美　国	必须表明审查范围,以及审计是否按一般公认审计原则进行,必须说明财务报表是否按一般公认会计原则公正地编制,以及是否与前一年的会计原则相一致,必须对整体财务报表表明意见,或认为不能表明意见。除非另有规定,审计结果应当披露
英　国	审计报告包括审计范围和意见段。依章程必须对资产负债表(截止报告日真实、公正的报表数字)、利润表(真实、公正)以及账目(依公司法编写)发表意见。在例外项目中必须报告公司是否保存了适当的记录,从未审查的分支机构转来的收入是否适当、足额,资产负债表和利润表是否和记录一致,审计师是否得到所需信息
德　国	法律上有规定,规范用语为"我(我们)按职业准则所审计的会计和年度财务报表是按照德国法律和公司章程编制的"
加拿大	必须依照审查范围对财务报表发表意见,或断言不能对财务报表发表意见(说明不能发表意见的理由)。该意见应该表明财务报表是否遵守一般公认会计原则。这种会计原则是否被一贯运用

（续表）

国　　家	对审计报告的基本要求
法　国	必须证实财务报表或告知读者财务报表未被证实。报告可以是有保留意见的，也可以是无保留意见的。如公司高级职员或公司董事与其他公司签订协议，可以要求再提交一份特别报告。以上报告均无标准格式
日　本	必须说明审查范围，并对财务报表表达意见，表明财务报表是否公正地反映真实结果。必须陈述未在当期财务报表中体现，而将来严重影响财务报表结果的事件

8.2.2　审计报告的内容

审计类型的多样化以及各种审计目标和任务的复杂性不尽相同，因而审计报告所反映的内容、表现的形式也有所区别，但其基本结构是一致的。这里我们以注册会计师对财务报表审计所出具的审计报告为主，来叙述审计报告的内容。

根据我国注册会计师审计报告审计准则的有关规定，审计报告应当包括以下内容：

1. 标题

审计报告的标题应放在显要的位置，要反映审计报告属于何种类型或为什么目的而编写，应能准确地反映出审计活动的主题，让读者对被审计单位名称、审计的时间、审计的内容范围一目了然。在我国，审计报告的标题统一为"审计报告"。

2. 收件人

审计报告的收件人，是指注册会计师按照业务约定书的要求报送审计报告的对象，一般为审计业务的委托人。审计报告应当载明收件人的全称，如"××股份有限公司全体股东"、"××有限责任公司董事会"等。

3. 引言段

审计报告的引言段应当说明被审计单位的名称和财务报表已经过审计，并包括下列内容：

（1）指出构成整套财务报表的每张财务报表的名称；

（2）提及财务报表附注；

（3）指明财务报表的日期和涵盖的期间。

4. 管理层对财务报表的责任段

管理层对财务报表的责任段，应当说明按照适用的会计准则和相关规定编制财务报表是管理层的责任，这种责任包括：

（1）设计、实施和维护与财务报表编制相关的内部控制，以使财务报表不存在由于舞弊或错误而导致的重大错报；

（2）选择和运用恰当的会计政策；

（3）做出合理的会计估计。

5. 注册会计师的责任段

注册会计师的责任段应当说明下列内容：

（1）注册会计师的责任，是在实施审计工作的基础上对财务报表发表审计意见。注册会计师按照审计准则的规定执行了审计工作。审计准则要求注册会计师遵守职业道德规范,计划和实施审计工作以对财务报表是否不存在重大错报获取合理的保证。

(2)审计工作涉及实施审计程序,以获取有关财务报表金额和披露的审计证据。选择的审计程序取决于注册会计师的判断,包括对由于舞弊或错误导致的财务报表重大错报风险的评估。在进行风险评估时,注册会计师应考虑与财务报表编制相关的内部控制,以设计恰当的审计程序,但目的并非对内部控制的有效性发表意见。审计工作,还包括评价管理层选用会计政策的恰当性和会计估计的合理性,以及评价财务报表的总体列报。

(3)注册会计师相信已获取的审计证据是充分、恰当的,为其发表审计意见提供了基础。

6.审计意见段

审计报告的审计意见段,应说明财务报表是否按照适用的《企业会计准则》的规定编制,是否在所有重大方面公允地反映了被审计单位的财务状况、经营成果和现金流量。

7.注册会计师的签名和盖章

审计报告应由注册会计师签名和盖章,有利于明确法律责任。

8.审计机构的名称、地址及盖章

审计报告应载明会计师事务所的名称和地址,并加盖会计师事务所公章。

9.报告日期

审计报告的日期不应早于注册会计师获取充分、适当的审计证据(包括管理层认可对财务报表的责任且已批准财务报表的证据),并在此基础上对财务报表形成审计意见的日期。

8.3　民间审计的审计报告

8.3.1　审计意见概述

根据《中国注册会计师审计准则第1501号——审计报告》第三条表述,审计报告是指注册会计师根据《中国注册会计师审计准则》的规定,在实施审计工作的基础上对被审计单位财务报表发表审计意见的书面文件。

注册会计师应当在审计报告中清楚地表达对财务报表的审计意见,并对出具的审计报告负责。注册会计师提出的审计意见应当公正、客观、实事求是,并且对所有报告内容的正确性、合法性负责。审计人员应根据审计结果发表不同类型的审计意见,出具的审计报告应力求内容规范完整,观点和材料统一,标题、名称恰当,语言精练、表达确切、观点鲜明、层次结构清晰,并有明确的署名和报告日期。

注册会计师根据审计结果以及被审计单位对有关问题的处理情况,形成四种类型的审计意见,即无保留意见、保留意见、否定意见和无法表示意见,并出具标准审计报告或非标准审计报告。

8.3.2　标准审计报告

根据《中国注册会计师审计准则第1501号——审计报告》规定,当注册会计师出具的无保留意见的审计报告不附加说明段、强调事项段或任何修饰性用语时,该报告称为标准审计报告。

如果认为财务报表符合下列所有条件,注册会计师应当出具无保留意见的审计报告:

1.财务报表已经按照适用的会计准则和相关会计制度的规定编制,在所有重大方面公允反映了被审计单位的财务状况、经营成果和现金流量;

2.注册会计师已经按照《中国注册会计师审计准则》的规定计划和实施审计工作,在审计过程中未受到限制。当出具无保留意见的审计报告时,应当以"我们认为"作为意见段的开头,并使用"在所有重大方面"、"公允反映"等术语。

标准审计报告的参考格式见表8-2。

表8-2　　　　　　　　　　　　　　　　标准审计报告

审计报告

ABC股份有限公司全体股东:

我们审计了后附的ABC股份有限公司(以下简称ABC公司)财务报表,包括20××年12月31日的资产负债表,20××年度的利润表、股东权益变动表和现金流量表以及财务报表附注。

一、管理层对财务报表的责任

编制和公允列报财务报表是ABC公司管理层的责任,这种责任包括:(1)按照《企业会计准则》的规定编制财务报表,并使其实现公允反映;(2)设计、实施和维护必要的内部控制,以使财务报表不存在由于舞弊或错误而导致的重大错报。

二、注册会计师的责任

我们的责任是在执行审计工作的基础上对财务报表发表审计意见。我们按照《中国注册会计师审计准则》的规定执行了审计工作。《中国注册会计师审计准则》要求我们遵守中国注册会计师职业道德守则,计划和执行审计工作以对财务报表是否不存在重大错报获取合理保证。

审计工作涉及实施审计程序,以获取有关财务报表金额和披露的审计证据。选择的审计程序取决于注册会计师的判断,包括对由于舞弊或错误导致的财务报表重大错报风险的评估。在进行风险评估时,注册会计师考虑与财务报表编制和公允列报相关的内部控制,以设计恰当的审计程序,但目的并非对内部控制的有效性发表意见。审计工作还包括评价管理层选用会计政策的恰当性和做出会计估计的合理性,以及评价财务报表的总体列报。

我们相信,我们获取的审计证据是充分、适当的,为发表审计意见提供了基础。

三、审计意见

我们认为,ABC公司财务报表在所有重大方面按照《企业会计准则》的规定编制,在所有重大方面公允反映了ABC公司20××年12月31日的财务状况以及20××年度的经营成果和现金流量。

××会计师事务所	中国注册会计师:×××
（盖章）	（签名并盖章）
	中国注册会计师:×××
	（签名并盖章）
中国××市	20××年×月×日

8.3.3 非标准审计报告

根据《中国注册会计师审计准则第1502号——非标准审计报告》第三条表述,非标准审计报告,是指标准审计报告以外的其他审计报告,包括带强调事项段的无保留意见的审计报告和非无保留意见的审计报告。

审计报告的强调事项段,是指注册会计师在审计意见段之后增加的对重大事项予以强调的段落。当存在可能导致对持续经营能力产生重大疑虑的事项或情况,但不影响已发表的审计意见时,注册会计师应当在审计意见段之后,增加强调事项段对此予以强调。当存在可能对财务报表产生重大影响的不确定事项(指其结果依赖于未来行动或事项,不受被审计单位的直接控制,但可能影响财务报表的事项),但不影响已发表的审计意见时,注册会计师应当考虑在审计意见段之后,增加强调事项段对此予以强调。

强调事项应当同时符合下列条件:可能对财务报表产生重大影响,但被审计单位进行了恰当的会计处理,且在财务报表中做出充分披露;不影响注册会计师发表的审计意见。

注册会计师应当在强调事项段中指明,该段内容仅用于提醒财务报表使用者关注,并不影响已发表的审计意见。带强调事项段的无保留意见的审计报告参考格式见表8-3。

表8-3 带强调事项段的无保留意见的审计报告

审计报告

ABC 股份有限公司全体股东:

我们审计了后附的 ABC 股份有限公司(以下简称 ABC 公司)财务报表,包括20××年12月31日的资产负债表,20××年度的利润表、股东权益变动表和现金流量表以及财务报表附注。

一、管理层对财务报表的责任

编制和公允列报财务报表是 ABC 公司管理层的责任,这种责任包括:(1)按照《企业会计准则》的规定编制财务报表,并使其实现公允反映;(2)设计、实施和维护必要的内部控制,以使财务报表不存在由于舞弊或错误而导致的重大错报。

二、注册会计师的责任

我们的责任是在执行审计工作的基础上对财务报表发表审计意见。我们按照《中国注册会计师审计准则》的规定执行了审计工作。《中国注册会计师审计准则》要求我们遵守中国注册会计师职业道德守则,计划和执行审计工作以对财务报表是否不存在重大错报获取合理保证。

审计工作涉及实施审计程序,以获取有关财务报表金额和披露的审计证据。选择的审计程序取决于注册会计师的判断,包括对由于舞弊或错误导致的财务报表重大错报风险的评估。在进行风险评估时,注册会计师考虑与财务报表编制和公允列报相关的内部控制,以设计恰当的审计程序,但目的并非对内部控制的有效性发表意见。审计工作还包括评价管理层选用会计政策的恰当性和做出会计估计的合理性,以及评价财务报表的总体列报。

我们相信,我们获取的审计证据是充分、适当的,为发表审计意见提供了基础。

三、审计意见

我们认为,ABC 公司财务报表已经按照《企业会计准则》的规定编制,在所有重大方面公允反映了 ABC 公司20××年12月31日的财务状况以及20××年度的经营成果和现金流量。

四、强调事项

我们提醒财务报表使用者关注,如财务报表附注×所述,ABC 公司在20××年发生亏损×万元,在20××年12月31日,流动负债高于资产总额×万元。ABC 公司已在财务报表附注×充分披露了拟采取的改善措施,但其持续经营能力仍然存在重大不确定性。

本段内容不影响已发表的审计意见。

××会计师事务所   中国注册会计师:×××

（盖章）   （签名并盖章）

                                        中国注册会计师:×××

                                        （签名并盖章）

中国××市   20××年×月×日

非无保留意见的审计报告包括保留意见的审计报告、否定意见的审计报告和无法表示意见的审计报告。当出具非无保留意见的审计报告时，注册会计师应当在注册会计师的责任段之后、审计意见段之前增加说明段，清楚地说明导致所发表意见或无法发表意见的所有原因，并在可能的情况下，指出其对财务报表的影响程度。审计报告的说明段，是指审计报告中位于审计意见段之前用于描述注册会计师对财务报表发表保留意见、否定意见或无法表示意见理由的段落。

当存在下列情形之一时，如果认为对财务报表的影响是重大的或可能是重大的，注册会计师应当出具非无保留意见的审计报告：注册会计师与管理层在被审计单位会计政策的选用、会计估计的做出或财务报表的披露方面存在分歧；审计范围受到限制。

1. 保留意见的审计报告

如果认为财务报表整体是公允的，但还存在下列情形之一，注册会计师应当出具保留意见的审计报告：会计政策的选用、会计估计的做出或财务报表的披露，不符合适用的会计准则和相关会计制度的规定，虽影响重大，但不至于出具否定意见的审计报告；因审计范围受到限制，不能获取充分、适当的审计证据，虽影响重大，但不至于出具无法表示意见的审计报告。

当出具保留意见的审计报告时，注册会计师应当在审计意见段中使用"除……的影响外"等术语。如果因审计范围受到限制，注册会计师还应当在注册会计师的责任段中提及这一情况。

保留意见的审计报告参考格式见表8-4。

表 8-4　　　　　　　　　　　　　　保留意见的审计报告

审计报告

ABC 股份有限公司全体股东：

我们审计了后附的 ABC 股份有限公司（以下简称 ABC 公司）财务报表，包括 20××年 12 月 31 日的资产负债表，20××年度的利润表、股东权益变动表和现金流量表以及财务报表附注。

一、管理层对财务报表的责任

（同表 8-2 相应段内容）

二、注册会计师的责任

（同表 8-2 相应段内容）

三、导致保留意见的事项

ABC 公司 20××年 12 月 31 日的应收账款余额×万元，占资产总额的×%。由于 ABC 公司未能提供债务人地址，我们无法实施函证以及其他审计程序，以获取充分、适当的审计证据。

四、审计意见

我们认为，除了前段所述未能实施函证可能产生的影响外，ABC 公司财务报表已经按照《企业会计准则》的规定编制，在所有重大方面公允反映了 ABC 公司 20××年 12 月 31 日的财务状况以及 20××年度的经营成果和现金流量。

　　××会计师事务所　　　　　　　　　　　　中国注册会计师：×××

　　（盖章）　　　　　　　　　　　　　　　　　（签名并盖章）

　　　　　　　　　　　　　　　　　　　　　　中国注册会计师：×××

　　　　　　　　　　　　　　　　　　　　　　（签名并盖章）

　　中国××市　　　　　　　　　　　　　　20××年×月×日

2.否定意见的审计报告

如果认为财务报表没有按照适用的会计准则和相关会计制度的规定编制,未能在所有重大方面公允反映被审计单位的财务状况、经营成果和现金流量,注册会计师应当出具否定意见的审计报告。

当出具否定意见的审计报告时,注册会计师应当在审计意见段中使用"由于上述问题造成的重大影响"、"由于受到前段所述事项的重大影响"等术语。

否定意见的审计报告参考格式见表8-5。

表 8-5　　　　　　　　　　　　　　　否定意见的审计报告

审计报告

ABC 股份有限公司全体股东:

　　我们审计了后附的 ABC 股份有限公司(以下简称 ABC 公司)财务报表,包括20××年12月31日的资产负债表,20××年度的利润表、股东权益变动表和现金流量表以及财务报表附注。

　　一、管理层对财务报表的责任

　　(同表8-2 相应段内容)

　　二、注册会计师的责任

　　(同表8-2 相应段内容)

　　三、导致否定意见的事项

　　如财务报表附注×所述,ABC 公司的长期股权投资未按《企业会计准则》的规定采用权益法核算。如果按权益法核算,ABC 公司的长期股权投资账面价值将减少×万元,净利润将减少×万元,从而导致 ABC 公司由盈利×万元变为亏损×万元。

　　四、审计意见

　　我们认为,由于受到前段所述事项的重大影响,ABC 公司财务报表没有按照《企业会计准则》的规定编制,未能在所有重大方面公允反映 ABC 公司20××年12月31日的财务状况以及20××年度的经营成果和现金流量。

　　××会计师事务所　　　　　　　　　　　中国注册会计师:×××

　　　　(盖章)　　　　　　　　　　　　　　(签名并盖章)

　　　　　　　　　　　　　　　　　　　　中国注册会计师:×××

　　　　　　　　　　　　　　　　　　　　　(签名并盖章)

　　中国××市　　　　　　　　　　　　　20××年×月×日

3.无法表示意见的审计报告

如果审计范围受到限制可能产生的影响非常重大和广泛,不能获取充分、适当的审计证据,以至于无法对财务报表发表审计意见,注册会计师应当出具无法表示意见的审计报告。

当出具无法表示意见的审计报告时,注册会计师应当修改注册会计师的责任段,并在审计意见段中使用"由于上述审计范围受到限制可能产生的影响非常重大和广泛"、"我们无法对上述财务报表发表意见"等术语。

无法表示意见的审计报告参考格式见表8-6。

表 8-6 无法表示意见的审计报告

审计报告

ABC 股份有限公司全体股东：

我们审计了后附的 ABC 股份有限公司(以下简称 ABC 公司)财务报表,包括 20××年 12 月 31 日的资产负债表,20××年度的利润表、股东权益变动表和现金流量表以及财务报表附注。

一、管理层对财务报表的责任

编制和公允列报财务报表是 ABC 公司管理层的责任。这种责任包括:(1)按照《企业会计准则》的规定编制财务报表,并使其实现公允反映;(2)设计、执行和维护必要的内部控制,以使财务报表不存在由于舞弊或错误而导致的重大错报。

二、注册会计师的责任

我们的责任是在按照《中国注册会计师审计准则》的规定执行审计工作的基础上对财务报表发表审计意见。但由于"三、导致无法表示意见的事项"段中所述的事项,我们无法获取充分、适当的审计证据以为发表审计意见提供基础。

三、导致无法表示意见的事项

ABC 公司未对 20××年 12 月 31 日的存货进行盘点,金额为×万元,占期末资产总额的 40%。我们无法实施存货监盘,也无法实施替代审计程序,以对期末存货的数量和状况获取充分、适当的审计证据。

四、审计意见

我们认为,由于"三、导致无法表示意见的事项"段所述事项的重要性,我们无法获取充分、适当的审计证据以为发表审计意见提供基础,因此,我们不对 ABC 公司财务报表发表审计意见。

××会计师事务所	中国注册会计师:×××
(盖章)	(签名并盖章)
	中国注册会计师:×××
	(签名并盖章)
中国××市	20××年×月×日

8.4 特殊目的审计报告

8.4.1 特殊目的审计业务的含义

根据《中国注册会计师审计准则第 1601 号——对特殊目的审计业务出具审计报告》第二条规定,特殊目的审计业务,是指注册会计师接受委托,对下列财务信息进行审计并出具审计报告的业务:

1.按照特殊基础编制的财务报表

注册会计师可能应委托人要求对被审计单位按照《企业会计准则》和相关会计制度以外的其他基础(简称特殊基础)编制的财务报表发表审计意见。特殊基础通常包括计税基础、收付实现制基础和监管机构的报告要求。

2. 财务报表的组成部分

注册会计师可能应委托人要求对财务报表的一个或多个组成部分发表审计意见。财务报表的组成部分,包括财务报表特定项目、特定账户或特定账户的特定内容。

3. 合同的遵守情况

注册会计师可能应委托人要求对被审计单位合同中有关财务会计条款的遵守情况发表审计意见。例如,对贷款合同遵守情况发表审计意见;对专利技术、商标使用权等转让协议遵守情况发表审计意见。

4. 简要财务报表

注册会计师可能应委托人要求对被审计单位依据已审计财务报表编制的简要财务报表发表审计意见。

8.4.2　特殊目的审计及审计报告的基本要求

注册会计师对特殊目的审计业务进行审计并出具的审计报告,在业务内容和报告格式上与常规审计业务都有一定的区别。注册会计师在开展特殊审计业务审计时应遵循以下要求:

1. 承接业务的一般要求

在执行特殊目的审计业务时,注册会计师实施的审计程序的性质、时间和范围因业务具体情况的不同而存在差异。在承接特殊目的审计业务前,注册会计师应当与委托人就业务性质、审计报告的格式和内容等达成一致意见。

2. 了解所审计财务信息的用途及可能的使用者

在计划审计工作时,注册会计师应当清楚了解所审计财务信息的用途及可能的使用者。特殊目的审计业务所审计财务信息一般是为了满足特定使用者的特定需要,具有特定用途。例如,按计税基础编制的财务报表,是为了满足向税务机关申报纳税需要,其特定使用者为被审计单位管理层和税务机关;按监管机构的报告要求编制的财务报表,是为了满足监管机构的监管要求,其特定使用者为被审计单位管理层和相关监管机构。注册会计师在计划审计工作时,应当通过与委托人的沟通,详细了解所审计财务信息的用途和可能的使用者。

3. 说明审计报告分发和使用的限制

为了避免审计报告被用于非预定目的,注册会计师可以在审计报告中说明出具审计报告的目的,以及在分发和使用上的限制。由于特殊目的审计业务所审计财务信息是满足特定使用者的特定需求的,因此,注册会计师对特殊目的审计业务出具的审计报告也只能被特定使用者用于该特定用途。为了避免审计报告被用于非预定目的,注册会计师可以在审计报告的审计意见段之后,增加说明出具审计报告的目的,以及在分发和使用上的限制。

　　注册会计师针对已完成的特殊目的审计业务发表审计意见时,应遵循以下要求:注册会计师应当复核和评价在执行特殊目的审计业务过程中获取的审计证据和由此得出的结论,以此作为发表审计意见的基础;注册会计师应当以书面报告的形式清晰地表达审计意见。

　　在复核和评价执行特殊目的审计业务过程中获取的审计证据时,应当根据已获取的审计证据,评价是否已对所审计财务信息整体不存在重大错报获取了合理保证。这种评价包括:

　　(1)是否已获取了充分、适当的审计证据,并把所审计财务信息的重大错报风险降至可接受的低水平;

　　(2)已识别但尚未更正的错报的影响;

　　(3)财务信息是否按照适用的编制基础的特定要求编制和列报。这种评价包括:

　　①财务信息中使用的术语(包括标题)是否恰当;

　　②选择和运用的会计政策是否恰当;

　　③如果管理层做出了会计估计,评价其会计估计是否合理;

　　④管理层是否完整、准确地披露了关联方及其交易;

　　⑤财务信息(包括会计政策)是否具有相关性、可靠性、可比性和可理解性;

　　⑥财务信息是否充分描述了适用的编制基础;

　　⑦财务信息是否充分披露了所运用的重大会计政策,以及管理层对监管机构、法律或合同的特殊要求所作出的重要解释;

　　⑧财务信息是否充分披露了可能对预期使用者理解财务信息产生影响的所有重大交易及事项。

　　如果被审计单位管理层可以选择适用的财务信息编制基础,注册会计师还应当根据被审计单位经营性质及其环境、财务信息的性质和目标、预期使用者的信息需求等,评价管理层所选择的财务信息编制基础是否可接受。

　　根据被审计单位实际情况,如果注册会计师认为所审计财务信息会误导信息使用者,就应当与管理层进行讨论,并考虑其对审计意见的影响。

　　并非是所有的特殊目的审计业务中均需对上述内容进行评价。注册会计师应当结合特殊目的审计业务的实际情况,选择上述全部或部分内容,以复核和评价审计证据并得出的审计结论。

8.4.3　特殊目的审计业务审计报告的内容

　　特殊目的审计业务审计报告,除对简要财务报表出具的审计报告外,对其他特殊目的审计业务出具的审计报告应当包括下列要素:

　　1. 标题
　　标题中应当包含表明业务性质的"审计"一词,通常用"审计报告"。

2. 收件人

审计报告的收件人,是指注册会计师按照业务约定书的要求致送审计报告的对象,一般是指审计业务的委托人。审计报告应当载明收件人的全称。

3. 引言段

引言段应当说明下列内容:

(1)所审计的财务信息。应当详细说明所审计财务信息的编制基础和所包括的全部内容;

(2)被审计单位管理层的责任和注册会计师的责任。应当说明,编制所审计的财务信息是被审计单位管理层的责任;注册会计师的责任是在实施审计工作的基础上对这些财务信息发表审计意见。

4. 范围段

范围段应当说明执行特殊目的审计业务依据的审计准则和注册会计师已实施的工作。

对注册会计师已实施工作的说明应当包括:

(1)《中国注册会计师审计准则》要求注册会计师遵守职业道德规范,计划和实施审计工作以对财务信息是否不存在重大错报获取合理保证。

(2)审计工作涉及实施审计程序,以获取有关财务信息金额和披露的证据。选择的审计程序取决于注册会计师的判断,包括对由于舞弊与错误导致的财务信息重大错报风险的评估。在进行风险评估时,注册会计师考虑与财务信息编制相关的内部控制,以设计恰当的审计程序,但目的并非对内部控制的有效性发表意见。审计工作还包括评价管理层选用会计政策的恰当性,做出会计估计的合理性,以及评价财务信息的总体列报。

(3)注册会计师相信,已获取的审计证据是充分、适当的,为其发表审计意见提供了基础。

5. 审计意见段

审计意见段应当清楚地说明对财务信息发表的审计意见。

6. 注册会计师的签名和盖章

审计报告应当由注册会计师签名并盖章。

7. 会计师事务所的名称、地址及盖章

审计报告应当载明会计师事务所的名称和地址,并加盖会计师事务所公章。

8. 报告日期

审计报告应当注明报告日期。审计报告的日期,不应早于注册会计师获取充分、适当的审计证据(包括管理层认可对财务信息的责任且已批准财务信息的证据),并在此基础上对财务信息形成审计意见的日期。

特殊目的审计报告样例如下:

(1)对按照特殊基础编制的财务报表出具的审计报告的参考格式

表 8-7 　　　　　　　　　对按照计税基础编制的财务报表出具的审计报告

审计报告

XYZ 合伙企业全体合伙人：

我们审计了后附的 XYZ 合伙企业按照所得税基础编制的财务报表,包括 20××年 12 月 31 日的所得税基础资产负债表,20××年度的所得税基础收入和费用表以及财务报表附注。这些财务报表的编制是 XYZ 合伙企业管理层的责任,我们的责任是在实施审计工作的基础上对这些财务报表发表审计意见。

我们按照《中国注册会计师审计准则》的规定执行了审计工作。《中国注册会计师审计准则》要求我们遵守职业道德规范,计划和执行审计工作以对这些财务报表是否不存在重大错报获取合理保证。审计工作涉及实施审计程序,以获取有关财务报表金额和披露的证据。选择的审计程序取决于我们的判断,包括对由于舞弊或错误导致的财务报表重大错报风险的评估。在进行风险评估时,我们考虑与财务报表编制相关的内部控制,以设计恰当的审计程序,但目的并非对内部控制的有效性发表意见。审计工作还包括评价管理层选用会计政策的恰当性和做出会计估计的合理性,以及评价财务报表的总体列报。我们相信,我们获取的审计证据是充分、适当的,为发表审计意见提供了基础。

我们认为,XYZ 合伙企业上述财务报表已经按照所得税基础编制,在所有重大方面公允反映了 XYZ 合伙企业 20××年 12 月 31 日的财务状况以及 20××年度的收入和费用情况。

XYZ 合伙企业上述财务报表,是为了满足纳税申报的需要按照所得税基础编制的,不适用于其他目的。因此,本报告仅供 XYZ 合伙企业以及税务机关使用,不得用于其他目的。

　　××会计师事务所 　　　　　　　　　　　　　中国注册会计师：×××

　　　（盖章） 　　　　　　　　　　　　　　　　　（签名并盖章）

　　　　　　　　　　　　　　　　　　　　　　中国注册会计师：×××

　　　　　　　　　　　　　　　　　　　　　　　（签名并盖章）

中国××市 　　　　　　　　　　　　　　　　20××年×月×日

表 8-8　　　　　　对按照收付实现制基础编制的财务报表出具的审计报告

审计报告

ABC 股份有限公司全体股东：

我们审计了后附的 ABC 股份有限公司（以下简称 ABC 公司）按照收付实现制基础编制的 20××年度现金收入和支出表。该财务报表的编制是 ABC 公司管理层的责任。我们的责任是在执行审计工作的基础上对这些财务报表发表审计意见。

我们按照《中国注册会计师审计准则》的规定执行了审计工作。《中国注册会计师审计准则》要求我们遵守职业道德规范，计划和执行审计工作以对这些财务报表是否不存在重大错报获取合理保证。审计工作涉及实施审计程序，以获取有关财务报表金额和披露的审计证据。选择的审计程序取决于我们的判断，包括对由于舞弊或错误导致的财务报表重大错报风险的评估。在进行风险评估时，我们考虑与财务报表编制相关的内部控制，以设计恰当的审计程序，但目的并非对内部控制的有效性发表意见。审计工作还包括评价管理层选用会计政策的恰当性和做出会计估计的合理性以及评价财务报表的总体列报。我们相信，我们获取的审计证据是充分、适当的，为发表审计意见提供了基础。

我们认为，ABC 公司的现金收入和支出表已经按照收付实现制基础编制，在所有重大方面公允反映了 ABC 公司 20××年度的收入和支出情况。

正如附注×所述，ABC 公司上述财务报表是为了向××银行申请贷款需提供现金流量信息而按照收付实现制基础编制的，可能不适用于其他目的。因此，本报告仅供 ABC 公司以及××银行使用，不得用于其他目的。

××会计师事务所　　　　　　　　　　　　中国注册会计师：×××

　（盖章）　　　　　　　　　　　　　　　　（签名并盖章）

　　　　　　　　　　　　　　　　　　　　中国注册会计师：×××

　　　　　　　　　　　　　　　　　　　　　（签名并盖章）

中国××市　　　　　　　　　　　　　　20××年×月×日

（2）对财务报表组成部分出具的审计报告的参考格式

表8-9　　　　　　　　对特定账户出具的审计报告（应收账款明细表）

审计报告

ABC股份有限公司全体股东：

　　我们审计了后附的ABC股份有限公司（以下简称ABC公司）按照《企业会计准则》和《××会计制度》的规定编制的20××年12月31日的应收账款明细表及其附注（以下简称应收账款明细表）。应收账款明细表的编制是ABC公司管理层的责任，我们的责任是在执行审计工作的基础上对应收账款明细表发表审计意见。

　　我们按照《中国注册会计师审计准则》的规定执行了审计工作。《中国注册会计师审计准则》要求我们遵守职业道德规范，计划和执行审计工作以对应收账款明细表是否不存在重大错报获取合理保证。审计工作涉及实施审计程序，以获取有关应收账款明细表金额和披露的证据。选择的审计程序取决于我们的判断，包括对由于舞弊或错误导致的应收账款明细表重大错报风险的评估。在进行风险评估时，我们考虑与应收账款明细表编制相关的内部控制，以设计恰当的审计程序，但目的并非对内部控制的有效性发表意见。审计工作还包括评价管理层选用会计政策的恰当性和做出会计估计的合理性，以及评价应收账款明细表的总体列报。我们相信，我们获取的审计证据是充分、适当的，为发表审计意见提供了基础。

　　我们认为，ABC公司应收账款明细表已经按照《企业会计准则》和《××会计制度》的规定编制，在所有重大方面公允反映了ABC公司20××年12月31日的应收账款情况。

××会计师事务所　　　　　　　　　　　　中国注册会计师：×××

　　（盖章）　　　　　　　　　　　　　　　　（签名并盖章）

　　　　　　　　　　　　　　　　　　　　中国注册会计师：×××

　　　　　　　　　　　　　　　　　　　　　（签名并盖章）

中国××市　　　　　　　　　　　　　　20××年×月×日

表 8-10　对特定账户的特定内容出具的审计报告（M 产品销售收入及毛利明细表）

审计报告

ABC 股份有限公司全体股东：

我们审计了后附的 ABC 股份有限公司（以下简称 ABC 公司）按照 20××年 11 月 28 日与 XYZ 技术开发有限公司（以下简称 XYZ 公司）签订的《专利技术转让协议》约定的基础编制的 20××年度的 M 产品销售收入及毛利明细表及其附注（以下简称销售收入及毛利明细表）。销售收入及毛利明细表的编制是 ABC 公司管理层的责任，我们的责任是在执行审计工作的基础上对销售收入及毛利明细表发表审计意见。

我们按照《中国注册会计师审计准则》的规定执行了审计工作。《中国注册会计师审计准则》要求我们遵守职业道德规范，计划和执行审计工作以对销售收入及毛利明细表是否不存在重大错报获取合理保证。审计工作涉及实施审计程序，以获取有关销售收入及毛利明细表金额和披露的证据。选择的审计程序取决于我们的判断，包括对由于舞弊或错误导致的销售收入及毛利明细表重大错报风险的评估。在进行风险评估时，我们考虑与销售收入及毛利明细表编制相关的内部控制，以设计恰当的审计程序，但目的并非对内部控制的有效性发表意见。审计工作还包括评价管理层选用会计政策的恰当性和做出会计估计的合理性，以及评价销售收入及毛利明细表的总体列报。我们相信，我们获取的审计证据是充分、适当的，为发表审计意见提供了基础。

我们认为，ABC 公司销售收入及毛利明细表已经按照 20××年 11 月 28 日签订的《专利技术转让协议》约定的基础编制，在所有重大方面公允反映了 ABC 公司 20××年度的 M 产品的销售收入及毛利情况。

正如附注×所述，ABC 公司销售收入及毛利明细表是为了向 XYZ 公司提供 M 产品销售收入及毛利信息而按照双方于 20××年 11 月 28 日签订的《专利技术转让协议》约定的基础编制的，可能不适用于其他目的。因此，本报告仅供 ABC 公司和 XYZ 公司使用，不得用于其他目的。

××会计师事务所　　　　　　　　　　　　中国注册会计师：×××

（盖章）　　　　　　　　　　　　　　　　（签名并盖章）

　　　　　　　　　　　　　　　　　　　　中国注册会计师：×××

　　　　　　　　　　　　　　　　　　　　（签名并盖章）

中国××市　　　　　　　　　　　　　　　20××年×月×日

（3）对合同遵守情况出具的审计报告的参考格式

表 8-11　　　　　　　　对贷款合同遵守情况出具的审计报告

审计报告

ABC 股份有限公司全体股东：

　　我们审计了 ABC 股份有限公司（以下简称 ABC 公司）对 20××年×月×日与××银行××分行签订的贷款合同所涉及的财务与会计方面的规定的遵循情况。遵循这些财务与会计规定是 ABC 公司管理层的责任，我们的责任是在执行审计工作的基础上对 ABC 公司是否遵循了上述贷款合同所涉及的财务与会计规定发表审计意见。

　　我们按照《中国注册会计师审计准则》的规定执行了审计工作。《中国注册会计师审计准则》要求我们遵守职业道德规范，计划和执行审计工作以对 ABC 公司遵循该贷款合同所涉及的财务与会计规定的情况获取合理保证。审计工作涉及实施审计程序，以获取 ABC 公司是否遵循了有关财务与会计规定的审计证据。我们相信，我们获取的审计证据是充分、适当的，为发表审计意见提供了基础。

　　我们认为，截至 20××年 12 月 31 日，ABC 公司在所有重大方面遵循了 20××年×月×日与××银行××分行签订的贷款合同所涉及的财务与会计的规定。

　　本报告仅供 ABC 公司与××银行××分行使用，不得用于其他目的。

　　××会计师事务所　　　　　　　　　　中国注册会计师：×××

　　（盖章）　　　　　　　　　　　　　　　（签名并盖章）

　　　　　　　　　　　　　　　　　　　　中国注册会计师：×××

　　　　　　　　　　　　　　　　　　　　（签名并盖章）

　　中国××市　　　　　　　　　　　　　20××年×月×日

表 8-12 对专利技术转让合同遵守情况出具的审计报告

审计报告

ABC 股份有限公司全体股东:

我们审计了 ABC 股份有限公司(以下简称 ABC 公司)对 20×× 年×月×日与 EFG 技术咨询服务有限公司(以下简称 EFG 公司)签订的《专利技术转让合同》所涉及的财务与会计规定的遵循情况。遵循这些财务与会计规定是 ABC 公司的责任,我们的责任是在执行审计工作的基础上对 ABC 公司是否遵循了上述《专利技术转让合同》所涉及的财务与会计规定发表审计意见。

我们按照《中国注册会计师审计准则》的规定执行了审计工作。《中国注册会计师审计准则》要求我们遵守职业道德规范,计划和执行审计工作以对 ABC 公司就《专利技术转让合同》所涉及的财务与会计规定的遵循情况获取合理保证。审计工作涉及实施审计程序,以获取 ABC 公司遵循有关财务与会计规定的审计证据。我们相信,我们获取的审计证据是充分、适当的,为发表审计意见提供了基础。

根据 ABC 公司与 EFG 公司签订的《专利技术转让合同》的约定,我们获悉,ABC 公司应当按当年 W 产品销售收入总额的 8% 向 EFG 公司支付专利技术使用费。

我们认为,截至 20×× 年 12 月 31 日,ABC 公司在所有重大方面遵守了 20×× 年×月×日与 EFG 公司签订的《专利技术转让合同》所涉及的财务与会计的规定。

本报告仅供 ABC 公司与 EFG 公司使用,不得用于其他目的。

××会计师事务所   中国注册会计师:×××

（盖章）   （签名并盖章）

中国注册会计师:×××

（签名并盖章）

中国××市   20×× 年×月×日

8.4.4　对简要财务报表出具的审计报告

1.对简要财务报表出具审计报告的情形

为了满足某些财务报表使用者对被审计单位财务状况和经营成果主要情况的了解，被审计单位可能依据年度已审计财务报表编制一份简要财务报表。

只有对简要财务报表所依据的财务报表发表了审计意见，注册会计师才可对简要财务报表出具审计报告。这是因为注册会计师只有对简要财务报表所依据的财务报表整体进行了审计，才能获得对被审计单位充分了解，以承担对简要财务报表的责任。如未对简要财务报表所依据的财务报表整体发表审计意见，则不应对简要财务报表出具审计报告。

2.简要财务报表的标题

简要财务报表应当冠以适当的标题，以指明其所依据的已审计财务报表。如"根据以20××年12月31日为会计期间截止日的已审计财务报表编制的简要财务报表"、"简要资产负债表"、"简要利润表"、"简要现金流量表"等。

3.审计报告的术语限制

简要财务报表并未包含年度已审计财务报表中的所有信息。注册会计师在对简要财务报表发表审计意见时，不应使用"在所有重大方面"、"公允反映"等术语。否则，预期使用者可能会认为简要财务报表包括了企业会计准则和相关会计制度所要求的所有披露。

由于简要财务报表所包含的内容大大少于已审计的年度财务报表的内容，因此，简要财务报表应当清楚地表明其信息的简化性质，并提醒使用者为更好地理解被审计单位财务状况和经营成果，简要财务报表应当与最近已审计财务报表（包含了所要求的所有披露）一并阅读。

4.简要财务报表的审计程序

为了对简要财务报表发表审计意见，注册会计师应当实施下列程序：

(1)评价简要财务报表是否充分披露其简化性质，并指出其所依据的财务报表；

(2)当简要财务报表不是附于其所依据的财务报表之后时，评价简要财务报表是否清楚地说明了可从哪些途径获得其所依据的财务报表；

(3)比较简要财务报表和其所依据的财务报表中的相关信息，确定简要财务报表是否与其所依据的财务报表中的相关信息一致，或者能否从所依据的财务报表中的相关信息重新计算得到；

(4)评价简要财务报表是否包括了必要的信息，以使其在特定环境中不会产生误导。

根据所实施的上述审计程序，注册会计师对简要财务报表是否与其所依据的已审计财务报表一致发表意见。

5.审计报告的要素

对简要财务报表出具的审计报告应当包括下列要素：

(1)标题。

(2)收件人。收件人是指注册会计师按照业务约定书的要求，致送审计报告的对象，一般是指审计业务的委托人。审计报告应当载明收件人的全称。通常，简要财务报表审计报告的收件人，与其所依据的财务报表审计报告的收件人相同。

(3)指出简要财务报表所依据的已审计财务报表。

(4)提及对已审计财务报表出具的审计报告的日期和意见类型。如对简要财务报表所依据的财务报表发表了非无保留意见,还应指明发表该意见的理由及其影响。

(5)审计意见段。《中国注册会计师审计准则第 1604 号——对简要财务报表出具报告的业务》第二十九条规定,审计意见段应当说明,简要财务报表中的信息是否在所有重大方面与其依据的已审计财务报表一致。如果对已审计财务报表出具了非无保留意见的审计报告,即使对简要财务报表的编制表示满意,注册会计师仍应在对简要财务报表出具的审计报告中指出,简要财务报表依据的已审计财务报表,已被注册会计师出具非无保留意见的审计报告。

(6)强调事项段。《中国注册会计师审计准则第 1604 号——对简要财务报表出具报告的业务》第三十条规定,审计报告的强调事项段应当指出,为了更好地理解被审计单位的财务状况、经营成果以及注册会计师实施审计工作的范围,简要财务报表应当与已审计财务报表以及审计报告一并阅读,或提醒财务报表使用者注意财务报表附注中对上述事项的说明。

(7)注册会计师的签名和盖章。

(8)会计师事务所的名称、地址及盖章。

(9)报告日期。简要财务报表的审计报告日期不应早于注册会计师获取充分、适当的审计证据(包括管理层完成了简要财务报表编制的证据,以及管理层对其承担责任的证据),并在此基础上形成审计意见的日期。简要财务报表的审计报告日期不应当早于其依据的已审计财务报表的审计报告日期。

附:对简要财务报表出具的审计报告的参考格式:

表 8-13　　　　　　　**已审计财务报表为无保留意见**(审计报告日期相同)

审计报告

ABC 股份有限公司全体股东:

后附的 ABC 股份有限公司(以下简称 ABC 公司)简要财务报表所依据的是以 20××年12 月 31 日为会计期间截止日的财务报表。简要财务报表包括20××年12 月 31 日简要资产负债表及 20××年度的简要利润表、简要股东权益变动表、简要现金流量表及其附注。我们已于20××年4 月 10 日签署的审计报告中对简要财务报表所依据的财务报表出具了无保留意见的审计报告。

我们认为,ABC 公司简要财务报表中的信息在所有重大方面与其依据的已审计财务报表一致。

为了更好地理解 ABC 公司的财务状况、经营成果以及我们实施审计工作的范围,上述简要财务报表应当与已审计财务报表及其审计报告一并阅读。

××会计师事务所　　　　　　　　　　　　中国注册会计师:×××

　　(盖章)　　　　　　　　　　　　　　　　(签名并盖章)

　　　　　　　　　　　　　　　　　　　　中国注册会计师:×××

　　　　　　　　　　　　　　　　　　　　(签名并盖章)

中国××市　　　　　　　　　　　20××年4 月 10 日

表8-14　　　　　　已审计财务报表为保留意见（审计报告日期相同）

审计报告

ABC股份有限公司全体股东：

后附的ABC股份有限公司（以下简称ABC公司）简要财务报表所依据的是以20××年12月31日为会计期间截止日的财务报表。简要财务报表包括20××年12月31日简要资产负债表及20××年度的简要利润表、简要股东权益变动表、简要现金流量表及其附注。由于下段所述原因，我们已于20××年4月10日签署的审计报告中对简要财务报表所依据的财务报表出具了保留意见的审计报告。

经审计，我们发现ABC公司于20××年10月5日预付的下年度产品广告费××万元，全部作为当月费用处理。按照《企业会计准则》的规定，预付的产品广告费应作为待摊费用处理。该事项使ABC公司20××年12月31日流动资产减少××万元，该年度利润总额减少××万元。

我们认为，ABC公司简要财务报表中的信息，在所有重大方面与其依据的已审计财务报表一致。

为了更好地理解ABC公司的财务状况、经营成果以及我们实施审计工作的范围，上述简要财务报表应当与已审计财务报表及其审计报告一并阅读。

××会计师事务所　　　　　　　　　　　中国注册会计师：×××

　（盖章）　　　　　　　　　　　　　　　（签名并盖章）

　　　　　　　　　　　　　　　　　　　中国注册会计师：×××

　　　　　　　　　　　　　　　　　　　（签名并盖章）

中国××市　　　　　　　　　　　　　20××年4月10日

复习思考题

一、单项选择题

1. 审计报告的日期，应当是（　　　）。

A. 完成审计工作的日期

B. 合伙人或注册会计师签署审计报告的日期

C. 外勤审计结束的日期

D. 审计报告对外报送的日期

2. 注册会计师在特殊编制基础财务报表的审计报告中，应在意见段说明（　　　）。

A. 所审计财务报表在所有重大方面是否按照该基础进行了公允表达

B. 会计处理方法的选用是否遵循了一贯性原则

C. 所审计财务报表是否符合《企业会计准则》和国家其他有关财务会计法规的规定

D. 对所审计财务报表的合法性、公允性及会计处理方法的一贯性表示的意见

3. 在对财务报表组成部分出具审计报告时，为避免财务报表使用者产生误解，注册会

计师应当提请被审计单位不应在财务报表组成部分的审计报告后附送(　　)。

A. 合并财务报表　　　　　　B. 汇总财务报表

C. 组成部分的财务报表　　　D. 整体财务报表

4. 对有关法规、合同遵循情况审计的下列表述中,不正确的是(　　)。

A. 只有当注册会计师有能力对法规、合同所涉及的财务会计规定的整体遵循情况进行审计时,方可接受委托

B. 只要有法规、合同所涉及的财务会计规定的个别事项超越注册会计师的专业胜任能力,就不应接受委托

C. 应在审计报告的范围段中指明已经对法规、合同所涉及财务会计规定的遵循情况进行了审计

D. 应在审计报告的意见段中指明是否发现法规、合同所涉及的财务会计规定未得到遵循的情况

5. 在被审计单位年度财务报表公布日后,如获知审计报告日已经存在但尚未发现的期后事项,导致需要修改已审计财务报表,而被审计单位拒绝修改,注册会计师应当(　　)。

A. 向被审计单位的主管部门报告

B. 要求被审计单位撤回已公布的年度财务报表

C. 向政府有关部门报告修改后的年度财务报表

D. 考虑是否修改审计报告

6. 如果审计范围受到限制可能产生的影响非常重大和广泛,不能获取充分、适当的审计证据,以致无法对财务报表是否公允反映形成审计意见,注册会计师应当出具(　　)。

A. 拒绝表示意见的审计报告

B. 无法表示意见的审计报告

C. 保留意见或无法表示意见的审计报告

D. 否定意见或无法表示意见的审计报告

7. 已审计财务报表的名称、反映的日期或期间,管理当局的责任与注册会计师的责任等内容应该在审计报告的(　　)加以说明。

A. 引言段　　　　B. 范围段　　　　C. 意见段　　　　D. 说明段

8. 注册会计师认定被审计单位连续出现巨额营业亏损时,下列观点中不正确的有(　　)。

A. 应提请被审计单位在财务报表附注中予以披露

B. 若被审计单位拒绝披露,应出具保留意见审计报告

C. 若被审计单位充分披露,则不在审计报告中提及

D. 无论被审计单位是否作了披露,都应在解释段中说明

9. 以下特殊目的的审计业务中,必须带说明段的是(　　)。

A. 特殊编制基础财务报表的审计报告

B. 财务报表组成部分的审计报告

C. 法规、合同所涉及的财务会计规定遵循情况的审计报告

D. 简要财务报表的审计报告

二、多项选择题

1. 如果被审计单位管理当局拒绝准备管理当局声明书并拒绝签名,注册会计师应考虑签发( )审计报告。

A. 保留意见加说明段
B. 保留意见
C. 否定意见
D. 无法表示意见

2. 被审计单位管理当局声明书是注册会计师获取的一种书面证据,它能够( )。

A. 为形成审计意见提供直接证据

B. 明确管理当局的会计责任、注册会计师的审计责任

C. 在一定程度上保护注册会计师

D. 避免注册会计师与管理当局产生误解

3. 签发审计报告前,对审计工作底稿进行复核的内容包括( )。

A. 所采用审计程序的恰当性

B. 审计工作底稿是否符合会计师事务所的质量要求

C. 审计过程是否存在重大遗漏

D. 所编制审计工作底稿的充分性

4. 注册会计师在计划阶段与管理当局沟通的内容包括( )。

A. 被审计单位的情况及其最新变化

B. 新的法规或专业准则对审计工作的影响

C. 评估固有风险、控制风险所需的资料

D. 被审计单位的会计政策、会计估计变更以及会计差错更正情况

5. 下列情况中,注册会计师应当出具保留意见或无法表示意见的审计报告的情形有( )。

A. 因审计范围受到被审计单位限制,注册会计师无法就可能存在的对财务报表产生重大影响的错误或舞弊,获取充分、适当的审计证据

B. 因审计范围受到被审计单位限制,注册会计师无法就对财务报表可能产生重大影响的违反或可能违反法规行为,获取充分、适当的审计证据

C. 注册会计师无法确定已发现的错误或舞弊对财务报表的影响程度

D. 被审计单位管理当局拒绝就对财务报表具有重大影响的事项,提供必要的书面声明,或拒绝就重要的口头声明予以书面确认

6. 关于财务报表组成部分的审计报告的下列表述中,正确的有( )。

A. 注册会计师应在引言段中指出,财务报表组成部分所依据的编制基础,或提及对编制基础加以限定的协议

B. 注册会计师应在意见段中说明,所审计财务报表组成部分在所有重大方面按该基础进行了公允表达

C. 如已对财务报表整体发表否定意见或无法表示意见,注册会计师就不应再对该组成部分出具审计报告

D. 注册会计师应提请被审计单位,不应在财务报表组成部分的审计报告后,附送整体财务报表,以免财务报表使用者产生误解

7. 注册会计师在出具简要财务报表的审计报告时,应在审计报告中特别指明(　　)。

A. 已按独立审计准则审计了简要财务报表所依据的财务报表

B. 简要财务报表所依据的财务报表审计意见类型及审计报告日期

C. 简要财务报表在所有重大方面是否与其所依据的已审计财务报表相一致

D. 简要财务报表应与已审计财务报表一并阅读

8. 被审计单位管理当局声明书的作用主要有(　　)。

A. 明确被审计单位管理当局对其财务报表应负的会计责任

B. 明确注册会计师的审计范围

C. 有利于保护被审计单位基层工作人员

D. 有利于保护注册会计师

9. 在下列选项中,注册会计师可以出具带强调事项段的无保留意见的审计报告的有(　　)。

A. 存在可能导致对持续经营能力产生重大疑虑的事项或情况

B. 存在对财务报表产生重大影响的不确定事项(持续经营问题除外)

C. 为强调某一事项或有关审计中涉及的其他的注册会计师的工作

D. 审计范围受到局部重要限制

三、判断题

1. 被审计单位管理当局声明书注明的日期应为审计报告日,以确保其具有与期后事项和或有损失审计相关的声明。　　(　　)

2. 倘若律师声明书表明或暗示律师拒绝提供信息,或是隐瞒信息,注册会计师就既不能出具无保留意见审计报告,又不能出具否定意见审计报告。　　(　　)

3. 签约前注册会计师与被审计单位管理当局沟通的主要目的是初步评估审计风险,以便决定是否接受管理当局的审计委托。　　(　　)

4. 当出具保留意见、否定意见或无法表示意见的审计报告时,注册会计师应当在意见段之前增加说明段,清楚地说明导致所发表意见的所有原因,并在可能的情况下,指出其对财务报表的影响程度。　　(　　)

5. 当存在可能对财务报表产生重大影响的不确定事项且不影响已发表的审计意见时,注册会计师应当考虑在审计报告的意见段之后增加强调事项段对此予以强调。
　　(　　)

6. 如重大不确定事项发生的可能性较大,即使被审计单位已在财务报表的附注中作了充分披露,注册会计师也应在审计报告的意见段中增加强调段,对该不确定事项进行说明。　　(　　)

7. 甲、乙注册会计师了解到 D 股份有限公司在 2016 年 5 月 5 日披露的配股说明书中所用的 2015 年度财务数据与其已审计的 2015 年度财务报表数据存在重大不一致,应视具体情况要求 D 股份有限公司修改配股说明书或已审计财务报表。　　(　　)

8. 注册会计师在出具法规、合约遵循情况的特殊目的审计报告时,应当在意见段中指明法规、合约所涉及财务会计规定的遵循情况。　　(　　)

9. 根据审计结果,注册会计师可以发表不同形式的审计报告来表达意见,但其无权修

改或编制财务报表,因此注册会计师不应接受被审计单位的委托,根据检查结果编制审计的财务报表及其附注。   (   )

10. 注册会计师审计的主要对象是被审计单位的财务报表,但这并不等于不会关注与已审计财务报表一同披露的其他信息。对于被审计单位根据有关法规或惯例在年度报告、招股说明书等文件中披露的,除已审计财务报表以外的其他会计信息或非会计信息,注册会计师也应同样予以必要的关注。   (   )

应用技能训练题

一、简答题

1. 对于审计中发现的核算误差,简述注册会计师应如何运用重要性原则,来划分建议调整的不符事项与未建议调整的不符事项。

2. 注册会计师 X 和 Y 于 2015 年 12 月 25 日对 ABC 公司 2015 年度财务报表进行审计,并于 2016 年 2 月 18 日返回会计师事务所出具审计报告。2 月 22 日 ABC 公司发生一起特大火灾,会计师事务所通过新闻媒体了解到该事件后,再派 X 和 Y 前往 ABC 公司审查该事件,并于 2 月 28 日完成审查工作回所。ABC 公司财务报表公布日为 4 月 1 日。请简要回答:

(1)将注册会计师 X 和 Y 在不同的时期所应承担的责任填入表 8-15 中。

表 8-15   注册会计师 X 和 Y 在不同时期应承担的责任

时　　期	注册会计师承担的责任
2015 年 12 月 25 日至 2015 年 12 月 31 日	
2016 年 01 月 01 日至 2016 年 02 月 18 日	
2016 年 02 月 19 日至 2016 年 04 月 01 日	
2016 年 04 月 02 日至 2016 年 12 月 31 日	

(2)审计报告日期如何确定。

二、综合题

Y 股份有限公司(以下简称 Y 公司)于 2011 年 1 月 1 日设立,ABC 会计师事务所的 A 和 B 注册会计师负责对其 2015 年度财务报表进行审计,于 2016 年 2 月 20 日完成外勤审计工作。Y 公司采用应付税款法核算所得税,所得税税率为 25%,每年分别按净利润的 10% 和 5% 提取法定盈余公积和任意盈余公识。Y 公司 2015 年度财务会计报告于 2016 年 2 月 28 日对外提供,其未经审计的财务报表中的部分会计资料如表 8-16 所示:

表 8-16   Y 公司部分会计资料

项　　目	金额(万元)
2015 年度利润总额	3 000
2015 年度净利润	2 010
2015 年 12 月 31 日资产总额	42 000
2015 年 12 月 31 日股东权益	25 000

A 和 B 注册会计师确定 Y 公司 2015 年度财务报表层次的重要性水平为 320 万元,

并且将该重要性水平分配至各财务报表项目,其中部分财务报表项目的重要性水平如表 8-17 所示。

表 8-17 Y 公司部分财务报表项目的重要性水平

财务报表项目	重要性水平(万元)
短期投资	20
应收账款	80
预付账款	6
存货	50
固定资产原价	100
累计折旧	30
应付账款	10
资本公积	5

A 和 B 注册会计师经审计发现 Y 公司存在以下五个需注意的事项:

(1)Y 公司原采用余额百分比法核算坏账,坏账准备按应收账款(包括应收账款和其他应收款)余额的 5% 计提。2015 年度,为更合理地核算坏账,Y 公司董事会决定改按账龄分析法核算坏账,根据债务单位的财务状况、现金流量等情况,确定对应收账款提取坏账准备的比例分别为:账龄 1 年(含 1 年,以下类推)以内的,按其余额的 10% 计提;账龄 1~2 年的,按其余额的 30% 计提;账龄 2~3 年的,按其余额的 40% 计提;账龄 3 年以上的,按其余额的 50% 计提。2015 年末未经审计的资产负债表反映的"应收账款"项目为借方余额 13 300 万元(应收账款账面价值),其中应收账款账面余额为借方余额 14 000 万元,坏账准备余额为贷方余额 700 万元(原经审计的年初余额为贷方 600 万元);"其他应收款"项目的年末余额和经审计的年初余额均为零。Y 公司尚未根据董事会的决定按账龄分析法核算坏账。2015 年应收账款相关的账龄资料如表 8-18 所示:

表 8-18 2015 年 Y 公司应收账款相关账龄资料

账　龄	年初账面余额(万元)	年末账面余额(万元)
1 年以内	2 000	4 000
1~2 年	10 000	10 000
合　计	12 000	14 000

(2)2015 年 11 月 30 日,Y 公司清理资产、负债,发现存在原材料短缺 400 万元(相应的增值税进项税额为 68 万元)和确实无法支付应付账款 100 万元的情形。对确实无法支付的应付账款,Y 公司作了借记"应付账款"100 万元、贷记"营业外收入——无法支付的应付账款"100 万元的会计处理;对短缺的原材料,作了借记"待处理财产损溢——待处理流动资产损溢"468 万元、贷记"原材料"400 万元和"应交税费——应交增值税(进项税额转出)"68 万元的会计处理。2015 年 12 月,查清原材料短缺 400 万元的原因:100 万元属于一般经营损失,300 万元属于非常损失。根据管理权限,处理该财产短缺,需报经 Y 公司董事会审批。故 Y 公司在 2016 年 3 月经董事会审批同意,于当月作了借记"管理费用"100 万元和"营业外支出"300 万元、贷记"待处理财产损溢——待处理流动资产损溢"400 万元的会计处理。

(3)2015年年末未经审计的资产负债表反映的"预付款项"项目为借方余额600万元，其明细组成如表8-19所示：

表8-19　2015年年末Y公司预付账款明细

项　目	期末余额(万元)
预付款项——a公司	400
预付款项——b公司	187
预付款项——c公司	5
预付款项——d公司	−2
预付款项——e公司	10
合　计	600

其中对c公司的5万元系2015年2月为采购c公司产品所预付，事后获悉c公司因转产已不能再提供该产品。

(4)Y公司会计政策规定，采用平均年限法计提固定资产折旧，每年年度终了对固定资产进行逐项检查，考虑是否计提固定资产减值准备。Y公司的办公大楼于2015年1月启用，原值4 000万元，预计使用年限为20年，预计净残值为400万元。2015年12月31日经审计的该项固定资产的净值为3 835万元，该项固定资产的减值准备余额为458万元。由于自2016年1月起该项固定资产因故停用，Y公司因此未计提其2016年度的折旧，但已按规定计提了该项固定资产2016年度的减值准备并作了相应的会计处理。

(5)Y公司与Z公司均系X公司的子公司，但Y公司与Z公司之间并无投资关系，也不拥有共同的关键管理人员。经批准，Y公司与Z公司于2015年8月1日签订协议，Z公司同意Y公司以其持有的长期股权投资支付所欠800万元贷款。交易双方已于当月办妥相关的法律手续。Y公司长期股权投资的账面余额为500万元，当日市价为400万元，已提跌价准备60万元。假定不考虑该交易应支付的相关税费，Y公司对该交易作了如下会计处理：借记"应付账款——Z公司"800万元、"长期股权投资减值准备"60万元，贷记"长期股权投资"500万元、"资本公积——其他资本公积"360万元。

【要求】

(1)如果不考虑审计重要性水平，针对审计发现的上述五个事项，A和B注册会计师应分别提出何种审计处理建议？若需提出调整建议，请列示审计调整分录(包括报表重分类分录)。审计调整分录均不考虑对2015年度的所得税、期末结转损益及利润分配的影响。

(2)如果考虑审计重要性水平，假定Y公司分别只存在上述这五个事项，并且拒绝A和B注册会计师提出的相应的处理建议，A和B注册会计师分别应发表何种审计意见？

(3)如果考虑审计重要性水平，Y公司同时存在上述五个事项，并且接受A和B注册会计师对第(1)、第(2)、第(4)这三个事项提出的相应的处理建议，但拒绝接受对第(3)、第(5)这两个事项提出的相应的处理建议，A和B注册会计师应发表何种审计意见？并请代A和B注册会计师续编下列审计报告：

表 8-20   对 Y 公司的审计报告

审计报告

Y 股份有限公司全体股东：

　　我们接受委托,审计了贵公司 2015 年 12 月 31 日的资产负债表、2015 年度的利润表和现金流量表。这些财务报表由贵公司负责,我们的责任是对这些财务报表发表审计意见。我们的审计是依据《中国注册会计师独立审计准则》进行的。在审计过程中,我们结合贵公司实际情况,实施了包括抽查会计记录等我们认为必要的审计程序。

　　ABC 会计师事务所(公章)　　　　　　　　　　中国注册会计师:A(签名、盖章)

　　　　　　　　　　　　　　　　　　　　　　　　中国注册会计师:B(签名、盖章)

　　中国××市　　　　　　　　　　　　　　　　报告日期:2016 年 2 月 20 日

第 **9** 章

货币资金审计

【知识目标】

通过对本章的学习,学生应理解货币资金审计的目的,货币资金与其他各种交易循环的关系;理解货币资金的内部控制方法及控制测试;掌握库存现金的实质性程序,银行存款的实质性程序;了解其他货币资金的审计。

【应用能力目标】

掌握货币资金的管理过程、内部控制程序,能运用所学的货币资金审计的基本理论、基本方法和基本技能,解决实际审计工作中的有关问题。

9.1 货币资金审计概述

货币资金是企业资产的重要组成部分,任何企业进行生产经营都必须拥有一定金额的货币资金,持有货币资金是企业进行生产经营活动的基本条件。企业的货币资金通常包括库存现金、银行存款及其他货币资金。

货币资金贯穿了企业生产经营的全过程,是企业各项业务的起点和终点,与企业经营的各种业务循环,如销售与收款循环、采购与付款循环、存货与仓储循环、筹资与投资循环等都有直接或间接的关系。

货币资金是企业流动性最强的资产,它既可以直接转化为其他任何类型的资产,也可以直接作为一般等价物使用,因此货币资金很容易被不法分子挪用、偷盗;另外,由于货币资金的高流动性,这种资产的挪用、偷盗比其他资产更难以发现。

总体来说,货币资金占企业资产总额的比重比存货、往来款项、固定资产等项目所占比重要小,但由于其较容易产生损失及与其他业务循环的密切关系,使得货币资金的审计占用的时间、对参与审计人员的业务能力要求、对审计重要性判断的影响,都要高于其他类型的资产、负债的审计,从而货币资金审计的结论对整个审计过程起着非常关键的作用。因此,对货币资金的审计不仅需要对货币资金本身实施必要的审计程序,还需要结合其他业务循环的审计程序实施,以便对货币资金形成恰当的审计结论。

9.1.1 货币资金与业务循环

在企业的生产经营活动中,大部分经济业务都会涉及货币资金的收付,如原材料的采购、长期资产的购置、员工薪酬和经营管理费用的支付等。一个完整的货币资金流程包括处理单据、受理结算凭证、办理结算、收款与付款、账务处理和编制银行存款余额调节表等，具体如下：

1.处理单据

对与货币资金业务相关的单据的处理，涉及企业的各个职能部门，与销售商品、提供劳务相关的单据，如销售发票、企业的销售费用表等来自销售部门；与采购业务相关的单据，如购货发票、运费单、付款通知单等来自采购部门；企业日常开支的经营管理费用，由各部门根据业务内容按规定填写相关的单据。单据由各部门按规定填制完成后，送交财务部门，作为收付款和账务处理的依据。

2.受理结算凭证

通常从企业外部转来的结算凭证首先通过业务部门受理，如销售部门受理由付款单位转来的支票、汇票等收款票据，采购部门受理由收款单位转来的结算凭证等。

3.办理结算

财务人员根据销售合同、销售发票、提货单和运费单等单据，到银行办理收款转账等收款业务；根据采购合同、请购单、验收入库单等单据办理支票，或在开户银行办理本票、汇票、汇兑等结算业务；根据受理的付款结算凭证办理付款、拒付、余款转账等业务。

4.收款与付款

财务人员根据销售发票、收款通知单，办理收款业务；根据请购单、报销单、付款凭单等原始凭证办理付款业务。每日终了，将所收款项编制送款单，连同所收现金送存银行。

5.账务处理

财务人员在收到现金或银行收款结算凭证时，根据原始凭证编制收款凭证，登记库存现金或银行存款日记账；支付现金或开出银行付款凭证时，根据原始凭证编制付款凭证，登记库存现金或银行存款日记账；涉及其他货币资金收付时，根据相关原始凭证编制收款或付款凭证，登记其他货币资金明细账。

6.编制银行存款余额调节表

企业财务人员，将开户银行每月出具的银行对账单余额，与企业银行存款账户余额进行核对，并编制银行存款余额调节表，以确定银行存款账户余额是否正确。

货币资金是企业各项业务的起点和终点，与其他业务循环存在着直接或间接的联系，图9-1列示了货币资金与其他业务循环的关系。

图9-1仅选取各业务循环中有代表性的业务，并未包括其与货币资金有关的全部业务及其相对应的会计科目或财务报表项目。

9.1.2　涉及的主要凭证与会计记录

货币资金业务循环涉及的主要凭证和记录有：收款凭证与付款凭证；现金盘点表；银行对账单；银行存款余额调节表；库存现金日记账；银行存款日记账；库存现金总账；银行存款总账；其他有关账户。

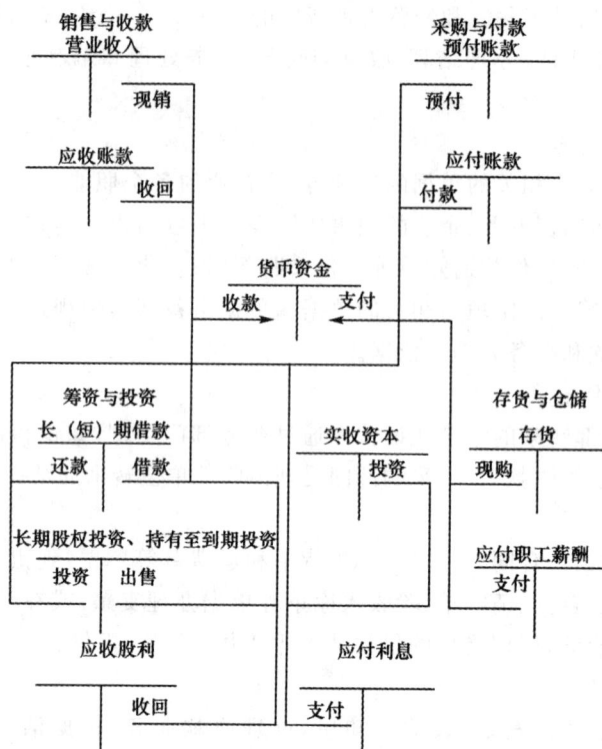

图 9-1　货币资金与其他业务循环的关系图

9.2 货币资金的内部控制及测试

9.2.1 货币资金的内部控制

货币资金是企业流动性最强的资产,也是企业控制风险最大的资产。为保证企业正常的生产经营活动,企业必须根据会计准则及业务特征,建立规范有效的货币资金内部控制,以确保所有应收进的货币资金均能及时收进,并及时予以记录;所有货币资金支出必须按照经批准的用途进行,并及时正确地记录;库存现金、银行存款和其他货币资金报告正确,并得以恰当保管;正确预测企业生产经营所需的货币资金收支金额,确保企业保持充足而又不过剩的货币资金余额。

1. 货币资金内部控制的要点

企业在建立和实施货币资金内部控制制度时,至少应当强化对以下关键方面或者关键环节的风险控制,并采取相应的控制措施:

(1)职责分工、权限范围和审批程序应当明确,机构设置和人员配备应当科学合理;

(2)现金、银行存款的管理应当符合法律要求,银行账户的开立、审批、核对、清理应当严格有效,现金盘点和银行对账单的核对应当按规定严格执行;

(3)与货币资金有关的票据的购买、保管、使用、销毁等应当有完整的记录,银行预留印鉴和有关印章的管理应当严格有效。

2. 货币资金内部控制的内容

根据《企业内部具体控制规范——货币资金》，货币资金内部控制应当包括以下内容：

(1)职责分工及授权批准

①企业应当建立货币资金业务的岗位责任制，明确相关部门和岗位的职责权限，确保办理货币资金业务的不相容岗位相互分离、制约和监督。

货币资金业务的不相容岗位至少应当包括：货币资金支付的审批与执行；货币资金的保管与盘点清查；货币资金的会计记录与审计监督。

出纳人员不得兼任稽核、会计档案保管和收入、支出、费用、债权债务账目的登记工作。

②企业应当建立货币资金授权制度和审核批准制度，并按照规定的权限和程序办理货币资金支付业务。

a. 支付申请。企业有关部门或个人用款时，应当提前向经授权的审批人提交货币资金支付申请，注明款项的用途、金额、预算、限额、支付方式等内容，并附有效经济合同、原始单据或相关证明。

b. 支付审批。审批人根据其职责、权限和相应程序对支付申请进行审批。对不符合规定的货币资金支付申请，审批人应当拒绝批准，性质或金额重大的，还应及时报告有关部门。

c. 支付复核。复核人应当对经批准的货币资金支付申请进行复核，复核货币资金支付申请的批准范围、权限、程序是否正确，手续及相关单据是否齐备，金额计算是否准确，支付方式、支付企业是否妥当等。复核无误后，交由出纳人员等相关负责人员办理支付手续。

d. 办理支付。出纳人员应当根据复核无误的支付申请，按规定办理货币资金支付手续，及时登记库存现金和银行存款日记账。

③企业应当建立人员管理制度，配备合格的人员办理货币资金业务，并结合企业实际情况，对办理货币资金业务的人员定期进行岗位轮换。

企业关键财会岗位，可以实行强制休假制度，并在最长不超过五年的时间内进行岗位轮换。

④严禁未经授权的部门或人员，办理货币资金业务或直接接触货币资金。

(2)现金和银行存款的控制

①企业应当加强现金库存限额的管理，超过库存限额的现金应当及时存入开户银行。

②企业应当根据《现金管理暂行条例》的规定，结合本企业的实际情况，确定本企业的现金开支范围和现金支付限额。不属于现金开支范围或超过现金开支限额的业务应当通过银行办理转账结算。

③企业现金收入应当及时存入银行，不得坐支现金。企业借出款项必须执行严格的审核批准程序，严禁擅自挪用、借出货币资金。

④企业取得的货币资金收入必须及时入账，不得账外设账，严禁收款不入账。有条件的企业，可以实行收支两条线和集中收付制度，加强对货币资金的集中统一管理。

⑤企业应当严格按照《支付结算办法》等国家有关规定，加强对银行账户的管理，严格

按照规定开立账户、办理存款、取款和结算。银行账户的开立应当符合企业经营管理实际需要，不得随意开立多个账户，禁止企业内设管理部门自行开立银行账户。

企业应当定期检查、清理银行账户的开立及使用情况，发现未经审批擅自开立银行账户或者不按规定及时清理、撤销银行账户等问题，应当及时处理并追究有关人员的责任。

企业应当加强对银行结算凭证的填制、传递及保管等环节的管理与控制。

⑥企业应当严格遵守银行结算纪律，不得签发没有资金保证的票据或远期支票，套取银行信用；不得签发、取得和转让没有真实交易和债权债务的票据；不得无理拒绝付款，任意占用他人资金；不得违反规定开立和使用银行账户。

⑦企业应当指定专人定期核对银行账户，每月至少核对一次，编制银行存款余额调节表，并指派对账人员以外的其他人员进行审核，确定银行存款账面余额与银行对账单余额是否调节相符。如调节不符，应当查明原因，及时处理。

⑧企业应当加强对银行对账单的稽核和管理。出纳人员不得同时从事银行对账单的获取、银行存款余额调节表的编制等工作。

⑨实行网上交易、电子支付等方式办理货币资金支付业务的企业，应当与承办银行签订网上银行操作协议，明确双方在资金安全方面的责任与义务、交易范围等。操作人员应当根据操作授权和密码进行规范操作。

使用网上交易、电子支付等方式的企业办理货币资金支付业务，不应因支付方式的改变而随意简化、变更支付货币资金所必需的授权批准程序。企业在严格实行网上交易、电子支付操作人员不相容岗位相互分离控制的同时，应当配备专人加强对交易和支付行为的审核。

⑩企业应当定期和不定期地进行现金盘点，确保现金账面余额与实际库存相符。发现不符，应当查明原因，及时处理。

⑪企业应当按照国家统一的会计准则的规定对库存现金、银行存款和其他货币资金进行核算和报告。

（3）票据及有关印章的管理

①企业应当加强与货币资金相关的票据的管理，明确各种票据的购买、保管、领用、背书转让、注销等环节的职责权限和处理程序，并专设登记簿进行记录，防止空白票据的遗失和被盗用。

企业因填写、开具失误或者其他原因导致作废的法定票据，应当按规定予以保存，不得随意处置或销毁。对超过法定保管期限、可以销毁的票据，在履行审核批准手续后进行销毁，但应当建立销毁清册并由授权人员监销。

企业应当设立专门的账簿对票据的转交进行登记；对收取的重要票据，应留有复印件并妥善保管；不得跳号开具票据，不得随意开具印章齐全的空白支票。

②企业应当加强银行预留印鉴的管理。财务专用章应当由专人保管，个人名章应当由本人或其授权人员保管，不得由一个人保管支付款项所需的全部印章。

按规定需要由有关负责人签字或盖章的经济业务与事项，必须严格履行签字或盖章手续。

（4）监督检查

①企业应当建立对货币资金业务的监督检查制度，明确监督检查机构和人员的职责

权限,定期和不定期地进行检查。

②货币资金监督检查的内容主要包括:

a. 货币资金业务相关岗位及人员的设置情况。重点检查是否存在货币资金业务不相容职务混岗的现象。

b. 货币资金授权审批制度的执行情况。重点检查货币资金支出的授权审批手续是否健全,是否存在越权审批行为。

c. 支付款项印章的保管情况。重点检查是否存在办理付款业务所需的全部印章交由一人保管的现象。

d. 票据的保管情况。重点检查票据的购买、领用、保管手续是否健全,票据保管制度是否存在漏洞。

③对监督检查过程中发现的货币资金内部控制中的薄弱环节,应当及时采取措施,加以纠正和完善。

9.2.2 货币资金内部控制测试

1. 了解内部控制

审计人员通过查阅被审计单位有关规章制度等重要文件,现场观察被审计单位的有关业务活动,询问被审计单位有关人员的方式获取被审计单位内部控制的资料。在此基础上,通过编制内部控制流程图或编写内部控制说明的方法,对被审计单位的内部控制进行描述。货币资金内部控制主要信息如表9-1所示。

表9-1　　货币资金内部控制目标、关键内部控制和内部控制测试一览表

内部控制目标	关键内部控制	可进行的内部控制测试
登记入账的现金收入确实为企业已经实际收到的现金	现金出纳与现金记账的职责分离;现金折扣必须经过适当的审批	观察;检查现金折扣是否经过适当的审批
收到的现金收入已全部登记入账	现金出纳与现金记账的职责分离;每日及时记录现金收入;定期向顾客寄送对账单;现金收入记录的内部核查	观察;检查是否存在未入账的现金收入;检查是否向顾客定期寄送对账单;检查现金收入记录的内部核查标记
已经收到的现金确实为企业所有	定期盘点现金,并与账面余额核对	检查是否定期盘点;检查盘点记录;执行现金监盘程序
登记入账的现金确实如数存入银行并登记入账	定期取得银行对账单;编制银行存款余额调节表	检查银行对账单;检查银行存款余额调节表
现金收入在资产负债表上的披露正确	库存现金日记账与总账的登记职责分离	观察

2. 抽取并检查收款凭证

审计人员为测试货币资金收款的内部控制,抽取适当数量的收款凭证,进行如下检查:

(1)核对收款凭证与销售发票等原始凭证金额是否相符;

(2)核对收款凭证与存入银行的日期和金额是否相符;

(3)核对收款凭证与库存现金、银行存款日记账的金额是否相符;

(4)核对收款凭证与银行对账单的日期和金额是否相符;

(5)核对收款凭证与应收账款等有关明细账记录是否相符。

3.抽取并检查付款凭证

审计人员为测试货币资金付款的内部控制,抽取适当数量的付款凭证,进行如下检查:

(1)检查付款凭证的授权审批手续是否符合规定;

(2)核对付款凭证与库存现金、银行存款日记账的金额是否相符;

(3)核对付款凭证与银行对账单的日期和金额是否相符;

(4)核对付款凭证与应付账款等有关明细账记录是否相符;

(5)核对付款凭证与购货发票等原始凭证的金额是否相符。

4.抽取并检查库存现金、银行存款日记账

抽取一定期间的库存现金、银行存款日记账,检查其计算是否正确;核对日记账与库存现金、银行存款、应收账款、应付账款总账的记录是否相符。

5.抽取并检查银行存款余额调节表

抽取一定期间的银行存款余额调节表,将其与银行对账单、银行存款日记账及银行存款总账进行核对,检查是否按月正确编制并经复核。检查编制人是否不是出纳,复核人是否为核对银行记录以外的人员,编制及复核人是否不是记录银行存款日记账的人员。

6.检查外币折算

检查外币的折算是否符合相关规定,是否与上年度一致。审计人员应当检查外币货币资金的日记账及"财务费用"、"在建工程"等账户的记录,确定外币资金采用的折算汇率是否符合企业会计准则及其他相关法规的规定,采用的折算方法前后各期是否一致,折算差额的处理是否正确。

7.评价货币资金的内部控制

审计人员通过上述测试,应对货币资金的内部控制进行评价。评价时,应首先确定货币资金内部控制的可信赖程度,分析内部控制存在的薄弱环节和缺点,确定其对货币资金实质性测试程序的影响,据此调整审计计划,以降低审计风险。

9.3 库存现金审计

9.3.1 库存现金审计目标

库存现金包括人民币现金和外币现金。现金是企业流动性最强的资产,尽管现金占企业资产总额的比重不大,但最容易发生舞弊。因此对现金的审计是需要高度关注的。

库存现金的审计目标一般应包括:

1.确定被审计单位财务报表的"货币资金"项目中的库存现金在资产负债表日是否存在,是否为被审计单位所有。

2.确定被审计单位在报告期间发生的现金收支业务是否均已记录而没有遗漏。

3.确定库存现金的金额是否正确。

4.确定库存现金在财务报表上的列报是否恰当。

9.3.2　库存现金审计的实质性程序

库存现金审计的实质性程序一般包括：

1.核对库存现金日记账与总账余额是否相符,检查非记账本位币的库存现金的折算汇率和折算金额是否正确。

2.分析程序。比较现金的本期数与上期实际数的差异变动,比较现金占资产总额比例的差异变动,分析变动的原因是否合理,判断现金可能存在的重大错报及舞弊风险。

3.监盘库存现金。监盘库存现金是证实资产负债表日"货币资金"项目中库存现金是否存在的重要程序。

监盘库存现金,是审计人员对企业保管的现金进行监盘,包括人民币现金和外币现金,盘点的时间和人员由审计人员根据审计计划安排执行,被审计单位一般由现金出纳和会计主管人员参加。

盘点和监盘库存现金的步骤和方法主要有：

(1)制订监盘计划,确定监盘时间。对库存现金的监盘要有实时性,时间一般选择在上午上班前或下午下班时,盘点的范围包括被审计单位各部门保管的现金。在进行现金监盘前,应由出纳员将现金集中保管,必要时加以封存。出纳员根据已办理完现金收付手续的收付款凭证登记库存现金日记账。如被审计单位的现金存放在两处或两处以上,监盘应同时进行。

(2)审阅库存现金日记账并同时与现金收付款凭证核对。一方面检查库存现金日记账的记录与凭证的内容和金额是否相符,另一方面检查凭证日期与库存现金日记账的记录日期是否相符或接近。

(3)由出纳员根据库存现金日记账记录,结出现金余额。

(4)相关人员盘点库存现金,同时由审计人员编制现金监盘表。现金监盘表格式见表 9-2。

(5)将监盘金额与库存现金日记账余额进行核对,如有差异,应要求被审计单位查明原因并作适当调整;如无法查明原因,应要求被审计单位按管理权限批准后做出调整。

(6)若有充抵库存现金的借条、未提现支票、未作报销的原始凭证,需在监盘表中注明,如有必要应作调整。

(7)在非资产负债表日进行监盘时,应调整至资产负债表日的金额。

4.抽查大额库存现金收支。检查原始凭证是否齐全、记账凭证与原始凭证是否相符、账务处理是否正确、是否记录于恰当的会计期间。大额库存现金收支检查表格式见表 9-3。

5.检查库存现金收支的截止时间是否正确。选取资产负债表日前后一段时间内现金收支的凭证实施截止测试,关注业务内容及对应项目,如有跨期收支事项,应考虑是否应进行调整。

6.检查外币现金的折算方法是否符合规定,是否与上期一致。

7.检查库存现金是否在财务报表上恰当列报。库存现金在资产负债表"货币资金"项目中与银行存款、其他货币资金合并反映,在财务报表附注的"货币资金"项目中按币种分别列示。审计人员应通过实施恰当的审计程序,确定库存现金期末余额是否正确,并在财务报表中正确列报。

表 9-2 现金监盘表

类 别	面 额	张 数	金 额	备 注
盘点现金数	100 元			
	50 元			
	20 元			
	10 元			
	5 元			
	2 元			现金库存限额____元 超过规定限额____元 最高额____元 根据该公司现金使用管理的规定____元以上一律使用支票。 经审查发现该公司超过支票使用起点而付现金的有____笔,金额共计____元,占审查总额的____%
	1 元			
	0.5 元			
	0.2 元			
	0.1 元			
	0.05 元			
	0.02 元			
	0.01 元			
	合 计			
未入账票据	减:收入票据			
	加:支出票据			
	合 计			
	日记账应存现金数			
追溯计算到报表日	加: 月 日至 月 日支出			
	减: 月 日至 月 日收入			
	追溯结果			
	报表日余额		差异	

财务负责人(签字): 出纳(签字): 监盘(签字):

审计结论及说明:

表 9-3 大额库存现金收支检查表

日 期	凭证编号	业务内容	对方科目	金 额		检查内容							备 注
				借方	贷方	1	2	3	4	5	6	7	

1.原始凭证是否齐全;

2.记账凭证与原始凭证是否相符;

3.账务处理是否正确;

4.是否记录于恰当的会计期间。

检查结论:

9.3.3　现金常见舞弊及查证

1. 违反结算制度收支现金

违反《现金管理暂行条例》使用现金的行为通常包括：(1)超过结算起点使用现金结算；(2)超出现金使用范围使用现金；(3)库存现金超出限额；(4)坐支现金。违反结算制度的现金收支，通常意味着经济行为的不正常，很可能存在严重的舞弊。

对于违反结算制度的现金收支，审计人员可通过查阅库存现金日记账进行审查。通过查阅库存现金日记账中的大额现金收支，结合对原始凭证的审查，可以有效地发现被审计单位是否存在违反结算制度使用现金的情况；通过查阅库存现金日记账的每日余额，可以发现被审计单位是否存在现金超过限额的情况。

2. 贪污、挪用现金

由于现金具有高流动性，易于损失，实务中对于贪污现金的手段主要有多列支出、少报收入、涂改凭证、大头小尾等，挪用现金的手段包括延迟入账、循环入账、白条抵库等。

审计人员对贪污、挪用现金的可能情况要保持高度的警惕，对货币资金的内部控制进行充分的了解。如果通过了解内部控制、实施控制测试，发现被审计单位货币资金的内部控制设计合理、执行有效，可以有效地防止贪污现金情况的发生，审计人员可以适当减少实质性程序。如果被审计单位不存在货币资金的内部控制，或内部控制没有发挥作用，审计人员应当针对现金舞弊制定专门的审计程序，如突击盘点现金等手段。对于凭证中有涂改痕迹的项目进行详细检查，必要时与相关部门进行核对。核对库存现金日记账、银行存款日记账、往来账等账户，必要时向客户进行询证。

3. 私设"小金库"

"小金库"，指在单位财务部门以外另设账目的公款，根据有关规定：凡违反国家财经法规及其他有关规定，侵占、截留国家和单位收入，未列入本单位财务会计部门账内或未纳入预算管理，私存私放的各项资金均属"小金库"。

"小金库"来源主要包括：

(1)截留现金经营收入款项，包括产品销售收入、其他业务收入等，形成账外账；

(2)营业外收入不入账，包括存货损失补偿、固定资产清理收入、处置其他资产收入等；

(3)投资收益不入账，将投资、联营所得存放于账外；

(4)各种形式的回扣和佣金；

(5)截留企业的各种罚没收入；

(6)坏账收回未入账，形成账外账；

(7)通过虚列支出、资金返还等方式将资金转到本单位财务会计部门账外。

对于私设"小金库"检查的主要手段有：

(1)检查"固定资产清理"、"包装物"、"在建工程"、"工程物资"等账户的明细账户，查看有关财产的处理收入是否入账，是否有财产保险，理赔收入是否入账。

(2)将产品成本与产品销售收入进行核对，查看是否存在有成本结转而无收入确认的情况。

（3）检查"生产成本"、"制造费用"、"管理费用"、"销售费用"等账户，并将这些记录与原始凭证、记账凭证进行核对，可以发现被审计单位是否存在以领代报、以借代报等现象，落实实际使用情况，未使用完的部分是否形成"小金库"。

（4）检查"长期股权投资"账户的明细记录及相关资料，查看被审计单位是否足额、及时收回投资利润，并与被投资单位的分红记录进行核对，查看是否形成"小金库"。

（5）检查被审计单位的罚没收入和其他零星收入是否开具了收款收据。

【例 9-1】　2008 年 11 月 6 日，审计人员 M 在对 S 公司进行审计时，发现其库存现金日记账中有一项支付废旧设备运费 350 元的记录，审计人员检查相关的记账凭证，记账凭证的记录为：

借：管理费用　　　　　　　　　　　　　　　　　　　　　　350.00

　贷：库存现金　　　　　　　　　　　　　　　　　　　　　　　350.00

原始凭证为个体运输户 W 出具的白条收据一张，并经财务经理签字支付。

审计人员检查"固定资产"明细账，发现被审计单位当年报废固定资产设备一台，凭证记录为：

借：累计折旧　　　　　　　　　　　　　　　　　　　　　170 000.00

　营业外支出　　　　　　　　　　　　　　　　　　　　　30 000.00

　贷：固定资产　　　　　　　　　　　　　　　　　　　　　200 000.00

原始凭证为使用部门的意见、技术部门的鉴定、报废申请及资产管理部门的批准文件。

审计人员在库存现金日记账、银行存款日记账中均未发现该项设备的处置收入，经检查发现该报废设备运往 Z 公司，作价投资 8 万元，该投资及收益均未在账内反映，形成账外"小金库"。

（S 公司为 2008 年 12 月 31 日前未纳入扩大增值税抵扣范围试点的一般纳税人，公司所在地为市区）

审计调整为：

（1）将支付的运输费用记入"固定资产清理"科目

借：固定资产清理　　　　　　　　　　　　　　　　　　　　350.00

　贷：管理费用　　　　　　　　　　　　　　　　　　　　　　350.00

（2）调整营业外支出

借：固定资产清理　　　　　　　　　　　　　　　　　　　30 000.00

　贷：营业外支出　　　　　　　　　　　　　　　　　　　　30 000.00

（3）固定资产投资视同销售计税

根据《财政部 国家税务总局关于全国实施增值税转型改革若干问题的通知》〔财税〔2008〕170 号〕文件规定，一般纳税人销售自己使用过的固定资产，属于未扩大增值税抵扣范围试点前的一般纳税人，销售 2008 年 12 月 31 日前购进或自制的固定资产，按 4% 减半征收增值税。

固定资产的投资行为视同销售固定资产。

按投资入账价值 80 000 元计算增值税：

应交增值税税额＝80 000/(1＋4%)×4%/2＝1 538.46(元)

根据计算的增值税计算城市维护建设税(市区7%)：

应交城市维护建设税税额＝1 538.46×7%＝107.69(元)

计算教育费附加(3%)：

应交教育费附加额＝1 538.46×3%＝ 46.15(元)

则审计调整为：

借:固定资产清理	1 692.30
贷:应交税费——应交增值税	1 538.46
——应交城市维护建设税	107.69
——应交教育费附加	46.15

(4)根据投资协议记录对外投资

借:长期股权投资	80 000.00
贷:固定资产清理	32 042.30
营业外收入	47 957.70

9.4 银行存款审计

9.4.1 银行存款审计目标

银行存款,是指企业存放在银行或其他金融机构的各种款项,按照国家有关规定,凡是独立核算的单位都必须在银行开设账户。企业在银行开设账户后,除按规定的限额保留库存现金外,超过限额的部分应及时存入银行;除了在规定的范围内可以直接支付现金以外,在经营过程中发生的一切货币性收支业务,都必须通过"银行存款"账户进行转账核算。

银行存款的审计目标一般包括：

1.确定被审计单位财务报表的"货币资金"项目中的银行存款在资产负债表日是否存在,是否为被审计单位所有。

2.确定被审计单位在报告期间发生的银行存款收支业务,是否均已记录而没有遗漏。

3.确定银行存款的金额是否正确。

4.确定银行存款在财务报表上的列报是否恰当。

9.4.2 银行存款审计的实质性程序

银行存款审计的实质性程序一般包括：

1.获取或编制银行存款余额明细表

(1)复核加计是否正确,并与总账数和日记账合计数核对是否相符;

(2)检查非记账本位币银行存款的折算汇率及折算金额是否正确。

2.分析程序

计算银行存款累计余额应收利息收入,分析比较被审计单位银行存款应收利息收入与实际利息收入的差异是否恰当,评估利息收入的合理性,检查是否存在高息资金拆借,确认银行存款余额是否存在,利息收入是否已经完整记录。

3.检查银行存单

编制银行存单检查表,检查存单是否与账面记录金额一致,是否被质押或限制使用,存单是否为被审计单位所拥有。

(1)对已质押的定期存款,应检查定期存单,并与相应的质押合同核对,同时关注定期存单对应的质押借款有无入账;

(2)对未质押的定期存款,应检查开户证书原件;

(3)对审计外勤工作结束日前已提取的定期存款,应核对相应的兑付凭证、银行对账单和定期存款复印件。

银行存单检查表的格式见表9-4。

表 9-4　　　　　　　　　银行存单检查表

开户银行	户名	账号	币种	存单期限	期末存单金额	期末账面余额	备注
合　计							

审计说明:

4.取得并检查银行存款余额调节表

(1)取得被审计单位的银行日记账、银行对账单,并与银行询证函回函核对,确认是否一致,抽样核对账面记录的已付票据金额及存款金额,是否与银行对账单记录一致。

(2)获取资产负债表日的银行存款余额调节表,检查调节表中加计数是否正确,调节后银行存款日记账余额与银行对账单余额是否一致。

(3)检查调节事项的性质和范围是否合理:

①检查是否存在跨期收支和跨行转账的调节事项。编制跨行转账业务明细表,检查跨行转账业务是否同时对应转入和转出,未在同一期间完成的转账业务是否反映在银行存款余额调节表的调整事项中;

②检查大额在途存款的日期,查明发生在途存款的具体原因,追查期后银行对账单存款记录日期,确定被审计单位与银行记账时间差异是否合理,确定在资产负债表日是否需审计调整;

③检查被审计单位的未付票据明细清单,查明被审计单位未及时入账的原因,确定账簿记录时间晚于银行对账单的日期是否合理;

④检查被审计单位未付票据明细清单中有记录,但截至资产负债表日银行对账单无记录且金额较大的未付票据,获取票据领取人的书面说明。确认资产负债表日是否需要进行调整;

⑤检查资产负债表日后,银行对账单是否完整地记录了调节事项中银行未付票据金额。

(4)检查是否存在未入账的利息收入和利息支出。

(5)检查是否存在其他跨期收支事项。

(6)当未经授权或授权不清支付货币资金的现象比较突出时,检查银行存款余额调节表中支付异常的领款(包括没有载明收款人的付款)、签字不全、收款地址不清、金额较大票据的调整事项,确认是否存在舞弊。

银行存款余额调节表的格式见表9-5。

表 9-5 银行存款余额调节表

账号:　　　　　　　　　　开户行:　　　　　　　　　　币种:

项　目	金　额	截止日后入账时间	是否调整	备　注
银行对账单余额				
加:企业已收,银行尚未入账金额				
其中:				
减:企业已付,银行尚未入账金额				
其中:				
调整后银行对账单余额				
企业银行存款日记账余额				
加:银行已收,企业尚未入账金额				
其中:				
减:银行已付,企业尚未入账金额				
其中:				
调整后企业银行存款日记账余额				
经办会计人员		财务负责人		

审计说明:

5.函证银行存款余额

编制银行存款函证结果汇总表,检查银行回函:

(1)向被审计单位在本期存过款的银行发函,包括零账户和账户已结清的银行;

（2）确定被审计单位账面余额与银行函证结果的差异，对不符事项做出适当处理。

银行存款函证是执行审计业务过程中，审计人员以被审计单位的名义向有关单位发函询证，以验证被审计单位银行存款真实、合法、完整的一个重要审计程序。通过函证，不仅可以获得银行存款是否存在、金额是否正确的证据，还可以了解企业账面所欠银行债务的情况，有助于发现企业未入账的银行借款和未披露的或有负债。

函证的范围：审计人员应向被审计单位本年存过款（包括外埠存款、银行汇票存款、银行本票存款、信用卡存款、信用证保证金存款）的所有银行发函，其中包括企业存款账户已经结清的银行。此外，审计人员虽已从银行取得对账单和其他相关单据，仍需要向这一银行进行函证。

银行询证函的格式如表 9-6 所示：

表 9-6

银行询证函

编号：

_____ ×× _____（银行）：

本公司聘请的××会计师事务所正在对本公司20××年度财务报表进行审计，按照《中国注册会计师审计准则》的要求，应当询证本公司与贵行相关的信息。下列信息出自本公司记录，如与贵行记录相符，请在本函下端"信息证明无误"处签章证明；如有不符，请在"信息不符"处列明不符项目及具体内容；如存在与本公司有关的未列入本函的其他重要信息，也请在"信息不符"处列出其详细资料。回函请直接寄至××会计师事务所。

回函地址：　　　　　　　　　　　　邮编：

电话：　　　　　传真：　　　　　　联系人：

截至20××年××月××日止，本公司与贵行相关的信息列示如下：

1. 银行存款

账户名称	银行账号	币种	利率	余额	起止日期	是否被质押、用于担保或存在其他使用限制	备注

除上述列示的银行存款外，本公司并无在贵行的其他存款。

注："起止日期"一栏仅适用于定期存款，如为活期或保证金存款，可只填写"活期"或"保证金"字样。

2. 银行借款

借款人名称	币种	本息余额	借款日期	到期日期	利率	借款条件	抵（质）押品/担保人	备注

除上述列示的银行借款外，本公司并无在贵行的其他借款。

（续表）

注:此项仅函证截至资产负债表日本公司尚未归还的借款。

3.截至函证日之前12个月内注销的账户

账户名称	银行账号	币　种	注销账户日

除上述列示的账户外,本公司并无截至函证日之前12个月内在贵行注销的其他账户。

4.委托存款

账户名称	银行账号	借款方	币种	利率	余额	存款起止日期	备注

除上述列示的委托存款外,本公司并无通过贵行办理的其他委托存款。

5.委托贷款

账户名称	银行账号	资金使用方	币种	利率	本金	利息	贷款起止日期	备注

除上述列示的委托贷款外,本公司并无通过贵行办理的其他委托贷款。

6.担保

(1)本公司为其他单位提供的、以贵行为担保受益人的担保

被担保人	担保方式	担保金额	担保期限	担保事由	担保合同编号	被担保人与贵行就担保事项往来的内容(贷款等)	备注

除上述列示的担保外,本公司并无其他以贵行为担保受益人的担保。

注:如采用抵押或质押方式提供担保的,应在备注中说明抵押或质押物情况。

(2)贵行向本公司提供的担保

被担保人	担保方式	担保金额	担保期限	担保事由	担保合同编号	备注

除上述列示的担保外,本公司并无贵行提供的其他担保。

7.本公司为出票人且由贵行承兑而尚未支付的银行承兑汇票

银行承兑汇票号码	票面金额	出票日	到期日

除上述列示的银行承兑汇票外,本公司并无由贵行承兑而尚未支付的其他银行承兑汇票。

（续表）

8.本公司向贵行已贴现而尚未到期的商业汇票

商业汇票号码	付款人名称	承兑人名称	票面金额	票面利率	出票日	到期日	贴现日	贴现率	贴现净额

除上述列示的商业汇票外,本公司并无向贵行已贴现而尚未到期的其他商业汇票。

9.本公司为持票人且由贵行托收的商业汇票

商业汇票号码	承兑人名称	票面金额	出票日	到期日

除上述列示的商业汇票外,本公司并无由贵行托收的其他商业汇票。

10.本公司为申请人、由贵行开具的、未履行完毕的不可撤销信用证

信用证号码	受益人	信用证金额	到期日	未使用金额

除上述列示的不可撤销信用证外,本公司并无由贵行开具的、未履行完毕的其他不可撤销信用证。

11.本公司与贵行之间未履行完毕的外汇买卖合约

类 别	合约号码	买卖币种	未履行的合约买卖金额	汇率	交收日期
贵行卖予本公司					
本公司卖予贵行					

除上述列示的外汇买卖合约外,本公司并无与贵行之间未履行完毕的其他外汇买卖合约。

12.本公司存放于贵行的有价证券或其他产权文件

有价证券或其他产权文件名称	产权文件编号	数量	金额

除上述列示的有价证券或其他产权文件外,本公司并无存放于贵行的其他有价证券或其他产权文件。

13.其他重大事项
注：此项应填列注册会计师认为重大且应予函证的其他事项，如信托存款等；如无则应填写"不适用"。

（公司盖章）

年　　月　　日

_____ 以下仅供被询证银行使用 _____

结论：

1.信息证明无误。	2.信息不符，请列明不符项目及具体内容（对于在本函前述第1项至第13项中漏列的其他重要信息，请列出详细资料）。
（银行盖章）	（银行盖章）
经办人：　　　　年　月　日	经办人：　　　　年　月　日

6.检查"银行存款"账户单位名称是否为被审计单位

检查"银行存款"账户单位名称是否为被审计单位，若非被审计单位，应获取该账户户主和被审计单位的书面声明，同时确认资产负债表日是否需要调整。

7.关注是否存在变现能力受限的款项

关注是否存在变现能力受限的款项，如质押、冻结或存在境外的款项，是否已做必要的调整和披露。

8.抽查大额银行存款收支的原始凭证

检查原始凭证是否齐全、记账凭证与原始凭证是否相符、账务处理是否正确、是否记录于恰当的会计期间等内容。

检查是否存在与生产经营无关的款项转移，如有与被审计单位生产经营无关的收支事项，应检查该款项转移的相关文件、审批手续及相关账户的进账情况，并作相应的记录。

9.检查银行存款收支的截止时间是否正确

选取资产负债表日前后一定时期内、一定金额以上的凭证实施截止测试，关注业务内容及对应项目，如有跨期收支事项，应考虑是否应进行调整。

10.检查外币银行存款的折算方法是否符合规定

检查外币银行存款的折算方法是否符合规定，是否与上期一致。

11. 检查银行存款是否在财务报表中恰当列报

银行存款在资产负债表"货币资金"项目中与库存现金、其他货币资金合并反映,在财务报表附注的"货币资金"项目中按币种分别列示。审计人员应通过实施恰当的审计程序,确定银行存款期末余额是否正确,并在财务报表中正确列报。

案例主题:银行存款的审计

案例资料:

在对 F 公司 2011 年年度财务报表进行审计时,Y 注册会计师负责审计货币资金项目。F 公司在总部和营业部均设有出纳部门。为顺利监盘库存现金,Y 注册会计师在监盘前一天通知 F 公司会计主管人员做好监盘准备。考虑到出纳日常工作安排,对总部和营业部库存现金的盘点时间分别设定在 10 点和下午 3 点。监盘时,出纳把现金放入保险柜,并将已办妥现金收付手续的交易登入库存现金日记账,结出库存现金日记账余额;然后,Y 注册会计师当场盘点现金,在与库存现金日记账核对后填写"库存现金盘点表",并在签字后形成审计工作底稿。指出上述工作中的不当之处。

案例分析:

1. 提前通知 F 公司主管会计人员做好监盘准备的做法不当。Y 注册会计师应当实施突击性的检查。

2. 没有同时监盘总部和营业部库存现金的做法不当。Y 注册会计师应当组织同时监盘营业部和总部的库存现金;若不能同时监盘,则应对后监盘的库存现金实施封存。

3. F 公司会计主管没有参与盘点的做法不当。盘点人员应当包括出纳、会计主管人员和注册会计师。

4. 现金盘点程序不当。库存现金应由出纳盘点,注册会计师监盘。

5. "库存现金盘点表"签字人员不当。"库存现金盘点表"应由公司出纳、会计主管和注册会计师同时签字。

(资料来源:何秀英.审计学习题集.大连:东北财经大学出版社,2012)

9.4.3 银行存款常见舞弊及查证

与现金相同,银行存款的流动性强、收支发生频繁,实务中也容易产生损失,常见的舞弊类型有:

1. 出租、出借账户

根据《银行账户管理办法》,单位不得出租、出借账户,但在实务中可能存在为转移资金、套购物资等出租、出借账户的情况。审计人员对银行账户中相近的时间内以相同或相近金额收取、支出银行存款的情况,应检查该项业务的合同、相关审批手续、发票等,确认是否存在出租、出借账户行为。

2. 公款私存

公款私存是指将单位存款转入个人银行账户的方法,从而达到侵吞利息或长期占用单位资金的目的,具体的做法有:

（1）不及时将各种现金收入存入银行，而是将款项存入个人银行账户，再分次或一次转入单位账户；

（2）将支出的款项转入个人账户，由个人对外支付。

对于公款私存，审计人员一般检查银行对账单、银行日记账入账日期，与收款收据的收款日期进行核对，并与其定期的现金盘点表进行核对，确认是否存在公款私存的情况。

检查银行明细账中，将款项支付给个人行为是否符合相关规定，检查相关的合同、单据、审批手续，确认是否将公款转入私人账户。

银行存款同时也存在与现金舞弊相同的设"小金库"的问题，检查的方法也与检查现金"小金库"的方法相似。

【例9-2】　　　　　**受限货币资金舞弊案例**

L公司近几年年报以及2011年半年报的货币资金一直都保持在3.5亿元左右，不仅金额巨大，而且几年下来几乎无变化，问题或现端倪。直至2011年10月，因控股股东X集团公司投资未能履约，银行存款被强制划走，L公司的"假现金"才被揭开面纱。

其实自2010年11月以来，L公司就已将28500万元以存单质押的方式为控股股东X集团公司及其关联公司提供全额银行承兑保证。质押期满，X集团公司及其关联公司却无力偿还，导致L公司存款28500万元已被银行扣除；同时X集团公司以L公司名义借贷，以其资产抵押或第三方保证的共计31700万元的10笔银行借款也被X集团公司占用。以上占用资金合计60200万元，而L公司从未就该银行存款质押做出披露，投资者一直都以为这些都是L公司能够自由支配的资金。

9.5　其他货币资金审计

9.5.1　其他货币资金审计目标

其他货币资金是指企业除库存现金、银行存款以外的，具有单独存放地点和专门用途的货币资金，包括在途货币资金、外埠存款、银行汇票存款、银行本票存款、信用证保证金存款、信用卡存款、存出投资款等。

其他货币资金的审计目标一般包括：

1.确定被审计单位财务报表的"货币资金"项目中的其他货币资金在资产负债表日是否存在，是否为被审计单位所有。

2.确定被审计单位在报告期间发生的其他货币资金收支业务是否均已记录，没有遗漏。

3.确定其他货币资金的金额是否正确。

4.确定其他货币资金在财务报表上的列报是否恰当。

9.5.2　其他货币资金审计的实质性程序

其他货币资金审计的实质性程序一般包括：

1.获取或编制其他货币资金明细表。具体实施过程中需注意以下几点：

（1）复核银行汇票存款、银行本票存款、信用卡存款、信用证保证金存款、存出投资款、外埠存款等加计是否正确，并与总账数和明细账合计数核对是否相符；

（2）检查非记账本位币其他货币资金的折算汇率及折算金额是否正确。

2.取得并检查其他货币资金余额调节表。具体实施过程中需注意以下几点：

（1）取得被审计单位银行对账单，检查被审计单位提供的银行对账单是否存在涂改或修改的情况，确定银行对账单金额的正确性，并与银行回函结果核对是否一致，抽样核对账面记录的已付款金额及存款金额是否与银行对账单记录一致。

①应将保证金户对账单与相应的交易进行核对。检查保证金与相关债务的比例和合同约定是否一致。特别关注是否存在有保证金发生，而被审计单位账面无对应的保证事项的情形。

②若信用卡持有人是被审计单位职员，应取得该职员提供的确认书，并应考虑进行调整。

（2）获取资产负债表日的其他货币资金余额调节表，检查调节表中加计数是否正确，调节后其他货币资金明细账余额与银行对账单余额是否一致。

（3）检查调节事项的性质和范围是否合理，如存在重大差异应作审计调整。

3.函证银行汇票存款、银行本票存款、信用卡存款、信用证保证金存款、存出投资款、外埠存款等期末余额，编制其他货币资金函证结果汇总表，检查银行回函。

4.检查其他货币资金存款账户存款人是否为被审计单位，若存款人不是被审计单位，应获取该账户户主和被审计单位的书面声明，确认资产负债表日是否需要调整。

5.关注是否有质押、冻结等对变现有限制或存放在境外及存在或有潜在回收风险的款项。

6.选取资产负债表日前后一定时期内、一定金额以上的凭证，对其他货币资金收支凭证实施截止测试，如有跨期收支事项，应考虑是否进行调整。

7.抽查大额其他货币资金收付记录。检查原始凭证是否齐全、记账凭证与原始凭证是否相符、账务处理是否正确、是否记录于恰当的会计期间等内容。

8.检查其他货币资金是否在财务报表上恰当列报。其他货币资金在资产负债表"货币资金"项目中与库存现金、银行存款合并反映，在财务报表附注的"货币资金"项目中按币种分别列示。审计人员应通过实施恰当的审计程序，确定其他货币资金期末余额是否正确，并在财务报表中正确列报。

9.5.3　其他货币资金常见的舞弊及查证

1.非法开设外埠存款，以掩盖不合理、不合法的支出

审计人员检查外埠存款账户的设立是否经过审批，是否有合理的目的，支出的用途是否与审批内容一致。

2.挪用或贪污外埠存款使用后的余额

审计人员对外埠存款时间过长的情况，要核对该账户的银行对账单，并对该账户发询证函，确认该账户的余额是否正确。

3.利用银行汇票、银行本票套取现金

审计人员对于单位开具的可以提取现金的银行汇票、银行本票要详细检查是否符合现金的使用范围,用途是否合理,相关的合同交易是否真实、是否经过相关的审批手续。

4.虚列在途货币资金及存出投资款

对于虚列的在途货币资金,审计人员通过对期后事项的审查,检查资产负债表日后该款项的收取情况,确认在途货币资金是否真实。

对于存出投资款,审计人员一般通过检查对方单位出具的对账单、向存入款项的证券公司等单位进行函证的方法确认。

【例 9-3】　　　　　　　**虚构经营业务**

审计人员在审计 A 公司其他货币资金"银行本票存款"时,发现该账户余额为 35 000元,有 6 个月未发生变动,经查阅,该笔业务为 A 公司购买原材料开出银行本票一张,金额 35 000 元,收款单位为 C 公司。经向 C 公司进行查询,C 公司已收到该款项,且已向 A公司财务人员退还剩余现金,而 A 公司未记录收回现金。

经查实,A 公司领导为方便使用现金,通过向 C 公司开具银行本票,并由 C 公司退还现金的方式来保留现金使用。A 公司通过虚构经营业务,开具银行本票,并经过 C 公司套取现金,严重违反了《现金管理条例》以及银行结算管理制度的规定。同时,反映出A 公司内部控制存在严重的漏洞。因此审计人员建议:(1)冲销账面的"其他货币资金——银行本票存款",如实反映套取的现金;(2)对套取部分现金的支出情况详细检查并及时如实入账;(3)对反映出来的内部控制不足重新设计,防止类似问题重复发生。

【例 9-4】　　　　　　　**虚列在途货币资金案例**

审计人员 H 在审计 G 公司账目时,"其他货币资金"中"在途货币资金"期末余额共15 万元,审计人员检查,直至次年 4 月,仍未收到该笔款项。检查会计账簿,摘要记录为收到 T 公司投资分成款,审计人员调阅该记账凭证,未发现附有原始凭证。经审计人员向其投资单位询问,被投资单位当年未进行分红,也未向 G 公司汇出任何分红款。经查实,为 G 公司为完成当年利润指标,虚列一笔投资收益,挂在"其他货币资金"的"在途货币资金"项目下。

复习思考题

一、单项选择题

1.银行存款余额调节表应由(　　　　)来调节,以保证资产安全、记录准确。

A.采购员　　　　　　　　　　　　B.出纳员

C.出纳员以外人员　　　　　　　　D.出纳员或记账员

2.审查库存现金时,由出纳员清点库存现金以后,填制"库存现金清点表"的人员应是(　　　　)。

A.审计人员　　　　B.出纳员　　　　C.会计主管　　　　D.财务经理

3.以下项目应在资产负债表上银行存款余额中做出处理的是(　　　　)。

A.决算日下午上班时仍未解缴银行的收入汇票

B.决算日下午下班时仍未解缴银行的收入汇票

C. 决算日下午已知的在途存款

D. 决算日下午付出的银行存款

4. 针对 A 公司下列与现金相关的内部控制，审计人员应提出的改进建议是（　　）。

A. 每日及时记录现金收入并定期向顾客寄送对账单

B. 担任登记库存现金日记账及总账职责的人员与担任现金出纳职责的人员分开

C. 现金折扣需经过适当的审批

D. 每日盘点现金并与账面余额核对

5. 2011 年 1 月 21 日，S 公司对现金进行盘点后，确认库存现金为 1 000 元，S 公司 1 月 20 日账面的库存现金余额为 4 000 元，1 月 21 日发生的现金收支全部未登记入账，其中收入 3 000 元，支出 4 000 元，2011 年 1 月 1 日至 1 月 20 日现金收入总额为 165 200 元，支出总额为 165 500 元，倒推至 2010 年 12 月 31 日的库存现金余额应为（　　）元。

A. 1 300　　　　　　　B. 2 300　　　　　　　C. 700　　　　　　　D. 2 700

二、多项选择题

1. 下列各项职责中，违背了不相容岗位相互分离控制原则的有（　　）。

A. 银行出纳参与编制银行存款余额调节表　　B. 销售人员负责接受订单与批准赊销

C. 现金出纳参与登记库存现金日记账　　　　D. 现金出纳参与编制记账凭证

2. 对询证函的以下处理方法中，正确的有（　　）。

A. 在发出询证函时对其进行统一编号，并将发出询证函的情况记录于工作底稿

B. 询证函经会计师事务所盖章后，由注册会计师直接发出

C. 收回询证函后，将重要的回函复制给公司以帮助催收货款

D. 对以电子邮件方式回收的询证函，要求被询证单位将原件盖章后寄至会计师事务所

三、判断题

1. 当日收到现金应及时送存银行，以控制现金坐支。　　　　　　　　　　　　　（　　）

2. 在途货币资金不属于企业货币资金构成项目。　　　　　　　　　　　　　　（　　）

3. 筹建期间发生的与取得长期资产无关的汇兑损益应计入开办费。　　　　　　（　　）

4. 被审计单位使用银行汇票结算材料款，根据发票和银行汇票副联等凭证进行账务处理，借记"材料采购"和"应交税费"，贷记"银行存款"，审计人员应判断是否符合制度规定。　　　　　　　　　　　　　　　　　　　　　　　　　　　　　　　　　　　　（　　）

5. 审计人员对现金和存货审查时，通常要进行全部盘点。　　　　　　　　　　（　　）

6. 外币资金折算可以按业务发生时的市场汇率或业务发生当期期初的市场汇率折合为记账本位币。　　　　　　　　　　　　　　　　　　　　　　　　　　　　　　　　（　　）

7. 货币资金循环审计不包括对备用金的审查。　　　　　　　　　　　　　　　（　　）

8. 询证（函证）银行存款余额是货币资金审计的重要手续。　　　　　　　　　（　　）

9. 被审计单位一年以上定期存款或限定用途的银行存款不属于流动资产。　　（　　）

10. 根据重要性原则，审计人员对大额现金和银行存款收支审查是符合审计准则的。

（　　）

应用技能训练题

审计人员审计 ABC 公司 2010 年度的银行存款时，取得客户编制的 2010 年12月31日的银行存款余额调节表如表9-7所示。

表9-7   **银行存款余额调节表**

账号：   开户行：   币种：人民币

项　目	金额（元）	备　注
银行对账单余额（2010 年 12 月 31 日）	610 970.33	
加：1.公司收到A公司转账支票付货款	122 562.70	
2.12月份利息收入	893.15	
3.在途货币资金	33 456.00	
减：1.已经开出未兑付转账支票	188 972.22	
2.银行代扣手续费	59.50	
调整后银行对账单余额	578 850.46	
企业银行存款日记账余额	594 650.79	
加：1.E公司电汇订金	300 000.00	
2.公司收到C公司本票结算货款	239 904.40	
减：1.向国税局划转12月份税款	77 563.23	
调整后企业银行存款日记账余额	1 056 991.96	
差额	478 141.50	

请根据上述资料，编制正确的银行存款余额调节表，并制定出对银行存款余额调节表的审计程序。

第10章

采购与付款循环审计

【知识目标】

通过对本章的学习,学生应了解采购与付款循环中的主要业务活动及涉及的主要凭证和会计记录;理解采购与付款循环中的内部控制方法及控制测试;掌握应付账款的实质性程序,固定资产的实质性程序和累计折旧的实质性程序;了解采购与付款循环中其他相关账户的审计。

【应用能力目标】

掌握采购业务管理过程、会计核算过程、付款内部控制程序,能运用所学的采购与付款循环审计的基本理论、基本方法和基本技能,解决实际审计工作中的有关问题。

10.1 采购与付款循环审计概述

采购与付款循环所涉及的财务报表项目,主要是资产负债表项目,按其在财务报表中的列示顺序通常应为预付款项、固定资产、存货、在建工程、工程物资、固定资产清理、无形资产、开发支出、商誉、长期待摊费用、应付票据、应付账款和长期应付款等;所涉及的利润表项目通常为管理费用。

10.1.1 主要业务活动

采购与付款循环涉及采购、验收、存储、会计等环节,企业应将各项职能活动指派给不同的部门或职员来完成。这样,每个部门或职员都可以独立核查其他部门和职员工作的正确性。下面以采购商品为例,分别阐述采购与付款循环审计所涉及的主要环节。

1. 请购商品

劳务、仓库负责人对需要购买的已列入存货清单的商品填写请购单,其他部门也可以对所需要购买的未列入存货清单的商品编制请购单。企业对正常经营所需的物资的购买均作一般授权,但对资本支出和租赁合同,企业政策则通常要求作特别授权,只允许指定人员提出请购。企业内部不少部门都可以填写请购单,所以请购单不事先编号,为加强控制,每张请购单必须经过对这类预算支出负责的主管人员签字批准。

请购单是证明有关采购交易的"发生"认定的凭据之一,也是采购交易轨迹的起点。

2. 编制订购单

采购部门在收到请购单后,只能对经过批准的请购单发出订购单。对每张订购单,采购部门应确定最佳的供应来源。对一些大额、重要的采购项目,应采取竞价方式来确定供应商,以保证供货的质量、及时性和成本的低廉。

订购单应正确填写所需要商品的品名、数量、价格、厂商名称和地址等,预先予以编号并经过被授权的采购人员签名。其正联应送交供应商,副联则送至企业内部的验收部门、应付凭单部门和编制请购单的部门。随后,应独立检查订购单的处理,以确定是否确实收到商品并正确入账。这项检查与采购交易的"完整性"认定有关。

3.验收商品

有效的订购单,代表企业已授权验收部门接受供应商发运来的商品。验收部门首先应比较所收商品与订购单上的要求是否相符,然后再盘点商品并检查商品有无损坏。

验收后,验收部门应对已收货的每张订购单编制一式多联、预先编号的验收单,作为验收和检验商品的依据。验收人员将商品送交仓库或其他请购部门时,应取得经过签字的收据,或要求其在验收单的副联上签收,以确认他们对所采购的资产应负的保管责任。验收人员还应将其中的一联验收单送交应付凭单部门。

验收单是支持资产或费用,以及与采购有关的负债的"存在或发生"认定的重要凭证。定期独立检查验收单的顺序,以确定每笔采购交易都已编制凭单,与采购交易的"完整性"认定有关。

4.储存已验收的商品存货

将已验收商品的保管与采购的其他职责相分离,可减少未经授权的采购和盗用商品的风险。存放商品的仓储区应相对独立,限制无关人员接近。这些控制与商品的"存在"认定有关。

5.编制付款凭单

记录采购交易之前,应付凭单部门应编制付款凭单。这项业务的控制包括:确定供应商发票的内容与相关的验收单、订购单的一致性;确定供应商发票计算的正确性;编制有预先编号的付款凭单,并附上支持性凭证;独立检查付款凭单计算的正确性;在付款凭单上填入应借记的资产或费用账户名称;由被授权人员在凭单上签字,以示批准照此凭单要求付款。

所有未付凭单的副联应保存在未付凭单档案中,以待日后付款。经适当批准和有预先编号的凭单为记录采购交易提供了依据,因此,这些控制与"存在或发生"、"完整性"、"权利与义务"及"估价或分摊"等认定有关。

6.确认与记录负债

正确确认已验收货物和已接受劳务的债务,要求准确、及时地记录负债。该记录对企业财务报表反映和企业实际现金支出有重大影响。因此,必须特别注意,按正确的金额记载企业确实已发生的购货和接受劳务事项。

应付账款确认与记录的相关部门一般有责任核查购置的资产,并在应付凭单登记簿或应付账款明细账中加以记录。在收到供应商发票时,应付账款部门应将发票上所记载的品名、规格、价格、数量、条件及运费与订货单上的有关资料核对,如有可能,还应与验收单上的资料进行比较。

应付账款确认与记录的一项重要控制,是要求记录现金支出的人员不得经手现金、有价证券和其他资产。恰当的凭证、记录与恰当的记账手续,对业绩的独立考核和应付账款职能而言是必不可少的控制。

应付账款部门应将已批准的未付款凭单送达会计部门,据以编制有关记账凭证和登记有关账簿。会计主管应监督为采购交易而编制的记账凭证中账户分类的适当性;通过定期核对编制记账凭证的日期与凭单副联的日期,监督入账的及时性。而独立检查会计人员,则应核对所记录的凭单总数与应付凭单部门送来的每日凭单汇总表是否一致,并定期独立检查应付账款总账余额与应付凭单部门未付款凭单档案中的总金额是否一致。

7.付款

通常是由应付凭单部门负责确定未付凭单在到期日前付款。企业有多种款项结算方式,以支票结算方式为例,编制和签署支票的有关控制包括:独立检查已签发支票的总额与所处理的付款凭单的总额的一致性;应由被授权的财务部门的人员负责签署支票;被授权签署支票的人员应确定每张支票都附有一张已经适当批准的未付款凭单,并确定支票收款人姓名和金额与凭单内容一致;支票一经签署就应在其凭单和支持性凭证上用加盖印章或打洞等方式将其注销,以免重复付款;支票签署人不应签发无记名甚至空白的支票;支票应预先连续编号,保证支出支票存根的完整性和作废支票处理的恰当性;应确保只有被授权的人员才能接近未经使用的空白支票。

8.记录现金、银行存款支出

仍以支票结算方式为例,在手工系统下,会计部门应根据已签发的支票编制付款记账凭证,并据以登记银行存款日记账及其他相关账簿。以记录银行存款支出为例,有关控制包括:会计主管应独立检查记入银行存款日记账和应付账款明细账的金额的一致性,以及与支票汇总记录的一致性;通过定期比较银行存款日记账记录的日期与支票副本的日期,独立检查入账的及时性;独立编制银行存款余额调节表。

10.1.2 涉及的主要凭证与会计记录

采购与付款交易通常要经过的程序为:请购→订购→验收→付款,在内部控制比较健全的企业,处理采购与付款业务通常需要使用很多凭证和会计记录。典型的采购与付款循环所涉及的主要凭证和会计记录有以下几种:

1.请购单

请购单是由仓库、产品制造、资产使用等部门的有关人员填写,送交采购部门,申请购买商品、劳务或其他资产的书面凭证。请购单应由有关授权人员签字确认。

2.订购单

订购单,又称为采购合同,是由采购部门填写,向另一企业购买订购单上所指定商品、劳务或其他资产的书面凭证。

3.验收单

验收单是收到商品、资产后进行检验时所编制的凭证。验收单应列示从供应商处收到的商品、资产的种类和数量等内容。

4.卖方发票

卖方发票是供应商开具的,交给买方以载明发运的货物或提供的劳务、应付款金额和付款条件等事项的凭证。

5.付款凭单

付款凭单是采购方的应付凭单部门编制的,记录已收到商品、资产或接受劳务的厂商、应付款金额和付款日期的凭证。付款凭单是企业内部记录和支付负债的授权证明文件。

6.转账凭证

转账凭证是指记录转账交易的记账凭证,它是根据有关转账业务(即不涉及库存现金、银行存款收付的各项业务)的原始凭证编制的。

7.付款凭证

付款凭证包括现金付款凭证和银行存款付款凭证,是指用来记录库存现金和银行存款支出业务的记账凭证。

8.应付账款明细账

企业以赊购方式购入的商品验收合格后,应根据供应商提供的卖方发票和企业内部的验收单等原始凭证,登记应付账款明细账。

9.材料采购明细账

材料采购明细账应按材料类别(如原材料、辅助材料、燃料等)分设账页,根据验收单、付款凭证、卖方发票等登记。

10.卖方对账单

卖方对账单是由供货方按月编制的,标明期初余额、本期购买、本期支付给卖方的款项和期末余额的凭证。卖方对账单是供货方对有关交易的陈述,如果不考虑买卖双方在收发货物上可能存在的时间差等因素,其期末余额通常应与采购方相应的应付账款期末余额一致。

10.2　采购与付款循环的内部控制及测试

10.2.1　采购与付款循环的内部控制

1.岗位分工

企业应当建立采购与付款业务的岗位责任制,明确相关部门和岗位的职责、权限,确保办理采购与付款业务的不相容岗位相互分离、制约和监督。采购与付款业务的不相容岗位主要有:请购与审批;询价与确定供应商;采购合同的订立与审核;采购与验收;采购、验收与相关会计记录;付款申请、审批与执行。

2. 授权审批

企业应当对采购与付款业务建立严格的授权审批制度：

(1)明确审批人对采购与付款业务的授权审批方式、权限、程序、责任和相关控制措施。审批人不得越权审批。

(2)明确经办人的职责范围和工作要求。严禁未经授权的机构和人员办理采购与付款业务。

(3)对于重要和技术性较强的采购业务,应当组织专家进行可行性论证,并实行集体决策和审批。

(4)加强对请购手续、采购订单、验收证明、入库凭证、采购发票等的管理和相互核对工作。

3. 请购控制

(1)建立采购申请制度,明确相关部门或人员的职责权限及相应的请购程序。

(2)加强采购业务的预算管理,对于超预算和预算外采购项目,由具有请购权的部门在对需求部门提出的申请进行审核后办理请购手续。

(3)建立请购审批制度,明确审批权限,并由审批人根据其职责、权限以及单位实际需要等对请购事项进行审批。

4. 采购控制

企业应当根据商品或劳务的性质,以及供应情况等确定相应的采购方式(订单采购、合同订货或直接购买等)。对于特殊商品或劳务的采购或例外紧急需求,应制定特殊采购处理程序。

企业应当充分了解和掌握供应商的信誉、供货能力等情况,经过比质比价和规定的授权审批程序确定供应商。

5. 验收控制

企业应当建立健全验收制度。根据制度规定验收所购商品或劳务等的品种、规格、数量、质量等,并出具验收单据或验收报告。对验收过程中发现的异常情况,应查明原因,及时处理。

6. 付款控制

(1)财会部门在办理付款业务时,应严格核对采购发票、验收单、入库单、合同等有关凭证,检查其真实性、完整性、合法性,对符合付款条件的采购业务及时办理付款业务。

(2)建立预付账款和定金的授权审批制度,加强预付账款和定金的管理。

(3)加强应付账款和应付票据的管理,已到期的应付款项经批准后办理结算与支付。

(4)建立退货管理制度,发生采购退货的,及时收回货款。

(5)定期与供应商核对应付账款、应付票据、预付账款等往来账项。如有不符,应查明原因,及时处理。

7. 监督检查

企业应建立采购与付款循环的监督检查制度,定期检查采购与付款业务相关岗位及人员的设置情况;定期检查采购与付款业务授权审批制度的执行情况;定期检查应付账款和预付账款的管理情况;定期检查有关单据、凭证和文件的使用和保管情况。

10.2.2   采购与付款循环的控制测试

采购与付款循环的控制测试,是在了解与描述采购与付款循环内部控制的基础上,测试其实际运行的有效性。

1.请购商品或劳务内部控制测试

审计人员应关注对请购单的提出和核准控制程序,对其进行控制测试时,应选择若干张请购单,检查摘要、数量及日期和相应文件的完整性,审核证据手续是否完整,有无核准人签字等。

2.订购商品或劳务内部控制测试

订货单是经核准的采购业务的执行凭证,审计人员应注意对订货单的填制和处理的控制,关注订货单是否准确处理和全部有效。进行测试时,应注意审查订货单的完整性,如编号、日期、摘要、数量、价格、规格、质量等是否齐全,审查订货单是否附有请购单或其他授权文件。

3.货物验收内部控制测试

审计人员应确定购货发票是否与验收单一致,验收部门验收货物的处理程序是否适当,验收部门是否独立行使职责,并编制正确的验收单,查询并观察验收部门在收货时对货物的检查情况,检查按编号顺序处理的验收单的完整性,即验收单的内容填写是否完整。

4.应付账款内部控制测试

审计人员应检查购货业务的原始凭证,包括每一张记录负债增加的记账凭证是否均附有订货单、验收单、购货发票,审核这些原始凭证的数量、单价、金额是否一致,原始凭证上的各项手续是否齐全。应注意现金折扣是否由经授权的经办人按规定处理。测试中可抽查部分购货发票,注意有关人员是否在现金折扣期限内按原发票价格支付货款,有无丧失了本应获得的折扣的问题。审计人员还应根据付款凭证记录的内容,分别追查应付账款和存货的明细账与总账是否进行平行登记,金额是否一致。

5.付款业务内部控制测试

审计人员可通过查询、观察、检查以及重复执行内部控制等措施对资金支出进行测试,其步骤是:检查支票样本,审核付款是否经过批准,支票是否与应付款凭单一致,付款后是否注销凭单,支票是否由经过授权批准的人员签发;检查支票登记簿的编号顺序,与相应的应付账款明细账以及银行存款日记账核对,审查其金额是否一致;观察编制凭证与签发支票、签发支票与保管支票的职责是否分离,是否符合内部控制原则;检查付款支票样本,确定资金支付是否完整地记录在适当的会计期间。

采购与付款循环内部控制目标、关键内部控制和内部控制测试一览表见表 10-1。

表 10-1　采购与付款循环内部控制目标、关键内部控制和内部控制测试一览表

内部控制目标	关键内部控制	可进行的内部控制测试
所登记的购货都确已收到商品或接受劳务	请购单、订货单、验收单和卖方发票俱全,并附在付款凭单后;所有的采购都经适当的授权批准;对采购记录定期进行内部核查	检查付款凭单后是否附有请购单、订货单、验收单和卖方发票;检查采购批准标记;检查内部核查标记
发生的购货都已记录	订货单均事先编号并已登记入账;验收单均事先编号并已登记入账;卖方发票均事先编号并已登记入账	检查订货单、验收单、卖方发票编号的完整性
购货交易的估价正确	计算和金额的内部核查;采购价格和折扣的批准	检查内部核查标记;审核批准采购价格和折扣的标记
采购交易分类正确	采用适当的会计科目表;分类的内部核查	将登记入账的采购交易的原始凭证与会计科目表比较核对;检查内部核查标记
采购交易按正确的日期记录	要求收到商品或接受劳务后及时记录;对记录定期进行内部核查	检查有无未记录的卖方发票存在;检查内部核查标记
采购交易被正确记入应付账款和存货等明细账中,并正确汇总	应付账款明细账内容的内部核查	检查内部核查标记

10.3　应付账款审计

应付账款是企业在正常经营过程中,因购买材料、商品和接受劳务供应等经营活动而应付给供应单位的款项。应付账款是随着企业赊购交易的发生而发生的,审计人员应结合购货业务进行应付账款的审计。

10.3.1　应付账款的审计目标

应付账款的审计目标一般包括:确定期末应付账款是否存在;确定应付账款的发生及偿还记录是否完整;确定应付账款期末余额是否正确;确定应付账款的列报是否恰当。

10.3.2　应付账款的实质性程序

1.获取或编制应付账款明细表,复核加计正确,并与报表数、总账数和明细账合计数核对相符。

2.根据被审计单位实际情况,选择以下方法对应付账款执行实质性分析程序:

(1)将应付账款期末余额与期初余额进行比较,分析其波动原因。

(2)分析长期挂账的应付账款,要求被审计单位做出解释,判断被审计单位是否缺乏偿债能力或利用应付账款隐瞒利润。

(3)计算应付账款与存货的比率,应付账款与流动负债的比率,并与以前年度相关比率对比分析,评价应付账款整体的合理性。

(4)根据存货和营业成本等项目的增减变动,分析判断应付账款增减变动的合理性。

3.检查应付账款是否存在借方余额,如有,应查明原因,必要时建议作重分类调整。

4.函证应付账款。一般情况下,并不必须函证应付账款,这是因为函证不能保证查出未记录的应付账款,况且审计人员能够取得采购发票等外部凭证来证实应付账款的余额。但如果控制风险较高,某应付账款明细账户金额较大或被审计单位处于财务困难阶段,则应进行应付账款的函证。

在进行函证时,审计人员应选择较大金额的债权人,以及那些在资产负债表日金额不大,甚至为零,但为企业重要供货人的债权人,作为函证对象。函证最好采用积极函证方式,并具体说明应付金额。同应收账款的函证一样,审计人员必须对函证的过程进行控制,要求债权人直接回函,并根据回函情况编制与分析函证结果汇总表,对未回函的,应考虑是否再次函证。

如果存在未回函的重大项目,审计人员应采用替代审计程序。比如,可以检查决算日后应付账款明细账及库存现金和银行存款日记账,核实其是否已支付,同时检查该笔债务的相关凭证资料,核实交易事项的真实性。

【例 10-1】　注册会计师对开宇公司进行审计时,决定对下列四个明细账户进行函证。开宇公司部分客户应付账款情况见表 10-2。

表 10-2　　　　　　　　　开宇公司部分客户应付账款情况

明细账户(单位名称)	应付账款年末余额(元)	本年度供货总额(元)
甲公司	42 650	66 100
乙公司	0	2 880 000
丙公司	85 000	95 000
丁公司	289 000	3 032 000

要求:判断注册会计师应选择哪家公司进行函证,并分析理由。

注册会计师应选择下列公司进行应付账款函证:

(1)乙公司,原因为乙公司在资产负债表日应付账款余额虽然为零,但为开宇公司该年度重要供货人,注册会计师应对其进行应付账款函证,核实开宇公司对乙公司所有欠款是否都已付清。

(2)丁公司,原因为丁公司为开宇公司欠款余额较大的债权人。

5.查找未入账的应付账款。为了防止企业低估应付账款,审计人员应检查被审计单位有无故意漏记应付账款的行为。

6.检查带有现金折扣的应付账款,是否按发票记载的全部应付金额入账,是否在实际获得现金折扣时再冲减财务费用。

7.被审计单位与债权人进行债务重组的,检查不同债务重组方式下的会计处理是否正确。

8.结合其他应付款、预付账款等项目的审计,检查有无同时挂账的项目,或有无不属于应付账款的其他应付款项,如有,应做出记录,必要时,建议被审计单位作重分类调整或会计误差调整。

9.检查长期挂账的应付账款,做出记录。要求被审计单位说明账龄超过三年的大额应付账款未偿还的原因,注意是否无须支付,并在期后事项中检查资产负债表日后是否偿还。

10.以非记账本位币结算的应付账款,检查其采用的折算汇率及折算金额是否正确。

11.标明应付关联方(包括持股比例5%及以上的股东)的款项,执行关联方及其交易审计程序,并注明编制合并报表时应予抵消的金额。

12.确定应付账款的披露是否恰当。一般来说,"应付账款"项目应根据"应付账款"和"预付账款"科目所属明细科目的期末贷方余额的合计数填列。

10.4　固定资产和累计折旧审计

固定资产在企业资产总额中一般都占有较大的比重,固定资产的安全、完整对企业的生产经营影响极大,审计人员应对固定资产的审计予以高度重视。

固定资产审计的范围很广。"固定资产"科目余额反映企业所有固定资产的原价,"累计折旧"科目余额反映企业固定资产的累计折旧数额,"固定资产减值准备"科目余额反映企业对固定资产计提的减值准备数额;"固定资产"项目余额,即"固定资产"科目余额扣除"累计折旧"科目余额和"固定资产减值准备"科目余额后的余额,这三项无疑属于固定资产的审计范围。除此之外,由于固定资产的增加包括购置、自行建造、投资者投入、融资租入、更新改造、以非现金资产抵偿债务方式取得或以应收债权换入、以非货币性资产交换方式换入、经批准无偿调入、接受捐赠和盘盈等多种途径,相应涉及"货币资金"、"应付账款"、"预付账款"、"在建工程"、"实收资本"(或"股本")、"资本公积"、"长期应付款"等项目;企业的固定资产又因出售、报废、投资转出、捐赠转出、抵债转出、以非货币性资产交换方式换出、无偿调出、毁损和盘亏等原因而减少,与"固定资产清理"、"其他应收款"、"营业外收入"和"营业外支出"等项目有关;另外,企业按月计提固定资产折旧,这又与"制造费用"、"销售费用"、"管理费用"等项目联系在一起。因此,在进行固定资产审计时,应当关注这些相关项目。

10.4.1　固定资产审计

1.固定资产的审计目标

固定资产的审计目标一般包括:确定固定资产是否存在;确定固定资产是否归被审计单位所有或控制;确定固定资产、累计折旧和固定资产减值准备的期末余额是否正确;确定固定资产在财务报表上的披露是否恰当。

2.固定资产的实质性程序

(1)获取或编制固定资产和累计折旧分类汇总表。检查固定资产的分类是否正确并与报表数、总账数和明细账合计数核对相符。

固定资产和累计折旧分类汇总表又称一览表或综合分析表,是审计固定资产和累计折旧的重要工作底稿,其参考格式见表10-3。

表 10-3　　　　　　　　　　　固定资产和累计折旧分类汇总表

编制人：　　　　　　　　　　　　　日期：

被审计单位：　　　　　　　　复核人：　　　　　　　　　　　日期：

固定资产类别	固定资产					累计折旧				
	期初余额	本期增加	本期减少	期末余额	折旧方法	折旧率	期初余额	本期增加	本期减少	期末余额
合　计										

　　汇总表包括固定资产与累计折旧两部分,应按照固定资产类别分别填列。需要解释的是"期初余额"栏,审计人员对其审计应分三种情况:一是在连续审计情况下,应注意与上期审计工作底稿中的固定资产和累计折旧的期末余额审定数核对相符。二是在变更会计师事务所时,后任审计人员应查阅前任审计人员有关工作底稿。三是如果被审计单位以往未经审计人员审计,即在首次接受审计情况下,审计人员应对期初余额进行较全面的审计。尤其是当被审计单位的固定资产数量多、价值大、占资产总额比重高时,最理想的方法是全面审计被审计单位设立以来"固定资产"和"累计折旧"账户中的所有重要的借贷记录。这样,既可核实期初余额的真实性,又可从中加深对被审计单位固定资产管理和会计核算工作的了解。

　　(2)分析程序。根据具体情况,选择以下方法对固定资产实施实质性分析程序:①计算固定资产原值与本期产量的比率,并与前期比较,分析其波动原因,可能发现闲置固定资产或已减少固定资产未在账户上注销的问题;②计算本期计提折旧额与固定资产总成本的比率,将此比率同上期比较,旨在发现本期折旧额计算上可能存在的错误;③比较本期各月之间、本期与以前各期之间的修理及维护费用,旨在发现资本性支出和收益性支出区分上可能存在的错误;④比较本期与以前各期的固定资产增加和减少额。由于被审计单位的生产经营情况不断变化,各期之间固定资产增加和减少的数额可能相差很大。审计人员应当深入分析其差异,并根据被审计单位以往和今后的生产经营趋势,判断差异产生的原因是否合理;⑤分析固定资产的构成及其增减变动情况,与在建工程、现金流量表、生产能力等相关信息交叉复核,检查固定资产相关金额的合理性和准确性。

　　(3)实地观察重要固定资产(如为首次接受审计,应适当扩大检查范围),确定其是否存在,关注是否存在已报废但仍挂账的固定资产。

　　实施实地检查审计程序时,审计人员可以以固定资产明细分类账为起点,进行实地追查,以证明会计记录中所列固定资产确实存在,并了解其目前的使用状况;也可以以实地固定资产为起点,追查至固定资产明细分类账,以获取实际存在的固定资产均已入账的证据。

　　审计人员实地检查的重点,是本期新增加的重要固定资产,有时观察范围也会扩展到以前期间增加的重要固定资产。观察范围的确定需要依据被审计单位内部控制的强弱、固定资产的重要性和审计人员的经验来判断。如为初次接受审计,应适当扩大检查范围。

　　(4)检查固定资产的所有权。对各类固定资产,审计人员应获取、收集不同的证据以确定其是否确归被审计单位所有。对外购的机器设备等固定资产,通常经审核采购发票、采购合同等予以确定;对于房地产类固定资产,需查阅有关的合同、产权证明、财产税单、抵押借款的还款凭据、保险单等书面文件;对融资租入的固定资产,应验证有关融资租赁合同,证实其并非经营租赁;对汽车等运输设备,应验证有关运营证件等;对受留置权限制的固定资产,通常还应审核被审计单位的有关负债项目等予以证实。

(5)检查固定资产的增加。被审计单位如果不正确核算固定资产的增加,将对资产负债表和利润表产生长期的影响。因此,审计固定资产的增加,是固定资产实质性程序中的重要内容。固定资产的增加有多种途径,审计中应注意:检查本年度增加的固定资产的计价是否正确,凭证手续是否齐全;对已交付使用但尚未办理竣工结算等手续的固定资产,检查其是否暂估入账,并按规定计提折旧;检查资本性支出与收益性支出的划分是否恰当,是否将应计入本期损益的利息计入固定资产成本;抽查相关凭证,验证其会计处理的正确性。

(6)检查固定资产的减少。固定资产的减少主要包括出售、向其他单位投资转出、向债权人抵债转出、报废、毁损、盘亏等。在对的被审计单位全面清查固定资产时,常常会发现固定资产账存实亡现象,这可能是由于固定资产管理或使用部门不了解报废固定资产与会计核算两者间的关系,擅自报废固定资产而未及时通知财务部门作相应的会计核算所致,这样势必造成财务报表反映失真。审计固定资产减少的主要目的,就在于查明对已减少的固定资产是否已做适当的会计处理。审计人员应结合"固定资产清理"科目,抽查固定资产账面转销额是否正确;检查出售、盘亏、转让、报废或毁损的固定资产是否经授权批准,会计处理是否正确;分析"营业外收入"、"营业外支出"等账户,查明有无处置固定资产所带来的损益。

(7)检查固定资产后续支出的核算是否符合规定。

(8)检查固定资产的租赁。审计人员应获取租入、租出固定资产相关的证明文件,检查是否存在混淆经营租赁和融资租赁的情况,并检查其会计处理是否正确。

(9)获取暂时闲置固定资产的相关证明文件,并观察其实际状况,检查是否已按规定计提折旧,相关的会计处理是否正确。

(10)获取已提足折旧仍继续使用固定资产的相关证明文件,并作相应记录。

(11)结合"银行借款"等科目,了解是否存在固定资产抵押、担保情况。如有,则应取证并作相应的记录,同时提请被审计单位作恰当披露。

(12)确定固定资产的披露是否恰当。财务报表附注通常应说明固定资产的标准、分类、计价方法和折旧方法;各类固定资产的预计使用寿命、预计净残值和折旧率;对固定资产所有权的限制及其金额(这一披露要求是指,企业因贷款或其他原因而以固定资产进行抵押、质押或担保的类别、金额、时间等情况);暂时闲置和已提足折旧仍继续使用的固定资产账面价值;已报废和准备处置的固定资产账面价值。

如果被审计单位是上市公司,则通常应在其财务报表附注中按类别分项列示固定资产期初余额、本期增加额、本期减少额及期末余额;说明固定资产中存在的在建工程转入、出售、置换、抵押或担保等情况;披露通过融资租赁租入的每类固定资产的账面原值、累计折旧、账面净值;披露通过经营租赁租出的每类固定资产的账面价值。

10.4.2　累计折旧审计

固定资产可以长期参加生产经营而仍保持其原有实物形态,但其价值将随着固定资产的使用而逐渐转移到生产的产品中,或构成经营成本或费用。这部分随着固定资产的磨损而逐渐转移的价值就是固定资产的折旧。

在不考虑固定资产减值准备的前提下,影响折旧的因素有折旧的基数(一般指固定资产的账面原值)、固定资产的预计净残值和预计使用寿命三个方面。在考虑固定资产减值准备的前提下,影响折旧的因素则包括折旧的基数、累计折旧、固定资产减值准备、固定资产预计净残值和固定资产尚可使用年限五个方面。在计算折旧时,对固定资产的预计净残值和清理费用只能人为估计;对固定资产的使用寿命,由于固定资产的有形和无形损耗难以准确计算,因而也只能估计;同样,对固定资产减值准备的计提也带有估计的成分。因此,固定资产折旧主要取决于企业的折旧政策,具有一定程度的主观性。

1. 累计折旧的审计目标

固定资产折旧的特性,决定了累计折旧审计的主要目标为:确定固定资产的折旧政策是否恰当;确定折旧费用的计算、分摊是否合理、一贯;确定累计折旧在财务报表上的披露是否恰当。

2. 累计折旧的实质性程序

(1)获取或编制累计折旧分类汇总表,复核加计正确,并与总账数和明细账合计数核对相符。

(2)检查被审计单位制定的折旧政策和方法,是否符合相关会计准则的规定。确定其所采用的折旧方法,能否在固定资产预计使用寿命内合理分摊其成本,前后期是否一致。判断固定资产的预计使用寿命和预计净残值是否合理。

(3)根据具体情况,选择以下方法对累计折旧执行实质性分析程序:①对折旧计提的总体合理性进行复核,是测试折旧正确与否的一个有效办法。在不考虑固定资产减值准备的前提下,计算、复核的方法是用应计提折旧的固定资产原值乘以本期的折旧率。计算之前,审计人员应对本期增加和减少的固定资产、使用寿命长短不一的和折旧方法不同的固定资产作适当调整。如果总的计算结果和被审计单位的折旧总额相近,且固定资产及累计折旧的内部控制较健全时,就可以适当减少累计折旧和折旧费用的其他实质性程序工作量。②计算本期计提折旧额占固定资产原值的比率,并与上期比较,分析本期折旧计提额的合理性和准确性。③计算累计折旧占固定资产原值的比率,评估固定资产的老化程度,并估计因闲置、报废等原因可能发生的固定资产损失,结合固定资产减值准备,分析其是否合理。

(4)复核本期折旧费用的计提是否正确,检查折旧费用的分配是否合理,是否与上期一致。注意固定资产增减变动时,有关折旧的会计处理是否符合规定。查明通过更新改造、接受捐赠或融资租入而增加的固定资产折旧费用计算是否正确。

(5)将"累计折旧"账户贷方的本期计提折旧额,与相应的成本费用中的折旧费用明细账户的借方相比较,以查明所计提折旧金额是否全部摊入本期成本费用。一旦发现差异,应及时追查原因,并考虑是否应建议作适当调整。

（6）检查累计折旧的披露是否恰当。如果被审计单位是上市公司，通常应在其财务报表附注中，按固定资产类别分项列示累计折旧期初余额、本期计提额、本期减少额及期末余额。

【例10-2】　审计人员对A厂某年财务决算进行审计，在审查固定资产增减业务时，发现下列问题：

（1）上年9月购入专用设备一台，买价300 000元，共发生运杂费2 500元和设备安装费2 500元。购买设备价款计入固定资产原值，运杂费、设备安装费都计入管理费用。该专用设备于该年9月份投入使用（预计净残值为0，采用直线法折旧，年折旧率为10%，折旧计入管理费用）。

（2）发现上年度经批准出售车床一台，原价58 000元，已累计计提折旧12 800元，净值45 200元，出售所得价款35 000元，该厂的会计处理为：

借：银行存款　　　　　　　　　　　　　　　　　　　　35 000
　贷：营业外收入　　　　　　　　　　　　　　　　　　　　　　　35 000
借：累计折旧　　　　　　　　　　　　　　　　　　　　12 800
　　营业外支出　　　　　　　　　　　　　　　　　　　45 200
　贷：固定资产　　　　　　　　　　　　　　　　　　　　　　　58 000

要求：根据上述资料，分析指出所存在问题的性质，并根据审计结果，分别编制调整分录。

（1）该笔业务属于固定资产增加计价错误。购入固定资产的原值包括买价、运杂费和安装调试费。由于计价错误，进而影响了折旧和本年度损益以及资产负债表中的资产项目。调整分录为：

应补提折旧额＝5 000×10%÷12×3＝125（元）

借：固定资产　　　　　　　　　　　　　　　　　　　　5 000
　贷：累计折旧　　　　　　　　　　　　　　　　　　　　　　　　125
　　　管理费用　　　　　　　　　　　　　　　　　　　　　　　4 875

同时还应调整所得税、盈余公积等科目。

（2）对出售车床的调整分录为：

借：营业外收入　　　　　　　　　　　　　　　　　　　35 000
　贷：营业外支出　　　　　　　　　　　　　　　　　　　　　　35 000

10.4.3　固定资产减值准备审计

1.固定资产减值准备的审计目标

固定资产减值准备的审计目标一般包括：确定计提固定资产减值准备的方法是否恰当，固定资产减值准备的计提是否充分；确定固定资产减值准备增减变动的记录是否完整；确定固定资产减值准备期末余额是否正确；确定固定资产减值准备的披露是否恰当。

2.固定资产减值准备的实质性程序

（1）获取或编制固定资产减值准备明细表，复核加计正确，并与报表数、总账数和明细账合计数核对相符。

（2）检查固定资产减值准备计提和核销的批准程序，取得书面报告等证明文件。

（3）检查被审计单位计提固定资产减值准备的依据是否充分及会计处理是否正确。

（4）检查资产组的认定是否恰当，计提固定资产减值准备的依据是否充分，会计处理是否正确。

（5）实施实质性分析程序，计算本期末固定资产减值准备占期末固定资产原值的比率，并与期初该比率比较，分析固定资产的质量状况。

（6）检查被审计单位处置固定资产时原计提的减值准备是否同时结转，会计处理是否正确。

（7）检查是否存在转回固定资产减值准备的情况。按照《企业会计准则》规定，固定资产减值损失一经确认，在以后会计期间不得转回。

（8）确定固定资产减值准备的披露是否恰当。

如果企业计提了固定资产减值准备，根据《企业会计准则第 8 号——资产减值》的规定，企业应当在财务报表附注中披露：①当期确认的固定资产减值损失金额。②企业提取的固定资产减值准备累计金额。如果发生重大固定资产减值损失的，还应当说明导致重大固定资产减值损失的原因，固定资产可收回金额的确定方法，以及当期确认的重大固定资产减值损失的金额。

如果被审计单位是上市公司，其财务报表附注中通常还应分项列示计提的固定资产减值准备金额、增减变动情况以及计提的原因。

10.5 其他相关账户审计

10.5.1 预付账款审计

预付账款是企业按采购合同的规定，预先支付给供货单位的货款，会计上通过"预付账款"或"应付账款"科目（借方）进行核算。预付账款是企业的一种流动资产，它是企业在采购环节中产生的。因此，预付账款的审计应结合采购与付款循环的审计进行。

1. 预付账款的审计目标

预付账款的审计目标一般包括：确定预付账款是否存在；确定预付账款是否归被审计单位所有；确定预付账款及其坏账准备增减变动的记录是否完整；确定预付账款和坏账准备的期末余额是否正确；确定预付账款在财务报表上的披露是否恰当。

2. 预付账款的实质性程序

（1）获取或编制预付账款明细表，复核加计正确，并与报表数、总账数和明细账合计数核对相符。

（2）实施实质性分析程序。比较预付账款期末余额与期初余额，分析其波动原因；通过了解预付账款惯例以及收到货物的平均天数，分析其账龄是否合理；计算预付账款借方发生额与主营业务成本的比率，与以前各期比较，分析异常变动的原因；将预付账款余额的增减幅度与主营业务成本的增减幅度比较，分析异常变动的原因；检查预付账款是否存在贷方余额，如有，应查明原因，必要时建议作重分类调整；同时，结合应付账款明细账检查有无重复付款或将同一笔已付清的账款在"预付账款"和"应付账款"这两个账户同时挂账的情况,必要时建议作调整。

(3)按照审计策略选择大额或异常的预付账款重要项目(包括零账户),函证其余额是否正确,并根据回函情况编制函证结果汇总表;回函金额不符的,要查明原因做出记录或建议作适当调整;未回函的,可再次函证,也可采用替代审计程序进行检查,如检查该笔债权的相关凭证资料,或抽查资产负债表日后预付账款明细账及存货、在建工程明细账,核实是否已收到货物、转销预付账款,并根据替代检查结果判断其债权的真实性或出现坏账的可能性。

(4)分析预付账款账龄及款项构成,关注账龄超过 1 年的款项未结转的原因。检查预付账款长期挂账的原因。确定是否存在无法收回的预付账款,或者因供货单位破产、撤销等原因已无法再收到所购货物的预付账款。如果是,应提请被审计单位作必要调整。

(5)确定预付账款的披露是否恰当。预付账款在资产负债表中的"预付款项"项目单独反映,其数额应根据"预付账款"科目所属明细科目的期末借方余额合计填列,其所属明细科目的期末贷方余额应在资产负债表中的"应付账款"项目填列。对于重要的和关联方的预付账款,还应在财务报表附注中专门披露。审计人员应当审核被审计单位预付账款反映和披露是否充分恰当。

10.5.2 在建工程审计

1. 在建工程的审计目标

在建工程的审计目标一般包括:确定在建工程是否存在;确定在建工程是否归被审计单位所有;确定在建工程增减变动的记录是否完整;确定在建工程减值准备的计提是否充分、完整,方法是否恰当;确定在建工程及其减值准备的期末余额是否正确;确定在建工程及其减值准备的披露是否恰当。

2. 在建工程的实质性程序

(1)获取或编制在建工程明细表,复核加计正确,并与总账数和明细账合计数核对相符,结合减值准备科目与报表数核对相符。

应当注意,在建工程报表数反映企业期末各项未完工程的实际支出,包括交付安装的设备价值、未完建筑安装工程已经耗用的材料、工资和费用支出、预付出包工程的价款、已经建筑安装完毕但尚未交付使用的工程等的可收回金额,应根据"在建工程"科目的期末余额,减去"在建工程减值准备"科目的期末余额后的金额填列。因此,其报表数应同"在建工程"总账数和明细账合计数,分别减去相应的"在建工程减值准备"总账数和明细账合计数后的余额核对相符。

(2)检查"在建工程"项目期末余额的构成内容,并实地观察工程现场,确定在建工程是否存在;观察工程项目的实际完工程度;检查是否存在已达到预计可使用状态,但未办理竣工决算手续、未及时进行会计处理的项目。

(3)检查本期在建工程的增加数。对在建工程增加的审计难度较大,工作量也很大,必要时可请专业人员协助进行。在审计过程中,审计人员应注意:①对于重大建设项目,取得有关工程项目的立项批文、预算总额和建设批准文件,以及施工承包合同、现场监理施工进度报告等业务资料。②对于支付的工程款,应抽查其是否按照合同、协议、工程进度或监理进度报告分期支付,付款授权批准手续是否齐备,会计处理是否正确。③对于领用的工程物资,抽查工程物资的领用是否有审批手续,会计处理是否正确。④对于借款费用资本化,应结合长短期借款、应付债券或长期应付款的审计,检查借款费用(借款利息、溢折价摊销、汇兑差额、辅助费用)资本化的起迄日的界定是否合规,计算方法是否正确,资本化金额是否合理,会计处理是否正确。

(4)检查本期在建工程的减少数。在审计过程中,审计人员应注意:①了解在建工程结转固定资产的政策,并结合固定资产审计。检查在建工程结转是否正确,是否存在将已经达到预计可使用状态的固定资产挂列在建工程,少计折旧的情况。②检查已完工程项目的竣工决算报告、验收交接单等相关凭证以及其他转出数的原始凭证,检查会计处理是否正确。

(5)检查是否有长期挂账的在建工程。如有,了解原因,并关注是否可能发生损失,检查减值准备计提是否正确。

(6)确定在建工程的披露是否恰当。如果被审计单位是上市公司,其财务报表附注中通常应分项列示在建工程的名称、预算数、期初余额、本期增加额、本期转入固定资产额、其他减少数、期末余额、资金来源、工程投入占预算的比率;分项列示期初余额、本期增加额、本期转入固定资产额、其他减少数和期末余额中所包含的借款费用资本化金额。其中,工程项目的资金来源应区分募股资金、金融机构贷款和其他来源等,用于确定利息资本化金额的资本化率应单独披露。

3. 在建工程减值准备的实质性程序

(1)获取或编制在建工程减值准备明细表,复核加计正确并与总账数和明细账合计数核对相符。

(2)检查在建工程减值准备计提和转销的批准程序,取得书面报告等证明文件。

(3)检查被审计单位计提在建工程减值准备的依据是否充分,会计处理是否正确。

(4)检查已计提减值准备的在建工程,关注其项目的进展及可行性,考虑是否需要提出审计调整建议。

(5)检查被审计单位处置在建工程时,原计提的减值准备是否同时结转,会计处理是否正确。

(6)检查是否存在转回在建工程减值准备的情况。按照《企业会计准则》规定,在建工程减值损失一经确认,在以后会计期间不得转回。

(7)确定在建工程减值准备的披露是否恰当。

如果企业计提了在建工程减值准备,根据《企业会计准则第8号——资产减值》的规定,企业应当在财务报表附注中披露:①当期确认的在建工程减值损失金额。②企业提取的在建工程减值准备累计金额。如果发生重大在建工程减值损失的,还应当说明导致重大在建工程减值损失的原因,以及当期确认的重大在建工程减值损失的金额。

如果被审计单位为上市公司,通常还应分项列示在建工程减值准备金额、增减变动情况以及计提的原因。

10.5.3 工程物资审计

1.工程物资的审计目标

工程物资的审计目标一般包括:确定工程物资是否存在;确定工程物资是否归被审计单位所有;确定工程物资增减变动的记录是否完整;确定工程物资及减值准备的期末余额是否正确;确定工程物资及减值准备的披露是否恰当。

2.工程物资的实质性程序

(1)获取或编制工程物资及减值准备明细表,复核加计正确,并与报表数、总账数和明细账合计数核对相符。

(2)实地检查工程物资,确定其是否存在,并观察是否有呆滞、积压物资。

(3)抽查若干工程物资采购合同、发票、货物验收单等原始凭证,检查其是否经过授权批准,会计处理是否正确。

(4)检查工程物资的领用手续是否齐全,会计处理是否正确。

(5)检查工程完工后剩余的工程物资,转入存货时对所含的增值税进项税额的处理是否正确。

(6)检查被审计单位是否对工程物资定期盘点,对盘盈(亏)是否及时处理,处理是否符合规定,会计处理是否正确。

(7)检查工程物资在资产负债表中的披露是否恰当。

3.工程物资减值准备的实质性程序

(1)获取或编制工程物资减值准备明细表,复核加计正确,并与总账数和明细账合计数核对相符。

(2)检查工程物资减值准备计提和转销的批准程序,取得书面报告等证明文件。

(3)检查被审计单位计提工程物资减值准备的依据是否充分,会计处理是否正确。

(4)检查已计提减值准备的工程物资,关注其原建设项目的进展及可行性,必要时做出调整。

(5)检查被审计单位处置工程物资时,原计提的减值准备是否同时结转,会计处理是否正确。

(6)检查是否存在转回工程物资减值准备的情况。

(7)确定工程物资减值准备的披露是否恰当。

10.5.4 固定资产清理审计

1.固定资产清理的审计目标

固定资产清理的审计目标一般包括:确定固定资产清理的记录是否完整,核算内容是否正确;确定固定资产清理的期末余额是否正确;确定固定资产清理的披露是否恰当。

2. 固定资产清理的实质性程序

(1)获取或编制固定资产清理明细表,复核加计正确,并与报表数、总账数和明细账合计数核对相符。

(2)结合固定资产等的审计,检查固定资产、累计折旧等结转是否正确。

(3)检查固定资产清理的原因,如出售、报废、毁损固定资产,应检查是否经有关技术部门鉴定并授权批准,会计处理是否正确;如对外投资、债务重组或非货币性资产交换转出固定资产,应检查有关的合同协议以及股东(大)会或董事会的决议,检查其会计处理是否正确。

(4)检查固定资产清理收入和清理费用的发生是否真实,清理净损益的计算是否正确,会计处理是否正确。

(5)检查有无长期挂账的固定资产清理余额。如有,应查明原因,必要时提出调整建议。

(6)确定固定资产清理的披露是否恰当。

10.5.5   无形资产审计

无形资产是指企业拥有或者控制的,没有实物形态的可辨认非货币性资产。无形资产包括专利权、非专利技术、商标权、著作权、土地使用权等。

1. 无形资产的审计目标

无形资产的审计目标一般包括:确定无形资产是否存在;确定无形资产是否归被审计单位所有;确定无形资产增减变动及其摊销的记录是否完整;确定无形资产的预计使用寿命是否合理;确定无形资产的摊销政策是否恰当;确定无形资产减值准备计提是否充分、完整,方法是否恰当;确定无形资产减值准备发生和转销的记录是否完整;确定无形资产、累计摊销及减值准备的期末余额是否正确;确定无形资产、累计摊销及减值准备的披露是否恰当。

2. 无形资产的实质性程序

(1)获取或编制无形资产明细表,复核加计正确,并与总账数和明细账合计数核对相符,结合累计摊销、无形资产减值准备科目与报表数核对相符。

(2)检查无形资产科目的核算内容是否符合规定,特别关注土地使用权的核算是否正确。

(3)检查无形资产的权属证书原件、非专利技术的持有和保密状况等,并获取有关协议和董事会纪要等文件、资料,检查无形资产的性质、构成内容、计价依据、使用状况和受益期限,确定无形资产的所有权和存在性。

(4)检查无形资产的增加。审计人员应关注:①检查投资者投入的无形资产是否按投资各方确认的价值入账,并检查确认价值是否公允,交接手续是否齐全。②对自行研发取得、购入或接受捐赠的无形资产,检查其原始凭证,确认计价是否正确,法律程序是否完备(如依法登记、注册及变更登记的批准文件和有效期),会计处理是否正确。③对债务重组或非货币性资产交换取得的无形资产,检查有关协议等资料,确认其计价和会计处理是否正确。④检查本期购入土地使用权相关税费计缴情况,与购入土地使用权相关的会计处理是否正确。

(5)检查无形资产的减少。审计人员应关注：①取得无形资产处置的相关合同、协议，检查其会计处理是否正确。②检查房地产开发企业取得的土地用于建造对外出售的房屋建筑物，相关土地使用权是否转入所建造房屋建筑物的成本；在土地上自行开发建造厂房等建筑物的，土地使用权和地上建筑物是否分别进行摊销和计提折旧。③当土地使用权用于出租或增值目的时，检查其是否转为投资性房地产核算，会计处理是否正确。

(6)检查被审计单位确定无形资产使用寿命的依据，分析其合理性。

(7)检查无形资产的后续支出是否合理，会计处理是否正确。

(8)对于使用寿命有限的无形资产，应逐项检查是否存在减值迹象，做出详细记录；对于使用寿命不确定的无形资产，无论是否存在减值迹象，都应进行减值测试。若某项无形资产预计不能为被审计单位带来经济利益，确定是否将其账面价值予以转销，并计入当期营业外支出。

(9)结合长、短期借款等项目审计，了解是否存在用于债务担保的无形资产。如有，则应取证并记录，同时提请被审计单位作恰当披露。

(10)确定无形资产的披露是否恰当。

3.无形资产累计摊销的实质性程序

(1)获取或编制无形资产累计摊销明细表，复核加计正确，并与总账数和明细账合计数核对相符。

(2)检查无形资产各项目的摊销政策是否符合有关规定，是否与上期一致，若改变摊销政策，检查其依据是否充分。注意使用期限不确定的无形资产不应摊销，但应当在每个会计期末对其使用寿命进行复核。

(3)检查被审计单位是否在年度终了时对使用寿命有限的无形资产的使用寿命和摊销方法进行复核，其复核结果是否合理。

(4)检查无形资产的应摊销金额是否为其成本扣除预计残值和减值准备后的余额，检查其预计残值的确定是否合理。

(5)确定累计摊销的披露是否恰当。

4.无形资产减值准备的实质性程序

(1)获取或编制无形资产减值准备明细表，复核加计正确，并与总账数和明细账合计数核对相符。

(2)检查无形资产减值准备计提和转销的批准程序，取得书面报告等证明文件。

(3)检查被审计单位计提无形资产减值准备的依据是否充分，计算和会计处理是否正确。

(4)检查无形资产转让时，相应的减值准备是否一并结转，会计处理是否正确。

(5)通过检查期后事项，以及比较前期无形资产减值准备数与实际发生数，评价无形资产减值准备的合理性。

(6)确定无形资产减值准备的披露是否恰当。

10.5.6　应付票据审计

应付票据是指企业因购买材料、商品和接受劳务供应等开出、承兑的商业汇票,包括银行承兑汇票和商业承兑汇票。随着商业活动的票据化,企业票据业务将越来越多,应付票据也将成为一个重要的审计领域。并且,由于应付票据大多是指向供货单位购入材料、商品或劳务时所开出的商业承兑票据,因此,对应付票据的审计需结合采购与付款交易一起进行。

1.应付票据的审计目标

应付票据的审计目标一般包括:确定应付票据的发生及偿还记录是否完整;确定应付票据期末余额是否正确;确定应付票据的披露是否恰当。

2.应付票据的实质性程序

(1)获取或编制应付票据明细表,复核加计正确,并与应付票据备查簿、报表数、总账数和明细账合计数核对相符。

应付票据明细表一般应列示票据类别及编号、出票日期、面额、到期日、收款人名称、利息率、付息条件以及抵押品的名称、数量和金额等。在核对时,审计人员应注意被审计单位有无漏报、错报票据;有无漏列作为抵押的资产;有无属于应付账款的票据;有无漏计、多计或少计应付利息费用等。

(2)选择应付票据重要项目(包括零账户),函证其余额是否正确。并根据回函情况,编制与分析函证结果汇总表。对未回函的,可再次函证,或采用其他替代审计程序以确定应付票据的真实性。

询证函通常应包括出票日、到期日、票面金额、未付金额、已付息期间、利息率以及票据的抵押担保品等内容。

(3)检查应付票据备查簿,抽查若干原始凭证,确定其是否真实,会计处理是否正确:①检查该笔债务的相关合同、发票、货物验收单等资料,核实交易事项的真实性。②抽查相关会计凭证,验证其账务处理的正确性。③抽查资产负债表日后应付票据明细账及库存现金、银行存款日记账,核实期后是否已付款并转销。④对截至资产负债表日已偿付的应付票据,检查其入账凭证,注意入账日期的合理性。

(4)复核带息应付票据利息是否足额计提,其会计处理是否正确。

(5)确定应付票据是否已在资产负债表中恰当披露。

复习思考题

一、单项选择题

1.对应付账款实质性审计时,抽查明细账的主要目的是(　　)。

A.确定应付账款期末余额变动的合理性　　B.审查有无漏记的应付账款

C.查明应付账款期末余额的实有额和真实性　　D.为了调节应付账款

2.审计应付账款时,下列审计程序中可完全交给被审计单位办理的是(　　)。

A.根据应付账款明细表核对总账　　B.对选定的账户向债权人发询证函

C.检查、核对应付账款分类账及过账　　D.编制应付账款明细表

3. 审计某企业"应付账款"项目，发现"应付账款"账户中包含本期估价入库的采购商品 300 万元。经审核，未附有供应商名称、商品品种、数量及金额计算等凭证，审计人员应采取的措施是（ ）。

A. 认可被审计单位的处理   B. 取得估价入库商品的详细资料

C. 作为虚假事项处理   D. 不必过问

4. 审计 M 企业应付账款时，发现应付 N 公司货款 210 万元，账龄已有 2 年。审计人员通过审阅凭证、询问被审计单位有关人员，未能取得证据来证实负债的存在性。审计人员应（ ）。

A. 函证债权人   B. 做出账实不符结论

C. 核对报表   D. 直接调整账项

5. 审计应付票据时，发现一份带息票据出票日为 2010 年 9 月 1 日，到期日为 2011 年 3 月 1 日，面值 1 000 万元，票面月利率为 5‰，未按规定计提利息费用，审计人员应提请被审计单位 2010 年度终了计提利息（ ）万元。

A. 20   B. 150   C. 250   D. 50

6. 审计应付票据时，发现一份带息票据面值 500 万元，出票日为 2010 年 8 月 1 日，到期日为 2011 年 2 月 1 日，月利率为 1‰，2010 年度终了未按规定计提利息费用。审计人员应提请被审计单位计提利息的调整分录为（ ）。

A. 借记"应收票据"，贷记"其他应付款"25 000 元

B. 借记"财务费用"，贷记"应付票据"25 000 元

C. 借记"销售费用"，贷记"应付票据"20 000 元

D. 借记"财务费用"，贷记"应付票据"20 000 元

7. 被审计单位采用计算机处理采购业务，订货单、验收单均没有纸质凭证。审计人员准备对应付账款准确性进行测试，最佳审计程序是（ ）。

A. 以供应商为抽样总体，抽查付款准确性

B. 抽查大额应付账款，追踪相应的原始凭证

C. 以付款业务为抽样总体，抽取样本与储存在计算机中的订货单、验收单及发票核对

D. 以月末验收单为重点，追踪相应付款环节

二、多项选择题

1. 采购与付款循环的主要过程包括（ ）。

A. 由采购部门填写请购单   B. 采购部门验收商品

C. 仓库填写请购单   D. 采购并由独立的验收部门进行验收

E. 财务部门确认债务并付款

2. 采购与付款循环内部控制主要职责分工有（ ）。

A. 提出采购申请与批准采购申请相互独立

B. 批准请购与采购部门相互独立

C. 验收部门与财务部门相互独立

D. 应付账款记账员不能接触现金、有价证券

E. 内部检查与相关的执行和记录工作相互独立

3. 采购与付款循环审计目标应包括( )。

A. 确定应付账款存在性

B. 确定应付账款发生及偿还记录完整性

C. 确定应付账款分类准确性

D. 确定采购与付款业务记录截止期准确性

E. 确定存货发出计价准确性

4. 某企业2011年账面资料表明当年应付票据大多已付清。审计人员为证实付款情况而取得的审计证据有( )。

A. 应付票据明细表　　　　　　B. 比率及趋势分析资料

C. 企业管理当局的债务声明书　D. 应付票据询证回函

E. 出纳人员的陈述

5. 可以防止或发现采购与付款业务发生错误或舞弊的内部控制有( )。

A. 所有订货单均经授权部门批准,订货单副本及时交财务部门

B. 由用料单位提出请购申请,经批准交采购部门办理

C. 由采购部门提出请购申请,并由采购部门办理

D. 收到购货发票后,及时交财务部门确认其与订货单、验收单的一致性

E. 对现金折扣专门记录,并严格审核是否出现折扣损失

三、判断题

1. 应付账款记账人员应在审查核对发票、订购单、验收单无误后确认债务。 ( )

2. 通常由采购部门提出请购,并由其办理采购业务。 ( )

3. 为了提高作业效率,可由财务部门对收到的材料进行验收。 ( )

4. 票据仅由一人签发或名义上虽为两人而实际上其中一人已预先在票据上盖章,则应付票据管理易于失控。 ( )

5. 应付账款明细表必须由审计人员亲自编制。 ( )

6. 某一应付账款明细账户年末余额为零,审计人员可不必将其列为函证对象。 ( )

7. 跨年度的带息应付票据可在票据到期日还本付息,不必在期末计提应计利息。 ( )

8. 抽查应付账款明细账是为了确定其期末余额变动的合理性。 ( )

9. 询证供应商是查明未入账应付账款最有效的方法。 ( )

应用技能训练题

1. 审计人员A在对盛和公司资产负债表的"预付款项"项目审计时,发现"预付账款"和"应付账款"科目中均有M公司明细账户,"预付账款"科目有预付M公司货款50万元,"应付账款"科目中有应付M公司货款40万元。审计人员A通过对被审计单位会计人员查询核实,核定应付M公司的货款应与预付账款进行冲销处理。请问审计人员应提请被审计单位如何进行账务处理?

2.某会计师事务所注册会计师 B 审计长江公司"固定资产"和"累计折旧"项目时发现下列情况：

(1)"未使用固定资产"中有固定资产 H 设备已于本年 7 月份投入使用，该公司未将该固定资产转入"使用固定资产"并计提折旧；

(2)对所有的"空调器"，按其实际使用的时间(6 月至 9 月)计提折旧；

(3)公司有融资租入的设备 2 台，租赁期为 3 年，尚可使用年限为 4 年，该公司确定的折旧期为 4 年；

(4)对已提足折旧继续使用的设备仍继续计提折旧；

(5)6 月份购入吊车 1 辆，价值 65 万元，当月投入使用并同时开始计提折旧；

(6)该公司原采用年限平均法计提折旧，于本年度 8 月份改为工作量法，这一改变已经股东大会和董事会批准，但未报财政部门及有关部门备案，也未在财务报表附注中予以说明。

请问注册会计师 B 对上述事项应当如何处理？

第11章

存货与仓储循环审计

【知识目标】

通过本章学习,学生要了解存货与仓储循环的主要业务活动及其涉及的原始凭证与会计记录;熟悉成本会计和薪酬管理的内部控制及其测试;熟练掌握生产成本的审计目标和实质性程序;熟练掌握存货的成本、监盘、计价和截止日测试等审计程序;了解其他相关账户的审计目标和实质性程序。

【应用能力目标】

掌握存货业务管理过程、会计核算和产成品生产过程、营业成本核算程序,能运用所学的存货与仓储循环审计的基本理论、基本方法和基本技能解决实际审计工作中的有关问题。

11.1 存货与仓储循环审计概述

存货是指企业在日常经营过程中持有的以备出售的产成品,或者仍然在生产过程的半成品,或者在生产或提供劳务过程中将被消耗的材料货物,包括库存的、在加工的、在途的各类材料、半成品、产成品、低值易耗品等。所以,存货与仓储循环主要包括材料采购、入库、出库的过程,在产品、产成品的价值形成过程和产成品入库、发出的过程。一般来说,凡与存货有关的一切经济活动,都属存货与仓储循环的范围。存货与仓储循环审计所涉及的财务报表项目主要如表 11-1 所示。

表 11-1 　　存货与仓储循环审计涉及的主要财务报表项目

业务循环	资产负债表项目	利润表项目
存货与仓储循环	存货、存货跌价准备、应付职工薪酬	主营业务成本

11.1.1 主要业务活动

1. 计划和安排生产

企业计划部门根据客户订单或者对销售的预测、产成品的需求和存货的分析来制订生产计划并进行生产授权。如决定授权生产,计划部门签发预先连续编号的生产通知单,并将发出的所有生产通知单予以记录控制。

2.材料的采购与入库

供应部门根据生产通知单和材料库存情况,编制一份材料需求报告(采购计划),列示所需要的材料品种及数量。根据需求报告组织原材料采购,采购人员向供货厂商或制造厂商订购商品。原材料运到仓库,仓库会计将发票与采购计划核对后,出具入库单,入库单交给库房管理员进行实物数量验收、签字,整个入库过程完成。入库单由仓库会计、库房管理员、采购员各执一联,采购联随发票到财务部门和运费清单一并用于登记原材料库存明细账。

3.发出原材料

仓库部门根据生产通知单审核生产部门交来的领料凭证,如领料单、限额领料单、领料登记簿等,审核无误后发料,领料凭证通常一式三联,仓库发料后,其中一联连同材料交领料部门,一联由仓库登记材料卡片账后留存,一联送财务部门进行材料收发核算和成本核算。

4.生产产品

生产部门在收到生产通知单并领取原材料后,应立即组织生产并做好产量和工时记录,一道工序完成后将在产品交下一道工序进一步加工,直到最后形成完工产品。生产过程的主要原始凭证包括工作通知单、工序进程单、工作班产量报告、产量通知单、产量明细账、废品通知单等,应按产品、工序及车间分类整理。

5.产成品入库

在产品生产完工后交检验员验收质量,库房管理员验收数量并办理入库手续,产成品入库后,须由仓库部门先点验和检查,然后签收并登记产成品卡片账。同时填制产成品入库单,双方签字后入库单一联留仓库,一联随生产部门传到财务部门,用于通知实际入库数量和进行成本核算。

6.核算产品成本

生产通知单、领料单、退料单、计工单、各种生产记录、入库单等文件资料汇集到财务部门,财务部门应对其进行检查和核对;在核对无误的基础上编制材料费用分配表、人工费用分配表、制造费用分配表和产品成本计算单,计算产品成本,并据以登记产成品总账和明细账等有关账户。

7.发出产成品

发出产成品需由独立的发运部门进行。装运产成品时须持有经销售、信用部门核准的发运通知单,并据此编制出库单。出库单至少一式四联:一联交仓库部门发货,一联交客户,一联作为客户开发票的依据,一联由发运部门留存。

8.储存产成品

仓库储存产成品,即库存管理作业,包含仓库区的管理及库存数量的控制等内容。仓库区的管理包括产品在仓库区域内的摆放方式、区域大小、区域的分布等规划;产品进出仓库的控制即先进先出的出货先后顺序控制,产品所用的搬运工具、搬运方式等进出货方式的控制;仓储区储位的调整及变动。仓库区的管理包含容器的使用与容器的保管维修。仓库部门还应根据产成品的性质特征分类存放,并填制标签。

库存数量的控制则依照一般产品出库数量、入库所用时间等来制定采购数量及采购时点,并做采购时点预警系统,产成品的数量管理与企业的生产计划直接关联,根据产成品的库存数量与销售预计的差额确定生产计划。确认存货数量分为突击性和常规性两种,其中,常规性是仓库按程序进行出入库处理,在一定期间内印制盘点清册,并依据盘点清册的内容清查库存数、修正库存账册并制作盘盈盘亏表。库房盘点由库房管理员进行;仓库会计与库房管理员按各自的结存数进行核对,制作盘盈盘亏表,并查找原因。对无法查明原因的盈、亏数量经核对无误并报仓库部门负责人签字后报财务部门,财务部门依据确认签字的盘盈盘亏表登记存货账和相关的费用账。

11.1.2 涉及的主要凭证与会计记录

1. 主要原始凭证

(1)生产任务通知单

生产任务通知单又称生产指令,是生产管理部门下达生产任务的书面文件,主要用于通知生产车间、组织产品生产,供应部门制订材料采购计划,财务部门组织成本核算。生产任务通知单应连续编号,其内容包括一段时间内需要生产的产品数量及计划完工时间等。

(2)领发料凭证

领发料凭证,是企业为控制材料发出所用的各种凭证,如:领料单、限额领料单、退料单、材料费用汇总表等。其中,材料费用汇总表,是用来汇总反映各生产单位各产品所消耗的材料费用的记录表。

(3)产量和工时记录

产量和工时记录,是登记工作人员或生产人员在出勤时间内,完成产品数量、质量和生产这些产品所耗费的工时数量的原始记录,产量和工时记录的内容与格式因生产类型不同而有所差异。常用的有工作通知单、工序进程单、工作班产量报告、产量明细表、废品通知单等。

(4)薪酬汇总表和人工费用分配表

薪酬汇总表,是为了反映企业全部工资的结算情况,进行工资结算的总分类核算和汇总整个企业工资费用而编制的,它是企业进行工资费用分配的依据。薪酬汇总表一般按部门进行二级分类,以考勤簿和工资手册为原始依据。人工费用分配表,是以薪酬汇总表为基础,分类计算出反映各车间、各产品应负担的工资和福利费的记录。

(5)制造费用分配汇总表

制造费用分配汇总表,是用来汇总反映各生产车间、各产品所应负担的制造费用的原始记录,记录了企业为生产产品和提供劳务而发生的各项间接成本。制造费用,包括产品生产成本中除直接材料和直接工资人工的其他一切生产成本,主要包括企业各个生产单位(车间、分厂)为组织和管理生产所发生的一切费用,以及各个生产单位所发生的固定资产折旧费和维修费。

（6）成本计算凭证

成本计算凭证，是企业用来归集某一产品所应承担的材料费用、人工费用等生产费用，计算该产品总成本和单位成本的记录。

（7）其他记录

其他记录，包括盘点记录、盈亏分析表、捐赠物资记录等可能影响库存物资数量的凭证。盘点记录是材料盘点和产成品盘点的盘点表，一般按企业的要求一月或一季进行一次并统一保存，如果盘点记录存在差异，应编制盈亏分析表，找出差异原因，确实无法查明原因的需要财务部门进行账务调整。捐赠物资记录，是对采购过程中供应商买送活动中提供的实物的记录，依据它仓库可以增加库存，财务部门可以增加存货。

2. 主要会计账户

存货与仓储循环所涉及的会计账户，主要是原材料、库存商品、委托加工物资、存货跌价准备、生产成本、制造费用、劳务成本、应付职工薪酬等。

11.2 存货与仓储循环的内部控制及测试

存货与仓储循环的审计目标，主要是确认存货的存在性、真实性与完整性，产成品、半成品成本计算的准确性，费用估价与分摊的恰当性、准确性，以及财务报表披露的恰当性和准确性。

11.2.1 存货与仓储循环的内部控制

存货与仓储循环的内部控制，分为存货管理、职工薪酬和成本会计三部分，各自的内部控制目标、关键内部控制、可能进行的控制测试见表11-2。

表 11-2 存货与仓储循环内部控制目标、关键内部控制和控制测试一览表

分 类	内部控制目标	关键内部控制	可能进行的控制测试
存货管理	存货实物实施保护措施	采购员、仓库管理员、仓库会计单独设立，存货的保管和记录职责分离	询问和观察存货与记录的接触以及相应的批准程序，观察采购员、仓库管理员、仓库会计是否单独设立，存货的保管和记录是否分离
	发出材料计入相关的成本	材料出库经过授权	检查库房留存的出库单，是否分类连续编号并妥善保存，登记入账
	发出材料是生产需要的	材料出库经过授权	领料单是否经过生产部门授权，并由生产部门及仓库管理员签字
	发出的商品已计入相关的成本或费用	产品出库经过授权	用于销售的产品出库单是否有销售部门授权，自用产成品出库单是否有管理部门的授权审批
	账面存货与实际存货相符（金额、数量）	存货总账与明细账相符	检查仓库会计是否定期与财务对账
		定期进行存货盘点，达到账实相符	询问盘点程序，检查盘点记录
		盘点误差调节按程序和方法经过授权后进行	询问是否编制盘盈盘亏调节表，并依据它调整存货账，并报财务部门登记费用账或存货账

（续表）

分　类	内部控制目标	关键内部控制	可能进行的控制测试
职工薪酬	不相容职务分离（准确性）	人事管理、工作考勤、工薪发放、财务记录等职务相互分离	询问和观察各项程序的执行情况
	记录的工薪是实际发生的	加班时间、工时卡经领班核准，工时记录准确	
	各项工薪均经正确批准	工薪标准、代扣款项经过人事管理部门的审批	检查工薪手册、员工手册
	记录的工薪是实际发生的	职工薪酬结算表和职工薪酬汇总表由发放人员编制并经审核	询问和观察相关表的记录及批准程序，依据充分并经核实
	所有的已发生的工薪支出均已记录	职工薪酬结算表及汇总表完整反映已发生工薪支出	检查职工薪酬结算表、职工薪酬汇总表并核对工薪手册、员工手册等
	记录的成本是实际发生的	职工福利支出、职工教育费、工会经费等实际列支	检查计提费用是否用完，并不再提取
	工薪成本以正确的金额、恰当的期间及时记录于适当的账户	薪酬费用分配方法适当且前后期一致，账务处理流程适当	选取样本测试费用的归集和分配以及成本的计算是否按照规定的账务处理流程进行
成本会计	生产业务是根据管理层一般或特定的授权进行的（发生）	生产指令授权批准；领料单授权批准；职工薪酬结算表及汇总表的授权批准	检查凭证中的生产指令、领料单和职工薪酬结算表及汇总表是否经过授权审批
	记录的成本是实际发生的	成本的核算依据是否充分	检查成本记账凭证中是否附有原始凭证，并经过授权人审核
	所有耗费和物化劳动已反映在成本中（完整性）	原始单据事先编号并已登记入账	检查生产通知单、领发料凭证、产量和工时记录、材料费用分配表、制造费用分配表等原始凭证，并检查编号顺序是否正确
	成本以正确的金额、恰当的期间及时记录于适当的账户	成本核算、费用分配方法前后期一致，流程适当并经常进行内部稽核	选取样本测试费用的归集和分配以及成本的计算是否按照规定的核算流程和账务处理流程进行核算和账务处理
	成本计价的准确性	每期每批产成品进行成本分析，并进行分析性复核	检查是否有成本分析过程，成本计算是否准确，成本计价是否稳定

1. 存货管理内部控制

(1)采购员、仓库管理员、仓库会计是否单独设立，存货的保管和记录职务是否分离；

(2)领料单是否经过生产部门授权审批，并由生产部门及仓库管理员签字；

(3)用于销售的产品出库单是否有销售部门授权，自用产成品出库单是否有管理部门的授权审批；

(4)材料出库单是否分类连续编号并妥善保存，登记入账，并依据它编制材料费用分配表，进行成本核算；

(5)是否定期进行存货盘点，达到账实相符；

(6)盘点误差是否编制盘盈盘亏调节表，并依据它调整存货账，报财务部门登记费用账或存货账；

（7）仓库会计是否定期与财务对账,达到总账与明细账相符。

2. 职工薪酬的内部控制

（1）人事管理、工作考勤、工薪发放、财务记录等职务是否相互分离;

（2）工薪标准、代扣款项是否经过人事管理部门的审批;

（3）上岗、工作时间特别是加班时间、工时卡是否经领班核准,工时记录是否准确;

（4）职工薪酬结算表和职工薪酬汇总表,都由工薪发放人员编制并经人事管理人员、工作考勤人员审核,依据充分并经核实;

（5）职工薪酬分配表及汇总表,完整反映已发生的工薪支出;

（6）职工福利支出、职工教育费、工会经费等以工资表为基数计提并分配;

（7）薪酬费用分配方法适当且前后期一致,账务处理流程适当。

3. 成本会计的内部控制

（1）生产指令、领料单和职工薪酬结算表及汇总表须经过授权审批;

（2）成本的核算,是以经过审核的生产通知单、领发料凭证、产量和工时记录、材料费用分配表、人工费用分配表、制造费用分配表为依据;

（3）生产通知单、领发料凭证、产量和工时记录、材料费用分配表、人工费用分配表、制造费用分配表事先编号并已登记入账;

（4）成本核算方法和费用分配方法适当且前后期一致,采用的成本核算流程和账务处理流程适当并经常进行内部稽核;

（5）每期每批产成品进行成本分析,并进行分析性复核。

11.2.2　存货与仓储循环的控制测试

首先明确存货管理的内容,包括管理模式,材料、半成品在各工序和各部门之间的转移过程,半成品入库和销售,产成品管理。

其次,审计人员应对控制的执行情况进行核实。

1. 存货管理内部控制测试程序

（1）观察人员分工,确认不相容职务分离;

（2）检查保存的材料出库单是否连续编号,抽查部分出库单是否有授权并已记录于存货明细账;

（3）检查保存的领料单是否连续编号,抽查部分领料单是否有授权并已记录于存货明细账;

（4）检查库存盘点记录,存在差异时是否编制盘盈盘亏调节表,盘盈盘亏调节表是否有仓库管理人员、仓库会计及仓库负责人三方确认签字,并依据它调整存货账,盘盈盘亏调节表是否报财务部门登记费用账或存货账。

2. 职工薪酬的内部控制测试程序

（1）检查职工薪酬结算表和职工薪酬汇总表,是否都经过有关考勤人员、人事部门审核并报经负责人审批;

（2）检查有关的人事档案及其授权、工时卡是否经领班核准说明,检查工时记录中是否存在有关内部检查标记及有关核准标记;

　　(3)检查职工薪酬分配表、职工薪酬汇总表、职工薪酬结算表并核对有关员工手册、工薪手册；

　　(4)测试薪酬费用分配方法是否适当且前后期一致。

3. 成本会计的内部控制测试程序

　　(1)检查生产通知单、领料单和职工薪酬结算表及汇总表是否经过恰当的授权审批；

　　(2)检查有关成本计算的记账凭证,是否附有已审核的生产通知单、领发料凭证、产量和工时记录、材料费用分配表、人工费用分配表、制造费用分配表等,并检查这些原始凭证的编号顺序是否正确；

　　(3)测试成本核算方法和费用分配方法是否合理且具有一贯性；采用的成本核算流程和账务处理流程是否合理,有关数据是否相符。

11.3　存货审计

　　存货是流动资产的重要组成部分,在企业流动资产和总资产中一般占有较大的比重,存货始终处于不断重置过程中,更换很频繁,其价值、数量和状况不断变动；有关业务较为复杂,也较难核算,存货计价也有多种不同方法。因此,存货是一项容易发生重大错报或舞弊的资产。

11.3.1　存货审计概述

　　存货成本的真实性直接影响期末存货成本和销售成本的真实性,直接影响着企业当期的净收益,从而影响着资产负债表的真实性。因此,对存货的审计具有十分重要的意义。

　　在企业的经营活动中,存货流动是物流,也是资金流。存货审计的内容可以概括为：(1)存货盘存制度及期末存货实际结存量的认定；(2)存货计价的审计,包括存货入账价值与在产品、产成品的成本计算,存货计价方法、成本计算方法的合理性与一致性；(3)各种存货的品质认定与价值重估；(4)财务部门对存货资金的占用与周转的管理以及存货盘盈或盘亏的处理。

11.3.2　存货监盘

1. 存货监盘的定义

　　存货监盘,是指审计人员现场观察被审计单位存货的盘点,并对已盘点存货进行适当检查。存货监盘的含义可从以下几方面理解：

　　(1)存货监盘是一项复合程序,是观察程序和检查程序的结合运用。

　　(2)存货监盘的目的是获取有关存货数量和状况的审计证据。

　　存货监盘针对的主要是存货的存在认定、完整性认定以及权利和义务认定,存货数量的准确性直接影响到这三个认定。通过存货监盘,审计人员还能获取有关存货状况(如毁损、陈旧等)的审计证据,从而为测试计价认定提供部分审计证据。需要指出的是,审计人员在测试存货的所有权认定和完整性认定时,可能还需要实施其他审计程序。

（3）存货监盘可以理解为一种双重目的的测试。

被审计单位的存货盘点可以理解为一项控制活动。相应的,审计人员的存货监盘可以理解为一项控制测试,即审计人员通过观察和检查,确定被审计单位的存货盘点控制能否合理确定存货的数量和状况。

除上述的控制测试功能外,在存货监盘过程中,审计人员通过检查存货的数量和状况,能够获取存货账面金额是否存在错报的直接审计证据。

在存货监盘过程中,审计人员的测试目的可能有所侧重。如果审计人员认为被审计单位的存货盘点能够合理确定存货的数量和状况,则存货监盘从性质上讲更倾向于控制测试。否则,存货监盘从性质上讲更倾向于实质性程序。但是,无论存货监盘服务于何种目的的测试,在监盘过程中,审计人员都要运用检查程序。

2. 存货监盘的作用

存货监盘是针对存货的存在认定、完整性认定以及权利和义务的认定,审计人员监盘存货的目的在于获取有关存货数量和状况的审计证据,以确定被审计单位记录的所有存货确实存在,且该记录已经反映了被审计单位拥有的全部存货,并属于被审计单位的合法财产。存货监盘作为存货审计的一项核心审计程序,通常可同时实现上述多项审计目标。

3. 存货监盘程序

（1）观察程序

①在盘点前观察存货现场

在被审计单位盘点存货前,审计人员应当观察盘点现场,确定应纳入盘点范围的存货是否已经适当整理和排列,并附有盘点标识,以防止遗漏或重复盘点。对未纳入盘点范围的存货,审计人员应当查明未纳入盘点范围的原因。

②对所有权不属于被审计单位的存货的处理

对所有权不属于被审计单位的存货,审计人员应当取得其规格、数量等有关资料,并确定这些存货是否已分别存放并作相应标记,且未被纳入盘点范围。

③观察盘点人员是否遵守盘点计划

审计人员应当观察被审计单位盘点人员是否遵守盘点计划,并准确地记录存货的数量和状况。

审计人员应当观察被审计单位安排的存货盘点人员,注意观察被审计单位事先制订的存货盘点计划是否得到了贯彻执行,盘点人员是否准确无误地记录了被盘点存货的数量和状况,是否已经恰当地区分所有毁损、陈旧、过时及残次的存货。当盘点人员没有按照存货盘点计划和程序进行盘点时,审计人员应与被审计单位的复核或监督人员联系以纠正盘点中的问题,或调整盘点程序。

（2）检查程序

在检查已盘点的存货时,审计人员应当从存货盘点记录中选取项目追查至存货实物,以测试盘点记录的准确性。审计人员还应当从存货实物中选取项目追查至存货盘点记录,以测试存货盘点记录的完整性。

为确定被审计单位对存货存在的认定,以存货盘点记录为起点查至存货实物（即逆查）通常是最有效的审计方法,而为确定被审计单位对存货完整性的认定,以存货实物为起点查至存货盘点记录(即顺查)通常是最有效的审计方法。因此,在检查已盘点的存货时,审计人员应当合理确定测试的方向,既要从存货盘点记录中选取部分项目逆查至实物,又要从存货实物中选取部分项目顺查至存货盘点记录。

4. 对特殊类型存货的监盘

对某些特殊类型的存货而言,被审计单位通常使用的盘点方法和控制程序并不完全适用。这些存货通常没有标签,或者其数量难以估计,或者其质量难以确定,或者盘点人员无法对其移动实施控制。在这些情况下,审计人员需要运用职业判断,根据存货的实际情况,设计恰当的审计程序,来获取存货的数量和状况的审计证据。

5. 实施存货监盘应注意的其他问题

(1)首次审计且未对上期期末存货实施监盘,审计人员应当在已经获取关于本期期末存货余额充分、适当的审计证据的前提下,对本期期初余额实施必要的审计程序,保证其真实性。审计人员应审阅上期存货盘点记录及其他资料,并审阅上期存货审计工作底稿副本(其他审计部门或审计机构资料)。

(2)因不可预见的原因导致无法按预定日期实施存货监盘,或被审计单位已经完成存货盘点的情况下,审计人员应提请被审计单位择日重新盘点。

(3)如果在资产负债表日后才进行审计,无法监盘年终存货,审计人员应采用替代程序。如利用被审计单位资料对部分存货进行抽查,审查自资产负债表日以来的存货收发记录,倒推出报表日存货量。如果无法实施,则资产负债表日存货存在性证据不足,应在审计工作底稿及审计报告中说明。

(4)在永续盘存制下,如果库存记录与盘点结果存在较大差异,审计人员应追加审计程序,查明原因,并检查永续盘存记录是否已作适当调整。

11.3.3 存货计价审计

1. 存货计价的审计内容

对存货计价进行审计,主要是审查存货计价基础和方法及存货入账价值,审计时应查明以下几点:

(1)存货计价基础是否正确。《企业会计准则》规定:存货计价应采用历史成本法为计价基础;期末应按单个存货项目的成本低于可变现净值的差额,计提存货跌价准备。可变现净值是指企业在正常经营过程中,以估计售价减去估计完工成本及销售所必需的估计费用后的价值。如发现被审计单位采用的计价基础不符合有关制度规定,就必须加以调整或揭示。

(2)存货成本的入账价值是否合法正确。存货成本的构成范围因取得存货的来源不同而有所不同。例如,购入存货的实际成本包括买价、运杂费、运输途中的合理损耗、入库前的整理挑选费用、按规定应计入的税金;自制存货的实际成本包括实际耗费的材料、职工薪酬、制造费用等有关项目。审计时应查明存货成本构成范围和内容是否合规,有无应计未计、不应计而计入存货成本的情况。

(3)存货收发的计价方法是否正确、合法,是否前后期一致。存货收发的计价方法包括加权平均法(又分为移动加权平均法和月末一次加权平均法)、先进先出法、个别计价法三种,注意新会计准则取消了后进先出法。审查时应注意前后期方法是否一致,如各期不同,应注意被审计单位是否充分说明了这种变动对当期和以后各期的影响。在审计中发现这种问题后,审计人员应提醒被审计单位作相应调整或揭示说明。

(4)审查期末存货成本的计算、存货跌价准备的计提是否合法、公允。审查存货价格时,应根据其盘存制度选择不同的方法。在永续盘存制下,企业通过设置存货明细账,对日常发生的存货增加或减少进行连续登记,并随时在账面上结算各项存货的结存数,所以审计人员在审查时应主要针对账簿记录内容,采用抽查的方法查明有无错误;在实地盘存制下,商业企业以存计销,工业企业以存计耗,通过对期末库存存货的实物盘点,确定期末存货和当期销货成本,审计人员在审计时需要抽查有关存货的各项凭证,验证其成本是否计算无误。各个企业可以根据会计核算的重要性原则,规定计提存货跌价准备的范围,可以用绝对数表示,即存货跌价损失在多少金额以上的,需要计提,否则不提;也可以用相对数表示,即存货跌价损失金额超过本企业实现利润规定百分比的,需要计提,否则不提。确定计提存货跌价准备的金额范围或百分比,关键取决于其对企业实现利润的影响程度。审计中主要审查年末计提过程中被审计单位遵循政策的一致性和复核当期计提金额的准确性。

2. 存货计价审计的程序

对存货计价审计一般采用抽查的方法进行审计,主要采用以下步骤:

(1)选取测试样本。从已经过验证的存货盘点汇总表或明细账中,抽取一部分存货及相关业务资料、会计凭证及记录作为样本。样本量大小应根据统计学方法计算,样本的抽取着重考虑余额较大且价格变化较频繁的存货项目,抽样方法可采用分层抽样、判断抽样、随机抽样等方法。

(2)对抽取的存货样本进行计价测试。计价测试前,先确认存货计价方法的合理性和一贯性,如有变动,应查明是否有足够的原因,是否合理,并予以说明,形成一份审计底稿;了解存货价格组成内容,按文件规定描述计算步骤和对应的原始凭证;对抽取的样本进行逐一测试并记录计算过程和相应的原始资料。

(3)将测试结果与企业的账面记录进行比较,编制比较分析表,如果一致则计价方法正确,否则计价方法存在差异,有差异时,审计人员应找出形成差错的原因并提出相应的建议。如果差异过大,应扩大范围继续测试。

审查存货的计价方法,可以按不同类型的存货的计价分别进行审计。但从会计核算方法上看,不同类型的存货要用不同的会计科目核算,并用不同的账户反映和记录,而且存货类型不同,影响存货计价的因素也不同。因此,按不同类型存货进行计价审计更为方便。

【例 11-1】 审计人员在对某单位审计时发现以下特殊的项目,请问审计人员对这些项目应进一步实施哪些审计程序?

(1)产成品库房内有几箱中成药没有放入药品架子,没有悬挂盘点单。经查这些药品属于其他生产厂商委托该单位进行组合试销的药品。

(2)验收部门有一箱制剂,盘点单上标明"重封"字样。

(3)运输部门有一箱已装箱的制剂,没有挂盘点单,据称是已经销售并要送到某医院的。

(4)在原材料仓库内有三种原材料,每种均挂有盘点单,经审计人员盘点与账面数额相符,但上面布满灰尘。

(5)审计人员看到季末盘点表中有七种药品账实不符,经查仓库已经做过盘点表。

审计人员需要分析的内容和需要实施的实质性程序如下:

(1)检查药品组合试销有没有合同,合同是否确认了合作时间、数量、价格、相关的责任;检查该药品入库的手续是否齐全,确认其承销品的性质,分析其所有权;核查财务账面是否对承销品有相应的会计记录。

(2)检查生产部门的生产成本结算单和仓库的入库单,确认这箱制剂的状态是在产品还是产成品,并检查成本结转的正确性。

(3)检查该箱制剂的出库单,检查出库时间和盘点时间,并追溯到相应的会计记录查看是否已经做销售处理。

(4)主要检查该三种原材料的入库时间,并分析长期不用的原因。

(5)检查存货是否需要重新盘点,并分析盘盈盘亏的原因,是否有仓库管理人员、仓库会计、主管部门领导的签字,并报仓库会计和财务人员进行相应的会计处理。

11.4 应付职工薪酬审计

职工薪酬,是指企业为获得职工提供的服务,而给予的各种形式的报酬以及其他相关支出,包括职工工资、奖金、津贴、补贴、职工福利费、社会保险费、住房公积金、工会经费、职工教育经费、非货币性福利、辞退福利和股份支付等。工资包括计件工资和计时工资两类,而职工福利费、住房公积金、工会经费和职工教育经费,都是依据工资总额的一定比例计提,所以往往一并审计。

由于职工薪酬在企业成本费用和流动负债中的比重较大,且辞退福利和股份支付等薪酬形式的计算比较复杂,其真实性对企业财务和经营成果的公允反映影响较大,加之职工薪酬往往是现金发放,容易发生虚报冒领、重复支付和贪污等问题,所以审计人员应当重视对职工薪酬的审计。

11.4.1 应付职工薪酬的审计目标

应付职工薪酬审计要确定应付职工薪酬计提和支付的依据是否合理、计算是否正确、记录是否完整;计发的职工薪酬是否真实;职工薪酬费用的分配是否符合准则规定;应付职工薪酬的报表披露是否充分。

应付职工薪酬的审计目标一般包括:(1)确定期末应付职工薪酬是否存在;(2)确定期末应付职工薪酬是否为被审计单位应履行的支付义务;(3)确定应付职工薪酬计提和支出依据是否合理、记录是否完整;(4)确定应付职工薪酬的期末余额是否正确;(5)确定应付职工薪酬的披露是否恰当。

11.4.2 应付职工薪酬的实质性程序

1.获取或编制应付职工薪酬明细表,复核加计是否正确,并与报表数、总账数和明细账合计数核对是否相符。审计人员获取的明细表是被审计单位编制的,而编制的明细表是审计人员根据工资标准和考勤时间等相同的依据自己编制的,可以将两表进行核对找出差异。

2.对本期工资费用的发生情况进行分析性复核。

(1)在剔除员工变动因素、工资增长因素后,检查各月薪酬的发生额是否有异常波动,若是,审计人员应先查找原因,然后要求被审计单位予以解释;

(2)结合生产计划变动情况,分析职工薪酬总额的构成,并与以前期间相比较,审查是否存在不合理的变动。

3.抽查应付职工薪酬的支付凭证,确定工资、奖金、津贴和补贴的计算是否符合有关规定,依据是否充分,如果工资与绩效挂钩,应取得有关主管部门确认的效益工资发放额的认定证明,并确定是否符合有关文件和实际完成的指标,检查其计提额是否正确,有无授权审批和领款人签章,是否按规定代扣税款,相应的会计处理是否正确。

4.检查职工薪酬分配表及有关账簿记录。核对应付职工薪酬贷方发生额累计数与相关的成本、费用账户的数据是否一致。

5.审阅应付福利费明细账,是否从 2007 年以后不再计提,用完以前的余额后在费用中直接列支,并抽查开支福利费的原始凭证,检查其是否符合规定用途,报销是否符合审批程序。

6.验明应付职工薪酬、应付福利费在财务报告中的披露是否恰当。

11.5　营业成本审计

11.5.1　营业成本的审计目标

营业成本包括主营业务成本和其他业务成本,其审计目标一般包括:确定记录的营业成本是否已发生,且与被审计单位有关;确定营业成本记录是否完整;确定与营业成本有关的金额及其他数据是否已恰当记录;确定营业成本是否已记录于正确的会计期间;确定营业成本的内容是否正确;确定营业成本与营业收入是否配比;结转的存货成本数据是否准确;确定营业成本的披露是否恰当。

11.5.2　主营业务成本的实质性程序

主营业务成本是企业对外销售商品、产品,对外提供劳务等发生的实际成本。主营业务成本可以分类计算,也可以综合计算。分类计算,是单独计算产成品销售成本、半成品销售成本,综合计算是指将销售的半成品、产成品以及提供的劳务一并计算。主营业务成本审计的基本要点包括:

审阅主营业务成本明细账,与总账核对相符。编制生产成本及销售成本倒轧表(表 11-3),并与总账核对相符。

生产成本及销售成本倒轧表可以由被审计单位提供,审计人员审核确认,也可以由审计人员自行编制。通过该表可以考察本期结转产成品数额是否与产成品项目的本年增数、生产成本相符。

表 11-3 生产成本及销售成本倒轧表

项 目	未审数	调整或重分类金额	审定数
原材料期初余额			
加:本期购进			
减:原材料期末余额			
其他发出数			
直接材料成本			
加:直接人工成本			
制造费用			
生产成本			
加:在产品期初余额			
减:在产品期末余额			
产品生产成本			
加:产成品期初余额			
减:产成品期末余额			
销售成本			

分析比较本年度与上年度主营业务成本总额,以及本年度各月份的主营业务成本金额,如果有较大波动和异常情况,应查明原因。

结合生产成本的审计,抽查销售成本结转数额的正确性,并检查其是否与销售收入配比。

审查主营业务成本的计算与结转是否遵循了一贯性原则。审计人员应抽查数额较大的销售业务,通过验算、核对来查明主营业务成本计算方法是否前后一致,有无通过改变发出存货的核算方法人为调节销售利润的现象。

检查主营业务成本账户中的重大调整事项(如销售退回等)是否有充分理由。

确定主营业务成本在利润表中是否已恰当披露。

11.5.3 其他业务成本的实质性程序

1.获取或编制其他业务成本明细表,复核加计是否正确,与总账、明细账合计数核对是否相符,应注意其他业务成本是否有相应的收入。

2.本年数与上年数相比,本期各月份相比,其他业务成本是否有重大波动,如果有,应查明原因。

3.检查其他业务成本内容是否真实,计算是否正确,并应与其他业务收入相配比。

4.检查是否有异常项目,如果有,应查找入账依据及法律文件。

5.确定其他业务成本的披露是否恰当。

11.6   其他相关账户审计

资产负债表中,存货项目根据原材料、产成品、生产成本的年末余额填列,在以上几节的基础上,介绍各种具体存货相关账户的审计。

11.6.1　存货跌价准备审计

《企业会计准则》规定,企业应当在期末对存货进行全面清查,如果由于存货毁损、全部或部分陈旧过时或销售价格低于成本等原因,使存货成本高于可变现净值的,应按可变现净值低于存货成本部分,计提存货跌价准备。可变现净值,是指企业在日常经营过程中,以估计售价减去估计完工成本及销售所必需的估计费用后的价值。实际工作中,不同存货的可变现净值的确定方法并不相同。

存货跌价准备应按单个存货项目的成本与可变现净值计量,如果某些存货具有类似用途并与在同一地区生产和销售的产品系列相关,且实际上难以将其与该产品系列的其他项目区别开来进行估价,则可以合并计量成本与可变现净值;对于数量繁多、单价较低的存货,则可以按存货类别计量成本与可变现净值。因此,在存货跌价准备的审计中,审计人员应充分关注企业对存货可变现净值的确定及存货跌价准备的计提这两项内容。

1. 存货跌价准备的审计目标

存货跌价准备的审计目标包括:确定存货跌价准备的发生是否真实,转销是否合理;确定存货跌价准备发生和转销的记录是否完整;确定存货跌价准备的余额是否正确;确定存货跌价准备的披露是否恰当。

2. 存货跌价准备审计程序

(1)获取或编制存货跌价准备明细表,复核加计是否正确,并与总账数和明细账合计数核对是否相符。

(2)检查存货跌价准备计提和转销的批准程序,取得书面报告、销售合同或劳务合同等证明文件。

(3)评价存货跌价准备的计提依据和计提方法是否合理,是否充分考虑了持有存货的目的及资产负债表日后事项的影响等因素。

(4)若被审计单位为建造承包商,对其执行中的建造合同,应检查预计总成本是否超过合同总收入,如果超过,应核查存货跌价准备计提是否合理,会计处理是否正确。

(5)比较本期实际损失发生数与前期存货跌价准备的余额,以评价上期存货跌价准备计提的合理性。

(6)如果被审计单位出售或核销已经计提存货跌价准备的存货,应检查相应的存货跌价准备的会计处理是否正确。

(7)注意已计提存货跌价准备的存货价值又得以恢复的,是否在原已计提的存货跌价准备的范围内转回,依据是否充分,并记录转回金额。

(8)检查被审计单位是否于期末对存货进行了检查分析,存货跌价准备的计算和会计处理是否正确。

(9)确定存货跌价准备的披露是否恰当。

3. 其他相关的审计

审查存货跌价准备的同时,应一并进行存货跌价损失的审计。审计人员对存货跌价损失审计的目标主要在于确定存货跌价损失的性质、数额以及会计处理是否合理、正确。其主要审计程序包括进行分析性复核,对异常波动予以关注,比较本期计提的存货跌价准备与存货处理损失,核对本期存货跌价损失与存货跌价准备的结转额,以确定存货跌价损失的发生额是否正确。

11.6.2　原材料审计

首先,应获取或编制原材料明细表,复核加计是否正确,并与总账数、明细账合计数核对相符,同时检查明细账与仓库的台账、卡片抽查结果是否一致。其次,还应实施以下审计程序:

1. 对期末原材料余额与上期余额进行比较,解释其波动的原因,并对大额异常项目进行调查。

2. 现场观察被审计单位期末的原材料盘点情况,取得原材料盘点资料和盘盈盘亏报告表,对有盘盈、盘亏的品种做重点抽查,并查明账实不符的原因、有关审批手续是否完备、账务处理是否正确。对存放在外的库存材料,应现场查看或函证核实。

3. 检查原材料的入账基础和计价方法是否正确,是否前后期一致,在以实际成本计价条件下,应以样本的单位成本与原材料明细账及购货发票核对;在以计划成本计价条件下,应以样本的单位成本与原材料明细账、原材料成本差异明细账及购货发票核对。

4. 检查发出材料的计价基础,抽查部分月份发出材料汇总表的正确性。

5. 根据被审计单位原材料计价方法,抽查年末结存量较大的原材料的计价是否正确。若原材料以计划成本计价,还应检查"材料成本差异"账户发生额、转销额是否计算正确。

6. 审核有无长期挂账的原材料事项,有则应查明原因,必要时提出建议。

7. 审阅资产负债表日前后 10 天左右的原材料增减变动的有关记录和原始凭证,检查有无跨期现象,有则应做出记录,分析原因,视情况决定是否需要提出调整建议。

8. 结合原材料的盘点,检查期末有无"料到单未到"的情况,有则应查明是否已暂估入账,其暂估价是否合理。

11.6.3　材料成本差异审计

获取或编制材料成本差异明细表,复核加计是否正确,并与总账数、明细账合计数核对相符。在此基础上,对每月材料成本差异率进行分析性复核,检查是否有异常波动,注意是否存在调节成本现象;其次,抽查几个月份发出材料汇总表,检查材料成本差异的分配是否正确,并注意分配方法是否前后期一致。

11.6.4　库存商品审计

首先,获取或编制库存商品明细表,复核加计是否正确,并与总账数、明细账合计数核对相符,同时检查明细账与仓库的台账、卡片抽查结果是否一致。其次,还应实施以下审计程序:

1. 现场观察被审计单位的期末库存商品盘点情况,取得库存商品盘点资料和盘盈盘亏报告表,并查明账实不符的原因、有关审批手续是否完备、账务处理是否正确。对流动性差的库存商品,关注其计价是否合理。

2. 检查库存商品的入账基础和计价方法是否正确,前后期是否一致,在实际成本计价条件下，将其单位成本与购货发票或成本计算单核对；在计划成本计价条件下，将其单位成本与被审计单位制定的计划成本核对，同时关注被审计单位计划成本制定的合理性。

3. 抽查库存商品的入库单，核对转出库存商品的品种、数量与入账记录是否一致，并检查入库商品的实际成本是否与"生产成本"科目结转数额相符。

4. 抽查库存商品的发出凭证，核对转出库存商品的品种、数量和实际成本与"主营业务成本"账户的记录是否相符。

5. 审阅库存商品明细账，检查有无长期挂账的库存商品事项，有则应查明原因，必要时提出调整建议。

11.6.5　特殊业务有关的账户审计

在有些单位审计中会涉及委托加工物资、委托代销商品、受托代销商品和发出商品，对这几个账户的审计也应在获取或编制明细表的基础上，复核加计是否正确，并与总账数、明细账合计数核对相符。其次，对上述账户审计时还应执行以下程序：

1. 对于委托加工物资审计，检查委托加工业务合同，抽查有关发料凭证、加工费、运费结算单据，核对其计价的正确性，会计处理是否及时、正确；抽查完工物资的验收入库手续是否齐全，会计处理是否正确；期末余额通过现场查看或函证核实存在性；审核有无长期挂账的委托加工物资，有则应查明原因。

2. 对于委托代销商品审计，检查委托代销合同，抽查有关的发货凭证，核对其会计处理是否及时、正确；检查是否定期收到委托代销商品月结单，并抽查月结单的会计处理是否及时、正确；期末余额通过现场查看或函证核实存在性；审核有无长期挂账的委托代销商品，有则应查明原因。

3. 对于受托代销商品审计，检查明细表与仓库的台账、卡片抽查结果是否一致；检查受托代销业务合同，抽查有关的收货凭证，核对其会计处理是否及时、正确；检查是否定期发出受托代销商品销售月结单，并抽查月结单会计处理是否及时、正确；对期末余额通过现场查看核实其存在性，审核有无长期挂账的受托代销商品，有则应查明原因。

4. 对于发出商品审计，编制本期发出商品增减变动表，分析变动规律，并与上期比较，分析差异原因；对主要发出商品本期内各月间及上期的单位成本进行比较，分析波动原因，调查记录异常项目；了解发出商品的计价方法，并抽查主要的发出商品，检查其计算是否正确；如果是计划成本计价，还应检查产品成本差异发生和结转的金额是否正确；审核有无长期挂账的发出商品，有则应查明原因，必要时提出调整建议。

案例主题：存货与仓储审计

案例资料：

立华会计师事务所接受了新新股份有限公司 2015 年度会计报表的审计委托。王注册会计师作为该审计项目组成员，负责对新新股份有限公司的存货进行监盘。为此，在盘点开始前，王注册会计师到达盘点现场，进行观察并进行适当抽点，如果王注册会计师在进行监盘时，遇到如下问题：

1. 由于安彩公司寄存的 A 材料与公司自身的 A 材料并无区别，故未单独摆放。

2.新新公司对废品与毁损品不进行盘点。以财务部门和仓库部门的账面记录为准。

3.运输部门有一批产品甲,没有悬挂盘点单,据称该批产品已经出售给 H 公司。

4.王注册会计师抽点 A 仓库,发现新新公司盘点严重有误。

5.王注册会计师了解到产品 a 存放在全国 38 个城市的零售连锁商店。

6.王注册会计师了解到原材料 a 为辐射性化学物品。

7.王注册会计师了解到截至资产负债表日之前的装运出库的存货乙在途,且没有做相关销售的确认。

8.王注册会计师了解新新公司的存货存放在 Y 公司的仓库,并已经被质押。

要求:针对情况 1~8,指出王注册会计师下一步的处理方案。

案例分析:

1.王注册会计师应当建议新新公司把代管和自身的存货单独摆放,并关注新新公司是否把代管存货纳入存货盘点表中;是否以实际盘点数确认 A 材料的数量。

2.王注册会计师应建议新新公司对废品与毁损品进行盘点,并关注其品质状况。

3.王注册会计师应当追加审计程序,查阅有关的购销协议、结算凭证,以证实运输部门对产品甲的所有权。同时,结合截止性测试以证实销售是否实现,如果销售尚未实现,则产品甲应列入新新公司的存货之中。

4.王注册会计师应建议新新公司对 A 仓库的存货重新盘点,并记录相关的情况。

5.在评价 38 个城市的零售连锁商店的内部控制的前提下,选取一定数目的连锁商店进行监盘;利用分析性程序或内部审计人员开展工作。

6.在评价内部控制值得信赖的基础上,注册会计师应当:了解和观察储存原材料 a 的处所或设备;审阅购货、生产和销售记录。必要时,应当获取检查被审计单位对其生产、使用和处置的正式报告。向能够接触到相关存货项目的第三方检查人员做出询证。

7.检查与销售有关的相关凭证、存货盘点表,确认销售是否实现以及装运出库存货是否纳入存货盘点表。

8.王注册会计师应当获取委托存货的书面确认函。如果存货已被质押,王注册会计师应当向债权人询证与被质押有关内容。如果此类存货重要,王注册会计师可考虑与被审计单位讨论其对委托代管或已作质押存货的控制程序,必要时对此类存货实施监盘程序。

复习思考题

一、单项选择题

1.存货的管理涉及的利润表项目主要包括(　　)。

A.存货　　　　　　　　　　　B.存货跌价准备

C.主营业务成本　　　　　　　D.应付账款

2.产成品的库存数量与销售预计的差额可确定(　　)。

A.生产数量　　　　　　　　　B.出库数量

C.入库数量　　　　　　　　　D.生产计划

3.如果在资产负债表日后才进行审计,无法监盘年终存货,审计人员应(　　)。

A.推出资产负债表日存货量　　　　　B.采用替代程序

C.说明存货资产负债表日存在性证据不足 D.按报表数字确认

4.询问和观察各项程序的执行情况,确认人事管理、工作考勤、工薪发放、财务记录等职务相互分离,是为了确认(　　)的准确性。

A.存货计价　　　　　　　　　　　B.职工薪酬计价

C.成本核算　　　　　　　　　　　D.费用核算

5.可变现净值是指企业在正常经营过程中,以估计售价减去(　　)及销售所必需的估计费用后的价值。

A.实际完工成本　　　　　　　　　B.估计完工成本

C.完工成本　　　　　　　　　　　D.计划完工成本

6.存货收发的计价方法是否正确、合法,是否前后期一致是存货审计的重要方面,现行会计准则取消的原有的存货收发的计价方法是(　　)。

A.个别计价法　　　　　　　　　　B.先进先出法

C.后进先出法　　　　　　　　　　D.加权平均法

7.存货与仓储循环中主要审查各项管理与核算是否遵循了(　　)会计原则。

A.明晰性原则　　　　　　　　　　B.配比原则

C.权责发生制原则　　　　　　　　D.一贯性原则

8.营业成本、职工薪酬等控制测试中分析性复核程序的基础主要是(　　)。

A.明晰性原则　　　　　　　　　　B.配比原则

C.权责发生制原则　　　　　　　　D.一贯性原则

9.依据(　　),可以评价上期存货跌价准备计提的合理性。

A.比较本期实际损失发生数与前期存货跌价准备的余额

B.比较前期实际损失发生数与前期存货跌价准备的余额

C.比较本期实际损失发生数与本期存货跌价准备的余额

D.比较前期实际损失发生数与本期存货跌价准备的余额

10.存货监盘是指审计人员主要是(　　)。

A.现场记录被审计单位存货的盘点数量

B.现场观察被审计单位存货的盘点过程

C.现场察看被审计单位存货的实物质量

D.现场确认被审计单位存货的盘点表

二、多项选择题

1.存货与仓储循环主要业务活动包括(　　)。

A.计划和安排生产　　　　　　　　B.材料的采购与入库

C.发出原材料　　　　　　　　　　D.生产产品

E.产成品入库　　　　　　　　　　F.核算产品成本

G.发出产成品　　　　　　　　　　H.储存产成品

2.存货与仓储循环涉及的部门包括(　　)。

A. 计划部门　　　B. 供应部门　　　C. 仓库部门　　　D. 生产车间

E. 人事部门　　　F. 财务部门　　　G. 货运部门

3. 仓库储存产成品即库存管理作业包括（　　　）。

A. 仓库区的管理　　　　　　　　B. 库存数控制

C. 包装物使用与保管维修　　　　D. 货品进出仓库的控制

4. 存货与仓储循环涉及的会计科目有（　　　）。

A. 存货　　　　　　　　　　　　B. 存货跌价准备

C. 应付职工薪酬　　　　　　　　D. 累计折旧

E. 主营业务成本

5. 审计人员对诸如辐射性化学物品或气体等特殊性质的存货进行审计而无法监盘时，应当考虑的审计程序有（　　　）。

A. 被审计单位存在值得信赖的内部控制

B. 审阅购货、生产和销售记录以获取必要的审计证据

C. 向接触到相关存货项目的第三方检查人员询证

D. 实施其他替代审计程序，比如追查该批存货的生产、使用和处置等有关报告，确定此类存货的存在

6. 存货与仓储循环涉及的主要原始凭证包括（　　　）。

A. 生产通知书　　　　　　　　　B. 领发料单

C. 产量和工时记录　　　　　　　D. 成本计算凭证

E. 制造费用分配汇总表　　　　　F. 薪酬汇总表和人工费用分配表

G. 其他记录

7. 存货与仓储循环的内部控制包括（　　　）。

A. 存货管理的内部控制　　　　　B. 成本会计的内部控制

C. 职工薪酬的内部控制　　　　　D. 产品成本的内部控制

8. 营业成本的审计目标一般包括（　　　）。

A. 确定记录的营业成本是否已发生，且与被审计单位有关

B. 确定营业成本记录是否完整

C. 确定与营业成本有关的金额及其他数据是否已恰当记录

D. 确定营业成本是否已记录于正确的会计期间

E. 确定营业成本的内容是否正确

F. 确定营业成本与营业收入是否配比

9. 存货计价审计主要查明（　　　）。

A. 存货计价基础是否正确

B. 存货成本的入账价值是否正确

C. 存货收发的计价方法是否正确、合法，是否前后期一致

D. 审查期末存货成本的计算、存货跌价准备的计提是否合法、公允

10. 存货审计的内容可以概括为（　　　）。

A. 存货盘存制度及期末存货实际结存量的认定

B. 存货计价的审计

C.各种存货的品质认定与价值重估

D.财务部门对存货资金的管理以及存货盘盈或盘亏的处理

三、判断题

1.存货监盘是一种控制测试。 （ ）

2.对仓库保管人员查无原因的盘盈盘亏数量，财务部门应登记存货账户或相关的费用账户。 （ ）

3.生产通知单只有生产部门使用。 （ ）

4.对存货计价审计一般采用抽查的方法进行。 （ ）

5.存货监盘只有顺查法，没有逆查法。 （ ）

6.存货盘点必须每月一次，并编制盘盈盘亏调节表。 （ ）

7.对产成品价格审计不能运用分析性复核程序，只能用原有顺序计算法。 （ ）

8.存货监盘只能对期末结存数量和状况予以确认，为了验证财务报表上存货余额的真实性，还必须对存货的计价进行审计。 （ ）

9.审计人员应当根据被审计单位存货的特点、盘存制度和存货内部控制的有效性等情况，在评价被审计单位存货盘点计划的基础上，编制存货监盘计划，对存货监盘做出合理安排。 （ ）

10.资产负债表中，存货项目根据原材料、产成品、生产成本的年末余额填列。（ ）

应用技能训练题

在对某医院审计时审计人员发现，2011 年 6 月 30 日财务账上药品的账面余额 2 425 957.49元，药剂科医院核算系统（HIS 系统）账面余额 17 378 124.17 元，账实相差 14 952 166.68 元。医院药品管理内部控制如下：(1)药剂科虽然对药品进行定期盘点，三个月一次，但大部分药房的盘点是打印出账面库存量核对盘点，有具体数字，并未进行盲盘；(2)药剂科经常私下出借药品，不一定由相关科室负责人签字；(3)病人退回药品无相关手续，药品入库与相关单据不同时传递，2007 年 1 月至 2011 年 6 月，分院撤销和病人退回药品 119 113.29 元；(4)药剂科的药品消耗与财务部入账的药品消耗不进行核对，同位素(放置在检测仪器中的放射性元素)入药品账，逐渐衰减，实际物品无消耗，财务部每月作为药品消耗明细账中减少西药 30 000 元，而药剂科账面无变化；(5)药剂科每三个月进行一次盘点，盈亏直接调整 HIS 系统中的实物量和金额，未上报财务部，2007 年 1 月至 2011 年 6 月，药剂科药品盘盈报增药品 1 205 359.72 元；(6)药剂科根据制药公司的捐赠和科室剩余药品捐赠调增 HIS 系统药品量，而未报财务部入账，2007 年 1 月至 2011 年 6 月，药剂科接受捐赠报增药品 1 485 357.68元；(7)财务部与药剂科不对账，已经查明一笔账务记错。

要求：请问财务部记错了多少金额？

第12章

销售与收款循环审计

【知识目标】

销售与收款循环是企业经营活动的主要业务循环之一,在企业的整个经营活动中居于重要地位。通过本章学习,学生应熟悉销售与收款循环的业务流程、涉及的主要凭证和会计记录;掌握销货业务的主要内部控制、常见控制测试程序和交易实质性程序;掌握主营业务收入的审计目标和实质性程序;理解应收账款和坏账准备的审计目标,掌握其实质性程序;了解其他相关账户的审计目标和实质性程序。

【应用能力目标】

掌握销售与收款循环的内部控制程序,能运用所学的基本理论、基本方法和基本技能解决实际审计工作中的有关问题。

12.1 销售与收款循环审计概述

销售与收款循环审计通常可独立于其他业务循环进行,然后随着证据的积累再与其他循环的审计结合起来。

销售与收款循环审计的总目标,是评价受该业务循环影响的各账户余额、发生额是否真实、完整与合法。

本章着重介绍销售与收款循环的性质、业务循环和实施审计涉及的主要项目,该循环内部控制结构的要点与测试,以及有关账户余额、发生额细节测试的审计程序等。

审计人员首先应了解该业务循环的性质,评价审计风险和控制风险,确定有关会计科目,拟订审计方案,实施内部控制测试和实质性程序。

根据财务报表项目与业务循环的相关程度,销售与收款循环涉及的资产负债表项目主要包括应收票据、应收账款、长期应收款、预收款项、应交税费等;所涉及的利润表项目主要包括营业收入、营业税金及附加、销售费用等。

销售与收款循环,涉及可供销售的商品和劳务的所有权转让的各项业务过程。它由客户提出订货要求开始,将商品或劳务转化为应收账款,并以收回货币资金为终结点。销售可以分为现销和赊销两种方式,现代经营中商业信用广泛使用的赊销已成为各企业普遍采用的销售方式。

在赊销方式下,销售与收款业务流程主要有:处理客户订单、批准赊销信用、发送货物、开具销售发票、记录销售与收款业务、定期对账和催收账款、审批销售退回与折让、审批坏账的注销等。

销售与收款循环涉及收入业务、应收款项业务等，审计人员必须评估被审计单位业务循环的特征，以帮助确定业务循环涉及的账户实质性程序的性质、时间和范围。

12.1.1　主要业务活动

典型的销售与收款循环一般应涵盖以下主要流程：

1.销售部门接受客户订单

客户提出订货要求是整个业务循环的起点，也是购买某种货物或接受某种劳务的一项申请。客户的订单只有在符合企业管理层的授权标准时，才能被接受。管理层一般都列出了已批准销售的客户名单。销售管理部门在决定是否同意接受某客户的订单时，应追查该客户是否被列入这张名单。如果该客户未被列入，则通常要由销售管理部门的主管来决定是否同意销售。

2.信用管理部门按赊销政策批准赊销

对于赊销业务，在发出商品或提供劳务之前，必须按照赊销政策调查每个客户的信用状况，包括获取信用评审机构对顾客信用等级的评定报告，经合法授权人员批准客户的赊销额。赊销的审批必须严格履行规定程序，赊销审批是由信用管理部门根据管理层的赊销政策，在每个客户的已授权的信用额度内进行的。赊销审批由信用管理部门负责。

3.仓库部门按批准的销售单发出商品

企业管理层通常要求商品仓库只有在收到经过批准的销售单时方可发出商品，发出商品是该业务循环中出让资产的起点，商品的发出往往是确认销售成立的标志之一，设立这项控制程序的目的，是为了防止仓库在未经授权的情况下擅自发货。因此，已批准的销售单的一联通常应送达仓库，作为仓库按销售单发出商品给运输部门的授权依据。发出商品时要编制发运凭证，这种凭证往往是一式多联、连续编号的提货单，它是向客户开出账单所必不可少的凭据。

4.财务部门开具账单

开具账单，包括编制和向客户寄送事先连续编号的销售发票。因此，应正确、及时地开出账单（开具销售发票和寄送销售发票），开出账单时要注意不漏开、不重开、不错开。

5.财务部门记录销售

在手工会计系统中，记录销售的过程包括区分赊销和现销。按销售发票编制转账记账凭证或现金、银行存款收款凭证，再据以登记销售明细账和应收账款明细账或库存现金、银行存款日记账。

6.定期对账和催收账款

财务部门应定期编制并向客户寄送应收账款对账单，与客户核对账面记录，保证所有的收款、折扣、折让都能正确地记录，如有差异，应及时查明原因并作相应调整。财务部门还应编制应收账款账龄分析表，对已超过正常信用期限、长期拖欠货款的客户还要以各种方式催收货款，并通知信用管理部门。

7.收取货款和记录现金、银行存款收入

处理货币资金收入时，最重要的是保证全部货币资金都必须如数、及时地记入库存现金、银行存款日记账或应收账款明细账,并如数、及时地将现金存入银行。为确保有效的内部控制,要注意不相容职务的分离,确保退货和折让均履行严格的审批。

8. 审批销售退回、销货折扣与折让

客户对不符合其订货要求的货物提出退货请求,应由负责收款和记录应收账款以外的人员(通常为销售部门主管)根据退货验收单和入库单办理退货。客户如果对商品不满意,销售企业一般都会同意接受退货,或给予一定的销售折让;客户如果提前支付货款,销售企业则可能会给予一定的销售折扣,财务部门应根据销售退回与折让业务凭证及时、正确地记录。

9. 注销坏账

若客户出现经营不善而宣告破产、死亡等事项,企业应及时确认应收账款无法收回。销售企业在积极采取有效措施催收无果后,若认为某项货款再也无法收回,就必须按照规定程序注销这笔货款。应经管理当局批准后将其注销,并由财务人员冲减相应应收账款总额和明细账。对这些坏账,正确的处理方法应该是获取货款无法收回的确凿证据,经适当审批后及时做会计调整。为了加强对注销坏账的管理,财务部门应设置已注销应收账款备查簿,防止以后收回已注销的应收账款时出现漏记、错记或被贪污。

10. 提取坏账准备

坏账准备提取的数额必须能够抵补企业以后无法收回的销货款。按照谨慎性原则,企业应当定期或者至少于每年度终了对应收款项进行全面检查,预计各项应收款项可能发生的坏账,计提坏账准备。

12.1.2 涉及的主要凭证与会计记录

财务审计主要是通过对会计账户与有关记录的审查,以证实经济活动的真实、完整与合法。销售与收款业务循环的审计,会涉及该循环中的一系列凭证和记录,典型的销售与收款业务循环中所使用的主要业务凭证和记录有以下几种:

1. 客户订货单

客户订货单是客户提出的书面购货要求,企业可以通过营销人员或其他途径,采用电话、传真、信函、计算机网络等方式接受现有的或潜在的客户订货。应确定客户订货单上所有交易是否都经过恰当授权,记录要素是否完整。控制程序包括客户订货单预先编号,核准的文件编制,正式的赊销批准,部分编号、销售价格、订购产品的货运条款的描述,以及经批准的账单地址。

2. 销货单

销货单是记录客户所订商品的名称、规格、数量和其他情况的凭证。它常用于赊销的批准或者发货的审批。

3. 销货合同

销货合同是供需双方所签订的具有法律效力的文件。合同需明确双方的责任,包括所订货物的品种、规格、数量、价格、付款方式以及供货时间等,合同要经过双方签章后方可生效。

4.发运凭证

发运凭证是在发运货物时编制,用以反映发出货物的名称、规格、数量和其他有关数据的凭证。这种凭证可作为向客户开具收款单的依据,一联交给客户,企业保留一联或几联。提货单是发运凭证的一种形式,是运输企业和销货企业之间有关商品收发业务的书面凭证。

5.销售发票

销售发票是用来证明已销售商品的名称、规格、数量、价格、销售金额、运费和保险费、开票日期、付款条件和其他有关数据的凭证,也是向客户说明货款数额和付款期限的凭证。销售发票的一联寄送给顾客,其余几联由企业保留。销售发票也是在会计账簿中登记销售交易的基本凭证。

6.贷项通知单

贷项通知单是一种用来表示由于销售退回或经批准的折让而引起的应收销货款减少的凭证。贷项通知单是有编号的,实际上红字开的销售发票就是贷项通知单的一种形式,销售退回时要开一张红字销售发票,用来证明应收账款的减少。

7.应收账款明细账

应收账款明细账是用来记录每个客户各项赊销、还款、销售退回及折让的明细账。各应收账款明细账的余额合计数应与应收账款总账的余额相等。

8.主营业务收入明细账

主营业务收入明细账是一种用来记录销售交易的明细账。它通常记载和反映不同类别产品或劳务的销售总额。

9.销售退回、折扣与折让明细账

这是一种用来核算企业销售商品时,按销售合同规定为了及早收回货款而给予顾客的销售折扣,因商品品种、质量等原因而给予客户的销售折让以及销售退回情况的明细账。当然,企业也可以不设置销售退回、折扣与折让明细账,而将该类业务记录于主营业务收入明细账。

10.汇款通知书

汇款通知书是一种与销售发票一起交给客户,并可以随同付款支票一并交回销售单位的凭证。这种凭证注明了客户的名称、销售发票号码、销售单位开户银行账号以及金额等内容。通过汇款通知书能使收到的货款立即存入银行,可以改善资产的管理控制。

11.库存现金日记账和银行存款日记账

库存现金日记账和银行存款日记账,是用来记录应收账款的收回或现销收入以及其他各种现金、银行存款收入和支出的日记账,以收付款凭证为记账依据。

12.坏账审批表

坏账审批表是仅在企业内部使用的、用来批准将某些应收款项注销为坏账的凭证。

13.客户对账单

客户对账单是按月定期寄送给客户的用于定期核对账目的凭证。客户的月末对账单上应注明应收账款的月初余额、本月各项销售交易的金额、本月已收到的货款、贷项通知单的数额以及月末余额等内容。

14.转账凭证

转账凭证是指记录转账业务的记账凭证,它是根据有关转账业务(即不涉及现金、银行存款收付的各项业务)的原始凭证编制的。

15.收款凭证

收款凭证是指用来记录现金和银行存款收款业务的记账凭证。

16.商品价目表

商品价目表是列示已经授权批准的、可供销售的各种商品的价格清单。

销售与收款循环中主要业务活动及相关资料如表 12-1 所示。

表 12-1　　　　　　　　　　销售与收款循环中主要业务活动及相关资料

主要业务活动	涉及的凭证及记录	相关的主要部门	相关的认定	重要控制程序
1.接受客户订单	客户订货单、销售单	销售单管理部门	销售交易的发生	客户名单已被授权审批
2.批准赊销信用	销售单	信用管理部门	应收账款净额的存在、计价或分摊	信用部门签署意见,以降低坏账风险
3.按销售单供货	销售单	仓库		防止未授权发货
4.按销售单装运货物	销售单、发运凭证	装运部门	销售交易的发生、完整性	防止未授权装运产品
5.向客户开具账单	销售单、发运凭证、商品价目表、销售发票	财务部门	销售交易的发生、完整性、准确性	确保销售发票的正确性
6.记录销售	销售发票及附件、转账凭证、现金或银行存款收款凭证、应收账款明细账、销售明细账、库存现金日记账、银行存款日记账、客户月末对账单	财务部门	销售交易的发生、完整性、准确性、截止日期、分类	销售发票是否记录正确,并归属于适当的会计期间
7.办理和记录现金及银行存款收入	汇款通知书、收款凭证、库存现金日记账、银行存款日记账	财务部门	销售交易的发生、完整性、准确性	货币资金失窃的可能性
8.办理和记录销售退回、折扣及折让	贷项通知单	财务部门、仓库	相关业务的存在、发生、计价或分摊、完整性	必须授权批准,控制实物流和会计处理
9.注销坏账	坏账审批表	赊销部门、财务部门	计价或分摊	应该获取货款无法收回的确凿证据,适当审批
10.提取坏账准备		财务部门	计价或分摊	

12.2　销售与收款循环的内部控制及测试

内部控制,是销售与收款循环中必不可少的重要组成部分,审计人员应深入了解企业的内部控制情况并进行内部控制测试,对内部控制的健全性、有效性做出评价。

12.2.1　销售与收款循环的内部控制

内部控制不仅是财务审计的重要内容,也是抽样审计的基础。审计人员通常依据对被审计单位内部控制深入了解之后所获取的相关资料来评价企业的控制风险。由于业务循环的内部控制能起到相互牵制、防止发生错误和舞弊或大大减少错误和舞弊发生概率的作用,因此,内部控制已成为循环中必不可少的组成部分。

销售与收款循环中的内部控制应重点关注以下内容:

1.适当的职责分离

适当的职责分离是内部控制中一项极为重要的控制措施。为了保证销售与收款业务控制系统的有效性,应按各业务环节进行明确分工,以确保办理销售与收款业务的不相容岗位相互分离、相互制约和相互监督。

销售与收款业务不相容岗位至少应当包括:

(1)客户信用调查评估与销售合同的审批签订;

(2)销售合同的审批、签订与发货的办理;

(3)销售货款的确认、回收与相关会计记录;

(4)销售退回商品的验收、处置与相关会计记录;

(5)销售业务的经办与发票的开具、管理;

(6)坏账准备的计提、审批与坏账的核销、审批。

2.正确的授权审批

有效的控制要求销售与收款循环各环节要经过适当的授权审批。审批人应当根据销售与收款授权审批制度的规定,在授权范围内进行审批,不得超越审批权限;设定授权审批范围权限的目的在于防止因审批人决策失误而造成严重损失。

3.凭证和记录的充分使用

每个企业交易的产生、处理和记录等制度都有其特点,为健全业务审批、加强财产保管和便于记录,要合理设计并使用各种凭证和记录。关键性的销货单、销售发票、发运凭证等都应事前按顺序编号使用,以防止遗漏相应的开票或记录销售的业务,防止重复开票或记账。

4.凭证的预先编号

对凭证预先进行编号,旨在防止销售以后忘记向客户开具账单或登记入账,也可防止重复开具账单或重复记账。这种控制常用的一种控制测试程序是清点各种凭证。

5.按月寄出对账单

由出纳、销售及应收账款记录以外的人员按月向客户寄发对账单,能促使顾客在发现应付账款余额不正确后及时反馈有关信息,督促客户履行合约。

6.独立检查

对销售与收款业务进行独立检查,防止各环节发生差错和舞弊。

7.实施内部核查程序

由内部审计人员或其他独立人员核查销售交易的处理和记录,是实现内部控制目标所不可缺少的一项控制措施。

12.2.2　销售与收款循环的控制测试

财政部发布的《内部会计控制规范——销售与收款(试行)》中,不仅明确了单位应当建立对销售与收款内部控制的监督检查制度,单位监督检查机构或人员应通过实施控制测试和实质性程序,检查销售与收款内部控制制度是否健全,各项规定是否得到有效执行,而且明确了销售与收款内部控制监督检查的主要内容,包括:

1.销售与收款业务相关岗位及人员的设置情况。重点检查是否存在销售与收款业务不相容职务混岗的现象。

2.销售与收款业务授权审批制度的执行情况。重点检查授权审批手续是否健全,是否存在越权审批行为。

3.销售的管理情况。重点检查信用政策、销售政策的执行是否符合规定。

4.收款的管理情况。重点检查单位销售收入是否及时入账,应收账款的催收是否有效,坏账核销和应收票据的管理是否符合规定。

5.销售退回的管理情况。重点检查销售退回手续是否齐全,退回货物是否及时入库。

在确定了被审计单位的内部控制中可能存在的薄弱环节,并且对其控制风险做出评价后,审计人员应当判断继续实施控制测试的成本,是否会低于因此而减少的对交易、账户余额的实质性程序所需的成本。如果被审计单位的相关内部控制不存在,或被审计单位的相关内部控制未得到有效执行,则审计人员不应再继续实施控制测试,而应直接实施实质性程序。

这说明,作为进一步审计程序的类型之一,控制测试并非在任何情况下都需要实施。但当存在下列情形之一时,审计人员应当实施控制测试:在评估认定层次重大错报风险时,预期控制的运行是有效的;仅实施实质性程序不足以提供认定层次充分、适当的审计证据。

销售交易内部控制测试一览表见表 12-2。

表 12-2　　　　　　　　　　　销售交易内部控制测试一览表

内部控制目标	关键内部控制	常用的控制测试	常用的实质性程序
登记入账的销售交易确实已经发货给真实的客户(发生)	销售交易是以经过审核的发运凭证及经过批准的客户订货单为依据登记入账的	检查销售发票副联是否附有发运凭证(或提货单)及客户订货单	复核主营业务收入总账、明细账以及应收账款明细账中的大额或异常项目
	在发货前,客户的赊购已经被授权批准	检查客户的赊购是否经授权批准	追查主营业务收入明细账中的分录至销售单、销售发票副联及发运凭证
	销售发票均经事先编号并已恰当地登记入账	检查销售发票连续编号的完整性	将主营业务收入明细账中的分录与销售单中的赊销审批和发运审批进行核对
	每月向客户寄送对账单,对客户提出的意见作专门追查	观察是否寄发对账单并检查客户回函档案	将发运凭证与存货永续记录中的发运分录进行核对
所有销售交易均已登记入账(完整性)	发运凭证(或提货单)均经事先编号并已经登记入账	检查发运凭证连续编号的完整性	将发运凭证与相关的销售发票和主营业务收入明细账及应收账款明细账中的分录进行核对
	销售发票均经事先编号并已登记入账	检查销售发票连续编号的完整性	

（续表）

内部控制目标	关键内部控制	常用的控制测试	常用的实质性程序
登记入账的销售数量确实是已发货的数量，已正确开具账单并登记入账（计价和分摊）	销售价格、付款条件、运费和销售折扣的确定已经适当的授权批准	检查销售发票是否经适当的授权批准	复算销售发票上的数据；追查主营业务收入明细账中的分录至销售发票
	由独立人员对销售发票的编制作内部核查	检查有关凭证上的内部核查标记	追查销售发票上的详细信息至发运凭证、经批准的商品价目表和客户订货单
销售交易的分类恰当（分类）	采用适当的会计科目表	检查会计科目表是否适当	检查证明销售交易分类正确的原始证据
	内部复核和核查	检查有关凭证上内部复核和核查的标记	
销售交易的记录及时（截止）	采用尽量能在销售发生时开具收款账单和登记入账的控制方法	检查尚未开具收款账单的发货和尚未登记入账的销售交易	将销售交易登记入账的日期与发运凭证的日期比较核对
	内部核查	检查有关凭证上内部核查的标记	
销售交易已经正确地记入明细账并经正确汇总（准确性、计价和分摊）	每月定期给顾客寄送对账单	观察对账单是否已经寄出	将主营业务收入明细账加总，追查其至总账的过账
	由独立人员对应收账款明细账作内部核查	检查内部核查标记	
	将应收账款明细账余额合计数与其总账余额进行比较	检查将应收账款明细账余额合计数与其总账余额进行比较的标记	

【例 12-1】　　　　销售收入审计案例

（一）案例线索

注册会计师李文对 A 公司 2015 年度的销售收入进行分析性复核时，发现本年度的销售收入比上年明显减少，对照前期调查了解到 A 公司本年度实际生产销售情况是历史上最好水平，李文认为销售收入的真实性值得怀疑。于是，李文抽查了 9 月份、12 月份相关的会计凭证，发现其原始凭证中有销货发票的记账联，而记账凭证中反映的是"应付账款"，共计 120 万元。李文针对这种情况，询问了有关的当事人，并向应付账款的对方企业函证，结果发现 A 公司是将企业正常的销售收入反映在"应付账款"中，作为其他企业的暂存款处理。

李文对此业务的审计处理为：

（1）扩大抽查原始凭证的比例，检查其他月份是否存在将正常销售收入反映在"应付账款"中的事项。

（2）提请被审计单位作相应的会计调整，并调整财务报表相关的数额。

（3）如果被审计单位拒绝接受调整，则把查证金额与重要性水平相比，选择相应的审计报告的类型。

（二）案例分析

注册会计师在审计销售收入时，要关注被审计单位是否少计或多计销售收入。

一般情况下，企业少计销售收入的途径有：

（1）将正常的销售收入反映在"应付账款"中，作为其他企业的暂存款处理，将记账联单独存放，造成当期收入减少，以达到少缴税的目的。此案例中 A 公司就是如此。

（2）已实现的销售收入，不确认或延期确认。

（3）以"应收账款"或"银行存款"账户与"库存商品"账户相对应，直接抵减"库存商品"或"产成品"，少计收入。

（4）虚增销售退回，即销售退回仅用红字借记"应收账款"，贷记"主营业务收入"、"应交税费——应交增值税（销项税额）"的会计分录，记账凭证后面没有红字销售发票、销售退回单、商品验收单等原始凭证。

企业多计销售收入的方法有：

（1）把没有实现的销售提前确认销售收入。

（2）虚构销售业务，等次年作退货处理。

（3）母子公司或关联企业之间在年底互开发票来虚构收入。

注册会计师一般要实施顺查或逆查的方法查证这些事项，并提请被审计单位予以纠正，如被审计单位拒绝纠正，应发表保留意见或否定意见的审计报告。

12.3 营业收入审计

营业收入可分为主营业务收入和其他业务收入。主营业务收入是指企业为完成其经营目标所从事的经常性活动实现的收入。其他业务收入是指企业为完成其经营目标所从事的与经常性活动相关的活动，如出租固定资产、出租无形资产、出租包装物、销售材料、用材料进行非货币性资产交换或债务重组等实现的收入。

12.3.1 主营业务收入的审计目标

主营业务收入的审计目标一般包括：确定记录的主营业务收入是否已发生，且与被审计单位有关；确定主营业务收入记录是否完整；确定与主营业务收入有关的金额及其他数据是否恰当记录，包括对销售退回、销售折扣与折让的处理是否适当；确定主营业务收入是否已记录于正确的会计期间；确定主营业务收入的内容是否正确；确定主营业务收入的披露是否恰当。

1. 证实主营业务收入的真实性

企业主营业务收入的确认，关系到企业经营成果的实现和纳税义务的发生。根据权责发生制原则，应审查企业主营业务收入的确认是否符合会计准则及有关规定，记录的金额是否是实际发生的。关注的问题主要有：尚未发货却已记作收入；收入重复记账；向虚构的客户发货，并作为收入入账。

2. 证实主营业务收入计价与分类的正确性

主营业务收入项目核算企业在销售商品、提供劳务和让渡资产使用权等主营业务活动中所产生的收入。对企业主营业务收入进行审查时，应严格审查各项收入的分类是否合规、合理，查明有无相互混淆、影响应纳税额及利润正确性的情况。

3.证实主营业务收入的完整性

企业所取得的主营业务收入应及时、完整地记入有关账户,并按规定进行结转,确保发生的金额已经记录。对销售中发生的销售退回、销售折扣和折让业务,也应按规定进行相应的账务处理。查明有无混淆不同会计期间主营业务收入,人为调节企业主营业务收入的现象等。

12.3.2 主营业务收入的实质性程序

要充分关注实质性程序强调的潜在舞弊指标,例如,正好在会计年度截止日期前后出现大额销售或销售账户的异常调整,会计年度最后一个月对客户的销售条件比以前月份更有利等,因此,审计人员应分析所有接近年末发生的大额销售或异常销售,核对原始凭证,或直接向客户确认交易条件。

主营业务收入的实质性审计程序一般包括以下内容:

1.索取产品出库单存根、销售发票副本和各种收入明细账,相互核对,检查有无混淆主营业务收入与其他业务收入的现象。取得或编制主营业务收入明细表,复核其正确性,并与明细账、总账、报表数核对是否相符。结合其他业务收入科目与报表数核对是否相符。

2.审查企业主营业务收入的确认条件、方法,注意是否符合企业会计准则,前后期是否一致;关注周期性、偶然性的收入是否符合既定的收入确认原则、方法。按照《企业会计准则第14号——收入》的要求,企业的销售商品收入,应在下列条件均满足时予以确认:企业已将商品所有权上的主要风险和报酬转移给购货方;企业既没有保留通常与所有权相联系的继续管理权,也没有对已售出的商品实施有效控制;收入的金额能够可靠地计量;相关的经济利益很可能流入企业;相关的已发生或将发生的成本能够可靠地计量。因此,对主营业务收入的实质性程序,主要是测试企业是否依据上述五个条件确认产品销售收入。具体来说,被审计单位采取的销售方式不同,确认销售的时点也是不同的。

(1)采用交款提货销售方式,应于货款已收到或取得收取货款的权利,同时已将发票账单和提货单交给购货单位时确认收入的实现。对此,审计人员应重点检查被审计单位是否收到货款,或取得收取货款的权利,发票账单和提货单是否已交付购货单位。应注意有无扣压结算凭证,将当期收入转入下期入账,或者虚记收入、开假发票、虚列购货单位,将当期未实现的收入虚转为收入记账,在下期予以冲销的现象。

(2)采用预收账款销售方式,应于商品发出时,确认收入的实现。对此,审计人员应重点检查被审计单位是否收到了货款,商品是否已经发出。应注意是否存在对已收货款及已将商品发出的交易不入账、转为下期收入,或开具虚假出库凭证、虚增收入等现象。

(3)采用托收承付结算方式,应于商品已经发出,劳务已经提供,并已将发票账单提交银行、办妥收款手续时确认收入的实现。对此,审计人员应重点检查被审计单位是否发货,托收手续是否办妥,货物发运凭证是否真实,托收承付结算回单是否正确。

(4)委托其他单位代销商品的,如果代销单位采用视同买断方式,应于代销商品已经销售并收到代销单位代销清单时,按企业与代销单位确定的协议价确认收入的实现。对此,应注意查明有无商品未销售、编制虚假代销清单、虚增本期收入的现象;如果代销单位采用收取手续费方式,应在代销单位将商品销售、企业已收到代销单位代销清单时确认收入的实现。

(5)销售合同或协议明确销售价款的收取采用递延方式,实质上具有融资性质的,应当按照应收的合同或协议价款的公允价值确定销售商品的收入金额。应收的合同或协议价款与其公允价值之间的差额,应当在合同或协议期间内采用实际利率法进行摊销,计入当期损益。

(6)长期工程合同收入,如果合同的结果能够可靠估计,应当根据完工百分比法确认合同收入。审计人员应重点检查收入的计算、确认方法是否合乎规定,并核对应计收入与实际收入是否一致,注意查明有无随意确认收入、虚增或虚减本期收入的情况。

(7)委托外贸企业代理出口、实行代理制销售方式的,应在收到外贸企业代办的发运凭证和银行交款凭证时确认收入。对此,审计人员应重点检查代办发运凭证和银行交款单是否真实,注意有无内外勾结,出具虚假发运凭证或虚假银行交款凭证的情况。

(8)对外转让土地使用权和销售商品房的,通常应在土地使用权和商品房已经移交并将发票结算账单提交对方时确认收入。对此,审计人员应重点检查已办理的移交手续是否符合规定要求,发票账单是否已经移交对方。注意查明被审计单位有无编造虚假移交手续,采用"分层套写"、开具虚假发票的行为。注意防止其高价出售、低价入账,从中贪污货款。如果企业事先与买方签订了不可撤销合同,按合同要求开发房地产,则应按建造合同的处理原则处理。

3.必要时实施以下实质性分析程序:

(1)基于对被审计单位及其环境的了解,针对已识别需要运用分析程序的有关项目,通过进行以下比较,同时考虑有关数据间关系的影响,建立有关数据的期望值。

①将本期的主营业务收入与上期的主营业务收入进行比较,分析产品销售的结构和价格变动是否异常,并分析异常变动的原因;

②计算本期重要产品的毛利率,与上期比较,检查是否存在异常,各期之间是否存在重大波动,查明原因;

③比较本期各月各类主营业务收入的波动情况,分析其变动趋势是否正常,是否符合被审计单位季节性、周期性的经营规律,查明异常现象和重大波动的原因;

④将本期重要产品的毛利率与同行业企业进行对比分析,检查是否存在异常;

⑤根据增值税专用发票申报表或普通发票,估算全年收入,与实际收入金额比较。

(2)确定可接受的差异额。

(3)将实际的情况与期望值相比较,识别需要进一步调查的差异。

(4)如果其差额超过可接受的差异额,调查并获取充分的解释和恰当的佐证审计证据(如检查相关的凭证等)。

(5)评估分析程序的测试结果。

4.获取产品价格目录,抽查售价是否符合定价政策,并注意销售给关联方或关系密切的重要客户的产品价格是否合理,有无低价或高价结算以转移收入和利润的现象。

5.抽取本期一定数量的销售发票,检查开票、记账、发货日期是否相符,品名、数量、单价、金额等是否与发运凭证、销售合同或协议、记账凭证等一致。

6.抽取本期一定数量的记账凭证,检查入账日期、品名、数量、单价、金额等是否与销售发票、发运凭证、销售合同或协议等一致。

7.结合对应收账款的审计,选择主要客户函证本期销售额。

8.对于出口销售,应当将销售记录与出口报关单、货运提单、销售发票等出口销售单据进行核对,必要时向海关函证。

9.销售的截止测试。

实施销售截止测试的目的主要在于确定被审计单位主营业务收入的会计记录归属期是否正确,应记入本期或下期的主营业务收入是否被推延至下期或提前至本期。

我国《企业会计准则——基本准则》规定,企业对于已经发生的交易或者事项,应当及时进行会计确认、计量和报告,不得提前或者延后,并规定收入只有在经济利益很可能流入企业从而导致企业资产增加或者负债减少且经济利益的流入能够可靠计量时才能予以确认。据此,审计中应该注意把握三个与主营业务收入确认有着密切关系的日期:一是发票开具日期或者收款日期;二是记账日期;三是发货日期(服务业则是提供劳务的日期)。这里的发票开具日期是指开具增值税专用发票或普通发票的开具日期;记账日期是指被审计单位确认主营业务收入实现并将该笔经济业务记入主营业务收入账户的日期;发货日期是指仓库开具出库单并发出库存商品的日期。检查三者是否归属于同一会计期间是主营业务收入截止测试的关键所在。

围绕上述三个重要日期,在审计实务中,审计人员应考虑选择三条审计路线实施主营业务收入的截止测试。

一是以账簿记录为起点。从资产负债表日前后若干天的账簿记录查至记账凭证,检查发票存根与发运凭证,目的是证实已入账收入是否在同一期间已开具发票并发货,有无多计收入。

二是以销售发票为起点。从资产负债表日前后若干天的发票存根查至发运凭证与账簿记录,确定已开具发票的货物是否已发货并于同一会计期间确认收入。

三是以发运凭证为起点。从资产负债表日前后若干天的发运凭证查至发票开具情况与账簿记录,确定主营业务收入是否已计入恰当的会计期间。

上述三条审计路线在实务中均被广泛采用,注册会计师可考虑在同一被审计单位财务报表审计中并用这三条路线,甚至可以在同一主营业务收入科目审计中并用。为提高审计效率,注册会计师应当凭借专业经验和所掌握的信息、资料做出正确判断,选择其中的一条或两条审计路线实施更有效的收入截止测试。

10.存在销货退回的,应检查手续是否符合规定,结合原始销售凭证检查其会计处理是否正确,结合存货项目审计关注其真实性。

11.检查销售折扣与折让。企业在销售交易中,往往会因产品品种、质量不符合要求及结算方面的原因发生销售折扣与折让,这些情况都是对收入的抵减,直接影响收入的确认和计量,因此应重视折扣与折让的审计。销售折扣与折让的实质性程序主要包括:

(1)获取或编制折扣与折让明细表,复核加计正确,并与明细账合计数核对是否相符;

(2)取得被审计单位有关折扣与折让的具体规定和其他文件资料,并抽查较大的折扣与折让发生额的授权批准情况,与实际执行情况进行核对,检查其是否经授权批准,是否合法、真实；

（3）销售折扣与折让是否及时足额提交对方，有无虚设中介、转移收入、私设"小金库"等情况；

（4）检查折扣与折让的会计处理是否正确。

12.检查有无特殊的销售行为，如附有销售退回条件的商品销售、委托代销、售后回购、以旧换新、商品需要安装和检验的销售、分期收款销售、出口销售、售后租回等，审计人员尤其要注意审查其收入的确认、计量是否符合规定，关注是否存在附有回购协议或日后租回协议的销售按照收到货款计入收入，从而判断是否有虚增收入和利润的问题。

13.审查向关联方销售的情况，记录其交易品种、价格、数量、金额和比例，并记录其占主营业务收入总额的比例。对于合并范围内的销售活动，记录应予合并抵消的金额。

14.调查集团内部销售的情况，记录其交易价格、数量和金额，并追查在编制合并财务报表时是否已予以抵消。

15.检查主营业务收入的列报是否恰当。

12.4　应收账款和坏账准备审计

应收账款指企业因销售商品、提供劳务而形成的债权，即因企业销售商品、提供劳务等应向购货客户或接受劳务的客户收取的款项或代垫的运杂费，这是企业在信用活动中所形成的各种债权性资产。

企业的应收账款是在销售商品或提供劳务过程中产生的。如属赊销，即销售实现时没有立即收取现款，而是获得了要求客户在一定条件下和一定时间内支付货款的权利，这就产生了应收账款。因此，应收账款的审计应结合销售交易来进行。

企业应当定期或者至少于每年年度终了，对应收账款进行全面检查，预计各项应收账款可能发生的坏账，对于没有把握能够全额收回的应收账款，应当计提坏账准备。坏账准备通常是审计的重点领域，由于坏账准备与应收账款的联系紧密，本节将坏账准备的审计与应收账款的审计一并阐述。

12.4.1　应收账款的审计目标

应收账款的审计目标一般包括：确定资产负债表中记录的应收账款是否存在；确定所有应当记录的应收账款是否均已记录；确定记录的应收账款是否由被审计单位拥有或控制；确定应收账款是否可回收，坏账准备的计提方法和比例是否恰当，计提是否充分；确定应收账款及其坏账准备期末余额是否正确；确定应收账款及其坏账准备是否已按照《企业会计准则》的规定在财务报表中做出恰当列报。

1.证实应收账款的真实性

企业的应收账款与其他账户不同，其真实性不仅取决于企业内部账务处理和记录是否正确，而且取决于债务方所确认的承担债务的义务。因此，审计人员要在充分取证的基础上，证实应收账款账面余额是否真实存在。

2. 证实应收账款计价与分类的正确性

企业的应收账款因销货业务而发生,而在销货业务中可能会由于某些原因发生销售退回、折扣和折让等情况。这些情况的发生应抵减企业的销售收入,相应地抵减应收账款。审计人员要在充分取证,确定销货业务发生的真实性、金额计算的准确性以及销售退回、折扣和折让真实性的基础上,确保账面记录的金额是正确的,证实其账面记录的正确性。

3. 证实销售退回、折扣与折让的合法性

销售退回、折扣与折让记录的金额要符合会计准则的规定。审计人员应对抵减企业销售收入与应收账款的情况予以查明,证实其是否合法,手续是否齐备,要注意从中揭露营私舞弊行为。

4. 证实应收账款记录截止期的正确性

审计人员通过对会计期间截止日前后发生的应收账款业务的审查,确认其是否记录于正确的会计期间。

5. 确认坏账损失的真实性

审计人员要通过审查证实计提的坏账准备是否合理,坏账损失的核销是否真实合法,是否确属于收不回来的应收账款,有无贪污舞弊行为,确保该会计期间账面记录的金额与实际发生的金额相同。在审计过程中,应重点关注坏账准备计提方法采用的合法合规性、坏账准备计提金额的正确性,关注坏账准备计提方法的改变对特定会计期间损益的影响。

6. 证实应收账款过账和汇总的正确性

在财务报表中记录的应收账款的金额应经过正确的过账和汇总。审计人员应确认企业应收账款的明细账记录是否正确,总账记录是否正确,总账与明细账记录是否一致,同时确认各项应收账款的冲销及坏账准备的计提等账务处理是否正确。

7. 确定应收账款在财务报表上的披露是否恰当

审计人员应确定应收账款及其坏账准备是否已按照《企业会计准则》的规定在财务报表中做出恰当列报。

12.4.2 应收账款的实质性程序

应收账款的实质性程序主要包括:

1. 取得或编制应收账款明细表

取得或编制应收账款明细表,复核加计正确,并与报表数、总账数和明细账合计数核对是否相符。

(1)复核加计是否正确,并与总账数和明细账合计数核对是否相符;结合坏账准备科目与报表数核对是否相符。应收账款报表数应同应收账款总账数和明细账数分别减去与应收账款相应的坏账准备总账数和明细账合计数后的余额核对是否相符;

(2)检查非记账本位币应收账款的折算汇率及折算金额是否正确;

(3)分析有贷方余额的项目,查明原因,必要时,建议做重分类调整;

(4)结合其他应收款、预收款项等往来项目的明细余额,查明有无同一客户多处挂账、异常余额或与销售无关的其他款项,如有,应做出记录,必要时提出调整建议;

(5)标记重要的欠款单位,计算其欠款合计数占应收账款余额的比例。

2.检查涉及应收账款的相关财务指标

(1)复核应收账款借方累计发生额与主营业务收入是否配比,并将当期应收账款借方发生额占销售收入净额的百分比与管理层考核指标比较,如存在差异应查明原因;

(2)计算应收账款周转率、应收账款周转天数等指标,并与被审计单位以前年度相关指标以及同行业同期相关指标对比分析,检查是否存在重大异常。

3.检查应收账款账龄分析是否正确

(1)取得或编制应收账款账龄分析表,分析应收账款的账龄,以便了解应收账款的可收回性;

(2)如果应收账款账龄分析表由被审计单位编制,应测试其计算的准确性;

(3)将应收账款账龄分析表中的合计数与应收账款总分类账户余额相比较,并调查重大调整项目;

(4)检查原始凭证,如销售发票、运输记录等,测试账龄核算的准确性;

(5)请被审计单位协助,在应收账款明细表上标出至审计时已收回的应收账款金额,对已收回金额较大的款项进行常规检查,如核对收款凭证、银行对账单、销货发票等,并注意凭证发生日期的合理性,分析收款时间是否与合同相关要素一致。

4.向债务人函证应收账款

函证是指审计人员为了获取影响财务报表或相关披露认定项目的信息,通过直接来自第三方对有关信息和现存状况的声明获取和评价审计证据的过程。函证应收账款的目的在于证实应收账款账户余额的真实性、正确性,通过函证应收账款,可以有效地证明被询证者(即债务人)的存在和被审计单位记录的可靠性。

注册会计师应当考虑被审计单位的经营环境、内部控制的有效性、应收账款账户的性质、被询证者处理询证函的习惯做法及回函的可能性等,以确定应收账款函证的范围、对象、方式和时间。

一般情况下,注册会计师应选择以下项目作为函证对象:大额或账龄较长的项目;与债务人发生纠纷的项目;关联方项目;主要客户(包括关系密切的客户)项目;交易频繁但期末余额较小甚至余额为零的项目;可能产生重大错报或舞弊的非正常的项目。

函证方式分为积极的函证方式和消极的函证方式。注册会计师可采用积极的或消极的函证方式实施函证,也可将两种方式结合使用。

注册会计师应当采取下列措施对函证实施过程进行控制:

(1)将被询证者的名称、地址与被审计单位有关记录核对;

(2)将询证函中列示的账户余额或其他信息与被审计单位有关资料核对;

(3)在询证函中指明直接向接受审计业务委托的会计师事务所回函;

(4)询证函经被审计单位盖章后,由注册会计师直接发出;

(5)将发出询证函的情况形成审计工作记录;

(6)将收到的回函形成审计工作记录,并汇总统计函证结果。

在审计实务中,经常会遇到被询证者以传真、电子邮件等方式回函的情况。这些方式确实能使注册会计师及时得到回函信息,但由于这些方式易被截留、篡改或难以确定回函者的真实身份,因此,注册会计师应当直接接收,并要求被询证者及时寄回询证函原件。

对函证结果可进行如下评价:

(1)注册会计师应重新考虑:对内部控制的原有评价是否适当;控制测试的结果是否适当;分析程序的结果是否适当;相关的风险评价是否适当等。

(2)如果函证结果表明没有审计差异,则注册会计师可以合理地推断,全部应收账款总体是正确的。

(3)如果函证结果表明存在审计差异,注册会计师则应当估算应收账款,抽查有关原始凭据,如销售合同、客户订货单、销售发票副本及发运凭证等,以验证与其相关的这些应收账款的真实性。

5.确定已收回的应收账款金额

注册会计师可请被审计单位协助,在应收账款明细表上标出至审计时已收回的应收账款金额,对已收回金额较大的款项进行常规检查,如核对收款凭证、银行对账单、销货发票等,并注意凭证发生日期的合理性,分析收款时间是否与合同相关要素一致。

6.对未函证应收账款实施替代审计程序

审计实施时不可能对所有应收账款进行函证,因此,对未函证应收账款,注册会计师应抽查有关原始凭证,如销售合同、客户订货单、销售发票副本、发运凭证及回款单据等,以验证与其相关的应收账款的真实性。

7.检查坏账的确认和处理

应检查有无债务人破产或者死亡的,以及破产或以遗产清偿后仍无法收回的,或者债务人长期未履行清偿义务的应收账款;还应检查被审计单位坏账的处理是否经授权批准,有关会计处理是否正确。

8.抽查有无不属于结算业务的债权

不属于结算业务的债权,不应在应收账款中进行核算。因此,注册会计师应抽查应收账款明细账,并追查至有关原始凭证,查证被审计单位有无不属于结算业务的债权。如有,则应作记录或建议被审计单位作适当调整。

9.检查贴现、质押或出售

检查银行存款和银行贷款等询证函的回函、会议纪要、借款协议和其他文件,确定应收账款是否已被质押或出售,应收账款贴现业务属于质押还是出售,其会计处理是否正确。

企业以其按照销售商品、提供劳务的销售合同所产生的应收债权向银行等金融机构贴现,在进行会计核算时,应按照实质重于形式的原则,充分考虑交易的经济实质。对于有明确的证据表明有关交易事项满足销售确认条件,如与应收债权有关的风险实质上已经发生转移,应按照出售应收债权处理,并确认相关损益。否则,应作为以应收债权为质押取得的借款进行会计处理。

10.对应收账款实施关联方及其交易审计程序

标明应收关联方(包括持股比例5%及以上的股东)的款项,实施关联方及其交易审计程序,并注明编制合并报表时应予抵消的金额;对关联企业、有密切关系的主要客户的交易事项作专门核查。

（1）了解交易事项的目的、价格和条件，作比较分析；

（2）检查销售合同、销售发票、货运单证等相关凭证资料；

（3）检查收款凭证等货款结算单据；

（4）向关联方、有密切关系的主要客户或其他注册会计师函证，以确认交易的真实性、合理性。

11. 确定应收账款的列报是否恰当

如果被审计单位为上市公司，则其财务报表附注通常应披露期初、期末余额的账龄分析，期末欠款金额较大的单位，以及持有 5％以上（含 5％）股份的股东单位欠款等情况。审计人员应具体分析应收账款账龄，并对应收账款实施实质性分析程序。

【例 12-2】 应收账款审计案例 1

（一）案例线索

注册会计师李文负责审计中兴公司应收账款，审计中发现有 A 公司的欠款 2 000 万元，其经济内容为货款，账龄已超过 2 年。由于 A 公司是中兴公司的投资方（A 公司投资为 4 000万元），李文认为需要加倍关注。为此李文实施了以下审计程序：

（1）向 A 公司发出询证函。

（2）查阅中兴公司和 A 公司签订的购货合同、经中兴公司管理当局批准的发货凭证和 A 公司的收货验收证明等。

（3）评价 A 公司偿付货款的能力。

（二）案例分析

（1）首先，在确认这项 2 000 万元的应收账款时，由于 A 公司是投资方，要确认 A 公司所欠中兴公司的款项是否为正常商业信用；其次，如果 A 公司确实与中兴公司有货款往来关系，需要对"应收账款"项目的存在性和所有权归属予以确认，设计函证程序或替代性审计程序确认其存在性，如查验有无对方出具的具有法律效力的书面文件或对方的收货验收证明、运输部门出具的合法运输凭证或近期的双方对账记录等；最后，还要通过观察近期还款情况和了解对方现金流量及财务状况，确认其可收回性。即使注册会计师确认了 A 公司与中兴公司之间的往来款项属于正常结算债权债务关系，也要注意中兴公司是否在财务报表附注中适当披露此关联方交易。

（2）李文如果不能取得被审计单位提供的 A 公司正常偿付货款的有效文件，根据职业判断，应考虑中兴公司与 A 公司之间是否已有抽走投资资金的默契。审计人员应根据其具体情况和数额的大小，选择发表适当的审计意见。

【例 12-3】 应收账款审计案例 2

（一）案例线索

注册会计师李文审计中兴公司"应收账款"项目，在审阅应收账款明细账时发现："应收账款"项目中有 A 公司欠款 1 000 万元，经查账龄已在 3 年以上，且了解到 A 公司已经法院履行法定程序宣布破产，中兴公司未及时申请债权权益。

于是，李文做出以下审计判断和处理：

根据《中华人民共和国企业破产法》的有关规定，李文会同被审计单位落实并取得 A 公司确已破产清算的有效法律文件，证实了中兴公司的 1 000 万元债权已不可能收回，应提请被审计单位报请董事会或上级主管部门批准处理,将这 1 000 万元作为财产损失处理,不能作为应收款项反映,并相应调整财务报表的相关项目的金额。如果上述程序不能在财务报表报出前取得,应建议被审计单位调整财务报表项目金额,记入"待处理财产损溢"科目。金额较大的还应在财务报表附注中说明,李文应考虑在审计报告中提示。

(二)案例分析

应收账款的可收回性直接影响审计年度的损益状况,因此,注册会计师在审计时要关注由于应收账款的不可收回,对财产损失确认的影响,通过审阅相关的原始材料评价应收账款不可收回性及其对本年度损益的影响,提请被审计单位及时做出会计处理。注册会计师也要对此处理和影响在审计工作底稿中充分披露,并考虑如何在审计报告中作适当披露。

12.4.3 坏账准备的实质性程序

检查应收账款坏账准备计提和核销的审批程序,评价坏账准备所依据的资料、假设及计提方法。以应收账款相关的坏账准备为例,坏账准备审计常用的实质性程序包括:

1.取得或编制坏账准备明细表,复核加计正确,与坏账准备总账数、明细账合计数核对是否相符。

2.将应收账款坏账准备本期计提数与资产减值损失相应明细项目的发生额核对是否相符。

3.检查应收账款坏账准备计提和核销的审批程序,评价坏账准备所依据的资料、假设及计提方法。

企业通常应采用备抵法核算坏账损失,计提坏账准备的具体方法由企业自行确定。坏账准备计提方法一经确定,不得随意变更。如需变更,仍然应按上述程序经批准后报有关各方备案,并在财务报表附注中说明变更的内容和理由、变更的影响数等。

在确定坏账准备的计提比例时,企业应当根据以往的经验、债务单位的实际财务状况和现金流量的情况,以及其他相关信息合理估计。除有确凿证据表明该项应收账款不能收回,或收回的可能性不大时(如债务单位撤销、破产、资不抵债、现金流量严重不足、发生严重的自然灾害等导致停产而在短时间内无法偿付债务等,以及应收款项逾期 3 年以上),下列各种情况一般不能全额计提坏账准备:

(1)当年发生的应收账款,以及未到期的应收账款;

(2)计划对应收账款进行债务重组;

(3)与关联方发生的应收账款;

(4)其他已逾期,但无确凿证据证明不能收回的应收账款。

这并不意味着企业对与关联方之间发生的应收账款可以不计提坏账准备。企业与关联方之间发生的应收账款与其他的应收账款一样,也应当在期末时分析其可收回性,并预计可能发生的坏账损失。对预计可能发生的坏账损失,计提相应的坏账准备。

4.实际发生坏账损失的,检查核销依据是否符合有关规定,会计处理是否正确。对于被审计单位在被审计期间发生的坏账损失应检查其原因是否清楚,是否符合有关规定,有无授权批准,有无已做坏账处理后又重新收回的应收账款,相应的会计处理是否正确。

5.检查长期挂账的应收账款。应检查应收账款明细账及相关原始凭证,查找有无资产负债表日后仍未收回的长期挂账应收账款,如有,应要求或建议被审计单位作适当处理。

6.检查函证结果。对债务人回函中反映的例外事项及存在争议的余额,注册会计师应查明原因并做记录。必要时,应建议被审计单位作相应的调整。

7.实施分析程序。通过计算坏账准备余额占应收账款余额的比例并和以前期间的相关比例比较,评价应收账款坏账准备计提的合理性。

8.确定应收账款坏账准备的披露是否恰当。企业应当在财务报表附注中清晰地说明坏账的确认标准、坏账准备的计提方法和计提比例。

【例 12-4】　　　　　　　　坏账准备审计案例

(一)案例线索

注册会计师李文审计 A 公司"坏账准备"项目,在审查坏账损失时发现:

(1)原 W 公司欠款 1 000 万元,W 公司因财务状况不佳,多年不能偿还,上年度已经董事会决定作坏账处理,并报经有关部门审核批准。W 公司经营状况好转后,偿还原欠款中的 500 万元。A 公司会计处理为:借记"银行存款",贷记"坏账准备"。

(2)该公司采用"账龄分析法"计提坏账准备,当年全额计提坏账准备的账户有 8 笔,共计 5 000 万元。其中:未到期的应收账款 2 笔,计 2 000 万元;计划进行债务重组 1 笔,计 1 500 万元;与母公司发生的交易 1 笔,计 1 000 万元;其他虽已逾期但无充分证据证明不能收回的 4 笔,计 500 万元。

(3)已逾期 7 年的欠款 2 000 万元,对方无偿债行为,且近期无法改善财务状况,或对方单位已停产,近期无法偿还所欠债务。A 公司在确定计提坏账比例时,仅按 30% 计提坏账准备。

(二)案例分析

(1)会计准则规定,为全面反映欠款单位的信用程度和经济事项发生的全过程,已作为坏账处理的欠款,应在收到还款时借记"银行存款"科目,贷记"应收账款"科目。同时,借记"应收账款"科目,贷记"坏账准备"科目。A 公司的会计处理,虽对财务报表的金额未产生影响,但不属于规范的会计行为。因此,李文应提请被审计单位有关人员按照准则规定调整原有会计分录,补记相关会计处理。

(2)根据《企业会计准则》第五十三条的规定:"下列各种情况不能全额计提坏账准备:当年发生的应收款项,以及未到期的应收款项;计划对应收款项进行债务重组,或以其他方式进行重组的;与关联方发生的应收款项;其他已逾期,但无确凿证据表明不能收回的应收款项。"因此,A 公司对不符合上述规定的计提坏账准备的账务处理,应予纠正。李文应提请被审计单位进行重新计算调整有关项目金额,并将审计结果和被审计单位调整情况在审计工作底稿中详细记录反映。如果被审计单位拒绝调整,李文应根据其金额的大小及对财务报表的影响程度决定所出具的审计意见,并适当地予以披露。

(3)根据应收账款账龄的长短计提不同的坏账准备是属于被审计单位的会计估计责任。注册会计师在审计中要关注会计估计的合理性:评价会计估计所依据的数据,考虑会计估计所依据的假设;检查会计估计所涉及的计算过程;如有可能,将前期会计估计与这些期间的实际结果进行比较;检查被审计单位管理当局对会计估计的批准情况。根据以上程序,注册会计师对被审计单位做出的会计估计的合理性做出最终的评价。

企业确认坏账时,应遵循财务报告的目标和会计核算的基本原则,具体分析各应收账款的特性、金额的大小、信用期限、债务人的信誉和当时的经营情况等因素。《企业所得税税前扣除办法》第四十七条对坏账损失的确认做出了明确的规定:"纳税人符合下列条件之一的应收账款,应作为坏账处理:债务人被依法宣告破产、撤销,其剩余财产确实不足以清偿的应收账款;债务人死亡或依法被宣告死亡、失踪,其财产或遗产确实不足以清偿的应收账款;债务人遭受重大自然灾害或意外事故,损失巨大,以其财产(包括保险赔款等)确实无法清偿的应收账款;债务人逾期未履行偿债义务,经法院裁决,确实无法清偿的应收账款;逾期三年以上仍未收回的应收账款;经国家税务总局批准核销的应收账款。"根据上述规定,注册会计师李文应提请 A 公司对上述已逾期 7 年的应收款项提高计提坏账准备比例或考虑确认为坏账。如果被审计单位拒绝调整,审计人员应考虑出具保留或否定意见的审计报告。

12.5　相关项目审计

与销售及收款业务相关的项目包括应收票据、长期应收款、预收账款、应交税费、营业税金及附加、销售费用。审计人员应根据审计方案,实施应收票据、长期应收款、预收款项、应交税费、营业税金及附加及销售费用的审计。

12.5.1　应收票据审计

票据是载明债务人在规定日期内,向债权人无条件支付一定金额款项的书面凭证,包括汇票、本票、支票等。企业设立的应收票据账户,主要用于核算企业因销售产品等而收到的商业汇票。商业汇票包括银行承兑汇票与商业承兑汇票两种。它们与货币资金一样,具有流动性强、风险大的特点,是审计中的重要内容。

如果企业销售实现时没有收到现款,而是收到客户的商业汇票,包括商业承兑汇票和银行承兑汇票,便产生了应收票据。应收票据是以书面形式表现的债权资产,其款项具有一定的保证,经持有人背书后可以提交银行贴现,具有较大的灵活性。由于应收票据是企业赊销业务中产生的,因此对应收票据的审计也必须结合赊销业务一起进行。

企业以收取客户商业汇票方式进行赊销时,一般要进行销货、收取票据、计息、贴现、收款等活动,在此过程中要涉及一些凭证和账簿,这些都是应收票据的审计范围。

1. 应收票据的审计目标

应收票据的审计目标一般包括:确定资产负债表中记录的应收票据是否存在;确定所有应当记录的应收票据是否均已记录;确定记录的应收票据是否由被审计单位拥有或控制;确定应收票据及其坏账准备增减变动的记录是否完整;确定应收票据可否收回,坏账准备的计提方法和比例是否恰当,计提是否充分;检查应收票据及其坏账准备期末余额是否正确;确定应收票据及其坏账准备是否已按照《企业会计准则》的规定在财务报表中做出恰当列报。

2.应收票据的实质性程序

(1)审核被审计单位应收票据明细表。审计人员应要求被审计单位编制并提供应收票据明细表,作为应收票据总分类账与明细分类账的具体说明。分析表中应列明出票单位名称、出票日、到期日、金额和利率、交易合同号、承兑人等。审计人员将分析表与有关账户数额加以核对,验证账账之间、账表之间是否一致。在此基础上,审计人员应抽查部分票据,并追查相关资料,以判断其内容是否正确及有无应转入应收账款的逾期应收票据。计息的应收票据还应查明计息是否正确。

(2)审核被审计单位"应收票据备查簿",核对其是否与账面记录一致。根据内部控制的要求,企业应设立"应收票据备查簿",由出纳员以外的专人负责登记。审计人员应将备查簿与应收票据账户核对,检查收到的票据是否及时入账。对于兑现的含息票据,应注意是否将收到的利息收入记入"财务费用——利息收入"科目。

请被审计单位协助,在应收票据明细表上标出至审计时已兑现或已贴现的应收票据,作常规检查,如核对收款凭证等,以确认其在资产负债表日的真实性。

(3)监盘库存应收票据。库存应收票据的清点工作与库存现金的监盘工作基本相同,应同时进行。监盘后,应将监盘结果填入"应收票据监盘表",并与应收票据明细账核对是否相符。在监盘时,审计人员应对应收票据内容填写是否齐全、签章有无疑问等加以注意。对于存放于其他处所的应收票据,如作为抵押、提交银行贴现、交由律师代收的也应查实。

注意票据的种类、号数、签收的日期、到期日、票面金额、合同交易号、付款人、承兑人、背书人姓名或单位名称,以及利率、贴现率、收款日期、收回金额等是否与应收票据登记簿的记录相符;关注是否对背书转让的票据负有连带责任;注意是否存在已作质押的票据和银行退回的票据。

(4)函证应收票据。应收票据是一种债权凭证,确认其真实价值,须得到出票人或债务人的确认。所以在清点的基础上,应采用函证的方法进行核实。必要时选取部分票据(特别关注有疑问的商业承兑汇票)向出票人函证,证实其存在性和可收回性,并编制函证结果汇总表。具体做法与应收账款函证基本相同。

(5)对于大额应收票据,应要求被审计单位提供相应销售合同或协议、销售发票和出库单等原始交易资料进行核对,以证实交易是否存在。

(6)对应收票据贴现的审查。票据贴现,是以未到付款期的应收票据向银行融通资金的一种借款行为。持有未到期商业汇票的企业,为了满足资金的需要,可向银行申请贴现。银行受理后,根据自贴现日到票据付款日的贴现期及规定的贴现率计收贴现息,并以贴现票据的到期价值扣减贴现息后的余额,作为贴现人的贴现金额支付给申请贴现人。审计人员在审查时应关注应收票据贴现的款项是否及时足额入账;贴现的应收票据计算是否正确;拒付的应收票据是否及时转账。

(7)请被审计单位协助,在应收票据明细表上标出至外勤审计时已兑现或已贴现的应收票据,核对收款凭证等资料,以确认其在资产负债表日的真实性。

(8)应收票据同应收账款一样,存在着一定风险。审计人员在审计应收票据备查簿的基础上,结合有关方面的资料,分析评价应收票据的可兑现程度。对于用于抵付逾期应收账款的应收票据、未按规定支付的应收票据以及经营状况不好企业所签发的应收票据应客观地分析评价,正确估计其可兑现程度,以帮助企业正确评估资产,及时采取必要措施,促进资金的正常运转。

(9)对应收票据实施关联方及其交易审计程序。标明应收关联方(包括持股比例5%及以上的股东)的款项,执行关联方及其交易审计程序,并注明编制合并报表时应予抵消的金额;对关联企业、有密切关系的主要客户的交易事项作专门核查。

(10)审查应收票据在财务报表中的披露是否恰当。会计人员应检查被审计单位资产负债表中"应收票据"项目的数额是否与审定数相符,是否剔除了有关风险和报酬已转移的已贴现票据;对于已贴现票据是否按规定在财务报表附注中单独披露。如果被审计单位是上市公司,其财务报表附注通常应披露贴现或用作抵押的应收票据的情况和原因说明,以及持有其5%以上(含5%)股份的股东单位欠款情况。

12.5.2　长期应收款审计

长期应收款,是根据长期应收款账户余额减去未确认融资收益与一年内到期的长期应收款后的余额;本科目核算企业融资租赁产生的应收款项和采用递延方式分期收款、实质上具有融资性质的销售商品和提供劳务等经营活动产生的应收款项。

长期应收款的审计目标一般包括:确定资产负债表中的长期应收款和未实现融资收益是否存在;确定被审计单位所有应当记录的长期应收款是否均已记录;确定记录的长期应收款和未实现融资收益是否由被审计单位拥有或控制;确定长期应收款的发生、收回和未实现融资收益的入账、摊销的记录是否完整;确定长期应收款是否可收回,坏账准备的计提方法和比例是否恰当,计提是否充分,坏账准备增减变动的记录是否完整;确定长期应收款及其坏账准备和未实现融资收益期末余额是否正确;确定长期应收款和未实现融资收益是否已按照《企业会计准则》的规定在财务报表中做出恰当列报。

1.长期应收款账面余额的实质性程序

(1)获取或编制长期应收款明细表。

①复核加计是否正确,并与总账数和明细账合计数核对是否相符,结合"坏账准备"科目和"未实现融资收益"科目与报表数核对是否相符;

②检查非记账本位币长期应收款的折算汇率及折算金额是否正确。

(2)分析长期应收款账龄及余额构成,了解每一明细项目的性质,查阅长期应收款相关合同协议,了解长期应收款是否按合同或协议规定按期收款,检查长期应收款是否真实。

(3)选择长期应收款的重要项目函证其余额和交易条款,对未回函的再次发函或实施替代的审计程序。

(4)对于融资租赁产生的长期应收款,取得相关的合同或协议:

①关注租赁合同的主要条款,检查是否满足《企业会计准则》对于融资租赁的相关规定,检查授权批准手续是否齐全;

②根据合同及协议,检查最低租赁收款额、每期租金、租赁期、担保余值和未担保余值等项目的金额是否正确;检查初始直接费用及其相关会计处理是否正确;

③检查租赁资产在租赁期开始日的公允价值,如与账面价值有差额,检查其会计处理是否正确。

（5）对于采用递延方式、有融资性质的销售形成的长期应收款,取得相关的销售合同或协议,检查是否满足确认销售收入的条件;检查合同规定的售价、每期租金、收款期等要素;检查所销售资产在销售收入确认日的公允价值;检查会计处理是否正确。

（6）对实质上构成对被投资单位净投资的长期权益,检查在"长期股权投资"的账面价值减记至零以后还需承担的投资损失,检查是否冲减了长期应收款,若未冲减,应做出记录,必要时建议作适当调整。

（7）检查长期应收款的坏账准备。确定长期应收款是否可收回,了解有无未能按合同规定收款或延期收款现象,坏账准备的计提方法和比例是否恰当,计提是否充分。

（8）如果被审计单位为上市公司,应标明应收关联方（包括持股比例 5％及以上股东）的款项,执行关联方及其交易审计程序,并注明编制合并报表时应予抵消的金额。

（9）检查长期应收款的列报是否恰当,注意一年内到期的长期应收款是否在编制财务报表时已重分类至一年内到期的非流动资产。

2.长期应收款——未实现融资收益实质性程序

（1）获取或编制未实现融资收益明细表,复核加计是否正确,并与总账数和明细账合计数核对是否相符。

（2）对于融资租赁产生的未实现融资收益,根据合同,进行如下检查:

①结合长期应收款科目,检查未实现融资收益的入账金额是否正确,摊销年限是否恰当,会计处理是否正确;

②检查未实现融资收益本期是否按实际利率摊销,复核摊销金额是否正确,相关的会计处理是否正确;

③检查期末租赁资产的未担保余值是否发生变动,若有证据表明未担保余值减少的,相应的租赁内含利率是否已作正确调整,并将由此引起的租赁投资净额的减少计入当期损益。

（3）对于有融资性质的销售形成的长期应收款项,取得相关的销售合同或协议,检查未实现融资收益的入账金额是否正确,其摊销年限的确定是否恰当,是否按实际利率摊销,复核摊销金额是否正确,相关的会计处理是否正确。

（4）如果未实现融资收益对应的应收款项的收回存在问题,检查未实现融资收益的会计处理是否恰当。

（5）确定未实现融资收益的披露是否恰当。

12.5.3　预收款项审计

预收账款指买卖双方协议商定,由购货方预先支付一部分货款给供应方而发生的一项负债。预收账款一般包括预收的货款、预收购货定金。作为流动负债,预收账款不是用货币抵偿的,而是要求企业在短期内以某种商品、劳务或服务来抵偿。预收账款在资产负债表中的"预收款项"项目中列示。由于预收款项是随着企业销售交易的发生而发生的,审计人员需要结合企业销售交易对预收款项进行审计,查明预收款项发生和记录是否完整,期末余额是否正确,在财务报表中的反映是否正确。

1.预收款项的审计目标

预收款项的审计目标一般包括:确定资产负债表中记录的预收账款是否存在;确定所

有应当记录的预收账款是否均已记录;确定记录的预收账款是否是被审计单位应当履行的现时义务;确定预收账款是以恰当的金额记录在财务报表中,与之相关的计价调整是否已恰当记录;确定预收账款是否已按照《企业会计准则》的规定在财务报表中做出恰当列报。

2. 预收款项的实质性程序

(1)获取或编制预收款项明细表,复核其加计数是否正确,并核对其期末余额合计数与报表数、总账数和明细账合计数是否相符。

(2)检查已转销的预收款项。请被审计单位协助,在预收款项明细表上标出截至审计日已转销的预收款项,重点对已转销金额较大的预收款项进行检查,核对记账凭证、仓库发运凭证、货运单据、销售发票等,并注意这些凭证发生日期与相应记录的合理性。

(3)抽查有关凭证。抽查与预收款项有关的销货合同、仓库发运凭证、货运单据和收款凭证,检查已实现销售的商品是否及时转销预收款项,确定预收款项期末余额的正确性和合理性。

(4)函证预收款项。选择预收款项的若干重大项目函证,根据回函情况编制函证结果汇总表。函证测试样本通常应考虑选择金额较大或账龄较长的项目、关联方项目以及主要往来客户项目。

(5)检查长期挂账的预收款项。对于长期挂账的预收款项,审计人员需查明原因,加以记录,必要时提请被审计单位予以调整。检查账龄超过一年的预收款项未结转的原因并做出记录,审计人员还要结合对应交税费的审查,查明预收款项中按税法规定应当纳税的预收款项是否及时、足额计缴相关税金。

(6)检查预收款项在财务报表上反映的正确性。检查预收款项是否存在借方余额,决定是否建议作重分类调整并在财务报表上作为资产列报;其贷方余额则作为负债列报。查明预收款项的反映是否符合会计准则规定。

(7)进行货币资金的截止测试,以确定预收款项是否已计入恰当期间。

(8)标明预收关联方的款项,执行关联方及其交易审计程序,并注明编制合并报表时应予抵消的金额。

(9)对税法规定应予纳税的预收销售款,结合应交税费项目,检查是否及时、足额计缴有关税费。

(10)检查预收款项在资产负债表中的列报是否恰当。如果被审计单位是上市公司,其财务报表附注通常应披露持有其5%以上(含5%)股份的股东单位支付的预收账款情况,并说明账龄超过1年的预收款项未结转的原因。

12.5.4　应交税费审计

企业在一定时期内取得的营业收入和实现的利润,要按规定向国家缴纳相应的税费。这些应交的税费通常应按权责发生制原则预提记入有关账户,在尚未缴纳前就形成了企业的一项负债。企业销售与收款循环过程中伴随着纳税义务的发生,这些应缴纳的税费和应交款项按照权责发生制原则记入"营业税金及附加"、"应交税费"和"其他应付款"等有关账户。企业销售过程中涉及的税费包括增值税、消费税、城市维护建设税和教育费附加。这几种税费的共同特点是其计税依据都是营业收入,但其各自的征税范围、税目、税率、纳税环节、减免税规定又各具特点。在审计实务中,对于应交税费的审计属于要特别关注的审计项目。

1.应交税费的审计目标

应交税费的审计目标包括:确定资产负债表中记录的应交税费是否存在;确定应计和已缴税费的记录是否完整;确定记录的应交税费是否为被审计单位应当履行的偿还义务;确定应交税费的期末余额是否正确;确定应交税费在财务报表中的披露是否恰当;确定应交税费是否已按照《企业会计准则》的规定在财务报表中做出恰当列报。

2.应交税费的实质性程序

(1)获取或编制应交税费明细表,复核其加计数是否正确,并核对其期末余额与报表数、总账数和明细分类账合计数是否相符。

(2)审查征收范围、税目、税率、纳税环节和纳税义务发生时间、计税依据、计算结果等的合规性和正确性。审计人员应取得被审计单位的纳税鉴定或税务机关汇算清缴文件、企业纳税申报以及征、免、减的批准文件等有关资料,检查被审计单位的会计处理是否符合国家财税法规的规定。了解被审计单位适用的税种、计税基础,以及征、免、减税的范围与期限,确定其在被审计期间的应纳税内容。审计人员应采用审阅、复核等方法,验证各税种的计税依据的正确性,检查有无虚报、缩小计税基础而少缴纳税费的行为,如隐瞒应税销售收入、偷漏流转税;审查税目、税率,查明企业销售不同产品所使用税率的合规性,有无以低税率计算、偷漏税费的情况。

(3)核对期初未交税费与税务机关受理的纳税申报资料是否一致,如有差异,应查明原因并做出记录,提请被审计单位进行适当调整,检查缓期纳税及延期纳税事项是否经过有关税务机关批准。

(4)取得税务部门汇算清缴或其他确认文件、有关政府部门的专项检查报告、税务代理机构专业报告、被审计单位纳税申报资料等,分析其有效性,并与上述明细表及账面数据进行核对。对于超过法定期限缴纳的税费,应取得主管税务机关的批准文件。

(5)检查企业所得税的计算是否正确,是否按规定进行了会计处理。

(6)增值税的审查。获取或编制应交增值税明细表,复核其加计数是否正确,并与明细账合计数核对相符;将明细表与"增值税纳税申报表"核对,审查进项税额、销项税额的记录与申报期间的一致性,核对其金额是否相符,并分析其差额的原因。

(7)消费税的审查。根据审定的应税消费品销售额或销售量,审查消费税的计税依据是否正确;适用税率或单位税额是否符合税法规定,并分项复核本期应交消费税税额。

(8)检查土地增值税的计算是否正确,是否按规定进行了会计处理。

(9)检查城市维护建设税的计算是否正确,是否按规定进行了会计处理。

(10)检查车船税和房产税的计算是否正确,是否按规定进行了会计处理。

(11)检查资源税的计算是否正确,是否按规定进行了会计处理。

(12)检查土地使用税的计算是否正确,是否按规定进行了会计处理。

(13)检查教育费附加、矿产资源补偿费等的计算是否正确,是否按规定进行了会计处理。

(14)检查除上述税项外的其他税项及代扣税项的计算是否正确,是否按规定进行了会计处理。

（15）检查被审计单位获得税费减免或返还时的依据是否充分、合法和有效，会计处理是否正确。

（16）检查应交税费的列报是否恰当。如果被审计单位是上市公司，在其财务报表附注中应按税目种类分项列示应交税费金额，并说明本期执行的法定税（费）率。对于超过法定缴纳期限的应列示主管税务部门的批准文件。

12.5.5　营业税金及附加审计

营业税金及附加是指企业由于销售商品、提供劳务等负担的税金及附加，包括消费税、城市维护建设税、资源税和教育费附加，以及与投资性房地产相关的房产税、土地使用税等。对营业税金及附加的实质性程序，应在查明被审计单位应缴纳税种的基础上结合"营业税金及附加"总账、明细账与有关原始凭证，以及与该账户对应的"应交税费"、"其他应付款"等账户实施审查，必要时应向有关部门、单位和人员进行查询。

1.营业税金及附加的审计目标

营业税金及附加的审计目标一般包括：确定利润表中记录的营业税金及附加是否已发生，且与被审计单位有关；确定所有应当记录的营业税金及附加是否均已记录；确定与营业税金及附加有关的金额及其他数据是否已恰当记录；确定营业税金及附加是否已记录于正确的会计期间；确定营业税金及附加中的交易和事项是否已记录于恰当的账户；确定营业税金及附加已按照《企业会计准则》规定在财务报表中做出恰当列报。

2.营业税金及附加的实质性程序

（1）获取或编制营业税金及附加明细表，复核加计是否正确，并与报表数、总账数和明细账合计数核对是否相符。

（2）确定被审计单位的纳税（费）范围与税（费）种是否符合国家规定。

（3）根据审定的本期的营业收入和其他纳税事项，按规定的税率，分项计算；复核本期应缴纳的消费税税额、资源税税额等项目，检查其是否与本期应纳税额相一致；检查会计处理是否正确。

（4）结合应交税费科目的审计，复核各项税费与应交税费、其他应付款的钩稽关系是否正常。

（5）检查营业税金及附加是否已按照《企业会计准则》的规定在财务报表中做出恰当列报。如果被审计单位是上市公司，在其财务报表附注中应分项列示本期营业税金及附加的计缴标准及金额。

12.5.6　销售费用审计

销售费用是指企业在销售商品过程中发生的运输费、装卸费、包装费、保险费、展览费、广告费用以及为销售本企业产品而专设销售机构的职工工资、福利费、业务费等经常性费用。通过审计应确定销售费用的内容是否完整，确定销售费用分类、归属和账务处理是否正确。

1.销售费用审计目标

销售费用的审计目标一般包括：确定利润表中记录的销售费用是否已发生，且与被审计单位有关；确定所有应当记录的销售费用是否均已记录；确定与销售费用有关的金额及其他数据是否已恰当记录;确定销售费用是否已记录于正确的会计期间;确定销售费用是否已记录于恰当的账户;确定销售费用是否已按照《企业会计准则》的规定在财务报表中做出恰当的列报。

2.销售费用的实质性程序

(1)获取或编制销售费用明细表。复核明细表的正确性,并与报表数、总账数、明细账合计数核对是否相符,检查明细账项目的设置是否符合规定的核算范围和内容。

(2)对销售费用进行分析。有些账户的余额或发生额与其业务量直接相关,与销售收入相关的费用包括销售佣金和销售用品费用。

(3)检查各明细项目是否与被审计单位销售商品和材料、提供劳务以及专设的销售机构发生的各种费用有关,是否合规、合理,计算是否正确。

(4)检查销售佣金支出是否符合规定,审批手续是否健全,是否取得有效的原始凭证;如超过规定,检查是否按规定进行了纳税调整;检查有无将支付的回扣、提成计入销售费用。

(5)检查广告费、业务宣传费、业务招待费的支出是否合理,审批手续是否健全,是否取得有效的原始凭证;超过规定限额部分是否在计算应纳税所得额时调整;检查是否将超待馈赠费用列入销售费用。

(6)检查由产品质量保证产生的预计负债是否按确定的金额进行会计处理。

(7)选择重要或异常的销售费用进行抽查,审查原始凭证是否合法。

(8)检查销售费用各项目开支标准是否符合有关规定,开支内容是否与被审计单位的产品销售或专设销售机构的经费有关,计算是否正确,会计处理是否正确。

(9)检查销售费用是否已按照《企业会计准则》在财务报表中做出恰当的列报。

(10)将本期销售费用与上期销售费用比较,将本期各月销售费用进行比较,审查有无重大波动和异常现象。

复习思考题

一、单项选择题

1.证实销售与收款循环中有关存在或发生认定的最有力证据是(   )。

A.顾客订单　　　　B.销售单　　　　C.发运凭证　　　　D.销售发票

2.为了证实某月被审计单位关于销售收入的存在或发生认定及完整性认定,下列程序中最有效的是(   )。

A.汇总当月销售收入明细账的金额,与当月开出销售发票的金额相比较

B.汇总当月销售收入明细账的笔数,与当月开出销售发票的张数相比较

C.汇总当月销售发票的金额,与当月所开发运凭证及商品价目表上的价格相核对

D.汇总当月销售发票上的销售商品数量,与当月开出的发运单上的数量相比较

3.在审查上市公司的销货业务时,下列程序中一般无须实施的是(   )。

A.从主营业务明细账中抽取几笔分录,追查有无发运凭证及其他佐证凭证

B.从发货部门的档案中选取部分发运凭证,追查至有关的销售发票副本

C.将销售发票存根上所列的单价与经批准的商品价目表进行比较核对

D.将所选取的发运凭证的日期与主营业务收入明细账的日期进行比较

4. 为了证实被审计单位登记入账的销售是否均经正确的估价，下列程序中最无效的是（　　）。

A. 将销售发票上的数量与发运凭证上的数量相核对

B. 将销售发票上的单价与商品价目表上的价格核对

C. 将发运凭证上的数量与销售单上的数量相核对

D. 将销售单上金额与顾客订货单上的金额相核对

5. 在销售与收款循环的下列各项内部控制目标中，与（　　）目标相应的关键内部控制措施涉及"授权"问题最多。

A. 登记入账的销货业务确实已发货给真实的客户

B. 所有的销货业务均已登记入账

C. 登记入账的销货数量确实是发货的数量并正确开具收款账单和登记入账

D. 销货业务已正确地记入明细账并经正确汇总

6. 为了核对与客户发生的账款，被审计单位应当向债务人定期寄送（　　）。

A. 贷项通知单　　　　B. 客户订货单　　　C. 发货单　　　　　　D. 对账单

7. 检查开具发票或收款的日期、记账的日期、发货的日期（　　）是主营业务收入截止测试的关键所在。

A. 是否在同一会计期间　　　　　　　B. 是否临近

C. 是否在同一天　　　　　　　　　　D. 是否相距不超过 30 天

8. 为了确保销售收入截止的正确性，审计人员最希望被审计单位（　　）。

A. 建立严格的赊销审批制度　　　　　B. 发运单连续编号并在发货当日签发

C. 经常与客户对账核对　　　　　　　D. 年初及年末停止销售业务

9. 为了审查应收票据的贴现情况，无效的审计程序是（　　）。

A. 向被审计单位的开户银行函证　　　B. 审查被审计单位的相关会议记录

C. 向被审计单位的债务单位函证　　　D. 询问被审计单位管理当局

10. 被审计单位管理人员、附属公司所欠款项应与客户的欠款分开记录，是被审计单位确保其关于应收账款（　　）认定的重要方法。

A. 存在或发生　　　　B. 完整性　　　　　C. 表达与披露　　　　D. 所有权

二、多项选择题

1. 注册会计师发现坏账准备出现以下情况，应当要求被审计单位在财务报表附注中予以披露（　　）。

A. 坏账准备计提比例超过 40%　　　　B. 全额计提坏账准备

C. 坏账准备计提比例低于 5%　　　　　D. 不计提坏账准备

2. 对于被审计单位销售退回、折让、折扣的控制测试，应检查（　　）。

A. 销售退回和折让是否附有按顺序编号并经主管人员核准的贷项通知书

B. 所退回的商品是否具有仓库签发的退货验收报告

C. 销售退回与折让的批准与贷项通知单的签发职责是否分离

D. 现金折扣是否经过适当授权，授权人与收款人的职责是否分离

3. 为审查被审计单位销货业务记录的及时性这一内部控制目标，常用的控制测试方法为（　　）。

A. 检查销货发票顺序编号是否完整

B. 审查任何时候尚未开出收款账单的发货

C. 审查任何时候尚未登记入账的销货业务

D. 审查有关凭证上内部核查标记

4. 以下关于截止测试的说法中,正确的是(　　)。

A. 截止测试的目标是同一业务引起的借贷双方变动金额应在同一会计期间入账

B. 截止测试的范围是审查结账日前后若干天的业务,看是否有跨期现象

C. 截止测试是由被审计单位对财务报表的计价与分摊认定推论得来的

D. 截止测试的方法一般都是审查所审业务的凭证与记账的日期

5. 下列情况下,应采用积极式的询证函的有(　　)。

A. 上年度的积极式函证回复率特别低

B. 少数几个占了应收账款总额的较大比重的大额账户

C. 欠款余额较大的债务人

D. 被审计单位的内部控制有效

6. 函证应收账款时,不宜采用消极式函证方式的情况有(　　)。

A. 个别账户的欠款金额较大　　　　　B. 欠款存在争议、差错等

C. 预计差错率较高或内部控制无效　　D. 欠款金额较小的债务人数量较多

7. 在注册会计师寄发的企业应收账款询证函中,摘录了如下四个语句,你认为能表明其为积极式询证函的语句是(　　)。

A. 回函请直接寄往××会计师事务所

B. 如与贵公司记录相符,请在本函下端"数据证明无误"处签章证明

C. 若款项在上述日期之后已经付清,仍请及时复函为盼

D. 如与贵公司记录不符,请在"数据不符"处列明不符金额

8. 应收账款消极式函证回函的客户一般均对被审计单位的记载和叙述持有异议,但有的情况下审计人员仍然认可被审计单位应收账款的存在性,这些情况包括(　　)。

A. 债务人已于函证日前付款,而被审计单位在函证日前尚未收到款项

B. 被审计单位已发出商品,但货物在途,询证函早于货物送达客户

C. 货物已送达债务人,但债务人尚未收到询证函

D. 债务人要求退货

9. 在确定应收账款的函证时间时,下列四种决策中最需要以较低固有风险和控制风险评估水平为前提的有(　　)。

A. 以资产负债表日为截止日,充分考虑对方的复函时间

B. 以资产负债表日前适当时间为截止日,并对所函证项目自截止日起至资产负债表日止发生的变动实施实质性程序

C. 在期后适当时间实施,尽可能做到在审计工作结束前取得全部资料

D. 以资产负债表日后适当时间为截止日,并对所函证项目自资产负债表日起至截止日止发生的变动实施实质性程序

10. 对应收票据进行实质性程序,实施的以下审计程序可以证实有关具体审计目标的有(　　)。

A. 编制应收票据明细表   B. 检查应收票据手续是否健全

C. 向开票人函证   D. 检查应收票据在报表中的披露

三、判断题

1. 如果应收账款函证回函出现了差异,不是存在未达账项,就是存在弄虚作假或舞弊行为,不会再有其他情况。 （ ）

2. 对已收回的应收账款,一般不再函证,只要审查有关原始凭证即可。 （ ）

3. 查明主营业务收入的确认原则、方法,注意其是否符合会计准则和会计制度规定的收入实现条件,前后期是否一致,特别关注周期性、偶然性的收入的确认是否符合既定的收入确认原则和方法。 （ ）

4. 以账簿为起点追查至销售发票和发货单,能有效地发现隐瞒销售的行为。 （ ）

5. 以销售发票和发货单为起点追查至账簿和报表,能有效地发现隐瞒销售的行为。 （ ）

6. 如果应收账款最终收回或收到退货,说明当时入账的销售业务是真实的;如果应收账款贷方发生额是注销坏账或长期挂账,说明当时入账的销售业务是虚构的。 （ ）

7. 对于大额应收账款余额,必须采用积极式函证予以证实。 （ ）

8. 如果应收账款函证的结果没有差异,说明全部应收账款是正确的,不存在错误。 （ ）

9. 对应收账款进行函证,即使应收账款得到了债务人的承认,也并不一定能收回来,况且函证也不可能发现应收账款所有的问题,因此,应收账款函证并不是一项必要的审计程序。 （ ）

10. 若未对某些金额较大的应收账款计提坏账准备或计提的比率低于5%,则作为上市公司,应在资产负债表的附注中说明理由。 （ ）

应用技能训练题

正大会计师事务所2012年2月接受委托对华清股份有限公司(以下简称华清公司)2011年度财务报表进行审计,华清公司系上市的股份有限公司,已于2007年1月1日开始执行新的《企业会计准则》。审计人员在对其销售与收款循环实施审计时,通过相关审计程序发现以下可能存在问题的销售业务(假定不考虑相关税费):

(1)华清公司与大华公司签订一项购销合同,合同规定,华清公司为大华公司建造安装两台电梯。合同价款为800万元,成本为600万元。按合同规定,大华公司在华清公司交付商品前预付价款的20%,其余价款将在华清公司将商品运抵大华公司并安装检验合格后才予以支付。华清公司于本年度12月25日将完工的商品运抵大华公司,预计于次年1月31日全部安装完成。华清公司确认了800万元的收入,结转成本600万元。(假设不考虑应收账款有关坏账准备)

(2)华清公司本年度售给华东公司一批产品,销售价款80万元,华清公司已开出增值税专用发票,款项收到存入开户银行。但同时与华东公司签订补充合同,于次年同时间回购,另外,将提货单交与华东公司,由于华东公司车间内放置该产品的场地尚未确定,经华清公司同意,不再予以提货。华清公司确认了80万元的收入,结转成本70万元。

(3)华清公司 2011 年 1 月 8 日销售给东方公司一台大型设备。合同约定销售价格为 200 万元(公允),但如果采用分期付款方式,应每年收取 50 万元,5 年共收 250 万元。按合同规定,东方公司于 1 月 8 日先支付价款的 20%,其余价款分四次每年 6 月 30 日平均支付。设备已发出,东方公司已验收合格。该设备实际成本为 120 万元。华清公司确认了 50 万元的收入,并相应结转了成本。

(4)华清公司本年 12 月 25 日销售给方大公司一台新研究产品。销售价款为 35 万元,成本为 30 万元,方大公司已支付全部价款,合同规定如若产品出现质量问题,企业在一个月内将无条件退货,由于销售的新产品无历史经验,无法合理估计退货的可能性。华清公司确认了 60 万元的收入,结转成本 50 万元,在财务报表附注中进行了披露。

(5)华清公司的会计政策规定,采用备抵法核算坏账,坏账准备按期末应收款项余额的 10% 计提。2011 年年末未经审计的资产负债表反映的"应收账款"项目和"其他应收款"项目的余额构成如下:

应收账款——a 公司	6 000 万元	其他应收款——e 公司	500 万元
应收账款——b 公司	800 万元	其他应收款——f 公司	400 万元
应收账款——c 公司	－200 万元	其他应收款——g 公司	300 万元
应收账款——d 公司	600 万元	其他应收款——h 公司	200 万元
减:坏账准备	720 万元	减:坏账准备	140 万元
合计	6 480 万元	合计	1 260 万元

(6)2011 年年末未经审计的资产负债表反映的"预付款项"项目为借方余额 722 万元,其明细组成列示如下:

预付账款——甲公司	500 万元
预付账款——乙公司	200 万元
预付账款——丙公司	10 万元
预付账款——丁公司	－8 万元
预付账款——戊公司	20 万元
合计	722 万元

其中对丙公司的 10 万元系 2011 年 3 月为采购产品所预付,事后获悉丙公司因转产已不能再提供该产品。

要求:假定不考虑华清公司财务报表层次的重要性水平,针对上述交易事项,请代正大会计师事务所的注册会计师判断华清公司已经确认的收入是否正确,如果不正确请简要说明理由。注册会计师应分别提出何种审计处理建议?若应当建议做出审计调整的,请按年度直接列示全部相应的审计调整分录(包括重分类调整分录)。假定在编制审计调整分录时,不考虑调整分录对所得税和期末结转损益的影响。

第13章

筹资与投资循环审计

【知识目标】

通过对本章的学习,学生应了解筹资与投资循环中的主要业务活动及涉及的主要凭证和会计记录;理解筹资与投资循环中的内部控制方法及控制测试;掌握借款审计、所有者权益审计的实质性程序;掌握投资审计的实质性程序;了解其他相关账户的审计。

【应用能力目标】

通过学习了解筹资与投资循环相关的会计凭证、账户、主要业务活动;能够运用所学的筹资与投资循环审计的基本理论、基本方法和基本技能,设计与执行筹资与投资循环中的内部控制测试和交易的实质性程序。

13.1 筹资与投资循环审计概述

筹资与投资循环,由筹资活动和投资活动的交易事项构成,筹资活动主要由借款交易和股东权益交易组成,投资活动主要由权益性投资交易和债权性投资交易组成,筹资与投资循环审计具有如下特征:

(1)审计年度内发生的业务较少,尤其是长期债务、所有者权益和长期投资等业务发生的次数很少;

(2)每一笔业务的金额通常都较大,遗漏或不恰当地进行会计处理,将会导致重大错误,从而对财务报表的公允反映产生较大的影响;

(3)业务的发生必须遵守更多的国家法律、法规和相关合同的规定。

筹资与投资循环审计所涉及的主要财务报表项目如表 13-1 所示。

表 13-1　　　　　　　　筹资与投资循环审计所涉及的主要财务报表项目

业务循环	资产负债表项目	利润表项目
筹资与投资循环	交易性金融资产、应收利息、应收股利、可供出售金融资产、持有至到期投资、长期股权投资、投资性房地产、短期借款、交易性金融负债、应付利息、应付股利、长期借款、应付债券、实收资本(或股本)、资本公积、盈余公积、未分配利润等	财务费用、投资收益等

13.1.1 主要业务活动

1. 筹资活动涉及的主要业务活动

(1)授权审批

企业向银行或非银行金融机构借款需要经企业管理层的审批;通过发行债券的方式

募集资金,必须经董事会或股东大会批准;企业发行股票必须依据国家有关法律法规、企业章程的规定,由企业最高权力机关作出决议并报国家相关管理部门批准。

(2)签订合同或协议

企业从银行或非银行金融机构借款须签订借款合同;发行债券或股票,必须与证券经营公司签订承销或包销合同。

(3)取得资金

企业从银行或非银行金融机构借款,由贷款单位将所借款项划入借款人的银行账户;发行债券或股票,由承销或包销的证券经营公司将募集的资金划入发行单位的银行账户。

(4)计算利息或股利

企业按照借款合同、债券约定的利率计算利息,或按照股东大会关于分红的决议计算股利。

(5)偿还本息或发放股利

企业按照借款合同、债券的规定偿还利息,到期偿还本金;按照股东大会的决议计算分配股利。

2. 投资活动涉及的主要业务活动

(1)授权审批。企业的投资业务由企业高层管理机构进行审批。

(2)签订合同或协议。企业对外投资入股,经企业高层管理机构审批后,与其他投资方签订投资合同或协议;企业委托其他代理机构在二级市场进行股票、债券投资,必须与代理机构签订代理合同;企业委托其他机构进行委托投资,必须与受托人签订委托投资协议。企业委托金融机构对外贷款,与借款人签订委托贷款合同。

(3)取得股票、债券、其他投资证明。企业对外投资,取得被投资单位的股票或被投资单位出具的股东出资证明;企业购买其他单位的股票、债券,取得股票、债券或股票、债券托管、登记机构的证明。

(4)取得投资收益。企业从被投资单位、债券发行人、借款人处取得股利收入、利息收入及其他投资收益。

(5)转让证券、收回投资、收回委托贷款。即企业转让所持有股票、债券收回投资;企业将持有的其他公司的股权进行转让收回投资;被投资企业进行清算收回投资;按照委托贷款合同、委托投资协议的规定,收回贷款、委托投资。

13.1.2 涉及的主要凭证与会计记录

1. 筹资活动的主要凭证和会计记录

(1)债券。公司依照法定程序发行的,约定在一定时期内还本付息的有价证券。债券是投资者与发债单位之间的债权债务关系的凭证,债券持有人有权按债券约定的时间、利率取得利息和收回本金。

(2)股票。股票是股份有限公司为筹集资金而发行给股东作为持股凭证,并以此支付股息和红利的一种有价证券。股票是股份有限公司资本的构成部分,可以转让、买卖或作价抵押,是资本市场上主要的长期信用工具。

（3）债券契约。债券契约是债券发行人和代表债券持有者利益的债券托管人之间，签订的具有法律效力的协议，明确持有人与发行人之间权利义务的法律性文件。契约中包括债券发行的标准、债券的明确表述、利息或利息率、受托管理人证书、登记与背书、抵押债券所担保的财产、债券发生拖欠的处理办法，以及对偿债基金、利息支付、本金偿还等的处理。

（4）股东名册。股东名册是公司依法设置、专门用来记载股东姓名等事项的登记簿，是证明股东持有公司股份的充分证据。发行记名股票的公司股东名册应记载的内容包括股东的姓名或者名称与住所、持有的股份数、持有股票的编号、取得股票的日期。发行无记名股票的公司股东名册应当记载其股票数量、编号及发行日期。

（5）公司债券存根簿。公司债券存根簿是指依法记载债券持有人及债券有关事项的簿册。无论发行何种公司债券都应当置备公司债券存根簿，但其具体记载的内容则因公司债券种类的不同而有所不同。发行记名公司债券的，应当在公司债券存根簿上载明下列事项：债券持有人的姓名或者名称与住所、债券持有人取得债券的日期及债券的编号、债券总额、债券的票面金额、债券的利率、债券的还本付息的期限和方式、债券的发行日期。发行无记名公司债券的，应当在公司债券存根簿上载明债券总额、利率、偿还期限和方式、发行日期及债券的编号。

（6）承销或包销协议。公司在向社会公开发行股票或债券时，应当由依法设立的证券经营机构承销或包销，并与其签订承销或包销协议。

（7）借款合同或协议。即公司向银行、非银行金融机构借款时签订的合同、协议。

（8）有关的记账凭证。

（9）有关会计科目的明细账和总账。

2. 投资活动的主要凭证和会计记录

（1）股票。

（2）债券。

（3）债券契约。

（4）委托投资协议。委托投资是委托人将资金事先存入金融信托机构作为委托投资基金，委托金融信托机构向其指定的联营或投资单位进行投资，并对投资的使用情况、被投资单位的经营情况及利润分红等进行管理和监督的一种金融信托业务，包括委托金融信托机构直接投资于被投资单位和委托金融信托机构购买有价证券两个方面。

（5）委托贷款合同。由企业提供合法来源的资金，委托业务银行根据企业确定的贷款对象、用途、金额、期限、利率等代为发放、监督其使用情况并协助收回的贷款，企业必须与借款人签订委托贷款合同。

（6）经纪人通知单。

（7）投资的合同、协议及被投资企业的章程。

（8）有关的记账凭证。

（9）有关会计科目的明细账和总账。

13.2 筹资与投资循环的内部控制及测试

13.2.1 筹资活动的内部控制

企业在建立和实施筹资内部控制制度时,应当强化对以下关键方面或者关键环节的风险控制:

第一,权责分配和职责分工应当明确,机构设置和人员配备应当科学合理;

第二,筹资决策、执行与偿付各环节的控制流程应当清晰,筹资方案的拟订与审批、筹资合同的审核和签订、筹集资金的取得与使用、还本付息的审批与办理等应当有明确规定;

第三,筹资业务的会计处理应当符合国家统一的会计准则的规定。

根据《企业内部控制具体规范——筹资》,筹资活动内部控制应当包括以下内容:

1.岗位分工与授权批准

(1)企业应当建立筹资业务的岗位责任制,明确有关部门和岗位的职责、权限,确保办理筹资业务的不相容岗位相互分离、制约和监督。同一部门或个人不得办理筹资业务的全过程。

筹资业务的不相容岗位至少包括:筹资方案的拟订与决策;筹资合同或协议的审批与订立;与筹资有关的各种款项偿付的审批与执行;筹资业务的执行与相关会计记录。

(2)企业应当配备合格的人员办理筹资业务。办理筹资业务的人员,应具备必要的筹资业务专业知识和良好的职业道德,熟悉国家有关法律法规、相关国际惯例及金融业务。

(3)企业应当对筹资业务建立严格的授权批准制度,明确授权批准方式、程序和相关控制措施,规定审批人的权限、责任以及经办人的职责范围和工作要求。

2.记录与档案管理制度

(1)企业根据筹资决策、执行、偿付等环节的内部控制要求,设置相应的记录或凭证,如实记载各环节业务的开展情况,确保筹资全过程得到有效控制。

(2)企业应当建立筹资决策、审批过程的书面记录制度以及有关合同或协议、收款凭证、支付凭证等资料的存档、保管和调用制度,加强对与筹资业务有关的各种文件和凭据的管理,明确相关人员的职责权限。

3.筹资决策控制

(1)企业应当建立筹资业务决策环节的控制制度,对筹资方案的拟订、筹资决策程序等做出明确规定,确保筹资方式符合成本效益原则,筹资决策科学、合理。

(2)企业对重大筹资方案应当进行风险评估,形成评估报告,报董事会或股东大会审批。评估报告应当全面反映评估人员的意见,并由所有评估人员签章。未经风险评估的方案不能用于筹资。

企业拟订筹资方案,应具备两个以上方案来比较分析。企业需要根据综合筹资成本和风险评估等因素对方案进行选定。

(3)企业对于重大筹资方案,应当实行集体决策审批或者联签制度。决策过程应有完整的书面记录。企业筹资方案需经国家有关管理部门或上级主管单位批准的,应及时报请批准。

（4）企业应当建立筹资决策责任追究制度。对重大筹资项目应当进行后评估,明确相关部门及人员的责任,定期或不定期地进行检查。

4.筹资执行控制

（1）企业应当建立筹资决策执行环节的控制制度,对筹资合同的订立与审核、资产的收取等做出明确规定。

（2）企业应当根据经批准的筹资方案,按照规定程序与筹资对象或中介机构订立筹资合同或协议。企业相关部门或人员应当对筹资合同或协议的合法性、合理性、完整性进行审核,审核情况和意见应有完整的书面记录。

（3）企业变更筹资合同或协议,应当按照原审批程序进行。

（4）企业应当按照筹资合同或协议的约定及时足额取得相关资产。企业取得货币性资产,应当按实有数额及时入账。

（5）企业取得非货币性资产,应当根据合理确定的价值及时进行会计记录,并办理有关财产转移手续。对需要进行评估的资产,应当聘请有资质的专业机构及时进行评估。

（6）企业应当按照筹资方案所规定的用途使用对外筹集的资金。由于市场环境变化等特殊情况导致确需改变资金用途的,应当履行审批手续,并对审批过程进行完整的书面记录。严禁擅自改变资金用途。

（7）企业应当建立持续符合筹资合同条款的内部控制制度,其中应包括对预算不符合条款要求的预警和调整制度。

5.筹资偿付控制

（1）企业应当建立筹资业务偿付环节的控制制度,对偿还本金,支付利息、租金,分配股利（利润）等步骤及偿付形式等做出计划和预算安排,并正确计算、核对,确保各项款项偿付符合筹资合同或协议的规定。

（2）企业应当指定财会部门严格按照筹资合同或协议规定的本金、利率、期限及币种计算利息和租金,经有关人员审核确认后,与债权人进行核对。本金与应付利息必须和债权人定期对账。如有不符,应查明原因,按权限及时处理。

（3）企业支付筹资利息、股息、租金等,应当履行审批手续,经授权人员批准后方可支付。

企业通过向银行等金融机构举借债务筹资,其利息的支付方式也可按照双方在合同或协议中约定的方式办理。

（4）企业委托代理机构对外支付债券利息,应清点、核对代理机构的利息支付清单,并及时取得有关凭据。

（5）企业应当按照股利分配方案发放股利,股利分配方案应当按照企业章程或有关规定,按权限审批。

（6）企业委托代理机构支付股利,应清点、核对代理机构的股利支付清单,并及时取得有关凭据。

（7）企业以非货币性资产偿付本金、利息、租金或支付股利时,应当由相关机构或人员合理确定其价值,并报授权批准部门批准,必要时可委托具有相应资质的专业机构进行评估。

13.2.2　投资活动的内部控制

根据《企业内部控制具体规范——对外投资》,投资活动内部控制应当包括以下内容:

企业在建立和实施对外投资内部控制时,至少应当强化对以下关键方面或者关键环节的风险控制,并采取相应的控制措施:职责分工、权限范围和审批程序应当明确,机构设置和人员配备应当科学合理;投资项目建议书和可行性研究报告的内容应当真实,支持投资建议和可行性的依据与理由应当充分、可靠;对外投资实施方案应当科学完整,投资合同或协议的签订应当征求法律顾问的意见,对投资项目的跟踪管理应当全面及时,投资收益的确认应当符合规定,投资权益证书的管理应当严格有效,计提对外投资减值准备的依据应当充分、审批程序应当明确;对外投资处置的方式、权限范围和审批程序应当明确,与投资处置有关的文件资料和凭证记录应当真实完整。

1.职责分工与授权批准

(1)企业应当建立对外投资业务的岗位责任制,明确相关部门和岗位的职责权限,确保办理对外投资业务的不相容岗位相互分离、制约和监督。

对外投资不相容岗位至少应当包括:对外投资项目的可行性研究与评估;对外投资的决策与执行;对外投资处置的审批与执行;对外投资的绩效评估与执行 。

(2)企业应当配备合格的人员办理对外投资业务。办理对外投资业务的人员应当具备良好的职业道德,掌握金融、投资、财会、法律等方面的专业知识。企业可以根据具体情况,对办理对外投资业务的人员定期进行岗位轮换。

(3)企业应当建立对外投资授权制度和审核批准制度,并按照规定的权限和程序办理对外投资业务。

(4)企业应当根据对外投资类型制定相应的业务流程,明确对外投资中主要业务环节的责任人员、风险点和控制措施等。

2.记录与档案管理制度

(1)企业应当设置相应的记录或凭证,如实记载各环节业务的开展情况,加强内部审计,确保对外投资全过程得到有效控制。

(2)企业应当加强对审批文件、投资合同或协议、投资方案书、对外投资处置决议等文件资料的管理,明确各种文件资料的取得、归档、保管、调阅等各个环节的管理规定及相关人员的职责权限。

3.对外投资可行性研究、评估与决策控制

(1)企业应当加强对对外投资可行性研究、评估与决策环节的控制,对投资项目建议书的提出、可行性研究、评估、决策等做出明确规定,确保对外投资决策合法、科学、合理。企业因战略发展需要,在原对外投资基础上追加投资的,仍应严格履行控制程序。

(2)企业应当编制对外投资项目建议书,由相关部门或人员对投资项目进行分析与论证,对被投资企业资信情况进行尽责调查或实地考察,并关注被投资企业管理层或实际控制人的能力、资信等情况。对外投资项目如有其他投资者,应当根据情况对其他投资者的资信情况进行了解或调查。

（3）应当由企业相关部门或人员委托具有相应资质的专业机构对投资项目进行可行性研究，重点对投资项目的目标、规模、投资方式、投资的风险与收益等做出评价。

（4）应当由企业相关部门或人员委托具有相应资质的专业机构对可行性研究报告进行独立评估，形成评估报告。评估报告应当全面反映评估人员的意见，并由所有评估人员签章。对重大对外投资项目，必须委托具有相应资质的专业机构对可行性研究报告进行独立评估。

（5）企业应当根据经股东大会（或者企业章程规定的类似权力机构）批准的年度投资计划，按照职责分工和审批权限，对投资项目进行决策审批。重大的投资项目，应当根据公司章程及相应权限报经股东大会或董事会（或者企业章程规定的类似决策机构）批准。

有条件的企业，可以设立投资审查委员会或者类似机构，对达到一定标准的投资项目进行预审。在预审过程中，应当审查以下内容：拟投资项目是否符合国家有关法律法规和相关调控政策，是否符合企业主业发展方向和对外投资的总体要求，是否有利于企业的长远发展；拟订的投资方案是否可行，主要的风险是否可控，是否采取了相应的防范措施；企业是否具有相应的资金能力和项目监管能力；拟投资项目的经营目标、收益目标等是否能够实现，企业的投资利益能否确保，所投入的资金能否收回。

只有预审通过的投资项目，才能提交上一级管理机构和人员进行审批。

（6）企业集团根据企业章程和有关规定对所属企业对外投资项目进行审批时，应当采取总额控制等措施，防止所属企业分拆投资项目、逃避更为严格的授权审批的行为。

4. 对外投资执行控制

（1）企业应当制订对外投资实施方案，明确出资时间、出资金额、出资方式及责任人员等内容。对外投资实施方案及方案的变更，应当经企业董事会或其授权人员审查批准。对外投资业务需要签订合同的，应当征询企业法律顾问或相关专家的意见，并经授权部门或人员批准后签订。

（2）以委托投资方式进行的对外投资，应当对受托企业的资信情况和履约能力进行调查，签订委托投资合同，明确双方的权利、义务和责任，并采取相应的风险防范和控制措施。

（3）企业应当指定专门的部门或人员对投资项目进行跟踪管理，掌握被投资企业的财务状况、经营情况和现金流量，定期组织对外投资质量分析，发现异常情况，应当及时向有关部门和人员报告，并采取相应措施。

企业可以根据管理需要和有关规定向被投资企业派出董事、监事、财务负责人或其他管理人员。

（4）企业应当对派驻被投资企业的有关人员建立适时报告、业绩考评与轮岗制度。

（5）企业应当加强投资收益的控制，投资收益的核算应当符合国家统一的会计准则的规定，对外投资取得的股利以及其他收益，均应当纳入企业会计核算体系，严禁账外设账。

（6）企业应当加强对外投资有关权益证书的管理，指定专门部门或人员保管权益证书，建立详细的记录。未经授权人员不得接触权益证书。财会部门应当定期和不定期地与相关管理部门和人员清点核对有关权益证书。

被投资企业股权结构等发生变化的，企业应当取得被投资企业的相关文件，及时办理相关产权变更手续,反映股权变更对本企业的影响。

(7)企业应当定期和不定期地与被投资企业核对有关投资账目,保证对外投资的安全、完整。

5.对外投资处置控制

(1)企业应当加强对外投资处置环节的控制,对投资收回、转让、核销等的决策和授权批准程序做出明确规定。

(2)对外投资的收回、转让与核销,应当按规定权限和程序进行审批,并履行相关审批手续。

对应收回的对外投资资产,要及时足额收取。

转让对外投资,应当由相关机构或人员合理确定转让价格,并报授权审批部门批准;必要时,可委托具有相应资质的专门机构进行评估。

核销对外投资,应当取得因被投资企业破产等原因不能收回投资的法律文书和证明文件。

(3)企业财会部门应当认真审核与对外投资处置有关的审批文件、会议记录、资产回收清单等相关资料,并按照规定及时进行对外投资处置的会计处理,确保资产处置真实、合法。

(4)企业应当建立对外投资项目后续跟踪评价管理制度,对企业的重要投资项目和超过一定标准的投资项目,有重点地开展后续跟踪评价工作,并作为进行投资奖励和责任追究的基本依据。

13.2.3 筹资与投资活动的控制测试

1.了解筹资与投资活动的内部控制

注册会计师应当通过询问、观察和检查等方法,了解并记录筹资与投资活动的主要内部控制,包括:

(1)了解筹资与投资活动的主要交易及账户;

(2)了解被审计单位有关分工的政策和程序;

(3)了解筹资与投资的主要业务活动,如借款、发行债券、发行股票、对外投资等;

(4)了解被审计单位的控制目标及主要控制活动;

(5)根据了解的情况,对被审计单位的内部控制进行穿行测试,以确定内部控制是否得到执行;

(6)评价内部控制的设计,确定被审计单位的控制活动对控制目标是否有效。

2.筹资与投资活动的内部控制测试

注册会计师只针对控制设计合理并得到执行,且执行该测试可以有效减少实质性程序工作量的内部控制进行测试。如果注册会计师不对与某些控制目标相关的控制活动实施控制测试,则根据成本效益原则应采取实质性程序方案,对相关交易和账户余额的认定进行测试,以获取足够的保证程度。

筹资与投资活动的内部控制测试程序内容如下:

(1)测试与借款有关的内部控制,检查借款申请表是否连续编号,借款申请表是否经过批准,借款合同金额、期限等内容是否与借款申请表内容一致,是否登记借款备查账,明细账记录内容是否与借款备查账内容一致,借款备查账记录内容是否与借款合同一致。

(2)测试与偿还借款有关的业务活动的内部控制,检查付款申请表是否连续编号,付款申请表是否经恰当批准,是否与借款合同规定还款日期一致,还款金额、期限等内容是否与付款申请表内容一致,是否登记借款备查账,明细账记录内容是否与借款备查账内容一致,借款备查账记录内容是否与借款合同一致。

(3)测试与日常交易性金融资产有关的业务活动的内部控制,检查是否经过适当的授权审批,是否登记投资备查账,是否正确记入投资明细账,是否正确确认投资收益,是否编制核对表,投资项目、金额是否与所批准项目一致。

筹资循环常用的控制测试见表13-2。

表 13-2　　　　　　　　　　　　　筹资循环控制测试一览表

内部控制目标	关键内部控制	可进行的控制测试
记录的筹资交易均系真实发生的交易	1.借款或发行股票经过授权批准 2.签订借款合同或协议、债券契约、承销或包销协议等相关法律性文件	1.索取授权批准文件,检查批准手续是否齐全 2.索取借款合同或协议、债券契约等文件,审查条款的完备性
筹资交易均已记录	1.筹资业务的会计记录与授权、执行等方面的职责明确分离 2.借款合同或协议由专人保管 3.保存债券持有人的明细账,并同总账核对相符,如由外部机构保存,需定期同外部机构核对	1.询问筹资业务的职责分离情况 2.了解债券持有人明细账的保管制度,检查被审计单位是否定期将其与总账或外部机构核对
筹资交易均已以恰当的金额记入恰当的期间	1.负责信贷业务的信贷管理员根据借款合同,逐笔登记借款备查簿,并定期与借款明细账核对 2.定期与债权人核对账目 3.会计主管复核	1.询问借款业务的职责分工情况及内部对账情况 2.检查被审计单位是否定期与债权人核对账目 3.检查会计主管复核印记
筹资交易均已记入恰当的账户	1.使用会计科目核算说明 2.会计主管复核	1.询问会计科目表的使用情况 2.检查会计主管复核印记

注:本表以获得初始借款交易为例,不包括偿还利息和本金交易。

投资循环常用的控制测试见表13-3。

表 13-3　　　　　　　　　　　　　投资循环控制测试一览表

内部控制目标	关键内部控制	可进行的控制测试
记录的投资交易均系真实发生的交易	1.投资业务经过授权批准 2.与被投资单位签订合同、协议,并获取被投资单位出具的投资证明	1.索取投资的授权批准文件,检查手续是否齐全 2.索取投资合同或协议、被投资单位的投资证明,检查是否合理有效
投资交易均已记录	1.投资业务的会计记录与授权、执行和保管等方面的职责明确分离 2.健全证券投资资产的保管制度,并定期盘点,同时与账面记录核对 3.定期与被投资单位或交易方核对账目	1.询问投资业务的职责分离及内部对账情况 2.了解证券资产的保管和盘点制度 3.检查被审计单位是否定期与被投资方或交易方核对账目

（续表）

内部控制目标	关键内部控制	可进行的控制测试
投资交易均已以恰当的金额记入恰当的期间	1.定期与被投资单位或交易方对账目 2.会计主管复核	1.检查被审计单位是否定期与被投资单位或交易方核对账目 2.检查会计主管复核印记
投资交易均已记入恰当的账户	1.使用会计科目核算说明 2.会计主管复核	1.询问会计科目表的使用情况 2.检查会计主管复核印记

注:本表以初始投资交易为例,不包括收到投资收益、收回或变现投资等交易。

案例主题:投资业务内部控制的评价

案例资料:

河南洛阳春都集团曾引领中国火腿肠产业,市场占有率最高达 70% 以上,资产达 29 亿元。然而,仅仅经历了几年短暂的辉煌,这家明星企业便跌入低谷。如今春都上百条生产线全线告停,企业亏损高达 6.7 亿元,并且欠下 13 亿元的巨额债务。

春都集团之所以这样,一个重要的原因就是企业盲目投资,盲目扩张。春都集团的前身是洛阳肉联厂,主要从事生猪收购和屠宰。在企业负责人的果断决策下,1987 年 8 月,中国第一根被命名为"春都"的火腿肠在这里诞生,并迅速受到市场青睐,销售额从最初的 2 亿元猛增到 20 亿元,年创利润 2 亿多元。春都的狂飙突进式发展带动了整个火腿肠产业在国内崛起,迅速形成了强大的产业群体。

当地政府要求春都集团尽快"做强做大",于是春都集团在金融机构的支持下,自 1988 年以来,兼并了洛阳食品公司等 11 家企业,全资收购了郑州群康制药厂等 6 家企业。与此同时,先后对河南思达科技集团等 24 家企业进行参股或控股,使集团员工很快突破了 1 万人。在金融机构的鼎力支持下,数亿元资金从春都集团撤向这些企业。经过几年的扩张,春都集团资产平均每年以近 6 倍的速度递增,由 1987 年的 3 950 万元迅速膨胀到 29.69 亿元。由于战线过长,春都集团兼并和收购的 17 家企业中,半数以上亏损,近半数关门停产;对 20 多家企业参股和控股的巨大投资也有去无回。扩张不但没有为春都集团带来多少收益,还使其背上了沉重的包袱。请对春都集团投资的内部控制进行分析。

案例分析:

春都集团缺乏严格的投资审批控制制度,没有对投资项目进行财务分析,没有制定投资计划,仅凭领导人的主观臆断,将剩余资金盲目投资,带来不良后果。

13.3 筹资审计

13.3.1 借款审计

借款是企业债务融资形成的一项经济义务,是企业的负债项目,主要包括长、短期借款、应付债券等。为正确反映企业的财务状况和经营成果,企业须对借款进行正确计量,一般情况下,企业对负债项目进行审计主要是防止企业低估债务。

1. 短期借款审计

(1)短期借款的审计目标

短期借款的审计目标一般包括：

①确定资产负债表中列示的短期借款是否存在；

②确定所有应当列示的短期借款是否均已列示；

③确定资产负债表列示的短期借款是否为被审计单位应当履行的现时义务；

④确定短期借款是否以恰当的金额列示在资产负债表中；

⑤确定短期借款在资产负债表中的列报是否恰当。

(2)短期借款的实质性审计程序

①获取或编制短期借款明细表，复核加计是否正确，并与报表数、总账数和明细账合计数核对是否相符；检查非记账本位币短期借款的折算汇率及折算金额是否正确，折算方法是否前后期一致。

②检查被审计单位贷款卡，核实账面记录是否完整；对被审计单位贷款卡上列示的信息与账面记录核对的差异进行分析，并关注贷款卡中列示的被审计单位对外担保的信息。

③对短期借款进行函证，对期末短期借款余额较大的，或认为必要时，向银行或其他债权人函证短期借款。

④检查短期借款的增加，对年度内增加的短期借款，检查借款合同，了解借款金额、借款用途、借款条件、借款日期、还款期限、借款利率，并与相关会计记录相核对。

⑤检查短期借款的减少，对年度内减少的短期借款，应检查相关记录和原始凭证，核实还款数额，并与相关会计记录相核对。

⑥复核短期借款利息，根据短期借款的利率和期限，检查被审计单位短期借款的利息计算是否正确；如有未计利息和多计利息，应做出记录，必要时提请被审计单位进行调整。

⑦检查被审计单位用于短期借款的抵押资产的所有权是否属于企业，其价值和实际状况是否与契约中的规定相一致。

⑧检查被审计单位与贷款人之间所发生的债务重组。检查债务重组协议，确定其真实性、合法性，并检查债务重组的会计处理是否正确。

⑨检查短期借款是否已按照《企业会计准则》的规定在财务报表中做出恰当的列报；检查被审计单位短期借款是否按信用借款、抵押借款、质押借款、保证借款分别披露；检查期末逾期借款是否按贷款单位、借款金额、逾期时间、年利率、逾期未偿还原因和预期还款期等进行披露。

2. 长期借款审计

(1)长期借款的审计目标

长期借款的审计目标一般包括：

①确定资产负债表中列示的长期借款是否存在；

②确定所有应当列示的长期借款是否均已列示；

③确定资产负债表列示的长期借款是否为被审计单位应当履行的现时义务；

④确定长期借款是否以恰当的金额列示在资产负债表中；

⑤确定长期借款在资产负债表中的列报是否恰当。

(2)长期借款的实质性程序

①获取或编制长期借款明细表,复核加计是否正确,并与总账数和明细账合计数核对是否相符,减去将于一年内到期的项目后与报表数核对是否相符;检查非记账本位币长期借款的折算汇率及折算金额是否正确,折算方法是否前后期一致。

②检查被审计单位贷款卡,核实账面记录是否完整。对被审计单位贷款卡上列示的信息与账面记录核对的差异进行分析,并关注贷款卡中列示的被审计单位对外担保的信息。

③对长期借款进行函证。向银行或其他债权人函证重大的长期借款。

④检查长期借款的增加。对年度内增加的长期借款,检查借款合同和授权批准,了解借款金额、借款条件、借款用途、借款日期、还款期限、借款利率,并与相关会计记录核对。

⑤检查长期借款的减少。对年度内减少的长期借款,检查相关记录和原始凭证,核实还款金额,并与相关会计记录核对。

⑥复核长期借款利息。根据长期借款的利率和期限,复核被审计单位长期借款的利息计算是否正确。如有未计利息和多计利息,应做出记录,必要时进行调整。

⑦检查借款费用的会计处理是否正确。检查资产负债表日被审计单位是否按摊余成本和实际利率计算确定长期借款的利息费用,并正确记入"财务费用"、"在建工程"、"制造费用"、"研发支出"等相关账户,是否按合同利率计算应付未付利息并记入"应付利息"账户,是否按其差额记入"长期借款——利息调整"账户。同时应检查专门借款和一般借款的借款费用资本化的时点和期间、资产范围、目的和用途等是否符合资本化条件。

⑧检查被审计单位抵押长期借款的抵押资产的所有权是否属于被审计单位,其价值和实际状况是否与担保契约中的规定相一致。

⑨检查被审计单位与贷款人进行的债务重组。检查债务重组协议,确定其真实性、合法性,并检查债务重组的会计处理是否正确。检查企业重大的资产租赁合同,判断被审计单位是否存在资产负债表表外融资的现象。

⑩检查长期借款,是否已按照《企业会计准则》的规定在财务报表中做出恰当的列报:被审计单位是否按信用借款、抵押借款、质押借款、保证借款分别披露;对于期末逾期借款,是否分别按贷款单位、借款金额、逾期时间、年利率、逾期未偿还原因和预期还款期等进行披露;被审计单位是否在附注中披露与借款费用有关的下列信息:当期资本化的借款费用金额;当期用于计算确定借款费用资本化金额的资本化率;一年内到期的长期借款是否列为一年内到期的非流动负债;被审计单位在资产负债表日或之前违反了长期借款协议,导致贷款人可随时要求清偿的负债,是否归类为流动负债。

【例 13-1】　审计人员 A 对 B 公司截至 2010 年 12 月 31 日的财务报表进行审计,截止日财务报表反映长期借款余额为 1 200 万元。B 公司 2009 年 3 月 5 日从工行甲支行贷款 800 万元,贷款期限为 2 年,年利率 6.30%,用于生产线的更新改造,按月计息,每月 10 日付息,以公司的生产车间作为抵押进行贷款,工程于 2010 年 8 月 1 日竣工验收并投入使用;2010 年 7 月 1 日从建行乙支行贷款 400 万元,用于购置不需要安装的设备一台,贷款期限为 2 年,年利率 6.42%,按季计息,到期一次还本付息,以公司的 400 万元国债作为质押担保。审计人员 A 应至少采取下列程序以合理保证长期借款是否在财务报表上作恰当的反映。(上述贷款项目合同利率与实际利率相同)

(1)编制长期借款明细表,并与 B 公司长期借款总账、明细账合计数进行核对。

表 13-4   **长期借款明细表**

被审计单位:B公司   截止日:2010 年 12 月 31 日

单位:元

借款银行	期初数(贷方)	本期发生		期末数(贷方)	到期日	贷款资金用途
		借方	贷方			
工行甲支行	8 000 000.00			8 000 000.00	2011.3.4	更新改造
建行乙支行			4 000 000.00	4 000 000.00	2012.6.30	设备购置
合 计	8 000 000.00		4 000 000.00	12 000 000.00		

(2)取得 B 公司长期借款的合同,并与 B 公司贷款卡有关贷款的信息、明细账记录进行核对,确定 B 公司所发生的借款均已进行了记录,没有遗漏。

(3)结合银行存款的审计,向工行甲支行、建行乙支行发函询证这两笔银行借款,并根据函证结果确定记录的长期借款是否存在。(函证格式见货币资金审计银行询证函)

(4)复核长期借款的利息计算是否正确。结合在建工程的审计,检查 800 万元更新改造贷款的利息资本化是否正确;结合财务费用的审计,检查完工后的借款利息是否计入当期损益,检查 400 万元设备贷款的利息是否计入当期损益。

(5)检查贷款利息是否记入恰当的账户,800 万元贷款按月计息,到期还本,经检查2010 年 1 月至 7 月的应计利息记入"财务费用"账户,按规定应记入"在建工程"账户。

调整分录为:

借:在建工程——车间更新改造工程   294 000

    贷:财务费用   294 000

(6)400 万元贷款是一次还本付息。经检查 B 公司财务人员当年未计提利息128 400元,根据规定按摊余成本与实际利率计算,应记入"财务费用"账户,按合同利率计算的利息计入"应付利息"账户。

调整分录为:

借:财务费用   128 400

    贷:应付利息——建行乙支行   128 400

(7)结合持有至到期投资的审计,对国债质押情况进行函证,检查长期借款是否存在,"持有至到期投资——××国债"是否在财务报表附注中对质押情况进行了充分的披露。

(8)结合固定资产的审计,检查财务报表附注中是否披露了生产车间进行抵押贷款的情况,并检查生产车间的相关产权是否归被审计单位所有。

(9)由于 800 万元贷款到期日为 2011 年 3 月 4 日,在财务报表中应将其从"长期借款"项目下调整到"一年内到期的非流动负债"项目下。

(10)检查长期借款在财务报表附注中是否按担保性质披露了长期借款;是否按规定披露了当年的利息资本化金额及本期资本化率。

3.应付债券审计

(1)应付债券的审计目标

应付债券的审计目标一般包括：

①确定资产负债表中列示的应付债券是否存在；

②确定所有应当列示的应付债券是否均已列示；

③确定资产负债表列示的应付债券是否为被审计单位应当履行的现时义务；

④确定应付债券是否以恰当的金额列示在财务报表中；

⑤确定应付债券在财务报表中的列报是否恰当。

(2)应付债券的实质性程序

①获取或编制应付债券明细表，复核加计是否正确，并与报表数、总账数和明细账合计数核对是否相符；检查非记账本位币应付债券的折算汇率及折算金额是否正确，折算方法是否前后期一致。

②检查应付债券的增加。审阅债券发行申请和审批文件，检查发行债券所收入现金的收据、汇款通知单、送款登记簿及相关的银行对账单，核实其会计处理是否正确。

③对应付债券向证券承销商或包销商函证。

④检查债券利息费用的会计处理是否正确，资本化的处理是否符合规定。对于分期付息、一次还本的债券，检查资产负债表日是否按摊余成本和实际利率计算确定债券利息费用，并正确记入"在建工程"、"制造费用"、"财务费用"、"研发费用"等科目，是否按票面利率计算确定应付未付利息，记入"应付利息"科目，是否按其差额调整"应付债券——利息调整"科目；对于一次还本付息的债券，检查资产负债表日是否按摊余成本和实际利率计算确定债券利息费用，并正确记入"在建工程"、"制造费用"、"财务费用"、"研发费用"等科目，是否按票面利率计算确定应付未付利息，记入"应付债券——应计利息"科目，是否按其差额调整"应付债券——利息调整"科目。

⑤检查到期债券的偿还。检查偿还债券的支票存根等相关会计记录，检查其会计处理是否正确。

⑥检查可转换公司债券是否将负债和权益成分分拆，可转换公司债券持有人行使转换权利，将其持有的债券转为股票时其会计处理是否正确。

⑦如发行债券时已作抵押或担保，应检查相关契约的履行情况。

⑧检查应付债券是否已按照《企业会计准则》的规定在财务报表中做出恰当列报：一年内到期的应付债券是否列为一年内到期的非流动负债；期末到期未偿付的债券金额及逾期原因是否充分披露。

4.财务费用审计

(1)财务费用的审计目标

财务费用的审计目标一般包括：确定利润表中列示的财务费用是否真实发生，且与被审计单位有关；确定所有应当列示的财务费用是否均已列示；确定与财务费用有关的金额及其他数据是否已恰当记录；确定财务费用是否已反映于正确的会计期间；确定财务费用是否已记录于恰当的账户；确定财务费用在财务报表中的列报是否恰当。

（2）财务费用的实质性程序

①获取或编制财务费用明细表，复核其加计数是否正确，并与报表数、总账数和明细账合计数核对是否相符。

②将本期财务费用各明细项目与上期进行对比，必要时比较本期各月份财务费用，如有重大波动和异常情况应追查原因；计算借款平均实际利率，并同以前年度及市场平均利率相比较；根据借款平均余额、平均利率测算当期利息费用和应付利息，并与账面记录进行比较；根据银行存款平均余额和存款平均利率复核利息收入。

③检查财务费用明细项目的设置是否符合规定的核算内容与范围，是否划清财务费用与其他费用的界限。

④检查利息支出明细账。审查各项借款期末应计利息是否按预计入账；审查现金折扣的会计处理是否正确；结合长短期借款、应付债券等的审计，检查财务费用中是否包括为购建或生产满足资本化条件的资产发生的应予资本化的借款费用；检查融资租入的固定资产、购入有关资产超过正常信用条件延期支付价款，实质上具有融资性质的，采用实际利率法分期摊销未确认融资费用时计入财务费用的金额是否正确；检查应收票据贴现息的计算与会计处理是否正确；检查存在资产弃置义务的固定资产或油气资产，在其使用寿命内，是否按期计算确定应负担的利息费用；检查辞退工作在一年内实施完毕、补偿款项超过一年支付的辞退福利，采用实际利率法分期摊销未确认融资费用时计入财务费用的金额是否正确。

⑤检查利息收入明细账。确认利息收入的真实性及正确性；检查从其他企业或非银行金融机构取得的利息收入；检查采用递延方式分期收款、实质上具有融资性质的销售商品或提供劳务，采用实际利率法按期计算确定的利息收入是否正确。

⑥检查汇兑损益明细账，检查汇兑损益计算方法是否正确，核对所用汇率是否正确，前后期是否一致。

⑦检查"财务费用——其他"明细账，注意检查大额金融机构手续费的真实性与正确性。

⑧抽取资产负债表日前后若干张凭证，实施截止测试，若存在异常迹象，应考虑是否有必要追加审计程序，对于重大跨期项目应作必要调整。

⑨检查财务费用是否已按照《企业会计准则》的规定，在财务报表中做出恰当的列报。

13.3.2　所有者权益审计

所有者权益是企业投资者对企业净资产的所有权，包括投资者对企业的投入资本及企业的经营积累。

1. 实收资本（股本）的审计

（1）实收资本（股本）的审计目标

①确定资产负债表中列示的实收资本（股本）是否存在；

②确定所有应当列示的实收资本（股本）是否均已列示；

③确定实收资本（股本）是否以恰当的金额列示在资产负债表中；

④确定实收资本（股本）在财务报表中的列报是否恰当。

（2）实收资本（股本）的实质性程序

①获取或编制实收资本（股本）明细表，复核加计是否正确，并与报表数、总账数和明细账合计数核对是否相符；以非记账本位币出资的，检查其折算汇率是否符合规定，折算差额的会计处理是否正确。

②首次接受委托的客户，取得历次验资报告，将其所载明的投资者名称、投资方式、投资金额、到账时间等内容与被审计单位历次实收资本（股本）变动的账面记录、会计凭证及附件等核对。

③审阅公司章程、股东（大）会、董事会会议记录中有关实收资本（股本）的规定。收集与实收资本（股本）变动有关的董事会会议纪要、股东（大）会决议、合同、协议、公司章程及营业执照、公司设立批文、验资报告等法律性文件，并更新永久性档案。

④检查投入资本是否真实存在，审阅和核对与投入资本有关的原始凭证、会计记录，必要时向投资者函证实缴资本额，对有关财产和实物价值进行鉴定，以确定投入资本的真实性。对于发行在外的股票，应检查股票的发行活动。检查的内容包括已发行股票的登记簿、募股清单、银行对账单、会计账面记录等，必要时，可向证券交易所和金融机构函证股票发行的数量。对于发行在外的股票，还应检查股票发行费用的会计处理是否符合有关规定。

⑤检查出资期限、出资方式和出资额，检查投资者是否按合同、协议、章程约定的时间和方式缴付出资额，是否已经注册会计师验证。若已验资，应审阅验资报告。

⑥检查实收资本（股本）增减变动的原因，查阅其是否与董事会纪要、补充合同、协议及其他有关法律性文件的规定一致，逐笔追查至原始凭证，检查其会计处理是否正确。注意有无抽资或变相抽资的情况，如有，应取证核实，作恰当处理。对首次接受委托的客户，除取得验资报告外，还应检查并复印记账凭证及进账单。对于股份有限公司，应检查股票收回的交易活动。检查的内容包括已发行股票的登记簿、收回的股票、银行对账单、会计账面记录等；以发放股票股利增资的，检查股东（大）会决议，检查相关增资手续是否办理，会计处理是否正确；对于以资本公积、盈余公积和未分配利润转增资本的，应取得股东（大）会决议等资料，并审核是否符合国家有关规定，会计处理是否正确；以权益结算的股份支付行权时增资的，应取得相关资料，检查是否符合相关规定，会计处理是否正确；以回购股票以及其他法定程序报经批准减资的，检查股东（大）会决议以及相关的法律文件、手续是否办理，会计处理是否正确；中外合作经营企业在合作期间归还投资的，收集与已归还投资变动有关的公司章程、合同、董事会会议纪要、政府部门的批准文件等资料，查明其是否合规、合法，更新永久性档案，并对已归还投资的发生额逐项审计至原始凭证，检查应用的折算汇率和会计处理是否符合相关规定。

⑦根据证券登记公司提供的股东名单，检查被审计单位及其子公司、合营企业与联营企业是否有违反规定的持股情况。

⑧检查认股权证及其有关交易，确定委托人及认股人是否遵守认股合约或认股权证中的有关规定。

⑨检查实收资本（股本）是否已按照《企业会计准则》的规定在财务报表中做出恰当列报。

2.资本公积的审计

(1)资本公积的审计目标

①确定资产负债表中列示的资本公积是否存在;

②确定所有应当列示的资本公积是否均已列示;

③确定资本公积是否以恰当的金额列示在资产负债表中;

④确定资本公积在财务报表中的列报是否恰当。

(2)资本公积的实质性程序

①获取或编制资本公积明细表,复核加计是否正确,并与报表数、总账数和明细账合计数核对是否相符。

②首次接受委托的单位,应对期初的资本公积进行追溯查验,检查初始发生的依据是否充分。

③收集与资本公积变动有关的股东(大)会决议、董事会会议纪要、资产评估报告等文件资料,更新永久性档案。

④根据资本公积明细账,对"资本(股本)溢价"的发生额逐项审查至原始凭证;对股本溢价,应取得董事会会议纪要、股东(大)会决议、有关合同、政府批文,追查至银行收款等原始凭证,结合相关科目的审计,检查会计处理是否正确,注意发行股票溢价收入的计算是否已扣除股票发行费用;对资本公积转增资本的,应取得股东(大)会决议、董事会会议纪要、有关批文等,检查资本公积转增资本是否符合有关规定,会计处理是否正确;若有同一控制下的企业合并,应结合"长期股权投资"科目,检查被审计单位(合并方)取得的被合并方所有者权益账面价值的份额与支付的合并对价账面价值的差额计算是否正确,是否依次调整本科目、盈余公积和未分配利润;股份有限公司回购本公司股票进行减资的,检查其是否按注销的股票面值总额和所注销的库存股账面余额,冲减资本公积;检查与发行权益性证券直接相关的手续费、佣金等交易费用的会计处理是否正确,是否将与发行权益性证券间接相关的手续费记入本账户,若有,判断是否需要被审计单位调整。

⑤根据资本公积明细账,对"其他资本公积"的发生额逐项审查至原始凭证;检查以权益法核算的被投资单位除净损益以外所有者权益的变动,被审计单位是否已按其享有的份额入账,会计处理是否正确;处置该项投资时,应注意是否已转销与其相关的资本公积;以自用房地产或存货转换为采用公允价值模式计量的投资性房地产,转换日的公允价值大于原账面价值的,检查其差额是否计入资本公积;处置该项投资性房地产时,原计入资本公积的部分是否已转销;将持有至到期投资重分类为可供出售金融资产或将可供出售金融资产重分类为持有至到期投资的,是否按相关规定调整资本公积,检查可供出售金融资产后续计量是否相应调整了资本公积;以权益结算的股份支付,取得相关资料,检查在权益工具授予日和行权日的会计处理是否正确;对于在资产负债表日,满足运用套期会计方法条件的现金流量套期和境外经营净投资套期产生的利得和损失,是否进行了正确的会计处理。

⑥检查资本公积各项目,考虑对所得税的影响。

⑦记录资本公积中不能转增资本的项目。

⑧检查资本公积是否已按照《企业会计准则》的规定,在财务报表中做出恰当列报。

3.盈余公积的审计

(1)盈余公积的审计目标

①确定资产负债表中列示的盈余公积是否存在；

②确定所有应当列示的盈余公积是否均已列示；

③确定盈余公积是否以恰当的金额列示在资产负债表中；

④确定盈余公积在财务报表中的列报是否恰当。

(2)盈余公积的实质性程序

①获取或编制盈余公积明细表,复核加计是否正确,并与报表数、总账数及明细账合计数核对是否相符。

②收集与盈余公积变动有关的董事会会议纪要、股东(大)会决议以及政府主管部门、财政部门批文等文件资料,进行审阅,并更新永久性档案。

③对法定盈余公积和任意盈余公积的发生额逐项审查至原始凭证;审查法定盈余公积和任意盈余公积的计提顺序、计提基数、计提比例是否符合有关规定,会计处理是否正确;审查盈余公积的减少是否符合有关规定,取得董事会会议纪要、股东(大)会决议,予以核实,检查有关会计处理是否正确。

④如系外商投资企业,应对储备基金、企业发展基金的发生额逐项审查至原始凭证,审查是否符合有关规定,会计处理是否正确。

⑤如系中外合作经营企业,应对利润归还投资的发生额审查至原始凭证,并与"实收资本——已归还投资"科目的发生额核对,检查会计处理是否正确。

⑥检查盈余公积是否已按照《企业会计准则》的规定,在财务报表中做出恰当列报。

4.未分配利润的审计

(1)未分配利润的审计目标

①确定资产负债表中列示的未分配利润是否存在；

②确定所有应当列示的未分配利润是否均已列示；

③确定未分配利润是否以恰当的金额列示在资产负债表中；

④确定未分配利润在财务报表中的列报是否恰当。

(2)未分配利润的实质性程序

①获取或编制利润分配明细表,复核加计是否正确,与报表数、总账数及明细账合计数核对是否相符。

②将未分配利润年初数与上年审定数核对是否相符,检查涉及损益的上年审计调整是否正确入账。

③获取与未分配利润有关的董事会会议纪要、股东(大)会决议、政府部门批文及有关合同、协议、公司章程等文件资料,并更新永久性档案。

④检查董事会会议纪要、股东(大)会决议、利润分配方案等资料,对照有关规定确认利润分配的合法性。

⑤检查未分配利润变动的相关凭证,结合所获取的文件资料,确定其会计处理是否正确。

⑥了解本年利润弥补以前年度亏损的情况,确定本期末未弥补亏损金额。如果已超

过弥补期限,且已因为弥补亏损而确认递延所得税资产的,应当进行调整。

⑦检查本期未分配利润变动除净利润转入以外的全部相关凭证,结合所获取的文件资料,确定其会计处理是否正确。

⑧结合以前年度损益科目的审计,检查以前年度损益调整的内容是否真实、合理,注意对以前年度所得税的影响。对重大调整事项应逐项核实其发生原因、依据和有关资料,复核数据的正确性。

⑨检查未分配利润是否已按照《企业会计准则》的规定在财务报表中做出恰当列报;检查对资产负债表日后至财务报告批准报出日之间由董事会或类似机构所制订利润分配方案中拟分配的股利,是否在财务报表附注中单独披露。

【例13-2】 审计人员 M 审计 F 公司的股本,截至 2011 年 12 月 31 日,F 公司的股本为 20 000 万股,每股面值 1 元,资本公积 3 000 万元(均可用于增资),盈余公积 6 500 万元,未分配利润 12 000 万元。

审计当年 F 公司实收资本发生的业务有两笔:

(1)3 月 10 日,经公司股东大会同意以 10 股送 3 股的方式转增股本。

(2)11 月 25 日,公司为奖励优秀职工,购回 100 万股,回购价格为每股 15 元,转为库存股。

审计人员 M 应执行以下的审计程序:

(1)向被审计单位索取公司章程、实施细则和股东大会、董事会会议记录的副本,审查转增股本是否经过法定程序的批准。

(2)检查相关的凭证和会计记录,确认转增行为与批准的事项是否一致,金额是否正确。

(3)检查盈余公积转增后的余额是否符合法定的比例。

(4)索取被审计单位的股权激励计划,并检查是否经过适当的审批。

(5)检查相关的凭证和会计记录,是否将回购的股票转为库存股,检查回购股票的会计处理是否正确。

(6)检查回购股票的比例以及奖励给职工的时间等是否符合《中华人民共和国公司法》的规定。

(7)索取被审计单位的验资报告及工商部门变更登记备案资料。

5.应付股利的审计

(1)应付股利的审计目标

①确定资产负债表中列示的应付股利是否存在;

②确定所有应当列示的应付股利是否均已列示;

③确定资产负债表中列示的应付股利是否为被审计单位应当履行的现时义务;

④确定应付股利是否以恰当的金额列示在资产负债表中;

⑤确定应付股利在财务报表中的列报是否恰当。

(2)应付股利的实质性程序

①获取或编制应付股利明细表,复核加计是否正确,并与报表数、总账数及明细账合计数核对是否相符。

②审阅公司章程、股东会(或股东大会)和董事会会议纪要中有关股利的规定,了解股利分配标准和发放方式是否符合有关规定并经法定程序批准。

③检查应付股利的计提是否根据董事会或股东会(或股东大会)决定的利润分配方案,从税后可供分配利润中计算确定,并复核应付股利计算和会计处理的正确性。

④检查股利支付的原始凭证的内容、金额和会计处理是否正确。检查现金股利是否按公告规定的时间、金额予以发放。

⑤向主要股东函证,以确定未付股利的真实性和完整性。

⑥检查董事会或类似机构通过的利润分配方案中拟分配的现金股利或利润,是否按规定做账务处理,并已在附注中披露。

⑦检查应付股利的列报是否恰当,是否按主要投资者列示欠付的应付股利金额并说明原因。

13.4 投资审计

投资是指企业为通过分配来增加财富或谋求其他利益,而让渡资产给其他单位形成的另外一种资产。与投资相关的项目包括交易性金融资产、可供出售金融资产、持有至到期投资、长期股权投资、投资性房地产等。

13.4.1 投资的审计目标

投资的审计目标一般包括:

(1)确定资产负债表列示的投资是否存在;

(2)确定所有应当列示的投资是否均已列示;

(3)确定列示的投资是否归被审计单位拥有或控制;

(4)确定投资是否以恰当的金额列示在资产负债表中;

(5)确定投资在财务报表中是否恰当列示。

13.4.2 投资的实质性程序

1. 交易性金融资产的实质性程序

(1)获取或编制交易性金融资产明细表:

①复核加计正确,并与报表数、总账数和明细账合计数核对是否相符;

②检查非记账本位币交易性金融资产的折算汇率及折算金额是否正确;

③与被审计单位讨论,以确定划分为交易性金融资产的金融资产,是否符合《企业会计准则》的规定。

(2)就被审计单位管理层将投资确定划分为交易性金融资产的意图获取审计证据,并考虑管理层实施该意图的能力。应向管理层询问,并通过下列方式对管理层的答复予以印证:

①考虑管理层以前所述的对于划分为交易性金融资产的意图的实际实施情况;

②复核包括预算、会议纪要等在内的书面计划和其他文件记录;

③考虑管理层选择划分为交易性金融资产的理由;

④考虑管理层在既定经济环境下实施特定措施的能力。

（3）确定交易性金融资产余额正确及存在：

①获取股票、债券、基金等账户对账单，与明细账余额核对，做出记录或进行适当调整；

②被审计单位人员盘点交易性金融资产，编制交易性金融资产盘点表，审计人员实施监盘并检查交易性金融资产名称、数量、票面价值、票面利率等内容，同时与相关账户余额进行核对；如有差异，查明原因，并做出记录或进行适当调整；

③如交易性金融资产在审计工作日已售出或兑换，则追查至相关原始凭证，以确认其在资产负债表日存在；

④在外保管的交易性金融资产等应查阅有关保管的文件，必要时可向保管人函证，复核并记录函证结果。了解在外保管的交易性金融资产实质上是否为委托理财，如是，则应详细记录，分析资金的安全性和可收回性，提请被审计单位重新分类，并充分披露。

（4）确定交易性金融资产的会计记录是否完整，并确定所购入交易性金融资产是否归被审计单位所有：

①取得有关账户流水单，对照检查账面记录是否完整。检查所购入交易性金融资产是否为被审计单位所有；

②向相关机构发函，并确定是否存在变现限制，同时记录函证过程。

（5）确定交易性金融资产的计价是否正确：

①复核交易性金融资产的计价方法，检查其是否按公允价值计量，前后期是否一致；

②复核公允价值取得依据是否充分，公允价值与账面价值的差额是否记入"公允价值变动损益"科目。

（6）抽取交易性金融资产增减变动的相关凭证，检查其原始凭证是否完整合法，会计处理是否正确：

①抽取交易性金融资产增加的记账凭证，注意其原始凭证是否完整合法，检查成本、交易费用和相关利息或股利的会计处理是否符合规定；

②抽取交易性金融资产减少的记账凭证，检查其原始凭证是否完整合法，会计处理是否正确，注意出售交易性金融资产时其成本结转是否正确。

（7）检查有无变现存在重大限制的交易性金融资产，如有，则查明情况，并做适当调整。

（8）检查交易性金融资产是否已按照《企业会计准则》的规定，在财务报表中做出恰当列报。

2. 可供出售金融资产的实质性程序

（1）获取或编制可供出售金融资产明细表：

①复核加计是否正确，并与总账数和明细账合计数核对是否相符，结合可供出售金融资产减值准备科目与报表数核对是否相符。

②与被审计单位讨论，以确定划分为可供出售金融资产的金融资产，是否符合会计准则的规定。

③与上年明细项目进行比较，确定与上年分类是否相同。

（2）根据被审计单位管理层的意图和能力，判断可供出售金融资产的分类是否正确。

(3)确定可供出售金融资产的余额是否正确并存在：

①对于没有划分为以公允价值计量且其变动计入当期损益的金融资产，获取股票、债券、基金等账户对账单，与明细账余额核对，必要时，向证券登记公司等发函询证，以确认其存在性。如有差异，查明原因，做出记录或进行适当调整。

②被审计单位的主管会计人员盘点可供出售金融资产，编制可供出售金融资产盘点表，注册会计师实施监盘并检查可供出售金融资产名称、数量、票面价值、票面利率等内容，并与相关账户余额进行核对；如有差异，查明原因，并做出记录或进行适当调整。

③如可供出售金融资产在审计工作日已售出或兑换，则追查至相关原始凭证，以确认其在审计截止日存在。

④在外保管的可供出售金融资产等应查阅有关保管的文件，必要时可向保管人函证，复核并记录函证结果。了解在外保管的可供出售金融资产是否实质上为委托理财，如是，则应详细记录，分析资金的安全性和可收回性，提请被审计单位重新分类，并充分披露。

(4)确定可供出售金融资产的会计记录是否完整，是否归被审计单位所有。

①分别自本期增加、本期减少中选择适量项目。

②追查至原始凭证，检查其是否经授权批准，确认有关可供出售金融资产的购入、售出、兑换及投资收益金额正确，记录完整，并确认所购入可供出售金融资产归被审计单位所有。

③检查可供出售金融资产处置时，确定被审计单位是否将原直接计入资本公积的公允价值变动累计额对应处置部分的金额转出，计入投资收益。

(5)确定可供出售金融资产的计价是否正确：

①复核可供出售金融资产的计价方法，检查其是否按公允价值计量，前后期是否一致，公允价值取得依据是否充分。

②与被审计单位讨论以核实实际利率的确定依据是否充分，对于非本期新增投资，应复核其实际利率是否与前期一致。

③重新计算持有期间的利息收入和投资收益。按票面利率计算确定当期应收利息，按可供出售金融资产摊余成本和实际利率计算确定当期投资收益，差额作为利息调整，并应与应收利息和投资收益中的相应数字核对是否一致。

④复核可供出售金融资产的期末价值计量是否正确，会计处理是否正确。可供出售金融资产期末公允价值变动应计入资本公积。但应关注按实际利率法计算确定的利息、减值损失，外币货币性金融资产形成的汇兑损益应确认为当期损益，并应与财务费用、资产减值损失等科目中的相应数字核对是否一致。

(6)期末对可供出售金融资产进行如下逐项检查，以确定其可供出售金融资产是否已经发生减值：

①核对可供出售金融资产减值准备本期与以前年度计提方法是否一致，如有差异，查明政策调整的原因，并确定政策变更对本期损益的影响，提请被审计单位作适当披露。

②期末，对可供出售金融资产逐项进行检查，以确定其是否已经发生减值。如果可供出售金融资产的公允价值发生较大幅度下降，或在综合考虑各种相关因素后，预期这种下降趋势属于非暂时性的，可认定该项可供出售金融资产已发生减值，应当确认减值损失，

并与被审计单位已计提数相核对,如有差异,查明原因。

③将本期减值准备计提(或转回)金额与利润表资产减值损失中的相应数字核对是否一致。

④检查可供出售金融资产减值准备是否按单项资产(或包括在具有类似信用风险特征的金融资产组)计提,计提依据是否充分,并得到适当批准。

(7)检查非货币性资产交换、债务重组的会计处理是否正确。

(8)结合银行借款等的检查,了解可供出售金融资产是否存在质押、担保的情况。如有,则应详细记录,并提请被审计单位进行充分披露。

(9)检查可供出售金融资产的列报是否恰当:

①各类可供出售金融资产期初、期末价值;

②确认为可供出售金融资产的依据;

③可供出售金融资产利得和损失的计量基础;

④可供出售金融资产减值的判定依据。

3.持有至到期投资的实质性程序

(1)获取或编制持有至到期投资明细表:

①复核加计是否正确,并与总账数和明细账合计数核对是否相符;结合持有至到期投资减值准备科目与报表数核对是否相符。

②检查非记账本位币持有至到期投资的折算汇率及折算金额是否正确。

③与被审计单位讨论,以确定划分为持有至到期投资的金融资产是否符合《企业会计准则》的规定。

④与上年度明细项目进行比较,确定是否与上年度分类相同。具有到期日固定、回收金额固定或可确定、企业有明确意图和能力持有至到期、有活跃市场特征的金融资产可划分为持有至到期投资的金融资产。

(2)就被审计单位管理层将投资确定划分为持有至到期投资的意图获取审计证据,并考虑管理层实施该意图的能力。应向管理层询问,并通过下列方式对管理层的答复予以印证:

①考虑管理层以前所述的对于划分为持有至到期投资的实际实施情况;

②复核包括预算、会议纪要等在内的书面计划和其他文件记录;

③考虑管理层将某项资产划分为持有至到期投资的理由;

④考虑管理层在既定经济环境下实施特定措施的能力。

(3)确定持有至到期投资的余额是否正确和持有至到期投资是否存在:

①被审计单位的主管会计人员盘点持有至到期投资,编制持有至到期投资盘点表。审计人员实施监盘并检查持有至到期投资名称、数量、票面价值、票面利率等内容,并与相关账户余额进行核对,如有差异,查明原因,做出记录或进行适当调整。

②如持有至到期投资在审计工作日已售出或兑换,则追查至相关原始凭证,以确认其在审计截止日存在。

③在外保管的持有至到期投资等应查阅有关保管的文件,必要时可向保管人函证。询证函由注册会计师直接收发,复核并记录函证结果。了解在外保管的持有至到期投资实质上是否为委托理财,如是,则应详细记录,分析资金的安全性和可收回性,提请被审计

单位重新分类,并充分披露。

④如可以向证券公司等获取对账单,应取得对账单,并与明细账余额核对,必要时,向证券公司等发函询证,以确认持有至到期投资是否存在;如有差异,查明原因,并做出记录或进行适当调整。

(4)确定持有至到期投资的会计记录是否完整,并确定所购入持有至到期投资是否归被审计单位所有:

①分别自本期增加、本期减少中选择适量项目。

②追查至原始凭证,检查其是否经授权批准,确认有关持有至到期投资的购入、售出、处置及投资收益金额是否正确,记录是否完整,并确认所购入持有至到期投资是否归被审计单位所有。

(5)确定持有至到期投资的计价是否正确:

①检查持有至到期投资初始计量是否正确;复核其计价方法,检查是否按摊余成本计量,前后期是否一致。

②与被审计单位讨论以核实实际利率的确定依据是否充分,对于非本期新增投资,应复核其实际利率是否与前期一致。

③重新计算持有期间的利息收入和投资收益。按票面利率计算确定当期应收利息,按持有至到期投资摊余成本和实际利率计算确定当期投资收益,差额作为利息调整,与应收利息(分期付息)或应计利息(到期付息)和投资收益中的相应数字核对是否一致。

(6)检查持有至到期投资与可供出售金融资产相互重分类的依据是否充分,会计处理是否正确。

(7)期末对成本计量的持有至到期投资进行如下逐项检查,以确定持有至到期投资是否已经发生减值:

①核对持有至到期投资减值准备本期与以前年度计提方法是否一致,如有差异,查明政策调整的原因,并确定政策变更对本期损益的影响,提请被审计单位作适当披露。

②期末,对持有至到期投资进行逐项检查,以确定是否已经发生减值。如确有出现导致其预计未来现金流量现值低于账面价值的情况,将预计未来现金流量现值低于账面价值的差额作为持有至到期投资减值准备予以计提,并与被审计单位已计提数相核对,如有差异,查明原因。

③将本期减值准备计提(或转回)金额与利润表资产减值损失中的相应数字核对。

④检查持有至到期投资减值准备是否按单项资产(或包括在具有类似信用风险特征的金融资产组)计提,计提依据是否充分,并得到适当批准。持有至到期投资价值得以恢复的,原确认的减值损失应予以转回,复核转回后的账面价值是否不超过假设不计提减值准备情况下该持有至到期投资在转回日的摊余成本,会计处理是否正确。

(8)检查非货币性资产交换、债务重组时取得或转出持有至到期投资的会计处理是否正确。

(9)结合银行借款等的检查,了解持有至到期投资是否存在质押、担保情况。如有,则应详细记录,并提请被审计单位进行充分披露。

(10)检查持有至到期投资的列报是否恰当:

①各类持有至到期投资期初、期末价值；

②确认为持有至到期投资的依据；

③持有至到期投资利得和损失的计量基础。

【例13-3】 审计人员 W 和一位助理人员对 S 公司 2011 年的财务报表进行审计。该公司审计截止日保管在 H 银行的保险箱内有 2010 年购买的电力债券 300 万元，并规定只有公司总经理或财务部经理可以打开保险箱。审计人员 W 与 S 公司财务经理商定在 2012 年 1 月 15 日共同对该债券进行盘点，以确定该债券在审计截止日的存在性。

审计人员应采取的审计步骤：

①取得保险箱内证券存取明细表，并与实际存放的债券进行核对。

②取得该保险箱的开启记录，确定有无非授权人员曾经开箱，并查证 2011 年 12 月 31 日到盘点日有无开箱记录。

③详细记录截止日至盘点日债券存取记录，并由 S 公司财务经理签字确认。

④实际盘点时，应让 S 公司财务经理在现场，并对确认的盘点结果共同签署盘点记录。

⑤检查截止日后的会计记录并与盘点时取得的存取记录进行核对，确认存取是否经过适当授权，并已经充分记录。

⑥根据盘点结果和经核实的存取记录，倒推至截止日，确定在截止日债券是存在的。

4. 长期股权投资的实质性程序

(1)获取或编制长期股权投资明细表，复核加计是否正确，并与总账数和明细账合计数核对是否相符；结合长期股权投资减值准备科目与报表数核对是否相符。

(2)确定长期股权投资是否存在，并归被审计单位所有；根据管理层的意图和能力，复核其分类是否正确；针对各分类，其计价方法、期末余额是否正确。

①取得被投资单位的章程、营业执照、组织机构代码证等资料。根据有关合同和文件，确认长期股权投资的股权比例和时间，检查长期股权投资核算方法是否正确。

②分析被审计单位管理层的意图和能力，检查有关原始凭证，验证长期股权投资分类的正确性(分为对子公司、联营企业、合营企业和其他企业的投资四类)，是否包括不符合金融工具确认和计量准则核算的长期股权投资。

③对于应采用权益法核算的长期股权投资，获取被投资单位已经注册会计师审计的年度财务报表，如果未经注册会计师审计，则应考虑对被投资单位的财务报表实施适当的审计或审阅程序；复核投资损益时，根据重要性原则，应以取得投资时被投资单位各项可辨认资产的公允价值为基础，对被投资单位的净损益进行调整后加以确认。被投资单位采用的会计政策及会计期间与被审计单位不一致的，应当按照被审计单位的会计政策及会计期间对被投资单位的财务报表进行调整，据以确认投资损益，并做出详细记录；将重新计算的投资损益与被审计单位计算的投资损益相核对，如有重大差异，查明原因，并作适当调整；关注被审计单位在其被投资单位发生净亏损或以后期间实现盈利时的会计处理是否正确；检查除净损益以外，被投资单位所有者权益的其他变动是否调整计入所有者权益。

④采用成本法核算的长期股权投资，检查股利分配的原始凭证及分配决议等资料，确定会计处理是否正确；对被审计单位实施控制而采用成本法核算的长期股权投资，比照权

益法编制变动明细表,以备编制合并报表使用。

⑤对于成本法和权益法相互转换的,检查其投资成本的确定是否正确。

(3)确定长期股权投资增减变动的记录是否完整:

①检查本期增加的长期股权投资,追查至原始凭证及相关的文件或决议及被投资单位验资报告或财务资料等,确认长期股权投资是否符合投资合同、协议的规定,会计处理是否正确(根据企业合并形成、企业合并以外其他方式取得的长期股权投资分别确定初始投资成本)。

②检查本期减少的长期股权投资,追查至原始凭证,确认长期股权投资的处理有合理的理由及授权批准手续,会计处理是否正确。

(4)期末对长期股权投资进行逐项检查,以确定长期股权投资是否已经发生减值:

①核对长期股权投资减值准备本期与以前年度计提方法是否一致,如有差异,查明政策变更的原因,并确定政策变更对本期损益的影响,提请被审计单位作适当披露。

②对长期股权投资进行逐项检查,根据被投资单位经营政策、法律环境、市场需求、行业及盈利能力等的各种变化判断长期股权投资是否存在减值迹象。当长期股权投资可收回金额低于账面价值时,应将可收回金额低于账面价值的差额作为长期股权投资减值准备予以计提,并应与被审计单位已计提数相核对,如有差异,查明原因。

③将本期减值准备计提金额与利润表资产减值损失中的相应数字进行核对。

④检查长期股权投资减值准备是否按单项资产计提,计提依据是否充分,是否得到适当批准。

(5)检查通过发行权益性证券、投资者投入、企业合并等方式取得的长期股权投资的会计处理是否正确。

(6)对于长期股权投资分类发生变化的,检查其核算是否正确。

(7)结合银行借款等的检查,了解长期股权投资是否存在质押、担保情况。如有,则应详细记录,并提请被审计单位进行充分披露。

(8)与被审计单位人员讨论,确定是否存在被投资单位由于所在国家和地区及其他方面的影响,其向被审计单位转移资金的能力受到限制的情况。如存在,应详细记录受限情况,并提请被审计单位充分披露。

(9)检查长期股权投资的列报是否恰当:

①子公司、合营企业和联营企业清单,包括企业名称、注册地、业务性质、投资企业的持股比例和表决权比例;

②合营企业和联营企业当期的主要财务信息,包括资产、负债、收入、费用等的合计金额;

③被投资单位向投资企业转移资金的能力受到严格限制的情况;

④当期及累计未确认的投资损失金额;

⑤与对子公司、合营企业及联营企业投资相关的或有负债。

5.应收利息的实质性程序

(1)获取或编制应收利息明细表:

①复核加计是否正确,并与总账数和明细账合计数核对是否相符;结合坏账准备科目

与报表数核对是否相符;

②检查非记账本位币应收利息的折算汇率及折算金额是否正确;

③关注到期一次还本付息债券投资的应收利息是否包含在应收利息明细表中,如有,则调整至持有至到期投资科目。

(2)检查应收利息增减变动:

①与金融资产(如交易性金融资产、持有至到期投资、可供出售金融资产等)的相关审计结合,验证确定应收利息的计算是否充分、正确,检查其会计处理是否正确。

②对于重大的应收利息项目,审阅相关文件,复核其计算的准确性。必要时,向有关单位函证并记录。

③检查应收利息的减少有无异常。

(3)检查期后收款情况:

①对至审计时已收回金额较大的款项进行常规检查,如核对收款凭证、银行对账单、发票等。

②关注长期未收回及金额较大的应收利息,询问被审计单位管理人员及相关职员,确定应收利息的可收回性。必要时,向被投资单位函证利息支付情况,复核并记录函证结果。

(4)检查应收利息的坏账准备是否正确。

(5)对标明针对关联方的应收利息,执行关联方及交易审计程序。

(6)检查应收利息是否已按照《企业会计准则》的规定,在财务报表中做出恰当列报。

6.应收股利的实质性程序

(1)获取或编制应收股利明细表:

①复核加计是否正确,并与总账数和明细账合计数核对是否相符;结合坏账准备科目与报表数核对是否相符;

②检查非记账本位币应收股利的折算汇率及折算金额是否正确。

(2)检查应收股利增减变动:

①与投资(如长期股权投资、交易性金融资产、可供出售金融资产等)的相关审计结合,验证确定应收股利的计算是否充分、正确,检查其会计处理是否正确;

②对于重大的应收股利项目,审阅相关文件,测试其计算的准确性。必要时,向被投资单位函证并记录;

③检查应收股利的减少有无异常。

(3)检查期后收款情况:

①对至审计时已收回金额较大的款项进行常规检查,如核对收款凭证、银行对账单、股利分配方案等;

②关注长期未收回且金额较大的应收股利,询问被审计单位管理人员及相关职员或者查询被投资单位的情况,确定应收股利的可收回性。必要时,向被投资单位函证股利支付情况,复核并记录函证结果。

(4)检查应收股利的坏账准备是否正确。

(5)结合投资审计,确定境外投资应收股利的汇回是否不存在重大限制,如果存在,应充分披露。

(6)检查应收股利是否已按照《企业会计准则》的规定,在财务报表中做出恰当列报。

13.4.3 投资收益的审计

1. 投资收益的审计目标

(1)确定利润表中列示的投资收益是否真实,且与被审计单位有关;

(2)确定所有应当列示的投资收益是否均已列示;

(3)确定与投资收益有关的金额及其他数据是否恰当记录;

(4)确定投资收益是否反映于正确的会计期间;

(5)确定投资收益是否记录于恰当的账户;

(6)确定投资收益在财务报表中的列报是否恰当。

2. 投资收益的实质性程序

(1)获取或编制投资收益明细表:

①复核加计是否正确,并与报表数、总账数和明细账合计数核对是否相符;

②检查非记账本位币投资收益的折算汇率及折算金额是否正确。

(2)确定投资收益的金额是否准确:

①与交易性金融资产、可供出售金融资产、持有至到期投资、长期股权投资、交易性金融负债等相关审计结合,验证确认为投资收益的记录是否充分、准确;

②对于重大的投资收益项目,审阅相关文件,复核其计算的准确性,并确定其应为投资收益。

(3)结合投资和银行存款等的审计,确定投资收益被计入正确的会计期间。

(4)检查投资协议等文件,确定国外的投资收益汇回是否存在重大限制,若存在重大限制,应说明原因,并做出恰当披露。

(5)检查投资收益是否已按照《企业会计准则》的规定,在财务报表中做出恰当列报。

13.4.4 交易性金融负债的审计

1. 交易性金融负债的审计目标

(1)确定资产负债表中列示的交易性金融负债是否存在;

(2)确定所有应当列示的交易性金融负债是否均已列示;

(3)确定列示的交易性金融负债是否为被审计单位的现时义务;

(4)确定交易性金融负债是否以恰当的金额列示在财务报表中;

(5)确定交易性金融负债在财务报表中的列报是否恰当。

2. 交易性金融负债的实质性程序

(1)获取或编制交易性金融负债明细表:

①复核加计是否正确,并与报表数、总账数和明细账合计数核对是否相符。

②检查金融负债的分类是否正确,依据是否充分。检查交易性金融负债核算是否包括交易性金融负债、被审计单位持有的直接指定为以公允价值计量且其变动计入当期损益的金融负债;交易性金融负债是否符合以公允价值计量且其变动计入当期损益的金融负债的确认条件;对直接指定为以公允价值计量且其变动计入当期损益的金融负债,应关注其指定条件是否符合规定。

(2)根据相关交易资料,检查交易性金融负债的真实性和完整性。

(3)检查交易性金融负债的初始确认是否正确。检查被审计单位承担的交易性金融负债初始确认是否按照公允价值计量,相关交易费用是否直接计入当期损益。

(4)检查交易性金融负债在资产负债表日的计量是否正确:

①检查资产负债表日,交易性金融负债是否按票面利率计算利息(限于分期付息的交易性金融负债),检查其会计处理是否正确;

②检查交易性金融负债在资产负债表日的公允价值的确定是否合理,取得有关交易性金融负债的收盘价,并与之核对;

③检查资产负债表日是否按公允价值对交易性金融负债进行计量,公允价值变动形成的利得或损失是否计入当期损益。特别关注是否存在利用公允价值调节利润的情况。

(5)检查处置交易性金融负债的原始凭证,核实其内容、金额和会计处理是否正确。

(6)对交易性金融负债进行函证。

(7)检查交易性金融负债是否已按照《企业会计准则》的规定,在财务报表中做出恰当的列报。

复习思考题

一、单项选择题

1.为确定"长期借款"账户余额的真实性,注册会计师应函证的对象是( )。

A.公司的律师 B.金融监管机关

C.银行或其他有关债权人 D.公司的主要股东

2.当发现记录的债券利息费用大大超过相应的应付债券账户余额与票面利息乘积时,注册会计师应当怀疑下列四项中的( )。

A.应付债券的折价被低估 B.应付债券被高估

C.应付债券被低估 D.应付债券的溢价被高估

3.下列关于投资与筹资循环的观点不正确的是( )。

A.该循环的总目标是评价该循环各项目余额是否公允表达

B.该循环的交易数量较多,但每笔交易的金额通常较小

C.该循环中,漏记或不恰当地对一笔业务进行会计处理,将会导致重大错误,从而对企业财务报表的公允反映产生较大的影响

D.该循环的交易必须遵守国家法律、法规和相关契约的规定

4.筹资活动的凭证和会计记录不包括( )。

A.股票 B.债券 C.债券契约 D.经纪人通知书

5."投资业务经过授权审批"是为了实现投资活动内部控制目标中的( )的关键内部控制程序。

A.存在或发生 B.表达与披露 C.权利与义务 D.计价或分摊

二、多项选择题

1.投资的内部控制测试一般包括( )。

A.了解投资内部控制 B.评价投资内部控制

C.获取或编制有关明细表 D.审阅内部盘点报告

2.所有者权益的审计目标主要包括(　　)。

A.确定被审计单位有关所有者权益内部控制制度是否存在、有效且一贯遵守

B.确定投入资本、资本公积的形成、增减及其他有关经济业务会计记录的合法性、真实性

C.确定盈余公积和未分配利润的形成和增减变动的合法性与真实性

D.确保所有者权益项目的金额正确

三、判断题

1.若被审计单位长期投资超过其净资产的50%,注册会计师应提请被审计单位采用权益法核算长期投资。　　　　　　　　　　　　　　　　　　　　　　　　　(　　)

2.注册会计师审查公开发行股票公司已发行的股票数量是否真实、是否已收到股款时,应向主要股东函证。　　　　　　　　　　　　　　　　　　　　　　　　　(　　)

3.在检查投资是否均为被审计单位所有时,内部审计人员或其他参与投资业务的人员应定期对证券投资资产进行盘点。　　　　　　　　　　　　　　　　　　　　(　　)

4.注册会计师对负债项目的审计,主要是防止企业高估债务。　　　　　　　(　　)

5.长期借款的实质性程序同短期借款的实质性程序较为相似。　　　　　　　(　　)

6.由于所有者权益具有增减变动的业务较少、金额大的特点,注册会计师在审计了企业的资产和负债后,往往不必再对所有者权益进行单独审计。　　　　　　　　　(　　)

7.在任何情况下,短期投资都应以企业为取得短期投资时实际支付的全部价款作为入账价值。　　　　　　　　　　　　　　　　　　　　　　　　　　　　　　　(　　)

8.注册会计师在证实投资证券的真实存在性时,应实地盘点投资资产,并函证资产负债表日被托管的有价证券。　　　　　　　　　　　　　　　　　　　　　　　　(　　)

应用技能训练题

1.审计人员除验证所有已入账的长期负债外,还应采取什么样的审计程序,以确定被审计单位有无未入账的长期债务?

2.A公司发行为期3年的公司债券,债券契约中规定,凡违反契约内任何条款,所有公司债券立即自动到期。契约包括的条款如下:

(1)A公司应保持不低于1.8∶1的流动比率。如果低于该比率,下一会计年度中,公司高管人员的工资不高于1 800 000元。

(2)A公司为发行债券提供的担保物的价值不低于期末应付债券本息的1.5倍,如低于该比例,则应补充提供担保物。

审计人员对于上述事项应执行哪些审计程序?

3.助理人员E接受委托审计S公司的实收资本,本年度S公司的实收资本相关业务有两笔:

(1)股东H公司向L公司转让其持有的S公司的全部股权。

(2)接受D公司以每股1.5元的价格增资100万股。

助理人员应当执行哪些审计程序?

第 **14** 章

审计专题

【知识目标】

在审计实务中,存在许多新的审计方法和审计类型,不同的审计方法,会对实务进行不同的指导,不同审计类型的审计其侧重点也不同。本章主要对目前审计实务中常用的风险导向审计、经济责任审计、验资、基建工程审计、内部控制评审做简要介绍,有利于初学者在学习理论的基础上着手相应的实务。

通过本章学习,学生应掌握风险导向审计、经济责任审计、验资、基建工程审计、内部控制评审等的概念及其审计内容、审计程序、审计方法。

【应用能力目标】

了解风险导向审计、经济责任审计、验资、基建工程审计、内部控制评审等的基本内容和程序。

14.1　风险导向审计

14.1.1　风险导向审计概述

风险导向审计,是在账项导向审计和制度基础审计上发展起来的一种审计模式,是审计人员在对被审计单位的内部控制充分了解和评价的基础上,分析、判断被审计单位的风险及其程度,把审计资源集中于高风险的审计领域,针对不同的风险因素状况、程度而采取相应的审计策略,加强对高风险点的实质性程序测试,将审计的剩余风险降至最低水平。

审计人员对被审计单位的某种认定,通过调查了解、搜集证据,从各个角度逐步地验证,以合理地保证该项认定是否正确,并形成审计意见。风险导向审计方法有助于重要性水平的合理确定。重要性与审计风险之间的关系要求审计人员在确定重要性水平时,要考虑评估的审计风险以确保审计质量,也要考虑期望的或可接受的审计风险以提高审计效率。风险导向审计十分注重在保证质量的前提下提高效率。目前,风险导向审计在我国民间审计机构的财务报表审计中已得到应用。

14.1.2　传统风险导向审计

1.传统风险导向审计模式

20世纪70年代的"诉讼爆炸",使得审计职业界开始着重研究审计风险问题。美国注册会计师协会下设的审计准则委员会,于1981年6月发布的第39号审计准则公告《审计抽样》认为,审计风险由固有风险、控制风险、分析性复核风险和细节测试风险四个要素组成。1983年12月发布的第47号审计准则公告《审计业务中的审计风险和重要性》,将审计风险概括为固有风险、控制风险和检查风险三要素的乘积,即审计风险=固有风险×控制风险×检查风险。一般认为,此时审计模式已经逐渐摆脱制度基础审计模式,开始进入风险导向审计模式,即根据对审计风险的评估,来确定审计程序的性质、时间和范围。

我国审计准则《独立审计具体准则第9号——内部控制与审计风险》也接受这一模型作为审计风险的基本模型。在该审计准则中,审计风险是指财务报表存在重大错报而注册会计师发表不恰当意见的可能性。它包括固有风险、控制风险和检查风险。所谓固有风险是指假定不存在相关内部控制时,某一账户或交易类别单独或连同其他账户、交易类别产生重大错报或漏报的可能性。所谓控制风险是指某一账户或交易类别单独或连同其他账户、交易类别产生错报或漏报,而未能被内部控制防止、发现或纠正的可能性。所谓检查风险是指某一账户或交易类别单独或连同其他账户、交易类别产生重大错报或漏报,而未能被实质性程序发现的可能性。审计风险是由会计师事务所风险管理策略所决定的,谨慎从事业务的会计师事务所往往将其确定为低水平,固有风险和控制风险与企业有关,注册会计师通过了解被审计单位和控制测试,来确定固有风险与控制风险,利用风险模型推导出检查风险,由此设计和实施实质性程序。

2.传统风险导向审计的特点

传统风险导向审计的优点是明确了审计风险的构成要素,使抽样审计更具科学性。但其缺点更为突出:

(1)固有风险主观性强、评估困难,风险导向审计方法往往不能真正贯彻下去,从而退回至制度基础审计模式。由于固有风险评估的主观性较强,因此原《中国注册会计师独立审计准则》规定,在编制具体审计计划时,审计人员应当考虑固有风险的评估对各重要账户或交易类别的认定所产生的影响,或者直接假定这种认定的固有风险为高水平,基本上不评估或对较少部分评估。

原《中国注册会计师独立审计准则》规定,评估固有风险应当考虑的事项有:管理人员的品行和能力;管理人员特别是财会人员的变动情况;管理人员遭受的异常压力;业务性质;影响被审计单位所在行业的环境因素;容易产生错报的财务报表项目;需要利用专家工作结果予以佐证的重要交易和事项的复杂程度;确定账户金额时,需要运用估计和判断的程度;容易受损失或被挪用的资产;会计期间内,尤其是临近会计期末发生的异常复杂交易;在正常的会计处理程序中容易被漏记的交易和事项。由于内部控制具有固有的局限性(如内部控制中由于串通或管理层凌驾于内部控制之上导致内部控制失效),所以审计风险增大,于是直接将固有风险评为高水平,这样可接受的检查风险相对降低,这意味着在实质性程序阶段要分配更多的审计资源到可能并非重要的环节上,从而造成审计资源的浪费。

(2)忽视对内部控制的测试。原《中国注册会计师独立审计准则》规定:①被审计单位内部控制不存在或运行失效;②注册会计师难以对内部控制的有效性做出评估;③控制测试的工作量可能大于进行控制测试所减少的实质性程序的工作量,注册会计师应当将重要账户或交易类别的部分或全部认定的控制风险评估为高水平,或者,审计人员可不进行符合性测试,而直接实施实质性程序。

这种理念主要是以能否减少实质性程序的工作量为出发点,不是一种风险导向的理念,如果不对内部控制进行测试,就不能合理把握被审计单位自身风险的防范程度有多大,审计起点又退至直接对账户余额的测试,实施的实质性程序缺乏针对性,失去了一次发现内部控制中重大错报风险的机会,如果再考虑审计实务中的实际情况,大部分会计师事务所都会倾向于减少实质性程序的工作量,审计资源安排没有可靠依据,盲目减少审计工作量,会计师事务所很难对审计风险做出有效控制。

(3)该风险导向审计模型不能用于财务报表整体审计,无法满足对财务报表整体审计风险的把握和控制。虽然该风险导向审计模型要求在评估固有风险时,应当从财务报表层次和账户余额层次两个方面加以考虑,但在评估控制风险时却并不涉及财务报表层次,这样,该风险导向审计模型实际上可以作为对每一账户余额或交易类别所涉及的认定进行风险导向审计的理论基础,而不能作为对整个企业进行风险导向审计的理论基础。这很容易让审计人员陷入对风险的一种零乱的认识之中,缺少整体上对风险的把握和控制,导致审计的效率和效果都受到影响。

(4)审计手法是"以证实为主",无法将应有的职业怀疑观念落到实处。从制度基础审计到传统风险导向审计,审计手法一直都是"以证实为主",奉行的是"无反证假设"和"无错推定",只不过要求审计人员在实施证实审计的过程中,去关注可能导致财务报表严重失实的错误与舞弊,其不足之处在于不利于缩小审计期望差距,"应有的职业怀疑"在这种模式下难以落到实处,很容易成为一句空话。

14.1.3　现代风险导向审计

1.现代风险导向审计模式

2000 年以来,很多国家都出现了多起重大财务舞弊案,社会公众纷纷质疑原有审计方法的有效性,针对这种情况,国际领先的会计师事务所率先开展了对现代风险导向审计模式的探索。而现代风险导向审计模式最终确立则以国际会计师联合会(简称 IFAC)下属的国际审计与鉴证准则理事会(简称 IAASB)于 2003 年 10 月发布的一系列审计风险准则为标志。它包括 ISA200(修订)《财务报表审计的目标和一般原则》、ISA915《了解被审计单位及其环境并评估重大错报的风险》、ISA330《审计师针对风险评估水平应采取的程序》和 ISA500(修订)《审计证据》,这些准则已从 2004 年 12 月 15 日之后正式施行。新修订的审计准则将审计风险模型修改为

$$审计风险＝重大错报风险×检查风险$$

由于新准则按照战略管理理论和系统论,将由企业的整体经营风险、战略经营风险等带来的重大错报风险作为审计风险的一个重要构成因素进行评估,是评估审计风险观念范围的扩大与延伸,是传统风险导向审计的继承和发展,因而该审计方法被称为现代风险导向审计。

现代风险导向审计模型,并不是将固有风险和控制风险简单地合并为重大错报风险,而是做了重大改进,即注册会计师应当通过计划和实施审计工作,以财务报表重大错报风

险为导向,围绕评估的重大错报风险来设计和执行审计程序,获取充分、适当的审计证据,将审计风险降到可接受的低水平,并把这一思想贯穿于整个审计过程。它克服了传统模式的不足,着重强调注册会计师在充分了解被审计单位及其环境(包括所处的行业,法律和监管环境,企业的性质、目标、战略和经营风险以及内部控制等)的基础上,从财务报表整体和认定两个层次上评估重大错报风险,然后针对评估的重大错报风险设计进一步审计程序,通过控制检查风险,最终将剩余风险控制在预期的可接受的审计风险水平之下。

重大错报风险评估,是通过"了解被审计单位及其环境并评估重大错报风险"来实现的,这一思想将风险评估的范围拓展了,要求将被审计单位的各种风险包括控制风险、账户与交易层次风险及其他风险、行业风险、舞弊风险等都考虑进去。例如,与传统风险导向审计相比,现代风险导向审计的新准则要求审计人员将主要精力转移到关注和控制管理当局舞弊风险,对管理当局实行"有错推定",实施"以侦察性为先导,以证实性为补充"的审计战略,使"应有的职业怀疑"不再是一句空话。

我国吸收了国际审计准则的最新成果,并于2006年9月15日出台识别、评估和应对重大错报风险的审计准则,即审计风险准则。审计风险准则包括《中国注册会计师审计准则第1101号——财务报表审计的目标和一般原则》、《中国注册会计师审计准则第1301号——审计证据》、《中国注册会计师审计准则第1211号——通过了解被审计单位及其环境识别和评估重大错报风险》和《中国注册会计师审计准则第1231号——针对评估的重大错报风险实施的程序》。

《中国注册会计师审计准则第1101号——财务报表审计的目标和一般原则》确立了新的审计风险模型,与国际审计准则一致,即审计风险=重大错报风险×检查风险。其中,重大错报风险是指财务报表在审计前存在重大错报的可能性。

2.现代风险导向审计的基本流程

在现代风险导向审计模式中,重大错报风险是企业的风险,不受审计人员的控制。审计人员只能通过了解被审计单位及其环境,并实施风险评估程序来评估重大错报风险,最后根据评估的结果确定应对措施。按照新审计风险模型,审计人员应该分三个阶段来执行审计工作:

(1)了解被审计单位及其环境,执行风险评估程序。目的是评估财务报表整体层次和认定层次的重大错报风险,审计人员可从行业状况、法律环境与监管环境以及其他外部因素等六个方面了解被审计单位及其环境。

(2)识别和评估重大错报风险。审计人员应当在了解被审计单位及其环境的基础上,识别和评估财务报表整体层次和认定层次的重大错报风险。作为风险评估的一部分,审计人员应当运用职业判断,确定识别的风险哪些是需要特别考虑的重大错报风险,例如舞弊导致的重大错报属于需要审计人员特别考虑的重大错报风险的范畴。审计人员还应当遵循与特别风险相关的审计程序(如应当假定被审计单位在收入确认方面存在舞弊风险,并考虑哪些收入类别以及哪些与收入有关的交易或认定可能导致舞弊风险),针对这类风险,审计人员应当评价被审计单位相关控制的设计情况,并确定这些控制是否已经得到执行。

(3)应对重大错报风险。即针对评估的财务报表整体层次的重大错报风险采取总体应对措施。审计业务流程要求审计人员在整个审计过程中都要关注财务报表的重大错报风险,并将风险评估作为整个审计工作的前提和基础,据此有针对性地采取措施,合理保证财务报表不存在重大错报。评估重大错报风险的失误,将导致整个审计工作的失败。

14.2　经济责任审计

14.2.1　经济责任审计的含义

1.经济责任审计的定义

经济责任审计,是审计机关(审计机构)通过对党政领导干部或国有企业及国有控股企业领导人员,及其所在地区、部门、单位财政财务收支以及相关经济活动的审计,用来监督、评价和鉴证党政领导干部或企业领导人员经济责任履行情况的行为。经济责任审计的审计主体可以是国家审计机关、民间审计组织,也可以是单位内部审计部门。

2.经济责任审计依据

目前我国开展经济责任审计,主要是依据中央办公厅、国务院办公厅1999年制定的《县级以下党政领导干部任期经济责任审计暂行规定》和《国有企业及国有控股企业领导人员任期经济责任审计暂行规定》进行的。2008年审计署等部门在经济责任审计实践工作的基础上,起草了《经济责任审计条例(送审稿)》,在充分听取有关部门、地方人民政府和专家学者意见的基础上,国务院法制办公室会同审计署等部门对送审稿进行了研究修改,形成了征求意见稿。根据我国的实际情况,将逐步把科级、县级、地厅"三级"领导干部的经济责任审计制度化,加快推进对省部级领导干部的经济责任审计。

3.经济责任审计的种类

按照审计时间的不同,可以将经济责任审计分为事前经济责任审计、事中经济责任审计和事后经济责任审计。

事前经济责任审计,是指在经济责任关系确立之前,对经济责任关系主体的资产、负债、损益的真实、合法、效益情况进行审计,以保证经济责任关系各方合法、合理、正确地确定有关方案和合同,以保证经济责任的合理性、有效性,维护有关经济责任关系各方的合法权益。

事中经济责任审计,一般指在经济责任人任职期间对其进行的审计。在经济责任的履行过程中,审计机构可以根据需要对领导干部,或经济责任人经济责任的履行情况进行审查和评价,以检查财务收支、企业的生产经营活动是否存在差错或舞弊行为,督促责任人正确履行经济责任,以便及时发现问题,防患于未然,保障国有资产的安全、完整和保值、增值。事中经济责任审计包括例行的年度审计和不定期的临时性审计。

事后经济责任审计,是指在终止经济责任关系或者领导干部调离所在部门、单位后,对其履行经济责任情况进行的审计。

4.经济责任审计的特点

(1)经济责任审计是审计监督与干部监督管理的结合

经济责任审计既是审计部门的法定职能,又是干部监督管理的重要环节和组成部分。

经济责任审计的结果是干部监督管理部门选拔、任用、奖惩干部的重要参考依据,在干部监督管理工作中发挥着重要作用,这是经济责任审计有别于其他审计工作的重要特征之一。

(2)经济责任审计的基础是财政财务收支审计

经济责任审计在审计对象、审计目标、审计重点、审计评价的方法等方面都与财政财务收支审计有着显著的不同。但财政财务收支审计是经济责任审计的基础,经济责任审计要在财政财务收支审计的基础上进行。

(3)经济责任审计由审计部门与纪检监察、组织、人事等部门共同组织

经济责任审计首先要由干部管理部门提出审计意见,经党委、行政同意后,再由干部管理部门书面委托审计部门进行。审计机构接受干部管理部门的委托后负责具体实施。在具体审计过程中,干部管理部门有义务协助和支持审计部门完成审计工作,审计部门应将经济责任审计结果抄报有关部门,作为监督管理被审计领导干部的参考依据。同时,如果需要追究被审计领导干部的责任,应由纪检、监察、组织、人事部门做出必要的处理。

(4)审计评价和责任追究侧重于领导干部本人

经济责任审计,对违反财经纪律和财务制度的经济活动进行处理处罚,在纠正单位错误的同时,更侧重于对领导干部经济责任履行情况的监督、评价和责任的追究。

14.2.2　经济责任审计的程序和内容

1.审计委托

组织部门根据确定的经济责任审计计划,以书面的形式委托审计机构实施经济责任审计。审计机构对领导干部进行的经济责任审计,应当按照干部管理部门的委托进行,没有受委托的无权进行审计。经济责任审计委托书的内容主要包括以下内容:委托审计的领导干部姓名及简要情况;被审计领导干部所在单位的名称及简要情况;审计期间;审计范围;审计重点或应当关注的有关事项;审计时限;其他有关事项。

2.经济责任审计的程序

按照经济责任审计的相关规定,对领导干部实施经济责任审计,主要是通过审查领导干部任期内所在单位的财政财务收支的真实、合法、效益来监督、评价和鉴证领导干部经济责任的履行情况。经济责任审计与一般审计一样,都要经过审计准备、审计实施和审计报告三个阶段,经济责任审计的主要程序为:

(1)审计准备阶段

①组织部下达书面委托书。

②组成审计组,认真做好审前调查工作,了解被审计领导干部所在单位的基本情况和与被审计的领导干部履行经济职责有关的情况,听取纪检、监察、组织、人事等有关部门的意见,收集相关材料。纪检、监察、组织、人事等有关部门应及时将了解和掌握的有关被审计的领导干部的相关情况告知审计组。

③审计组在审前调查的基础上制订切实可行的审计方案。审计方案应明确审计目标、审计范围、审计重点、审计要求、审计方式、延伸审计单位、其他审计事项等。

④在实施审计三日前,向被审计的领导干部所在部门送达审计通知书,同时抄报组织部和抄送被审计的领导干部本人。

⑤被审计的领导干部本人在审计通知书送达之日起 5 个工作日内,向审计组送交自己负有直接责任和主管责任的述职报告。被审计人所在部门按照审计处的要求,及时、如实地向审计组提供与任期经济责任审计相关的资料,被审计单位领导和财务主管人员对所提供资料的真实性、完整性做出书面承诺。

(2)审计实施阶段

①审计组召开经济责任审计进点会、经济责任审计座谈会,了解被审计人经济责任履行等情况,并进行审计公告。

②实施审计,对被审计单位提供的会计账簿、凭证、报表、规章制度等进行审计查证,对被审计人提交的述职报告和其他有关资料进行核实。

(3)审计报告阶段

①审计组实施审计后,提交审计报告,并依据有关审计法规对审计中发现的问题提出处理意见,征求被审计单位及被审计领导干部本人的意见。

②审计报告下发执行。

3. 做好经济责任审计的关键步骤

做好经济责任审计关键在于开好"两会"、做好公示。

(1)召开经济责任审计进点会

经济责任审计进点会,是审计组实施经济责任审计时召开的通报和了解有关情况的会议,参加的人员包括审计人员、组织部门人员、被审计的新老领导班子成员、审计事项有关的下属单位负责人和财务人员。主要由组织部门宣读审计委托通知书,审计组提出经济责任审计工作的工作要求;被审计人对经济责任的履行情况进行述职,并向审计组提交述职报告。

述职报告的内容一般包括:被审计人及所在单位领导干部经济管理职责范围和分工;财政财务收支和与目标责任制有关的各项经济指标完成情况;重大经济决策及相关项目情况;国有资产的安全、完整、保值、增值情况;单位内部控制制度的建立、健全及其执行情况;遵守国家财经法规和领导干部廉政规定的情况;本人认为在经济责任方面存在的问题及建议;需要说明的其他情况。

(2)召开经济责任审计座谈会

经济责任审计在审计过程中应召开由审计组成员、组织部门人员、被审计单位党政领导班子成员、办公室主任、工会人员、财务人员、职工代表等各方人员参加的经济责任审计座谈会,审计座谈会至少一次,也可以分不同人员组织进行,有利于审计人员从日常工作的不同侧面了解被审计人经济责任履行情况、经济决策的民主性、廉洁自律及其他与经济责任审计有关的情况。

(3)进行审计公示

审计公示是在进点会后告知被审计单位全体人员审计工作开始的文书,方便审计组与被审计单位职工的信息交流。

4. 经济责任审计的主要内容

经济责任审计内容较财务收支审计有较大不同,是将单位的经济活动按被审计人的任期来确定审计期间,按管理权限来确定审计的深度。

经济责任审计的内容一般包括:是否依法履行经济管理职责,经济责任目标是否完成;经济决策是否按规定的程序进行,效益如何,有无重大失误;各项管理制度和内部控制制度是否健全、有效;是否存在乱收费情况;有无账外账,私设"小金库"问题;债权、债务是否清楚,有无纠纷和遗留问题;国有资产是否安全、完整、保值、增值;本单位和本人是否遵守财经法规和财务制度,有无违纪违规问题。

被审计人管理内容不同,经济责任审计内容也会各有侧重:财务管理部门主要负责人可能会更关注资金管理是否符合规定,筹资、融资、投资活动是否按规定办理;经营管理部门主要负责人可能会更关注各项合同、协议的执行情况,有无损害公司权益的问题;基本建设管理部门主要负责人可能会更关注工程设计、招标、对外签订承包合同及基建材料物资采购合同等是否符合规定程序,手续是否完备、合法,合同协议的执行情况如何,基建项目是否纳入计划管理,是否按批准的基建项目计划和基建投资计划组织开展基本建设工作,有无计划外工程项目和超计划工程项目,有无擅自改变原批准建设项目或者扩大建筑面积、提高建设标准等问题;中学、小学校长经济责任审计可能会更关注是否按规定实行收费公示制度,是否按规定收费,有无乱收费的现象等;企业负责人更注重企业整体经营业绩等。

14.2.3 经济责任审计报告

1.审计报告内容

经济责任审计结束后,审计部门要按照要求向委托单位报送经济责任审计报告。经济责任审计报告应当包含以下内容:

(1)审计依据;

(2)被审计领导干部所在单位基本情况及被审计领导干部职责履行情况;

(3)被审计领导干部所在单位的会计责任(被审计领导干部所在单位应对其提供的与审计相关的会计资料、其他证明材料的真实性和完整性负责);

(4)实施审计的基本情况,一般包括审计范围、审计方式和审计实施的起止时间。审计范围应说明审计所涉及的被审计领导干部所在单位财政收支、财务收支所属的会计期间和有关事项;

(5)审计评价,即根据不同的审计目标,以审计结果为基础,对被审计领导干部所在单位财政收支、财务收支真实、合法和效益情况及被审计领导干部履行经济责任情况发表评价意见;

(6)审计查出的被审计领导干部所在单位违反国家规定的财政收支、财务收支行为的事实和性质,处理、处罚的依据,有关移送处理的建议;

(7)对被审计领导干部所在单位提出改进财政收支、财务收支管理的意见和建议;

(8)其他需要说明的事项。

2.审计评价

(1)评价的原则

依法审计、实事求是、客观公正是审计评价的基本原则,但审计评价不是像组织部门一样从德、能、勤、绩全方位评价,而是主要评价被审计人经济责任履行情况,从实际出发,描述审计结果,避免鉴定式的抽象评价。审计评价明确、具体,并遵循以下原则:审计评价应紧紧围绕被审计领导干部的相关经济责任进行,与被审计领导干部不相关的经济责任不评价;审计评价应在审计事项范围内进行,与审计事项不相关的事项不评价;审计评价依据审计查明的事实进行,证据不充分的事项不评价;审计评价依据重要性原则进行,对一般性的问题可以不评价;审计评价既要反映被审计单位领导的问题,也要反映其相关业绩。

(2)评价的方法

①业绩比较法。业绩比较法包括纵向比较法(即上任时与离任时业绩比较法或先确定比较基期再将比较期与之对比的方法)和横向比较法(即将相关业绩与同行业一般状况进行比较的方法)。

②量化指标法。量化指标法即运用能够反映领导干部履行经济责任情况的相关经济指标,分析其完成情况来评价相关经济责任的方法。

③环境分析法。环境分析法指将领导干部履行其经济责任的行为放入相关的社会、政治、经济环境中加以分析,做出实事求是的客观评价。

④主客观因素分析法。主客观因素分析法即对具体行为或事项进行主客观分析,推究其具体的主客观成因,分析该具体行为或事项是由领导干部主观过错或主观创造力引起的,还是由于客观因素的影响,进而做出审计评价。

⑤责任区分法。责任区分法包括区分现任责任与前任责任、个人责任与集体责任、主管责任与直接责任、管理责任与领导责任等,正确区分不同责任之间的界限和不同责任人之间的界限,可使审计评价做到责任清楚、明确。

(3)被审计人应负的经济责任

领导人员的任期经济责任是指企业领导人员任职期间对其所在企业资产、负债、损益的真实性、合法性和效益性,以及有关经济活动应当负有的责任,包括主管责任和直接责任。主管责任是指领导干部在其任职期间基于其特定的职责而应当负有的除直接责任以外的领导责任和管理责任。直接责任是指领导干部对其任职期间的下列行为应当负有的责任:直接违反国家财经法规的行为;授意、指使、强令、纵容、包庇下属人员违反国家财经法规的行为;失职、渎职的行为;其他违反国家财经纪律的行为。

14.3　验　资

验资是一项鉴证业务,具有风险高、收入低、责任大且追溯时间长、验资业务范围单一、牵涉面很广的特点。验资审计主体一般是民间审计机构。

14.3.1　验资概述

1.验资定义

从验资对象及范围看,验资可以分为广义和狭义两种。狭义验资是指注册会计师依法接受委托,对被审验单位的注册资本的实收情况或注册资本及实收资本(股本)的变更情况进行审验,并出具验资报告。广义的验资是注册会计师依法接受委托,依据相关审计准则,对被审验单位所有者权益及相关的资产、负债的真实性和合法性进行的验证,包括企业设立时的设立验资、企业成立后的变更验资和年检验资。验资定义可以从以下方面来理解:

(1)验资的对象。一般来说,验资对象是被审验单位注册资本的实收或变更情况,及相关的资产、负债。我国规定,注册资本是企业投资各方认缴的在国家工商行政管理机关登记注册的资本,即企业在设立时填报的,经国家工商行政管理机关核定的资本总额,实收资本应当与注册资本一致。企业投资总额包括注册资本和借款额,将验资理解为对企业投资总额的验证是错误的。

(2)验资的范围。对于新设立的企业来说,注册资本及其实收情况就是验资的范围。对于已经进行生产经营的企业来说,验资范围则包括被审验单位注册资本的实收或变更情况及企业在经营过程中形成的资本公积、盈余公积和未分配利润等积累资本及相关的资产、负债。

(3)被审验单位。被审验单位是指在中华人民共和国境内拟设立或已设立的,依法应当接受验资的有限责任公司和股份有限公司。

(4)验资的目的。验资的目的是验证企业资本的真实性及合法性,即通过审验,查明被审验单位注册资本的实收或变更,及其相关的资产、负债是否真实、合法。

(5)验资的依据。验资应依据《中国注册会计师审计准则第1602号——验资》的规定来进行相应工作。

(6)验资的关系。验资的关系是指注册会计师与被审验单位之间的关系,是由注册会计师依法接受委托形成的。

(7)验资工作的结果。验资工作的结果就是注册会计师出具的验资报告。

2.验资的性质与作用

验资是注册会计师独立审计业务的重要领域,其性质和作用主要有两个方面:

(1)验资不仅可以验证企业资本金额的真实性及合法性,而且可以验证企业的产权关系。

(2)验资有利于维护社会经济秩序的健康发展。对新企业来说,验资是对企业经营的本钱是否真实、经营是否合法的首次把关;对正在经营的企业进行验资,有利于保护所有者的权益,防止非法经营及皮包公司的泛滥。

3.验资的责任

在验资业务中,注册会计师的责任是按照《中国注册会计师审计准则第1602号——验资》的要求,对被审验单位注册资本的实收或变更情况进行审验,出具验资报告。出资者及被审验单位的责任是按照国家相关法规、协议、合同及章程的要求出资,提供真实、合法、完整的验资资料,保护资产的安全、完整。注册会计师的责任不能替代、减轻或免除出资者及被审验单位的责任。

14.3.2 验资的种类、目的和范围

在审计实务中,根据验资的对象、范围及目标,可将验资分为设立验资、变更验资和年检验资三种。

1.设立验资

设立验资指注册会计师对被审验单位申请设立登记时的注册资本实收情况进行的审验。

设立验资的目的是为了审验被审验单位注册资本的合法、合规性;投资者的出资金额、出资方式和出资时间是否符合合同、协议、章程的规定。

设立验资的审验范围一般限于与被审验单位注册资本实收情况有关的事项,包括出资者、出资币种、出资金额、出资时间、出资方式和出资比例等。

2.变更验资

变更验资是指注册会计师对被审验单位申请变更登记时的注册资本及实收资本的变更情况进行的审验。

企业更改法人代表,或因分立、合并等原因而增减注册资本,或因企业实收资本(股本)比原注册资本增减超过一定百分比时,均应依法向工商行政管理机关申请变更登记。变更验资的主要目的是审验企业变更是否符合法定程序,资本增减是否真实,相关的会计处理是否正确。

变更验资的审验范围一般限于与被审验单位注册资本及实收资本增减变动情况有关的事项。增加注册资本及实收资本时,审验范围包括与增减相关的出资者、出资币种、出资时间、出资方式、出资比例和相关会计处理,以及增资后的出资者、出资金额和出资比例等。减少注册资本及实收资本时,审验范围包括与减资相关的减资者、减资币种、减资金额、减资时间、减资方式、债务清偿或债务担保情况、相关的会计处理及减资后的出资者、出资金额和出资比例等。

3.年检验资

年检验资是指企业依照《中华人民共和国公司登记条例》的规定进行年检时,委托注册会计师对企业的实有资本进行审验,并出具验资报告。

年检验资的主要目的是审验投入企业的资本是否保全,是否被抽回,所有者权益(股东权益)是否发生重大增减变化等。审验范围包括注册资本和所有者权益(股东权益)。

14.3.3　验资的方法和原则

1.验资的方法

《中国注册会计师审计准则第 1602 号——验资》规定,对于出资者投入的资本及相关的资产、负债,注册会计师应当分别采用下列方法进行审验:

(1)以货币出资的,应当在检查被审验单位开户银行出具的收款凭证、对账单及银行询证函的基础上,审验出资者的实际出资金额和货币出资比例是否符合规定。对于股份有限公司向社会公开募集的股本,还应当检查证券公司承销协议、募股清单和股票发行费用清单等。

(2)以实物出资的,应当观察、检查实物,审验其权属转移情况,并按照国家有关规定在资产评估的基础上审验其价值。如果被审验单位是外商投资企业,注册会计师应当按照国家有关外商投资企业的规定,审验实物出资的价值。

(3)以知识产权、土地使用权等无形资产出资的,应当审验其权属转移情况,并按照国家有关规定在资产评估的基础上审验其价值。如果被审验单位是外商投资企业,注册会计师应当按照国家有关外商投资企业的规定,审验无形资产出资的价值。

(4)以净资产折合实收资本的,或以资本公积、盈余公积、未分配利润转增注册资本及实收资本的,应当在审计的基础上按照国家有关规定审验其价值。

(5)以货币、实物、知识产权、土地使用权以外的其他财产出资的,注册会计师应当审验出资是否符合国家有关规定。

(6)外商投资企业的外方出资者以上述方式出资的,注册会计师还应当关注其是否符合国家外汇管理有关规定,向企业注册地的外汇管理部门发出外方出资情况询证函,并根据外方出资者的出资方式附送银行询证回函、资本项目外汇业务核准件及进口货物报知单等文件的复印件,以询证上述文件内容的真实性、合规性。

(7)对于出资者以实物、知识产权和土地使用权等非货币性资产作价出资的,注册会计师应当在出资者依法办理产权转移手续后予以审验。

(8)对于设立验资,如果出资者分次缴纳注册资本,注册会计师应当关注全体出资者的首次出资额和出资比例是否符合国家的相关规定。

(9)对于变更验资,注册会计师应当关注被审验单位以前的注册资本实收情况,并关注出资者是否按照规定的期限缴纳注册资本。

2. 验资的原则

注册会计师执行验资业务时,应遵守下列主要原则:

(1)独立、客观、公正原则。这些原则既是注册会计师必须遵守的职业道德,又是注册会计师在执行验资及其相关财务报表审计业务时必须共同遵守的基本原则。

独立性是注册会计师的根本特征,要求注册会计师既要独立于委托人、被审验单位,又要独立于其他外部机构和组织,在执行业务时,不受任何外界干扰。

客观性要求注册会计师在验资时,必须实事求是,讲求客观,不能有任何主观想象或臆断,不允许任何个人的好恶掺杂其中,以免影响其分析判断的客观性。

公正性是指注册会计师在验资时,应当以诚实、正直的品质,不偏不倚地对待任何一方,不应以牺牲一方的利益为代价,而使另一方获益。

(2)真实性、合法性原则。注册会计师在验资时,应对验资报告的真实性、合法性负责。真实性是指验资报告要如实反映注册会计师的验资范围、验资依据和已实施的主要验资程序和应发表的验资意见。合法性是指验资报告的编制和出具必须符合《中华人民共和国注册会计师法》和《中国注册会计师审计准则第 1602 号——验资》的规定。

14.3.4　验资的步骤

验资的步骤是指从接受验资委托开始到完成验资工作并出具验资报告为止的整个执业过程的先后顺序,包括接受验资委托、实施验资和出具验资报告三个阶段。注册会计师在接受委托时应当了解被审验单位基本情况,考虑自身独立性和专业胜任能力,初步评估验资风险,在此基础上确定是否接受委托。

1. 接受验资委托阶段

接受验资委托阶段是指从接受验资任务开始到确定验资内容和拟订验资计划为止的

工作全过程,又称为验资计划阶段或准备阶段。其主要工作有以下几方面:

(1)了解被审验单位基本情况并确定是否接受委托。需要了解的情况主要包括:被审验单位的名称、性质、所处行业、规模大小、组织机构的人员情况等;委托验资的目的、范围、时间要求和验资报告的用途等;是否建立验资所应有的会计账目;以前是否有委托会计师事务所承办的业务,对注册会计师的工作是否了解。如果被审验单位对此一无所知,那么注册会计师应及时将自己的工作性质、特点、工作方法、程序、双方责任等进行介绍。然后,再进一步确定委托事项是否属于正常的委托、有无其他限制或附属条件等。注册会计师就可以根据自身的能力,考虑能否保持独立性,并初步考虑验资风险,做到谨慎接受委托。

(2)与委托人签订验资业务约定书。注册会计师通过对被审验单位的初步了解,认为有能力承接时,应与委托人签订验资业务约定书,以确认受托、委托关系。

验资业务约定书需要明确三个问题:①表示确认委托、受托成立;②明确验资的目的、范围;③明确双方的责任、义务,包括被审验单位所提供的文件、资料和其他验资所必需的条件、会计师事务所主要的工作程序、工作时间、收费金额和付费方式等。委托人和被审验单位对其提供的验资文件、单证等验资资料的真实性以及资产的完整、安全负责;会计师事务所按照独立审计准则的要求出具验资报告,并对验资报告的真实性、合法性负责。

(3)成立验资工作小组,及时编制验资工作计划。验资业务约定书签订以后,会计师事务所应以承办注册会计师为主,组织有胜任能力的人员组成验资工作小组,及时制订验资工作计划。验资工作计划包括验资的目的、范围、重点、方法、程序、人员分工、聘请其他专家协助工作和验资时间安排等内容。

2. 实施验资阶段

实施验资阶段是指注册会计师从与被审验单位联系外勤工作开始,到取证工作结束为止的全过程,又称为执行阶段,是验资全过程中最主要的阶段。注册会计师通过实施必要的验资程序,取得充分、适当的验资证据,并将验资业务的执行过程形成工作底稿。

实施验资阶段的主要工作包括:

(1)了解被审验单位情况,并对其内部控制进行评审。一般采用"被审验单位基本情况表"完成,取得与验资有关的资料,如批准文件、企业合同、章程、董事会文件及其他有关的协议、规定和出资的记录等,以掌握被审验单位的组织机构状况、董事会成员的基本情况等。

(2)执行验资业务,对被审验单位的所有者权益及其相关的资产、负债分别进行检查,以确认所有者权益或注册资本的真实性和合法性。通常采用审阅法、核对法、实地盘点、向投资者函证等审计方法。

对所有者权益进行检查的主要内容如下:初步核实企业所有者权益的实际数,对资产项目还应参照资产评估办法或评估结果来确认其实际价值;检查投资来源的出资手续和会计记录,确定投入资本的真实性、合法性,检查重点是投资者的出资金额(或比例)、出资方式、资产计价或资产评估报告、出资期限的真实性;检查留存收益的凭证、账目和其他文件,确定留存收益的真实性、合法性。

(3)整理、完善验资工作底稿,形成验资意见。验资工作底稿不仅是编制、佐证和解释验资报告的主要依据,而且在验资工作中能够起到组织协调作用,有助于会计师事务所各级负责人指导、监督、复核和把关;在发生纠纷时,能够帮助注册会计师分清责任、摆脱麻烦,免遭不必要的责难。因此,执业人员必须按要求认真填写验资工作底稿,并在此基础上形成初步验资意见。

3. 出具验资报告阶段

出具验资报告阶段是指审计工作人员从验资工作底稿讨论形成验资意见开始,到拟订验资报告,并将其交给委托人为止的全过程,是验资工作的总结阶段。其主要工作包括:

(1)由验资工作小组对验资工作底稿进行分析与研究,鉴定取得的各项证据,形成初步的验资意见。如存在不同意见时,可考虑实施追加的验资程序。在反复讨论的基础上,最终形成验资意见或结论。

(2)根据以上讨论草拟验资报告,并交委托单位征求意见。如有不妥,应对报告草案进行修订。

(3)出具验资报告。将修改后的验资报告和必要的验资工作底稿,送审计组织业务负责人审核,经审核签署意见后,向委托人提交正式的验资报告。验资报告送交委托单位后,应对验资工作底稿和其他资料进行整理,及时归档。

(4)拒绝出具验资报告和验资业务约定的解除。注册会计师在审验过程中,遇有下列情形之一时,应当拒绝出具验资报告并解除业务约定:①被审验单位或出资者不提供真实、合法、完整的验资资料;②被审验单位或出资者对注册会计师应当实施的审验程序不予合作,甚至阻挠审验;③被审验单位或出资者坚持要求注册会计师作不实证明。

14.3.5 验资报告的内容

验资报告是注册会计师在结束验资业务后,将被审验单位净资产或注册资本情况向委托单位提交的书面报告,是验资工作形成的结论性文件,具有证明效力。

1. 验资报告的效力与使用责任

验资报告具有法定证明效力,供被审验单位申请设立登记或变更登记及据以向出资者签发出资证明时使用。

验资报告不应被视为对被审验单位验资报告日后资本保全、偿债能力和持续经营能力的保证。委托人、被审验单位及其他第三方因使用验资报告不当所造成的后果,与注册会计师及其所在的会计师事务所无关。

2. 验资报告的编制基础

注册会计师完成预定的验资程序,取得充分、适当的验资证据,分析和评价验资结论后,可以形成验资意见,编制并出具验资报告。

3. 验资报告的结构和内容

根据《中国注册会计师审计准则第1602号——验资》的规定,验资报告的内容应当包括的要素主要有:

(1)标题。验资报告的标题应当统一规范为"验资报告"。

(2)收件人。验资报告的收件人是指注册会计师按照业务约定书的要求致送验资报告的对象,一般是指验资业务的委托人。验资报告应当载明收件人的全称。

(3)范围段。验资报告的范围段说明审验范围、出资者和被审验单位的责任、注册会计师的责任、审验依据和已实施的主要审验程序等。

(4)意见段。验资报告的意见段说明已审验的被审验单位注册资本的实收情况或注册资本及实收资本的变更情况。对于变更验资,注册会计师仅对本次注册资本及实收资本的变更情况发表审验意见。

(5)说明段。验资报告的说明段说明验资报告的用途、使用责任及注册会计师认为应当说明的其他重要事项。

对于变更验资,注册会计师还应当在验资报告说明段中说明对以前注册资本实收情况审验的会计师事务所名称及其审验情况,并说明变更后的累计注册资本实收金额。如果在注册资本及实收资本的确认方面与被审验单位存在异议,且无法协商一致,注册会计师应当在验资报告说明段中清晰地反映有关事项及其差异和理由。

(6)附件。验资报告的附件应当包括已审验的注册资本实收情况明细表或注册资本、实收资本变更情况明细表和验资事项说明等。

(7)注册会计师的签名和盖章。

(8)会计师事务所的名称、地址及盖章。验资报告应当载明会计师事务所的名称和地址,并加盖会计师事务所公章。

14.4 基建工程审计

任何一个基本建设项目的完成,一般都要经过决策阶段、施工阶段和竣工验收阶段。基本建设项目一般包括建筑工程、设备安装工程、设备购置、工具器具及其他生产工具的购置、其他基本建设工作。在设计阶段要依次经过初步设计、技术设计和施工图设计三个步骤,并相应编制设计总概算、修正总概算和施工图预算。要控制基本建设的预算造价,关键在于编制单位工程预算和单位工程施工图预算。因此,加强对基建工程预算、结算、决算的审核就具有重大的意义。基建工程审计是指对基建工程项目总支出的审计,根据审计的内容不同,分为基建工程预算、结算审计、工程项目财务决算审计和修缮工程审计。我国目前的基建工程项目审计体系分为三个层次,即国家审计体系、内部审计体系、社会独立审计体系。

14.4.1 基建工程预算、结算

1.基建工程预算、结算审计概述

基建工程预算造价,是指按照建筑工程施工图和建筑工程预算定额,以及取费标准和有关造价文件规定计算的单位工程施工图预算造价。单位工程施工图预算造价由直接费、间接费、利润和税金组成。直接费包括人工费、材料费、机械费和其他直接费;间接费包括施工管理费和其他间接费(含临时设施费、远地施工费和劳动保险基金);计划利润包括技术装备费和利润;税金包括增值税、城市维护建设税和教育费附加。基建工程预算造价可以由造价工程师事务所审计,也可以由会计师事务所工程部审计。

在整个工程施工中,由于设计图纸变更以及现场采访的各种签证,必然会引起施工图预算的变更和调整。在工程竣工时,一般由施工单位编制施工图调整预算,即竣工结算。工程竣工结算经建设单位审核同意,按合同规定签章确认后可办理工程价款的结算。

2.基建工程预算、结算审计的作用

基建工程预算、结算审计有利于合理确定工程造价、提高投资效益,有利于对基本建设进行科学管理和监督,有利于建筑市场合理竞争,有利于促进施工企业提高经营管理水平。

3.基建工程预算、结算审计的目的

基建工程预算、结算审计的目的是确定工程预算和竣工结算的编制是否真实、公允地反映工程造价的实际情况,其具体目的包括:

(1)查证施工图预算的合法性。这主要是查证预算编制是否符合定额、标准和有关规定,认定预算合法性,即是否能作为签订施工合同的合法依据,使其具有法律效力。

(2)查证施工图预算的真实性、可靠性。即查明所编预算与施工图纸是否一致,各项计算是否与有关规定一致,内容、数字是否存在虚假和舞弊,验证其可靠程度。

(3)查证施工图预算的完整性。一份完整的施工图预算,其专业是多方面的,需分别按各专业施工图和不同定额、标准计列,组成一份完整的预算书,反映完整的预算造价。故需检查其各部分工程是否完整无缺及资料的完备程度。

(4)检查工程竣工预算、结算、决算是否真实公允,是否可作为确定工程造价的依据。

4.基建工程预算、结算审计的范围

基建工程预算、结算审计的范围是:施工合同、补充合同和施工协议书;全部施工图纸、设计变更图纸、设计变更签证单;隐蔽工程量计算书以及加盖送审单位、编制单位公章和预算员专用章的工程预算结算、决算书;主要材料分析表、钢材耗用明细表、调账部分材料消耗计算明细表;施工单位自行采购材料的原始凭证;建设单位预付工程款、预付材料款及建设单位供料明细表;招投标工程变动项目的有关招投标文件、施工单位企业资质等级证书、营业执照副本(复印件);其他影响工程造价、工期等的有关签证资料;其他与建设工程有关的文件资料。

5.基建工程预算、结算审计的基本程序

(1)签订业务约定书

在接受委托后,审计人员应当了解被审计单位及基本建设工程项目的基本情况,并考虑自身能力和保持独立性,初步估计审计风险,以确定是否接受委托。如接受委托,会计师事务所应当与委托人就基本建设工程预算、结算、决算审计的目的与范围、双方的责任与义务等事项进行商议达成一致意见,并签订审计业务约定书。基本建设工程预算、结算、决算审计的范围应当根据有关法规的规定及业务约定书的要求确定。

(2)制订审计计划

审计人员执行基本建设工程预算、结算、决算审计业务,应当在充分了解被审计单位有关情况和获取审计资料的基础上,合理制订审计计划,并根据审计过程中情况的变化,予以必要的修改或补充。

审计人员应当了解所审计的基本建设项目情况,包括:工程项目性质、类别、规模、承建方式等情况;审计所需的相关资料的可靠性;工程材料的供应方式;工程价款结算情况;

工程项目预算、结算、决算已审计情况及审计结果的处理;工程项目现场施工条件;建设期内工程预算定额、预算单价、取费标准等的变化情况;其他需要了解的情况。

在编制审计计划时,审计人员应当获取被审计单位基本建设工程预算、结算、决算相关的以下资料:工程项目批准建设、监理、质量验收等有关文件;概算资料及招投标文件;合同、协议;施工图或竣工图;工程量计算书;材料费用资料;取费资料;付款资料;有关证明;施工组织设计;工程变更签证资料;隐蔽工程资料;其他影响工程造价的有关资料。

(3)实施审计

①审计人员在审计基本建设工程预算时,重点检查预算编制是否真实、准确;预算项目是否与图纸项目相符,多个项目构成一个工程项目时,整体项目是否包含各个单个项目;费用内容是否正确;预算是否控制在概算允许范围以内。

②审计人员在审计基本建设工程结算时,在审计预算的基础上,重点检查对工程项目价格产生影响的内容,主要有施工过程的设计变更和现场签证,工程材料和设备的价格变化,施工过程中建筑经济政策变化及相关补充合同的内容。

(4)审计报告

审计人员实施了必要的程序后,经过核实数据,分析、评价审计过程资料,形成审计意见并出具审计报告。审计报告一般包括工程基本情况、审计范围,送审的造价,审减、审增内容,审定造价等,并应有审减额、审增额计算表及审计的注册会计师或工程造价师所在的事务所的签名和盖章。

14.4.2 工程项目财务决算审计

1.工程项目财务决算审计概念

建设单位在施工单位编制的竣工结算的基础上,加上从筹建开始到工程全部竣工有关基本建设的其他工程的费用支出,便构成了建设项目的竣工决算。建设项目竣工决算是建设单位考核基本建设投资效果的依据,是正确计算固定资产价值和固定资产折旧费的依据。工程项目财务决算审计就是对项目的竣工决算进行审计,属于一种鉴证性审计活动,由民间审计机构来完成,一般由建设单位委托会计师事务所完成。

2.工程项目财务决算审计的内容

(1)审计情况,包括项目资金的来源、到位及结余情况;

(2)项目投资实际支出的审计情况,按建安投资、设备投资、待摊投资分别进行,分析经过审核的单项工程结算和其他支出,确认部分和总体投资数;

(3)工程和物资设备招标投标情况、合同管理及履行情况;

(4)交付使用资产的价值、面积、单价等。

3.工程项目财务决算审计的程序

工程项目财务决算审计与基建工程预算、结算审计的基本程序相同,都分为签订业务约定书、制订审计计划、实施审计、出具审计结果四个步骤。

(1)签订业务约定书

在接受委托后,审计人员应当了解被审计单位及基本建设工程项目的基本情况,会计师事务所应当与委托人就基本建设工程财务决算审计的目的与范围、双方的责任与义务等事项进行商议达成一致意见,并签订审计业务约定书。

(2)制订审计计划

审计人员执行基本建设工程项目财务决算审计业务,应当在充分了解被审计单位有关情况和获取审计资料的基础上,合理地制订审计计划,并根据审计过程中情况的变化,予以必要的修改或补充。

审计人员应当了解所审计的基本建设工程项目情况,包括:工程项目性质、类别、规模、承建方式等情况;审计所需的相关资料的可靠性;建筑安装工程项目结算已审计情况及审计结果;建筑安装、设备投资工程价款结算情况;工程前期费用、监理费用和待摊投资支出情况;其他需要了解的情况。

在编制审计计划时,审计人员应当获取被审计项目与基本建设有关的资料,主要有:工程项目批准建设、监理、质量验收等有关文件;概算资料及招投标文件;设计合同、建筑安装合同、设备购置合同、监理合同、审计委托协议;建筑安装工程项目结算审计结果;付款资料;工程决算财务资料;其他影响工程造价的有关资料。

(3)实施审计

注册会计师在审计工程项目财务决算时,应在检查结算事项的基础上,重点检查对工程项目的价格产生影响的因素,工程概算执行情况,工程项目资金的来源、支出及结余情况,工程项目合同工期执行情况和合同质量等级控制情况以及交付使用资产情况。

会计师事务所接受委托,审计工程项目决算时,除重点检查结算有关事项外,还关注被审计项目是否为计划外建设项目,有无自行扩大投资规模和提高建设标准的情况,各项目支出是否合法,有无混淆生产成本和建设成本的情况,交付使用的资产是否符合条件,有无虚报完工或转移建设资金情况,历年的建设款项结余额资金是否真实准确,应收回的设备材料以及拆除临时建筑和原有建筑的残值是否作价收回,对器材、材料的盘盈、盘亏是否及时进行处理,竣工投产时间是否符合国家规定,尾工工程的预留款及建设情况。

(4)审计报告

审计人员实施了必要的程序后,经过核实数据,分析、评价建设过程资料和管理资料,对工程总造价和单位造价、交付使用资产等形成最终的审计意见,并出具审计报告。

4.基建工程项目财务决算审计报告

基建工程项目财务决算审计报告一般包括标题、收件人、审计内容和附件。附件包括基本建设竣工概算表、竣工项目财务决算表、交付使用资产汇总表及明细表、会计师事务所及注册会计师的有关资料。审计内容一般包括八个部分:

(1)建设单位简介

建设单位简介主要介绍建设单位的基本情况。

(2)建设项目简介

建设项目简介主要介绍建设项目名称、项目类型、立项报建预算情况、设计单位名称、施工单位名称、监理单位名称、工程概算、资金来源、交付使用资产、结余资金情况等。

(3)建设项目决算的依据

建设项目决算的依据有财政部《会计师事务所从事基本建设工程预算、结算、决算审核暂行办法》、财政部《基本建设财务管理规定》、项目立项及资金投资的批复、建设单位施工管理有关规定、基建工程结算审计报告(单项)、审计业务约定书、建设单位提供的设备购货合同、财务报表、账簿等相关资料。

（4）审计情况

审计情况包括项目资金的来源、到位及结余情况；项目投资实际支出的审定情况，分建安投资、设备投资、待摊投资详细列示；工程和物资设备招标投标情况、合同管理及履行；交付使用资产的价值、面积、单价等。

（5）审计范围

工程项目决算审计的范围包括工程项目内容的范围和同一工程建设项目截止时间两个方面。

（6）需要说明的事项

需要说明的事项主要有应列而未列入、不应列而实际列入项目决算的内容及审计单位、建设单位各自的意见和最终的处理结果。

（7）审计建议

对建设单位工程管理及财务核算中存在的问题提出建议，以促进建设单位工程核算成本的准确性和管理的科学性。

（8）审计意见

审计人员应在审计报告中对审计项目实施的初步设计是否达到设计要求、是否完成建设任务、是否可进行交付使用及交付使用金额的范围发表审计意见。

14.4.3 修缮工程项目审计

修缮工程项目是指扩建、改建、维修和装饰等对主体进行少量改变的工程项目。目前在审计实践中，企业的修缮项目由于投资较小往往只在审计后直接列入费用，而事业单位的修缮工程只有在审计后才能付款。

由于修缮工程项目是在原主体基础上的部分改动，往往设计图纸不全或没有，只有一定的建设要求，建设变更率较高，建设资金金额大小不等，审计实践中较难做出统一的规定。事业单位修缮工程项目审计做得相对较早、较好，在保证工程造价的真实性、合法性、提高投资效益，维护单位的合法权益，提高修缮工程项目管理水平等方面，起到一定的作用。事业单位修缮工程审计主要由内部审计部门来完成，根据内部审计人员的工作能力，审计资金起点也不同，有的只对 1 万元以上的修缮项目进行审计，有的只对 5 万元以上的修缮项目进行审计。

1. 修缮工程项目审计依据

（1）国家有关建筑行业的法律、法规和制度；

（2）地方有关建筑行业的管理文件和规定；

（3）地方建筑工程综合预算定额及有关价目表等行业取费标准，有关建筑行业调价文件等规定；

（4）依法签订的合同或协议、有关招投标文件等。

2. 修缮工程项目竣工决算审计的内容

（1）项目竣工决算报表及说明书是否真实、全面、合法；

（2）工程量是否真实，套项及价格是否合理，计取各项费用及执行文件、选用定额版本是否准确、合规；

（3）竣工决算的编制依据是否符合规定，资料是否齐全，手续是否完备，各项清理工作是否全面、彻底；

(4)建设项目概预算最终执行情况；

(5)交付使用资产是否真实、完整，是否符合交付使用条件，移交手续是否齐全、合规，成本核算是否正确，有无挤占成本、提高造价、转移投资等问题；

(6)尾工工程的未完工程量与所需投资计划是否正确、合规；

(7)大型修缮工程项目是否预留 20％ 的工程款，一般修缮工程项目是否预留 10％ 的质保金。

3.修缮工程项目竣工决算审计的程序

(1)建设单位提交完整的工程项目送审资料；

(2)审计部门组成审计小组并对工程项目实施审计；针对工程决算书中的内容，从项目定额套取、工程项目的量和价两方面确定对造价的影响，确定审减、审增额。

(3)通知建设单位和施工单位对审计结果进行核对；

(4)建设单位和施工单位对审计结果签署意见并加盖公章；

(5)根据审计结论出具审计意见书。

4.修缮工程项目竣工决算审计资料

(1)修缮工程立项批复；

(2)招投标书、招标会议决定(5 万元以上项目)；

(3)合同或协议(5 万元以上项目经招、投标主管部门审定)；

(4)施工图纸；

(5)工程变更资料；

(6)验收报告，建设单位需对竣工工程做出数量和质量的评价认定；

(7)预算书、工程决算书；

(8)其他与工程有关的资料。

5.修缮工程项目竣工决算审计结果

修缮工程项目是事业单位内部控制的一个环节，由内部审计部门对工程决算审计后，出具工程项目的审计意见书。审计意见书中明确送审决算数、审增数、审减数、审后造价，并附审计人员审减、审增额清单，经建设单位、施工单位、审计部门三方签字确认后生效。财务部门根据审计意见书和项目工程决算数，列支工程费用，并执行不经过审计不予付款的内部控制。

14.5　内部控制评审

14.5.1　内部控制评审的含义

内部控制评审也称专项内部控制评价，是审计人员把评价内部控制作为一个独立的审计方式，通过调查了解被审计单位内部控制的设置和执行情况，评价其健全性和有效性，对被审计单位的内部控制进行专项评价，并提出有针对性的改进意见和建议，完善被审计单位的内部控制。

内部控制评审与内部控制评价、内部控制审计是不同的。风险导向审计中的内部控制评价是一种审计方法,即通过调查了解被审计单位内部控制的设置和执行情况,进行相关的测试,对内部控制的健全性和有效性进行评价,评估控制风险水平,确定审计程序和实质性程序的范围和重点。民间审计进行的内部控制审计是指注册会计师接受委托,就被审计单位管理当局对特定日期与财务报表相关的内部控制有效性的认定进行审计,并发表审计意见。所以,内部控制评审作为一种方法主要是对风险相关的或者重要性水平高的内部控制进行评价,以降低审计风险为目的,内部控制审计主要是针对管理当局内部控制报告反映的内部控制或与报表相关的内部控制的有效性进行评价,以鉴证为目的;而内部控制评审则是专门对内部控制系统的建立健全情况和遵循情况进行评价,以加强内部控制建设、降低内部管理风险为目的。

14.5.2　内部控制评审的主体及其作用

1.内部控制评审的主体

内部控制评审的主体是内部控制评审工作的执行者。由于不同的审计主体进行内部控制评审的特点不同,不同的内部控制层次管理的内容不同,所以要根据不同的范围和作用,选择内部控制评审的主体。

按照我国现有的审计体系,审计主体包括国家审计、民间审计、内部审计三部分,内部审计又分为行业、部门内部审计和单位内部审计两种,在国民经济中履行监督职能。由于各审计主体评审的目的不同、特点不同,内部控制评审的范围和重点都不同;不同的审计主体所处的位置,看问题关注的角度和认识水平不同,提出建议的建设性不同,最终评审实施的效果也高低有别。所以只要定位了内部控制评审主体,就确定了内部控制评审层次、范围,就可以确定内部控制评审的效果。

国家审计、民间审计和内部审计,三者应均可作为评审主体,但三者在内部控制评审时,所体现出来的审计职能、审计目标、审计范围应是各有侧重的,具有相对的独立性,同时又反映出一种分工协作的关系。

(1)国家审计作为内部控制评审的主体

在较长的时间跨度内,国家审计进行的内部控制评审是同其他审计配合进行的,例如,国家审计署要对学校审计,产业作为学校的一部分,当然也在审计之列,国家审计可以通过内部控制评审分析学校对内部控制的设置情况和实施情况。

(2)民间审计作为内部控制评审的主体

民间审计可以在对报表审计时进行部分内部控制评价,评估审计风险,确定实质性程序的范围;也可接受委托进行内部控制审核或内部控制评审,如果注册会计师认为内部控制存在重大缺陷,则可根据管理层的有关书面声明决定发表无保留意见、保留意见、否定意见审计报告,或按约定出具管理建议书。

(3)内部审计作为内部控制评审的主体

在现代企业制度中,内部审计是具有相对独立性、层次较高的自我监督约束机制,可以直接在管理层的授权下实施内部监控,以不断发现问题、改进管理,具有自我完善内部控制的功能。内部审计经常凭借其优势,围绕内部控制设计的健全性及其有效性独立开展审查和评价,针对其中的主要问题和缺陷,向最高管理者提出具有建设性的改进措施和建议,从而使企业不断改进和完善内部控制。

《审计署关于内部审计工作的规定》指出："国家机关、金融机构、企业事业组织、社会团体以及其他单位,应当按照国家有关规定建立健全内部审计制度。内部审计机构按照本单位负责人或者权力机构的要求,履行对本单位及所属单位内部控制制度的健全性和有效性以及风险管理进行评审。"所以公司治理层次的内部控制评审应当由其管理部门进行评审。其中,上市公司的内部控制评审应由证监会负责,而非上市公司则应由投资部门或管理部门内部审计机构来执行。内部的中层和底层的最高负责主体是总经理,对这部分的内部控制评价应由不受总经理控制的部门或人员进行,就内部的组织结构发展历程来看,这一任务落在内部审计人员的身上。

2. 内部控制评审的作用

全面的内部控制评审,可以完善内部控制、提高经营业绩、实现经营目标,促进内部控制以下作用的发挥:

(1)保护资产的安全和完整;

(2)保证会计及其他信息资料的真实可靠;

(3)有利于实现企业的经营方针和经营目标;

(4)提高业务处理的工作效率;

(5)有利于实现国家对企业的宏观控制。

14.5.3　内部控制评审的内容

现代企业管理中,提倡一种观念:一切管理工作,从建立和健全内部控制制度开始,企业的一切决策,应统驭在完善的内部控制制度之下,企业的一切活动,都不能游离于内部控制之外。所以内部控制评审的内容既包括按照相关法律法规和内部控制规范建立的组织结构、经营方式、管理风格、授权方式等控制环境;也包括权责划分、资产控制、会计控制、业绩评价等具体控制活动;还包括企业面临经营环境变化的风险所采取的应对措施,以及信息在企业内部的传递、沟通方式和对日常经营活动的监控措施等。

内部控制分为内部会计控制和内部管理控制活动两大类。内部会计控制是对决策执行情况进行适当的记录,更注重资金流的变化,内部管理控制更注重信息流、物流的变化,会计控制为内部管理控制特别是其中的财务管理提供决策的依据。

1. 内部会计控制评审的主要内容

内部会计控制是为保证会计记录的正确性、会计信息的可靠性、财务收支的合法性以及维护资产的安全完整而设置和实施的相关组织、分工、处理程序、方法和标准等。会计是一门成熟、科学的核算系统,由许多独立的业务组成,大部分业务都是常规业务,特殊业务较少。在我国,基于规范内部控制的目的,财政部相继发布了《内部会计控制规范——基本规范》以及货币资金、采购与付款、销售与收款、工程项目、对外投资、预算、担保、成本费用、固定资产、存货和筹资等内部控制规范,为企业自身改进管理和审计人员进行内部控制评审提供了标准。

内部会计控制评审,主要是评审会计控制业务是否达到控制设计的目标,保证会计资料的真实、资金的安全。内部会计控制评审包括货币资金、收入、成本、费用、存货、固定资产、投资、筹资、往来款、担保十项业务循环,再加上会计电算化,共有十一项评审内容。

其中,会计电算化内部控制评审主要评审以下内容:

(1)组织管理的评审主要是对会计电算化系统的管理者、使用者、监督者的职责分离进行评审。不同人员是否有不同的权限限制，不同人员之间是否相互牵制。即系统管理员与操作员、程序员的职责是否分离；系统操作员是否按照所授予的权限对系统进行操作，是否与业务授权、业务记录、资产保管职务分离，是否有可能超越权限接触系统；是否设置审核人员监督系统运行，保证数据保存方式的安全性、合法性，防止非法修改历史数据。

(2)数据与程序控制评审，是指对保证数据与程序安全性、准确性方面控制的评审。即是否有非系统维护人员接触到程序的技术资料、源程序和加密文件的可能性，从而增加程序被修改的风险；系统数据输入控制，是否按标准格式进行数据输入并对丢失数据予以提示，以保证数据的完整性和准确性，是否有业务操作日志，并由操作员主管对计算机的使用进行控制；系统数据输出控制，是否有对计算机产生报告的分发进行控制的报告副本数量限制，是否有输出日志记录输出报告和书面资料的实际分发量。

(3)信息安全性评审，计算机硬件的安全性、可靠性如何，设备性能是否存在瓶颈问题；软件方面，初始化数据、变更、软件修改的日期、修改的性质、修改的目的、要求、原始资料及测试过程资料是否完整保存，保证数据互相衔接。

2. 内部管理控制评审的内容

内部管理控制是企业为实现其经营目标，保证经济活动高效运行的一种自我协调、制约、检查、修改的控制系统，包括有关组织、计划、程序及方法。内部管理控制主要是负责决策，内部管理控制的内容按照管理业务的特点可以划分为综合管理、内部控制管理、财务管理、物流管理、信息管理、安全管理、法律事务管理、人力资源管理八类。

(1)综合管理。综合管理主要包括被审计单位企业目标的建立情况，各级对目标的了解情况及目标的可实现情况；管理层的集权与分权，组织结构是否适合经营的需要，管理程序是否全面及风险大小，各种管理信息指令流动是否畅通，决策、信息传递、指令执行、效果监督等反馈系统的完整性情况。

(2)内部控制管理。内部控制管理主要包括管理层是否支持，管理人员是否重视和有效管理内部控制工作；内部控制部门是否了解单位所有重大活动、业务的流程，工作效果如何，内部控制的缺失是否由下往上报告，重要缺失是否报告给高级管理层进行适当的风险控制。

(3)财务管理。财务管理主要包括是否通过财务计划与执行情况对各下属单位进行财务控制、业绩考核、监督、管理和领导，财务人员与会计人员的关系如何，会计核算基础上的财务分析如何能为管理决策提供可靠的依据等。

(4)物流管理。物流管理主要是对单位固定资产、家具用具、低值易耗品、材料物资等的购入、领用、使用、维修、盘点等过程的管理。物流管理是从管理的角度评审管理层对物流过程的风险评估、防范措施及效果监督，财务与物流部门、资产部门的关系如何。

(5)信息管理。信息管理主要是指信息的流转、发布与保存。首先是对信息存取发布权限控制，其次是数据的备份、数据的恢复与重建的应急计划，使信息系统在出现灾难时提供备用的反应方式，保证系统的中断最小、损失尽可能最小、操作尽快地恢复。

(6)安全管理。安全管理包括对生产的安全制度、资产的安全制度、门卫制度等的管理。

（7）法律事务管理。法律事务管理主要是指法律部门对外公布信息、签订合同、对外交往中保护利益的制度建立健全情况，观察法律管理部门设立、人员素质、程序安排方面是否能达到管理目标，并要观察管理层对法律事务的态度和对相关风险的重视程度。

（8）人力资源管理。人力资源管理主要包括是否通过人力资源获取、培养和晋升，调动全员的积极性、创造性。

14.5.4　内部控制评审的程序和方法

内部控制评审程序是审计机构和审计人员为达到审计目的所采取的工作步骤的总和，首先应从总体上安排内部控制评审程序，再分步细化。内部控制评审是一个独立的审计类型，有其特有的审计程序，评审过程中，针对具体业务也有一定的评审步骤，各步骤要完成的任务和方法也不同。

1. 内部控制评审程序

审计程序是使审计工作能够按照科学合理的轨迹有序运转的保证，按照《中华人民共和国审计法》的规定，一般审计程序包括四个阶段，即准备阶段、实施阶段、审计结论和执行阶段、异议和复审阶段。内部控制评审与其他审计有一定的差异，因此内部控制评审的程序与其他审计也有所不同。

首先，审计的基础不同。内部控制评审是以制度、法规、控制程序等为审计基础，而其他类型审计则是以会计账册记录的数据为基础；其他类型审计的资料是书面形式表现的，而内部控制评审有一部分是在工作的过程中体现的，并无正式的记录，需要审计人员进行分析、总结、评价。

其次，审计的重点不同。内部控制评审的重点是制度的制定和执行，制定方面比较注重制度形式的存在，制度的执行过程注重实质的结果，而其他类型审计的重点放在数据的准确性上，坚持实质重于形式的原则。

最后，审计结果的执行不同。其他类型审计的结果需要由被审计单位执行，因此审计结束后审计报告需要征求被审计单位意见，然后下发执行。而内部控制评审结果一般不用被审计单位发表书面意见，审计机构也不用下发审计决定和审计意见书。

由于内部控制评审的特殊类型，选择审计程序时不需要异议和复审阶段，而审计结论和执行阶段即为报告阶段，内部控制评审的程序分为准备阶段、实施阶段、报告阶段三个阶段。

（1）准备阶段

准备阶段主要完成下达审计通知书，成立审计小组，进行审前调查，了解基本的经营状况，编制审计实施方案（内部控制评审规划）等工作；

（2）实施阶段

实施阶段主要是对具体管理制度和业务循环进行内部控制评审、对内部控制整体的系统性、完整性进行评价，查找无效控制和管理漏洞；

（3）报告阶段

在报告阶段，审计人员根据实施阶段的审计结果，出具审计报告，并对内部控制存在的问题，提出改进意见和建议。

2.评审步骤细化及评审方法

内部控制评审实施阶段对具体业务循环控制评审过程可以划分为六个步骤:调查了解内部控制、描述内部控制、健全性测试并登记内部控制制度建设中的缺陷、有效性测试并记录未有效执行控制、风险分析、综合评价。内部控制评审的具体实施过程如图 14-1 所示。

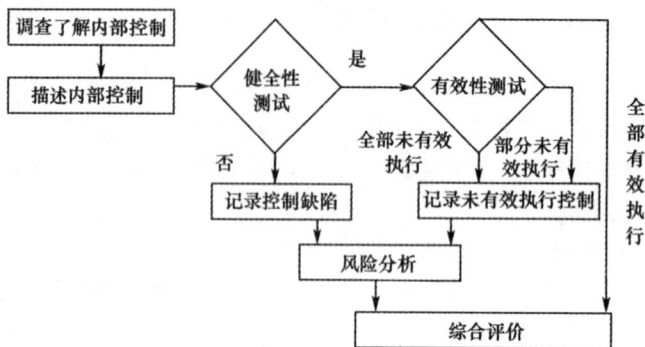

图 14-1　内部控制评审的实施步骤

下面对内部控制评审的几个主要步骤的评审方法进行具体介绍。

(1)调查了解内部控制的方法

审计人员对内部控制的了解,需要各种感觉器官并用,总结下来就是多听、多看、多问、多体会。

首先需要听取主要管理人员对内部控制设计、制定的过程介绍,对业务流程及内部控制整体有个感性认识;其次通过翻阅管理制度、会议记录,对已经用文件形式确定的内部控制及其授权、分工及凭证记录等进行了解;再次通过与各级管理人员、经办人员交谈询问的方式,确认自己对文件内容理解是否正确;最后实地观察有关办事程序。

评审过程中调查了解内部控制时各种方法要结合使用,如询问的结果可能为阅读文件规定所得内部控制调查结果的一个佐证,实地观察也能对管理人员的介绍进行证明。

特别说明的是文件规定的内部控制是确定的,在公司内部具有法定性,而惯例是大家共同遵守的却无法律效力,也是内部控制的一部分,是受企业文化约束的,两种内部控制在评审中同等重要,评审方法有所不同。

(2)健全性测试的方法

内部控制健全性测试的方法包括记录内部控制的方法、评价的方法、记录内部控制缺陷的方法。健全性测试的方法相对比较独立简单,就是将实际的内部控制建立情况与标准进行对比。下面主要论述内部控制记录方法和内部控制缺陷记录方法。

①内部控制记录方法

内部控制记录方法包括调查表法、文字描述法、流程图法。三种方法分别具有不同的优缺点,调查表法主要是调查范围明确,较容易了解到内部控制制度的基本情况,缺点是描述不准确,随意性大,不能量化;文字描述法只适用于内部控制比较简单、比较容易描述的小单位,但能对内部控制做出较深入具体的描述,其缺点是冗赘,不利于有效进行内部控制分析,不利于风险评价;流程图法容易发现目前内部控制制度的不足,便于表达内部控制的特征,也便于修改,但内部控制的弱点很难在流程图中表示出来,而流程图符号和图形对审计人员的要求较高。评审中审计人员可根据内部控制的具体繁简程度选择具体的方法。

②内部控制缺陷记录方法

内部控制健全性评价中,将内部控制现状与评审标准进行比较,分析内部控制建设中的不足,进行控制缺陷登记。内部控制缺陷登记表一般采用如表 14-1 所示形式。

表 14-1　　　　　　　　　　　　内部控制缺陷登记表

评审项目	类型	控制缺陷	潜在风险	其他预防措施	补偿措施
现金控制	不足	收取现金人员同时作会计分录	出纳贪污或挪用收到的现金	有应收现金的项目表可以核对	全部款项收回后统一核查入账
仓储控制	冗余	仓库管理员和主管同时签字才能发货	主管不在时货不能及时发出		

内部控制缺陷登记表针对一个控制活动设置了控制缺陷、潜在风险、其他预防措施、补偿措施四个项目。控制缺陷一般分为两类,即控制不足和控制冗余,控制不足是控制活动应该建立的关键控制点而没有建立,使控制风险增高;控制冗余则是对非关键控制的部分过分加强控制,造成程序复杂、控制成本过高、经济性不足。潜在风险是指定性分析控制缺陷可能造成的损失和影响。其他预防措施、补偿措施则是针对控制不足的其他控制设立情况,可以对潜在风险水平进行一定的调整,为风险分析打好基础。

(3)有效性测试的方法

内部控制的有效性,主要是对现有内部控制的执行情况进行评价。内部控制有效性评价的方法主要有询问法、观察法、证据检查法、重复执行法四种。

四种方法各有特点,适用范围也不同,在内部控制评审中,应按内容需要选择使用。

询问法、观察法主要适用于评价仓库的材料、产成品等实物保管中通过人员分工进行的控制和确定验收、门卫制度等过程控制被执行的程度,有关的授权批准、职责分工等过程控制通常采用这两种方法。

证据检查法,适用于对会计控制有效性进行评价,一般采用属性抽样的方法抽取一定数量的会计账表、凭证和其他有关资料,检查内部控制的线索是否存在,是否反映控制的目标,通过分析性程序提供明确的证据来证明经营和财务数据是否合理,证实风险高低。

重复执行法是审计人员就某项业务按照内部规定的程序全部或部分重复做一次,以验证控制措施是否被贯彻执行,主要适用于在实际执行中未留痕迹的或由计算机进行过程控制的控制措施的检查。计算机系统审计还可以细分为数据测试法、平行模拟法、整合测试设施三种方法对系统处理的准确性、有效性进行测试。运用数据测试法通常选择真实的数据、虚假的数据在整个系统中各运行一次,观察其控制情况;平行模拟法是正在使用的系统与该系统的标准程序同时使用,查看执行结果是否一致,验证正在使用的系统与设计程序手册写的内容是否相符。会计电算化系统一般使用的是标准商用软件,不容易修改,可以通过数据测试法对其进行测试;而自己设计的物流系统,可以通过平行模拟法进行测试,从而确认正在使用的系统是否与设计程序手册内容相符,或者有关的修改是否在相应的授权下进行的。

对各部分进行有效性测试之后,还要将控制执行较差的项目通过表 14-2 进行登记,为风险分析做好基础工作。

表 14-2 　　　　　　　　　　　　　　　　　未有效执行控制登记表

评审项目	控制活动	潜在风险	执行情况
实物控制	实物入库时,先由验收人员对照订货单、发票验收并填写验收单,保管员按验收单填写入库单接收实物入库。	(1)采购实物与订单不符 (2)验收实物与入库实物质量、品种不符 (3)库存实物随时可能被调换	(1)未进行相关核对 (2)验收单填写不全 (3)验收人与仓库保管是同一个人

　　未有效执行控制登记表针对相关的控制设置了控制活动、潜在风险、执行情况三个项目,控制活动主要是对有关的控制活动进行描述,潜在风险则是每一种未执行控制可能造成的后果,执行情况描述其执行程度。有效性评审过程中,通过对证据检查法提供的执行线索进行统计,取得全部执行、部分执行、全部未执行三种执行情况,本表登记的主要是未有效执行即部分未执行和全部未执行两部分。

　　(4)风险分析的方法

　　内部控制评审中的风险分析,就是对评审过程中内部控制设置缺陷与未有效执行控制,分析其造成损失的可能性及其对控制目标产生的后果进行分析。

　　首先,内部控制评审实践中,通过内部控制缺陷登记表和未有效执行控制登记表对设置缺陷和执行缺陷等说明资料全面收集、整理,使控制缺陷可以归集到与其相关的控制目标和控制点上,逐项分析控制缺陷可能造成的影响,对控制风险进行辨识。各项具体的控制措施和控制点对业务处理的影响有很大的差别,有的控制缺陷(如审批、实物保管控制、审核等方面的缺陷)可能会导致贪污舞弊行为的发生;有的控制缺陷(如复核、核对等方面的缺陷)可能会导致记录发生错误。

　　其次,评估风险。评估风险就是判定风险发生的可能性和后果。风险程度可采用定性和定量分析两种方法评估,将风险分为高、中、低三类,定性分析一般通过审计人员的职业判断,对内部控制缺陷登记表和未有效执行控制登记表所有的项目进行分析,主要利用图 14-2 所示的风险矩阵图进行评估,定量分析则是依据严格的概率统计计算得出损失量,一般用于高风险的准确评估。风险矩阵图是借鉴安全风险控制风险矩阵图的基本框架,对风险影响后果进行改进后得出的。

等级	后果		可能性				
	记录差异	经济损失	不发生	不太可能发生	可能发生	多次发生	经常发生
A	可忽略	可忽略					
B	小	小					
C	小	中					
D	中	大					
E	大	灾难性的					

低风险 □　　　　　中风险 ▨　　　　　高风险 ▨

图 14-2　风险矩阵图

　　再次,进行风险控制。分析出高、中、低三类风险后,对高风险项目利用表 14-3 所示的风险分析表进行分析控制,通过对实际业务的详细检查,判断高风险项目的可能损失量、需要增加的控制措施,从而确定剩余风险水平是否在管理者可接受的范围之内。

表 14-3   **风险分析表**

序号	高风险项目	风险程度	减少风险的措施	剩余风险
1	现金收款、开票一人进行	高	收费标准明确,人员数量可以核对	低
2	实物验收时未进行必要的核对	高	库存量相对较少,采购后投入使用,及时发现存在问题	中

如果剩余风险水平较高,则要再次寻找增加有效的控制措施,重复执行上述过程,直到所有高风险的控制缺陷和无效控制的剩余风险水平降低至管理者可接受的水平以内。当剩余风险水平可以接受时,所有需要增加的控制措施就是对管理层改进内部控制的建议。

(5)综合评价的方法

综合评价就是对内部控制的整体评价,审计实践中一般都是把标准的内部控制与企业内部控制实际情况相对比,依据有效性控制的数量来评价整体的内部控制,可以分为好、中、差三种,但其主要依赖审计人员的主观判断,缺乏科学性。模糊评价法是目前普遍使用的综合评价方法。

复习思考题

一、单项选择题

1.重要性与审计风险之间的关系要求审计人员在确定重要性水平时,要考虑评估的审计风险以确保审计质量,也要考虑( )以提高审计效率。风险导向审计模式十分注重在保证质量的前提下提高效率。

  A.期望的审计风险   B.可接受的审计风险

  C.期望的或可接受的审计风险   D.剩余的审计风险

2.( )将风险评估的范围拓展了,要求将被审计单位的各种风险包括控制风险、账户及交易层次风险及其他风险、行业风险、舞弊风险等都考虑进去。

  A.固有风险   B.重大错报风险评估

  C.控制风险   D.检查风险

3.开好"两会"、做好公示是做好( )审计的关键。

  A.工程项目审计   B.内部控制审计

  C.财务收支审计   D.经济责任审计

4.运用能够反映领导干部履行经济责任情况的相关经济指标,分析其完成情况来评价相关经济责任的方法是( )。

  A.业绩比较法   B.量化指标法

  C.责任区分法   D.环境分析法

5.验资是注册会计师依法接受委托,依据《中国注册会计师独立审计准则》,对被审验单位( )的真实性和合法性进行的验证,包括企业设立时的设立验资、企业成立后的变更验资和年检验资。

  A.实收资本或注册资本   B.所有者权益及其相关的资产、负债

C. 实收资本(股本)的变更 　　　　　　　D. 年度资金的变动

6. 变更验资的审验范围一般限于与被审验单位注册资本及实收资本增减变动情况有关的事项。增加注册资本及实收资本时,审验范围包括与增减相关的出资者、出资币种、出资时间、出资方式、出资比例和(　　　),以及增资后的出资者、出资金额和出资比例等。

A. 出资比例变动 　　　　　　　　　　　B. 债务清偿或债务担保情况

C. 相关会计处理 　　　　　　　　　　　D. 出资额

7. 建设单位在施工单位编制的竣工结算的基础上,加上从筹建开始到工程全部竣工有关基本建设的其他工程的费用支出,便构成了建设项目的竣工决算。对项目的竣工决算进行审计,属于一种鉴证性审计活动,由民间审计机构来完成,即为(　　　)。

A. 工程项目审计 　　　　　　　　　　　B. 竣工决算审计

C. 工程项目财务决算审计 　　　　　　　D. 基建工程预算、结算审核

8. 修缮工程项目竣工决算审计是(　　　)内部控制的一个环节,由内部审计部门对工程决算审计后,出具工程审计意见书。审计意见书中明确送审决算数、审增数、审减数、审后造价,并附审计人员审减、审增额清单,经建设单位、施工单位、审计部门三方签字确认后生效。

A. 建设单位 　　　B. 监理单位 　　　C. 施工单位 　　　D. 事业单位

9. 内部审计经常凭借其优势,围绕内部控制设计的健全性及其有效性独立开展审查和评价,针对其中的主要问题和缺陷,向(　　　)提出具有建设性的改进措施和建议,从而使企业不断改进和完善内部控制。

A. 监事会 　　　B. 董事会 　　　C. 最高管理者 　　　D. 经理层

10. (　　　)评审,主要是评审会计控制业务是否达到控制设计时的目标,保证会计资料的真实、资金的安全。

A. 内部控制 　　　　　　　　　　　　　B. 内部会计控制

C. 法律事务管理 　　　　　　　　　　　D. 会计电算化内部控制

二、多项选择题

1. 评估固有风险应当考虑的事项有(　　　)。

A. 人员的品行和能力 　　　　　　　　　B. 财会人员的变动情况

C. 管理人员遭受的异常压力 　　　　　　D. 业务性质

E. 行业的环境因素 　　　　　　　　　　F. 容易产生错报的项目

G. 重要交易和事项的复杂程度 　　　　　H. 账户金额的确定性

I. 风险资产 　　　　　　　　　　　　　J. 会计期末异常交易

K. 容易被漏记的交易和事项

2. 描述及记录内部控制的方法包括(　　　)。

A. 调查表法 　　　　　　　　　　　　　B. 文字描述法

C. 流程图法 　　　　　　　　　　　　　D. 内部控制缺陷登记表

3. 内部控制有效性测试的方法主要有(　　　)。

A. 询问法 　　　　　　　　　　　　　　B. 观察法

C. 证据检查法 　　　　　　　　　　　　D. 重复执行法

E. 数据测试法 　　　　　　　　　　　　F. 平行模拟法

G. 整合测试设施

4. 内部控制评审的内容一般包括(　　　)。

A. 控制环境　　　　B. 控制活动　　　　C. 监控措施　　　D. 组织结构

E. 经营方式　　　　F. 管理风格　　　　G. 会计控制

5. 经济责任审计的评价方法包括(　　　)。

A. 业绩比较法　　　　　　　　　　B. 量化指标法

C. 环境分析法　　　　　　　　　　D. 主客观因素分析法

E. 责任区分法　　　　　　　　　　F. 写实描写法

6. 登记内部控制建设中的不足的记录包括(　　　)。

A. 内部控制缺陷登记表　　　　　　B. 未有效执行控制登记表

C. 风险分析表　　　　　　　　　　D. 风险矩阵图

7. 分析内部控制不足造成损失大小的表格是(　　　)。

A. 内部控制缺陷登记表　　　　　　B. 未有效执行控制登记表

C. 风险分析表　　　　　　　　　　D. 风险矩阵图

8. 建设工程审计共有的审计内容是(　　　)。

A. 项目竣工决算报表及说明书是否真实、全面、合法

B. 工程量是否真实,套项及价格是否合理,选用定额版本是否准确

C. 建设项目概预算最终执行情况

D. 交付使用资产是否符合交付使用条件

E. 工程前期费用、监理费用和待摊投资支出情况

三、判断题

1. 现代风险导向审计主要关注和控制管理当局舞弊风险,对管理当局实行"有错推定",实施"以侦察性为先导,以证实性为补充"的审计战略,体现"应有的职业怀疑"。　　　　　　　　　　　　　　　　　　　　　　　　　　(　　　)

2. 按照审计时间的不同,可以将经济责任审计分为事中经济责任审计和事后经济责任审计。　　　　　　　　　　　　　　　　　　　　　　　　　　　　(　　　)

3. 审计人员依据"依法审计、实事求是、客观公正"的审计评价原则,对被审计单位所有经济活动进行评价。　　　　　　　　　　　　　　　　　　　　　　　(　　　)

4. 做好经济责任审计的关键在于开好进点会、座谈会,做好审计公示。　　(　　　)

5. 根据验资的对象、范围及目标,验资分为设立验资、变更验资和年检验资三种。(　　　)

6. 根据审计的内容不同,建筑工程审计分为建筑工程造价审计、工程项目财务决算审计和修缮工程项目审计。　　　　　　　　　　　　　　　　　　　　　(　　　)

7. 内部控制评审也称专项内部控制评价,是一种审计类型,不是一种审计模式。
　　　　　　　　　　　　　　　　　　　　　　　　　　　　　　　　　(　　　)

8. "审计风险=重大错报风险×检查风险"是传统风险导向审计的风险模型。(　　　)

9. 管理控制的内容按照管理业务的特点可以划分为综合管理项目、内部控制建设、财务管理、物流管理、信息管理、安全管理、法律事务管理等几类。　　　　　　(　　　)

10. 验资是注册会计师依法接受委托,依据《中国注册会计师独立审计准则》,对被审验单位所有者权益的真实性和合法性进行的验证。　　　　　　　　　　　　(　　　)

参考文献

[1] 邵军,李春玲.审计案例分析.北京:首都经济贸易出版社,2014

[2] 何秀英.审计学习习题.大连:东北财经大学出版社,2012

[3] 胡中艾.审计学习题与解答.大连:东北财经大学出版社,2009

[4] 中国注册会计师协会.审计.北京:经济科学出版社,2011

[5] 卢春泉,秦荣生.审计学.8版.北京:中国人民大学出版社,2014

[6] 李晓慧,李爽.审计学:实务与案例.北京:中国人民大学出版社,2014

[7] 宋良荣,审计学教程.上海:立信会计出版,2009

[8] 李凤鸣,审计学原理.上海:复旦大学出版社,2014

[9] 叶忠明,阮滢.审计学.北京:清华大学出版社,2013

[10] 裴育,欧阳华生.财政审计学.北京:经济科学出版社,2013

[11] 伍利娜,戚务君.高级审计学.北京:北京大学出版社,2013